本书由中国政法大学"双一流"建设资金资助出版

比较法学原理

PRINCIPLES OF COMPARATIVE LAW

高　祥◎主　编

朱明哲◎副主编

中国政法大学出版社

2019·北京

图书在版编目（ＣＩＰ）数据

比较法学原理/高祥主编. —北京：中国政法大学出版社，2019.10（2024.1重印）
ISBN 978-7-5620-9245-2

Ⅰ.①比…　Ⅱ.①高…　Ⅲ.①比较法学－研究生－教材　Ⅳ.①D908

中国版本图书馆CIP数据核字(2019)第217409号

出 版 者	中国政法大学出版社
地　　址	北京市海淀区西土城路 25 号
邮寄地址	北京 100088 信箱 8034 分箱　邮编 100088
网　　址	http://www.cuplpress.com (网络实名：中国政法大学出版社)
电　　话	010-58908289(编辑部) 58908334(邮购部)
承　　印	固安华明印业有限公司
开　　本	720mm×960mm　1/16
印　　张	24.5
字　　数	470 千字
版　　次	2019 年 10 月第 1 版
印　　次	2024 年 1 月第 3 次印刷
定　　价	69.00 元

前　言

　　本书是一部面向本科生的比较法学教材，由中国政法大学比较法学研究院的教师撰写。

　　中国政法大学比较法学研究院拥有目前我国唯一经国家教育部备案的比较法学二级学科，招收比较法学专业的硕士研究生、博士研究生和博士后研究人员，培养兼具中国法、外国法知识，精通一门以上外语，能够独立进行国际交流，具有较强创新能力的国际化、复合型高级法律人才。比较法学研究院的教师不仅承担本院研究生的课程，而且承担学校本科生的比较法课程。"工欲善其事，必先利其器"，教材是教学最重要的元素之一。因此，研究院曾于 2013 年结合硕士研究生的培养目标，组织编写了以刘兆兴教授为主编的《比较法学》一书。但是，本科生的比较法课程一直没有合适的教材，研究院每年的研究生入学考试也缺乏考察本科生比较法知识的教材。因此，我们撰写了这本教材。

　　本书的内容脱胎于研究院诸位同仁长期在研究生阶段开设的比较法总论、比较私法、比较公法等课程和学校本科生的比较法课程，但基本定位是本科生教材，所以其体例和内容首先体现的是我们对本科课程的思考。那么，给本科生开设的比较法课程应该讲些什么？我们认为，在信息时代，任何已经成型的"知识"都唾手可得，只要学生具备一定的检索能力和阅读能力，其通过课下自学所能获取的知识不一定比传统大教室由教师满堂灌所能传授的要少。我们不但处在一个事实上瞬息万变而且人们对这种瞬息万变的状态有所感知并习以为常的时代，所有我们接受的知识及其体系都面临着修正。以法律为例，往往教科书刚写出来就需要修订，因为出现了立法上的重要修改。基尔希曼所谓"立法者三个更正词则法学图书馆尽成废纸堆"的说法，在这个立法者喜欢自我更正的时代，变得更有启发意义了。因此，一门面向本科生的课程如果还是像我们习以为常的那样，仅仅讲授所谓"学界通说"，恐怕难以吸引那些已经具备独立学习和思考能力的大学生，更不用提学界在很多问题上其实并没有什么共识可言。

因此，我们认为，与其为学生全面介绍各个国家的法律制度，不如着重解说比较法基础理论，并对当今比较法学上较重要问题加以分析。我们希望通过这种安排为读者准备好必要的理论工具，以便他们能够在比较法学广袤无垠的天地中自主探索。基于此，我们有意减少了一般比较法著作中大陆法系和普通法系的比重，把更多的篇幅放在了比较法学的历史、原理、方法等章节，并用全书大概三分之一的篇幅讨论法律区域化、全球法和比较法的应用等关系到比较法实践意义的内容，希望向读者展现比较法与近一百年来人类历史的深刻联系及其自身理论的蓬勃生机，并证明理解各种法律制度之动态发展的重要性。同时，为了让读者尤其是对比较法特别感兴趣的读者进一步深入研究，我们在每章的最后附了思考题和扩展阅读的文献。

本书各章节的具体撰稿人是：第一章：朱明哲（第一至三节）、王志华（第四节）；第二章：俞飞；第三章：李晓辉；第四章：翟远见（第一节）、谢立斌（第二节）、孙海波（第三节）；第五章：郝维华（第一节）、刘承韪（第二节）、孙海波（第三节）；第六章：俞飞；第七章：郝维华；第八章：高祥；第九章：张彤；第十章：朱明哲。

全书由主编高祥统稿。

由于本书的撰写时间仓促、作者水平有限，疏漏甚至错误在所难免，敬望读者批评指正，以便在今后的修订中补充、完善。

　　本书的写作出版得到了中国政法大学"双一流"建设资金的支持，在此鸣谢！

编　者
2018 年 12 月

目　录

第一章
比较法学的历史

【**本章导读**】从知识社会学的角度看，一个独立的学科需要有一
个学者共同体以及为这一共同体所接受的判断知识真伪的标准。
比较法学作为法学的分支，与其他法学学科分享着同样的真伪标
准。所以，真正让比较法学区别于其他学科的，毋宁是共同体这
一条件，其中包括四个可以为外部客观化的要素：独立的研究机
构、具有统一身份认同的学者群体、作为知识传播载体的刊物和
教材、共同接受的方法和问题域。尽管在现代早期乃至更早的时
代中就出现了比较不同地域、不同法律领域的活动，但因为缺乏
上述的体制性要素，我们很难说在当时就产生了比较法学。直至
19 世纪中叶在法国和英国出现了以"比较立法"命名的教席后，
比较法学的萌芽才出现。本章前三节将以欧美为中心介绍比较法
学在三个阶段的发展。每一节的前两部分介绍比较法学在每个时
期的特点，第三部分则把比较法学置于更广阔的历史语境中考
察，展现其与各种社会、政治、文化因素之间的互动。第四节介
绍比较法学在我国的发展。其中我们需要重点了解的是，战后比
较法形成了较为统一的问题域和研究方法，这也从认识论上标志
着比较法学的成熟。

第一节　比较法学的产生

一、19 世纪中叶对比较立法的初步兴趣

　　历史的叙述者往往难以抵挡为现代所知的趋势寻找一个起始时间点的诱惑。
对于现代比较法学而言，我们不妨把起源定在 1831 年法兰西公学（Collège de
France）为莱米尼耶（Eugène Lerminier）开设比较立法史（Histoire générale et
philosophique des Législations comparées）教席的时刻。在莱米尼耶之后，拉布莱
（édouard Laboulaye）和弗拉赫（Jacques Flach）先后出任这一教席，直至 1920

年它为科学史教席所取代。[1] 1869 年是另一个重要的年份，拉布莱在巴黎创立了比较立法研究会（Société de législation comparée），牛津大学也为英国著名法史和法理学家梅因（Henry Maine）设立了历史与比较法学教席。1894 年，英国比较法学研究会和德国比较法律科学和国民经济学协会分别宣告成立。随着教席和学会的建立、讲席教授和学会会员身份的确立，比较法学初步有了一个学科的外形。[2] 甚至也开始出现了一些创办专业比较法期刊的努力，比如出生于德国的巴黎律师弗利克斯（Jean-Jacques Foelix）便于 1834 年创办了《外国立法与政治经济学评论》（*Revue étrangère de législation et d'économie politique*），但当弗利克斯于 1853 年去世时，他的期刊也就停刊了。另外几份在刊名中明确提到"外国"字眼的刊物也在创办不久后实际上变成了纯粹的国内法期刊。现代比较法早期发展的巅峰则是 1900 年在巴黎召开的"国际比较法学大会"（Congrès international de droit comparé），主要来自欧美各国的法学家汇聚一堂，就比较法学的对象、方法、功能、教学等基本问题展开了为期 5 天的研讨。下一次这样的盛会就要等到 1931 年的里昂国际比较法学大会了。

现代意义的比较法学在 19 世纪产生并非偶然。虽然比较不同法律的实践从古罗马以来就没有中断，[3] 但无论是在古罗马的万民法观念下还是在中世纪的多元主义法律版图上，法律的效力范围并不与地理界限完全重合。特别是在 11 世纪罗马法复兴之后，主张普世管辖权的罗马法和教会法本身就是欧洲各司法机构共同的法律渊源。更不用说法官在适用地方习惯和封建领主之立法时也常常参照抽象的、超越地域的学者法。换言之，现代比较法所假设的那种"我们的法"和"其他的法"之间不可渗透的区隔在当时并不存在。当人们比较不同地域、不同类型（如罗马法和习惯法）的法律时，并不必然预设其中一种可以适用而另一种不行。当时的法学家其实综合利用着不同的法律渊源，为争议寻找解决方案。这种情况直到现代民族国家成为最普遍的国家形式后才有所改变。

在《威斯特伐利亚条约》（1648 年）签订后，经过二百多年的发展，欧洲大陆终于进入了由领土明确、中央控制、彼此独立的国家组成的现代状态。随着民族国家的兴起，法学上出现了两种重要的趋势：一是每个国家有且只有一个统一的法律体系；二是每一个国家的法律可以适用的范围依照严格的管辖权

---

〔1〕 *Cf.* Georges Navet and Frédéric Audren，"Note Sur La Carrière d'Eugène Lerminier Au Collège de France（1831–1849）"，*Revue d'histoire Des Sciences Humaines* 4，no. 1（2001）：57–67.

〔2〕 关于比较法学为何没有同时在德国发展起来，参见［德］K. 茨威格特、H. 克茨：《比较法总论》，潘汉典等译，法律出版社 2003 年版，第 80~82 页。

〔3〕 关于比较法的早期发展，*Cf.* Walther Hug，"The History of Comparative Law"，*Harvard Law Review* 45，no. 6（1932）：1027–70.

规则（属地、属人、保护管辖，等等）明确限定。此前那种不同法律在管辖范围上犬牙交错、互相重叠的状态至少短暂地结束了，让位于原则上由国家之地理边界严格限制法律之效力的新法律版图。正是在这样的制度条件下，现代比较法学应运而生。

表面上看，二者的共时性似乎有些不可思议，实则不难理解。民族国家一方面以"同一个民族、同一种语言、同一部法律"的口号进行内部整合；另一方面把法律视作民族独特历史的产物，从而拒绝承认本国法可以从对外国法的知识中获益。前一种趋势最典型的体现便是欧洲各国法学家整合各地习惯以创造一套适用于全国的共同法，比如法国的法学家从 17 世纪就开始以巴黎地区的习惯为蓝本整理各地的习惯，并在路易十四建立的绝对君主制荫蔽下以国王法令的方式把他们的成果真正落实为立法文本。其中最重要的人物莫过于多玛（Jean Domat）和波蒂埃（Robert Pothier）。前者在启蒙思想的指导下确立了后来《民法典》世俗性的、强调理性的结构，后者则为法典中的许多内容（特别是债法）奠定了基础。这种用理性精神洗礼的习惯法汇编与集成最终成就了 1804 年的《法国民法典》，也标志着 1789 年革命后真正成为一个现代民族国家的法国在法律上的统一。

在莱茵河的另一侧，法军的入侵不但依靠强力实现了原本邦国林立的德意志地区西南部的统一（莱茵邦联），而且让《法国民法典》在占领期内（1806—1813 年）适用于这片土地。统一民法典的诱惑如此之大以至于以蒂堡（Anton Thibaut）为代表的一些法学家认为不妨在统一的德意志建立起来之前，先用法国法作为德意志各邦的共同法。这种论调激起了以萨维尼（Karl von Savigny）为代表的保守派反击，后者主张法律就像语言一样形成于民族共同生活的历史。[1] 论战直接导致了德国历史法学派的诞生，这一学派反对把法律看作人类普遍理性之具体化的法国自然法学的主张。既然法律不是普遍的，那么寻找德意志特有的法秩序自然要比吸收法国法更好。只不过他同样也主张罗马法上的技术和成熟的概念应该是构建法律科学大厦的基石。不论法国的启蒙主义者如何强调理性的普遍性，不论德国的历史法学派门徒如何强调法律内容的地方性，他们在民族国家的时代来临时完成的几乎是同样的任务：缔造一种结合了罗马法和当地习惯的法律，并使之实现政治共同体内部法秩序的统一和对外的

---

[1] *Cf.* Paolo Becchi, "German Legal Science: The Crisis of Natural Law Theory, the Historicisms, and 'Conceptual Jurisprudence'", in *A Treatise of Legal Philosophy and General Jurisprudence: A History of the Philosophy of Law in the Civil Law World*, 1600-1900, ed. Damiano Canale et al. (Springer Science & Business Media, 2009), 185-224.

独立。[1]

面对统一、独立的民族国家的法学家们假设此国的法律和彼国的法律就算本质上并非是完全不同的事物，至少也有相当重要的区别。通过比较不同国家的法律，法学家可以找到这些区别，从而建构起各民族在法律上的身份认同，一方面创造内部的一致性，另一方面宣告与其他民族的不同。这些区别又需要在历史中加以解释。于是，无怪乎最早开始比较法学研究的人同时也是最早对法史学产生兴趣的人。而且无论是莱米尼耶、拉布莱还是梅因，都深受历史法学影响，可以说是该学派在他们各自国家的代表。反而是在德国本土，历史法学的强势驱动学者创造德意志共同法的传统，让他们暂时无暇顾及比较法。

尽管向来以探索知识边界著称的法兰西公学早在 1831 年就设立了讲席，但比较法学在 19 世纪末之前整体上还是处于相当边缘的地位。原因也很简单。在法国，19 世纪初生效的那几部主要法典还没有受到太多的挑战，而欧洲其他的政权还在以法国的法典为蓝本设计自己的法典。我们完全可以想象，一个 19 世纪初的欧洲法学家；要么面对一个新的法典文本，所以需要他们想方设法探索文义的所有可能界限，要么正在创造一个新的法典文本，所以正在处理不同的法律原始材料（其中也包括了外国法）。在这样的情况下，对外国法的知识要么不必要（如在法国），要么缺乏可以与之比较的本国法。

不过，到了 19 世纪末，随着欧洲民族国家纷纷完成统一，比较法学也开始活跃起来。其中一个明显的特征是大学中比较法学课程的开设。1846 年巴黎法学院开设的比较刑法课程几乎是第三共和国以前唯一的大学比较法课程。人们可能认为比较法本身应该在法兰西公学而非与其分庭抗礼的巴黎大学讲授。作为巴黎法学院新来的竞争者，自由政治学院（école libre des sciences politiques）在 1872 年成立后马上开设了比较宪法和比较商法的课程，而且往往延请在巴黎法学院中没机会讲授此类课程的教授主讲。人们总是认为比较法学一开始专注于私法，其实在教学方面，却反倒是公法走在了前面。1895 年的法学教育改革把比较宪法列入了大学课程目录。而比较民法直到 1901 年才在萨莱耶（Raymond Saleilles）的建议下开始在巴黎法学院开设。不过，比较法学教育在法国之外发展较为缓慢。梅因的讲座长期以来是英国唯一的比较法课程。在意大利，直到 1906 年才有常设的比较法学课程。德国则要等到第一次世界大战之后才把比较法学列为大学课程。至于专业的比较法学教学研究机构，德国却走在了前列。1916 年，在拉贝尔（Ernst Rabel）的提议下，慕尼黑大学建立了比较法研

---

[1]　关于欧洲各国法律史更详细的介绍，参见本书第四章第一节。

究所，后来又以德皇威廉的名义在 1926 年分别成立了比较私法和比较公法的研究所。朗贝尔（édouard Lambert）于 1921 年在里昂建立了法国第一个比较法学研究所。莱维-于尔曼（Henri Lévy-Ullmann）于 1932 年在巴黎也成立了类似的机构。

人们可能会问：为什么比较法学的初步发展出现在 19 世纪末 20 世纪初？为了回答这个问题，我们将看看人们希望通过比较法学做什么。

二、19 世纪末以比较法解决社会问题

在 1900 年举办的首届国际比较法学大会上，萨莱耶曾经把比较法定位为一种法学的"附属科学"，其功能是"通过为学说构建或者司法中的法律解释提供一种实证目标，从而服务于各国法律的进步发展"。[1] 可见，比较法学建立的目的是学者希望改善现行法律。而且，与人们一般的认识不同的是，以萨莱耶为代表的法学家不指望通过立法机构来改善现行法律；相反，他们认为通过法学家的学说构建和法官在司法中对立法文本的解释已经足以促进法律的发展了，这本身就是对作为民族国家政治根基的主权学说和权力分立理论的挑战。此外，他们还一反此前法学家们对稳定性、永恒性的追求，主动提出要用关于外国法的知识为法律的"进步"提供实证目标。也就是说，比较法学出现在一个法学界本身发生了重要思想变革的时代。我们有必要在 19 世纪的语境中解释这一现象。

19 世纪末本来应该是欧洲民族主义的春天。他们在建立民族国家的过程中有效地反抗了来自教皇的压力，并在不同程度上实现了政治和社会的世俗化。欧洲的经济和社会的发展进入了繁荣的"美好年代"，至少从有产者的角度看是如此。然而从工人阶级的角度看，19 世纪末是属于左拉的《萌芽》的时代。工业事故、失业、贫困才是他们所面对的现实。从 1880 年到 1890 年，法国平均每年发生 400 场罢工，5 倍于上一个十年。每年有 78 000 人次参与罢工。[2] 终于，罢工的规模在 1906 年达到了历史的高点。关于罢工的认识也在改变，从 1890 年开始，组织和参与罢工的人开始认识到这一产业运动不妨作为政治动员的一种方式。[3] 在法国乃至全欧，仰赖马克思主义的传播和各国社会主义政党的活

---

〔1〕 Raymond Saleilles, "Conception et objet de la science du droit comparé", in *Congrès international de droit comparé tenu à Paris du 31 juillet au 4 août 1900: procès-verbaux*, by Société de législation comparée (Paris: Librairie générale ce droit et de jurisprudence, 1905), 167.

〔2〕 *Cf.* Vincent Viet, "Les républicains face aux grèves?: intervenir pour ne plus avoir à intervenir (1880-1914)", *Cahiers Jaurès* N° 199, no. 1 (March 1, 2011): 53-69.

〔3〕 *Cf.* John Merriman, *Europe 1789 to 1914: Encyclopaedia of the Age of Industry and Empire* (Detroit, Thomson Gale, 2006), p. 2265.

动，阶级意识在工人中间以不亚于物质进步的速度迅速形成。社会民主派的政党如雨后春笋般出现，成为政治生活中不可忽视的力量。1863 年，全德工人联合会和德国工人协会联合会分别成立。1871 年，丹麦的社会民主党成立。1875年，统一的德国社会主义工人党、也就是后来的社会民主党成立，并迅速在国会中取得了 12 个议席。稍晚些时候，1905 年工人国际法国分部成立，1906 年工人委员会改组为英国工党。1900 年前后是新世纪的开始，也是"长夜"的深处，但只要"团结起来到明天"，就可以赢得"最后的斗争"。

在法国，社会危机挑战在 1820 年左右进入法学、并在 19 世纪后半段支配了法律解释的个人主义和自由主义思想。[1] 面对工业社会，传统民法学所坚持的"所有权绝对""契约自由""过失责任"等基本原则都受到威胁。人们开始逐渐承认，"资产阶级的和平"和"资产阶级的秩序"原本是一套有利于资产阶级的法律秩序，只是以真理和正义的名义普遍化。如今，更要紧的是在各种社会阶级之间寻找共识和平衡，从而确立"社会和平"。[2] 罢工表达了重新制定一部符合时代精神，而不是体现 19 世纪初那个农业社会之需求的《法国民法典》。似乎民法本身的基础都因为工业社会中加剧的贫富分化、阶级矛盾，以及其他社会问题而摇摇欲坠。如果不想让"无产阶级的民法典"取代 1804 年的《法国民法典》，就必须让法律的解释者获得一种新的方法，从而让"法官即便严守'适用法律而非再造法律'的角色，也能通过司法中的解释，回应进化和社会进步中产生的需要"。[3] 就连最不可能接受革命思想的人也纷纷意识到，像工作条件和贫富差距这种社会问题必须以限制自由的方式加以解决。所以，1891 年教皇利奥十三世才在他具有深远影响的《新事物》（Rerum novarum）通谕中强调，如果私有财产权源于自然法，它的使用必须和仁爱的义务相一致。[4] 这份文件开启了天主教会延续至今的"社会学说"。简言之，民法学家从此不能再无

---

〔1〕 *Cf.* Christophe Jamin, "Plaidoyer Pour Le Solidarisme Contractuel", in *Le Contrat Au Début Du XXIème Siècle* (Paris: LGDJ, 2001), 441–72.

〔2〕 *Cf.* André-Jean Arnaud, *Essai d'analyse structurale du code civil français*, *op. cit.*, p. 9；Maurice Deslandres, *Les travaux de Raymond Saleilles sur les Questions Sociales*, *in* Robert Beudant, Henri Capitant et Edmond Eugene Thaller (dir.), *L'œuvre juridique de Raymond Saleilles*, Librairie Nouvelle de droit et de Jurisprudence, Arthur Rousseau, 1914, pp. 241–273.

〔3〕 Raymond Saleilles, "Droit civil et droit comparé", *Revue internationale de l'enseignement* LXI, no. 1 (1911), 5–32.

〔4〕 *Cf.* Jean-Louis Halpérin, *Histoire Du Droit Privé Français Depuis* 1804 (Presses Universitaires de France, 2001), 196.

视"法律之创造过程中的社会面向"。[1] 否则，资产阶级社会本身将面临覆灭。[2] 所以，比较法很长时间集中在私法领域并非没有原因。工业社会不仅仅是一个生产力发展导致的社会形态，它还要求法律作出变革以回应社会变化。

但是法学是否能够回应社会变化还是个未知数。与"社会批判"（critique sociale）相伴而生的是"社会学批判"（critique sociologique）。在 19 世纪末，实证主义方法成了科学的主流。实证的社会科学批判过去的法学既然无法认识社会需要，也就无法满足社会需要。实证主义思潮在科学的审判庭前审判自然法思想和那种无视事实、认为从一般定理和原则出发通过纯粹推演就可以合理化法律的信念。一系列反省与思考因此在"1900 时刻"——从 1880 年到 1914 年这段第三共和国较为稳定的时期——出现于法学院门墙之内。19 世纪末在法学革新上具有重要意义的法国学者大多参与了对实证主义批判的回应，现代比较法的先行者萨莱耶便是其中一员。萨莱耶开始主张，法律解释者的任务不是"仅仅按照纯粹法律-逻辑上的前提进行推论"，而是"根据客观事实中得到的实验性观察，根据法律的后果判断和评价法律"。[3] 换言之，法学家希望用法律解释方法的革新解决社会问题，从而避免民法的实质改革。得益于 1836 年整理出版的《法国民法典》编纂材料，当民法典的注释家需要在 19 世纪 50 年代"依照自由主义精神解释民事立法"时，他们可以主张上一代民法典注释家所使用的文义方法有时需要让位于可以从立法辩论中求得的"立法者原意"。而他们解释的正当性则通过立法者的权威得以保证。到了 19 世纪末，法律解释者则变得更加积极。他们要尝试通过他们对事实的观察和评价，把规则解释得更加适应当时社会的发展。

以上便是社会科学为法学带来的双重难题：在方法论方面，实证研究质疑法律科学向来对"应然"的依赖；在实践层面，人们认为优先文本或立法者意图的解释方法不关心社会现实，所以无法让法律适应工业化带来的新情势。[4] 于是，对于法学教授来说，从他们的学科内部找到新方法就变得非常紧迫了，这种方法既要能够让他们研究社会问题、回应社会需要，又不能丧失法学作为

---

[1] David Deroussin, *Histoire du droit privé : XVIe-XXIe siècle* (Paris: Ellipses Marketing, 2010), 7.

[2] *Cf.* Christophe Jamin, "Le Rendez-Vous Manqué Des Civilistes Français Avec Le Réalisme Juridique. Un Exercice de Lecture Comparée", *Droits*, no. 51 (2011), 137–59.

[3] Raymond Saleilles, "L'école Historique et Droit Naturel," *Revue Trimestrielle de Droit Civil* 1, no. 1 (1902): 82–112.

[4] *Cf.* Léon Duguit, *Les transformations générales du droit privé depuis le Code Napoléon* (Paris: F. Alcan, 1912); Louis Josserand, *De l'esprit des droits et de leur relativité*, 1927; Emmanuel Lévy, *La Vision socialiste du droit* (Paris: Giard, 1926).

规范学科之基本前提。方法论创新因而成了欧洲法学家、特别是法国法学家最重要的任务。[1]　其重要性同时体现在科学考虑和体制性考虑上，因为社会学家不仅在学术上挑战法学家的权威地位，还要分享法学家长期以来垄断的了解（savoir）并让他人了解（faire savoir）法律的知识权力（pouvoir du savoir）。正是在这一背景下，欧洲的法学家开始了两个方向的探索。在纵向上，他们开始比较不同时代的法律如何与社会经济情况互动。在横向上，他们则开始寻找社会发展程度相似的国家如何解决可能共同面对的社会问题。

于是，19 世纪末的比较法学家的想法便再清楚不过了：他们希望借助外国法，以不通过议会民主干预的方式解决本国所面对的社会问题。第一次世界大战前的比较法学家大致分享一种方法和政治观念上的自觉，他们的共同计划是让法律适应正在经历转型的社会经济生活，使之更国际化、更能表现人道主义关怀，也更敏于社会经济需要。[2]　尽管如此，他们希望把决定法律发展的权力掌握在自己手中，而不是放任激进的社会主义者创造一部无产阶级的民法典。恰好德国首相俾斯麦（Otto von Bismarck）出于对社会民主派的担忧，在 19 世纪 80 年代推行了疾病、事故、老人与残障保险，为西欧其他国家、特别是法国的法学家们提供了可资借鉴的蓝本。既然其他国家在社会立法方面走在前面，那么试图在学术上革新法律解释的时候就没有什么理由不去参照外国法。所以我们看到萨莱耶密切关注《德国民法典》编纂时期对工业事故侵权责任的讨论，以朗贝尔为首的里昂法学家则主要把目光放在包括工会、劳动法、社会保障等"工人立法"上。正是他们纷纷强调比较法知识在解释《法国民法典》时能够帮助法学家把僵化的条文合理应用于变动不居的社会情势。[3]　在美国，同样的意识要等到 20 世纪初才觉醒。以庞德（Rosco Pound）为代表的美国比较法先行者也希望能把法学家变成"社会的工程师"，那么这些工程师最佳的学习方法就是观察其他工业化国家如何解决类似的社会问题（城市化、贫富差距、劳工问题），并在政治干预之前率先通过改变普通法有所作为。当比他更年轻的一代法学家纷纷在"新政"时代加入政府部门从而以规制，而非普通法来调整社会关系时，庞德的失望和愤怒也可想而知。而且，外国的立法就成了一种现成的实

[1]　Cf. Nader Hakim and Fabrice Melleray, "Présentation", in *Le Renouveau de La Doctrine Française?: Les Grands Auteurs de La Pensée Juridique Au Tournant Du XXe Siècle*, ed. Nader Hakim and Fabrice Melleray, Méthodes Du Droit (Paris: Dalloz, 2009), 1–11.

[2]　David Kennedy, "The Politics and Methods of Comparative Law", in *Comparative Legal Studies: Traditions and Transitions*, ed. Pierre Legrand and Roderick Munday (Cambridge University Press, 2003).

[3]　Saleilles, "Droit civil et droit comparé", Edouard Lambert, *Une réforme nécessaire des études de droit civil* (Librairie Maresq Ainé, 1900).

证资料，为他们提供了一种可以观察、描述、评价的素材，从而也满足了当时知识界对实证科学的兴趣。所以，比较法学在 19 世纪的体制化本身是法学家面对社会学与社会的双重批判时的产物，比较法学为法学家们提供了一种同时解决社会问题、回应方法危机的工具。

三、普世主义与欧洲中心之间的早期比较法学

早期比较法学家除了打算通过比较法改造本国法以外，还梦想为人类共同体寻找一种普遍法。[1] 朗贝尔认为，在"人类共同法"和"自然法"之间存在千丝万缕的紧密联系，比较法寻找的是一种虽然放弃了永恒性，但是保留了普世性的自然法。[2] 但今天的读者很容易认为，正是因为早期比较法学家试图从社会发展程度相似的国家中获得借鉴，所以他们最终找到了一个不同法律之间的"最大公约数"，然后推广为共同法。然而，在 19—20 世纪之交，更有可能的情况是人们先预设了共同法存在的可能性，再主张可以从其他国家的法律中获得借鉴。而且这种普世主义往往表现为以欧美各国法律为蓝本的模式在世界范围内的推行，从而实际上成了一种以欧洲为中心的扩张。"欧洲中心主义"作为一种观察世界的方式可以概括为以下三个方面：①欧洲是观察者所处的位置、观察的中心；②欧洲文明高于其他文明；③欧洲文明是衡量其他文明的尺度，任何非欧洲的文明中所产生的因素，都通过与它们在欧洲文明中产生的对等物对比而确定价值。[3] 那么一种欧洲中心主义的法律观，也具有以下三方面的特征：①欧洲法律是观察者所处的位置，即观察的起点和中心；②欧洲的法律优于其他法律；③也是最重要的，即欧洲法律是一切法律的尺度，非欧洲的法律体系中所存在的因素之优劣，都由与欧洲法律的对比而得以衡量。

诚然，任何一种思潮总会有较为激进和较为和缓的不同分支。在 1900 年就比较法学的功能作总结报告时，朗贝尔提出，相比于他们在瑞士和德国的同行，

---

〔1〕 Christophe Jamin, "Le Vieux Rêve de Saleilles et Lambert Revisité. à Propos Du Centenaire Du Congrès International de Droit Comparé de Paris", *Revue Internationale de Droit Comparé* 52, no. 4 (2000): 733-51, https: //doi. org/10. 3406/ridc. 2000. 18626.

〔2〕 édouard Lambert, *études de Droit Commun Législatif Ou de Droit Civil Comparé. Première Série. Le Régime Successoral. Introduction*; *La Fonction Du Droit Civil Comparé. Tome I. Les Conceptions étroites Ou Unilatérales: Les Moyens d'action Du Droit Commun Législatif et Les Sources Du Droit National, La Politique Juridique, La Jurisprudence et La Théorie Romano-Canonique de La Coutume, Les Rapports Du Droit Romain et Du Droit Comparé.* (Paris: v. Giard & E. Brière, 1903), 918, http: //catalog. hathitrust. org/Record/006922656.

〔3〕 *Cf.* Enrique Dussel, Javier Krauel & Virginia Tuma, "Europe, Modernity, and Eurocentrism", 1 *Nepantla Views South* 465, 471 (2000); Immanuel Wallerstein, "Eurocentrism and its Avatars: the dilemma of social sciences", 46 *Sociol. Bull.* 21, 22 (1997); Cornel West & Bill Brown, "Beyond Eurocentrism and Multiculturalism", 90 *Mod. Philol.* 142, 145 (1993).

大部分的法国学者在法律统一问题上属于不那么激进的一派。他们所要做的只不过是以实用主义的态度逐渐去除各国法律在技术细节上的不一致，通过法律解释实际上让不同国家的法律向同一个方向发展。[1] 他认为各国立法中有一些区别仅仅是"偶然的"，仅仅是在历史发展过程中因为一些表面原因而出现，并非内在于一国人民的政治、道德或社会的本质构成。所以，同属一种文明的国家完全可以通过渐次消除这种偶然差别，来最大限度实现共同立法的理想。[2] 作为当时为数不多的对美国法感兴趣并有研究的欧洲法学家，郎贝尔甚至认为美国普通法的基础包括了法国法和罗马法传统，所以从长远来看，大陆法系和普通法系的逐渐融合不但可以期待，甚至不可避免。[3] 之所以这是一种较为缓和的分支，是因为它仍然小心地把所有关于共同法的讨论限制在"同一种文明"之内，在 20 世纪初的语境下包括了美国在内的广义上的欧洲文明。他们认为这种文明之上的各个国家在本质上是同步发展的。一种更为激进的主张则认为，所有的人类社会的发展都会依据同一种模式，研究那些原始社会就相当于研究全人类的过去，而研究发达社会也就意味着研究全人类的未来。既然全人类都将共同沿着同一条道路前进，那么用先进国家的法律来改造落后国家的法律不但无可厚非，反而是一种先进民族的道德义务了。

值得一提的是，比较法学于欧洲产生和于欧洲之外传播几乎是同步的。欧美学者直到最近才开始重视欧洲法学在其他国家的推广。在机构方面，正式与非正式的殖民让欧洲国家得以把他们的法学教育模式扩展到其他国家，同时又有越来越多的欧洲法学家前往当时的"边缘国家"出任教师和政府顾问。早在拿破仑时代就成为法国势力范围的埃及于 1868 年在开罗兴办了凯迪瓦法学院，该院从 1886 年开始一直在法国人的管理下，实际上是法国在埃及推广法国法文化的机构，到 1906 年随着英国成为埃及的保护国又转而服务于英国法的传播。朗贝尔还曾经因此有机会在开罗担任过几年的教授。日本早在 1871 年就开设了司法部所辖的学校明法寮，并先后邀请两名法国法学家主讲法国法。20 世纪初，黎巴嫩的贝鲁特法学院也实际上成了法国法的预备学校，并且由里昂法学院派教授前往讲解法国法。在美国的支持下建立的中国东吴大学法科于 1915 年开始授课，并且把比较法教育作为办学的主要内容。1921 年，中法大学也在里昂开办并培养了超过 70 名法学专业学生，其中包括了 25 名法学博士。在同一时期，

---

[1] *Cf.* édouard Lambert, "Rapport", in *Congrès international de droit comparé tenu à Paris du 31 juillet au 4 août 1900: procès-verbaux*, by Société de législation comparée (Paris: Librairie générale de droit et de jurisprudence, 1905), 26.

[2] *Cf.* Lambert, 38-39.

[3] *Cf.* édouard Lambert, *L'enseignement Du Droit Comparé* (Lyon: A. Rey, 1919).

欧洲的法学家们也纷纷在他们的祖国以外施展拳脚。法国人布瓦索纳德（Gustave Boissonade）起草了日本第一部现代民法草案。他的同胞宝道（Georges Padoux）起草了暹罗王国《民法典》《商法典》《刑事诉讼法典》和《司法组织法典》，然后来到中国担任立法院、司法院、交通部的顾问。其他在中国的外国法律顾问还有赫善心（Harald Gutherz）、埃斯加拉（Jean Escarra）、有贺长雄、庞德、冈田朝太郎等人。

追求共同法的普世主义观念在两次世界大战之间达到顶峰。以巴黎大会为代表的那种较为和缓的、以国家之间的法律趋同为代表的普世主义现在开始逐渐让位于以里昂大会为代表的、从国际共同体角度出发的法律一体化思潮。美国法学家威格莫尔（John Wigmore）就在里昂大会上强调：“比较法绝非法学一个特殊分支，它作为一种方法，让法学得以适应一个意识到其成员之间连带关系的国际共同体之需要。”[1] 其背后的原因则可以追溯到两种彼此相连却多少有些矛盾的观念。一方面，在上段所言法学交往中逐渐形成的国际法律人共同体开始注意到各国商业交往，并且认为此时世界各国已经形成一种相互依存关系，任何一个国家都无法离开国际共同体而独善其身。另一方面，在经历了前所未有的战乱后，法学家开始致力于寻找预防战争的方法，其中之一就是通过建立相同的法律秩序增进这种国家间的相互依存关系，让任何一个国家都无法负担与其他国家发生冲突的代价。从我们的后见之明来看，这种想法实在是太天真了，特别是考虑到两战之间各国政治现实正是民族主义、孤立主义和贸易保护主义盛行的时期。但当时的比较法学家和国际法学家对通过法律统一来实现永久和平的想法深信不疑。就连最乐于挑战他同行之共识的法国民法学家德莫格也在 1927 年于布宜诺斯艾利斯说：“构成对世界法律一体化努力真正阻力的现实，仅仅是涉及物理条件、国家的经济情况这样的物质状况，或者是涉及人民的不开化、低下的道德水准这样的社会事实。”[2]

然而，早期比较法学所追求的普世主义实际上是对欧洲地方经验的一种推广。它用时间性替代了地域性，把各个地区之间的差异解释为发展程度的不平等而非各群体本质的不同，然后简单地用欧洲内部的经验来理解现代性。现代性意味着由一系列关键历史时刻标志的解放进程：15 世纪的意大利文艺复兴、16—18 世纪的德国宗教改革、17 世纪的英格兰议会、法国大革命开创的 19 世

---

〔1〕　John Wigmore, “Les Rapports Du Droit et de La Religion Dans Le Monde Musulman Moderne”, *Annales de l'université de Lyon* 45, no. 1（1934）：90–101.

〔2〕　René Demogue, *L'unification internationale du droit privé?：leçons faites à la Faculté de Buenos-Ayres*（Paris：Rousseau, 1927）, 128.

纪、维多利亚时代所标志的殖民扩张。法律人抛弃了传统自然法信仰的永恒性，却转而坚信进步过程的永恒性。换言之，基于欧洲内部政治经验的现代化进程如今成了一个必然的过程，其他的文化只能参与其中，而不能质疑其内容。就算欧洲比较法学家在主观上希望能为欧洲以外各国法制的现代化做出贡献，只不过他和那些经历了欧洲法学革新的同行一样，以一种欧洲中心主义的视角把握"现代"，那么他所能做的只不过是尽其所能让这些国家成为现代化进程中的一员罢了。威格莫尔甚至认为，出于世界法制统一的目的，让欧洲国家和美国殖民非洲和美洲不但是正当的，更是应当追求的。以至于这位因为曾与多名"年轻中国法学家"交往甚密而在中国法学史上留下多段佳话的美国证据法大师认为，这些中国青年不接受由外国法官和本国法官组成的"混合法庭"实在是一件憾事。[1]

第二节　第二次世界大战后比较法学的确立

一、比较法的人员与载体

经过一百多年的发展后，比较法学在 20 世纪 50 年代作为一个学科正式确立。我们今天学习的比较法学知识、研究的比较法学课题、使用的比较法学方法，几乎都成形于 20 世纪 50 年代以后。虽然专门从事比较法研究的机构在两次世界大战之间已经建立，但是真正以"比较法学家"而非"兼职从事比较法学研究的民法学家/宪法学家"作为首要身份认同的学者群体出现在第二次世界大战之后。他们创办了专门发表比较法学研究成果的期刊，并写出了第一批系统性的比较法学教科书。

法国战后比较法学的代表人物无疑是达维德（René David）。他 23 岁即开始在格勒诺布勒大学任教，第二次世界大战爆发后参军，解放后先是前往巴黎担任教授，而后在马赛三大度过了公共教学生活的最后几年。职业生涯的早期，他曾经在剑桥大学专门学习英国法，此后又作为访问学者在包括哥伦比亚大学和德黑兰大学等地讲学，并协助起草了埃塞俄比亚的《民法典》。

达维德在比较法学上最引人瞩目的贡献莫过于通过一部系统的教科书确定

---

〔1〕 *Cf.* John Wigmore, "L'avenir du système juridique anglo-américain", in *Introduction à l'étude du droit comparé*: *recueil d'études en l'honneur d'édouard Lambert*, ed. Pierre Garraud, vol. II, III vols. （Paris: LGDJ, 1938）, 104-108, http://gallica.bnf.fr/ark:/12148/bpt6k6207820c.

了当代比较法学的一个核心议题：法系。他在 1950 年就出版了自己的《比较民法学基础教科书》（*Traité élémentaire de droit civil comparé*），1962 年又扩展成了《当代主要法律体系》（*Les grands systèmes de droit contemporains*）。这部经典教科书此后又由更年轻的学者接手继续编纂和更新，并于 2016 年出版了第 12 版，展现出了相当惊人的生命力。在 1950 年的著作中，他按照指导意识形态的不同，区分了西方法、苏维埃法、穆斯林法、印度法、中国法和犹太法。但是在《当代主要法律体系》，他则划分了"罗马日耳曼法系""社会主义法系""普通法""其他的社会秩序观与法律观"几个主要的法系。他很早就明智地认识到，使用"法系"只是为了强调各种法之间存在的异同，但是并没有一个人们必须接受的分类标准，一切都取决于分类者的背景和具体的考虑。[1] 法系的概念不是达维德的创造。早在 1900 年的首届国际比较法大会上，人们就已经开始讨论大陆法和普通法的区别；1930 年的大会更有不少深入了解伊斯兰法和远东国家法的代表参加。但是，达维德教科书的出版让法系成了比较法研究的核心主题，并在相当程度上让比较法在法国变成了一种关于"法系"的学问。值得一提的是，比较法上谈的"法律体系"或"法系"和法理学者谈的"法律体系"是完全不同的两个概念。比较法学者在类型学的意义上使用"法系"，从而把各国的法律分成大的类别。法理学所讨论的"法律体系"则是在一个给定的秩序（如一个国家）内部对法律现象的建构。

战后比较法在德国的代表则是茨威格特（Konrad Zweigert）。他早年求学于柏林的外国与国际私法研究所，后任教于图宾根大学并于 1948 年升任教授，后来成为汉堡的马克斯·普朗克外国语国际私法研究所主任。他和克茨（Hein Kötz）合著的《比较法总论》（*Einführung in die Rechtsvergleichung*）在 1969 年出版后很快就成为比较法学的经典教材。在体例上，这本教材相比达维德的《当代主要法律体系》，增加了第一部分篇幅相当重要的"概论"，法系构成了其他部分的内容。《比较法总论》是一部有明确方法觉醒的教科书，两位作者在德国比较法先驱拉贝尔所提倡的功能主义指导下广泛比较了不同的法律制度。他们把全部比较法方法论的基本原则表达为"功能性原则"，认为有些法律制度完成相同任务，具有相同功能，有意义的比较只能是对这些任务和功能的比较。其背后的预设乃是"每个社会的法律在实质上都面临相同的问题，但是各种不同的法律制度以极不相同的方法解决这些问题，虽然最终的结果是相同的。"[2] 这种体例为以后比较法学的研究者提供了一种带方法论自觉之研究的范例。而

〔1〕 ［法］勒内·达维德：《当代主要法律体系》，漆竹生译，上海译文出版社 1984 年版，第 24 页。
〔2〕 ［德］K. 茨威格特、H. 克茨：《比较法总论》，潘汉典等译，法律出版社 2003 年版，第 47 页。

且，功能主义方法让人们得以突破在每个国家法律中既有的概念限制，从而进行更大胆的比较研究。

如果说系统性的教科书编纂主要以以上两本欧洲出版的作品为代表，那么美国比较法学则首先得益于另一种教科书编纂体例。1950 年，因为纳粹政权的反犹政策而流亡美国、分别在德国和美国接受过完整法学教育的比较法学家施莱辛格（Rudolf Schlesinger）按照美国法学院的案例书传统编纂出版了《比较法：案例、文本、材料》（*Comparative Law：Cases，Text，Materials*）。该书第一部分的案例选取了在美国法院查明外国法方面有代表性的判例。在第二部分，作者揭示了律师在两个不同法系所接受的教育和发挥的功能方面的不同，并试图教会美国律师如何理解大陆法系国家的法院所据以裁判的法典文本和哲学。在最后一部分，施莱辛格用较为简短的篇幅呈现了一些各国法学家共同面对的问题。可见，这部教科书的主要功能是为美国的法律实务人士提供一了解大陆法系国家法律的实践指引，而不像前面两部欧洲作品那样关心理论体系建构问题。

在东亚，值得一提的是大木雅夫于 1992 年出版的《比较法》。这部教材可以大致分成总论和分论，其中，总论四章，分论三章，可见其在总论上花费的笔墨相当可观。总论部分梳理了比较法学的历史发展、概念、目的功能、方法。分论部分则包括了"法圈"（替代了法系的概念）、法典和法学家。其中在法圈论部分，作者用洗练而准确的笔触提出了对东西方法律交流中出现的种种误解的反思，并指出在种种法律传统之间表面的异同之下寻找真正的实质异同的必要。[1] 在法典论和法学家论部分，他则分别比较了以德法为代表的大陆法系、以英美为代表的普通法系和以苏联为代表的社会主义法系的不同制度与实践。可见，他先以类似的法律现象为分类标准，然后再于每种现象的范围内突出每种法系的特色。

除了教科书之外，一个学科的载体还包括专门的学术期刊。教科书的意义往往在于体系化一个学术共同体中有基本共识的知识，并传承给下一代学人，作为研究的起点。期刊则为最新的、针对具体问题的研究成果（也就是"正在形成的知识"）提供了发表和传播的渠道。战后，各国的比较法学研究会纷纷创办了自己的会刊。[2] 法国比较法学研究会在 1949 年创立了《国际比较法评论》（*Revue internationale de droit comparé*），毕竟在当时的法国学者看来，法国的

---

〔1〕 ［日］大木雅夫：《比较法》，范愉译，法律出版社 1999 年版，第 127～129 页。

〔2〕 拉贝尔于 1927 年就创办了《外国与国际私法杂志》（*Rabels Zeitschrift für auslaendisches und internationales Privatrecht*）。

就已经是国际的了。两年后，英国也创办了《国际法与比较法季刊》（*International & Comparative Law Quarterly*）。1952 年，现在具有世界影响力和极高学术声誉的《美国比较法杂志》（*American Journal of Comparative Law*）也创刊了。并不属于学会会刊但是拥有古老历史的德国《比较法学杂志》（*Zeitschrift für vergleichende Rechtswissenschaft*）在 1953 年复刊。另一本不隶属于学会的刊物《比较法研究》则在 1987 年于中国政法大学创刊。

总之，在第二次世界大战结束后不久，比较法作为一门学科已经具备了自己的队伍、组织机构、作为共识载体的教科书和作为新思想表达平台的学术期刊等物质性的条件。在此基础上，一套学科的范式也逐渐成形。

二、基本问题与方法

虽然我们说比较法学者形成了一个"共同体"，但显然每一个比较法学者关心的问题、在不同立场之间的倾向、最后形成的知识都千差万别。我们会在第三章具体讨论比较法学知识的分类。从宏观上说，从第二次世界大战到冷战结束这段时间里，比较法学的研究或多或少会涉及三个基本问题：法律统一、法系、法律移植。除了最为简单的文本比较之外，占据主流的方法则是功能主义方法。

（一）法律统一

前面提到，两次世界大战之间的比较法学家相信人类共同法总是存在的，而且正在以不可阻挡的方式自我实现。相比之下，他们在第二次世界大战后的继任者则更加务实一些。这些新一代的比较法学家意识到，1800 年以来的法律史见证了越来越多的分裂和孤立而非融合。[1] 但他们对时代需要的判断和前辈是一样的：国际共同体存在和运作的前提是在共同的基础上建立规则，所以通过比较法寻找各国共同接受的法律原则就成了一个紧迫的任务。[2] 换言之，如果我们套用耶林（Rudolf von Jhering）的话来说，法律统一不再是一种自然而然实现的、没有任何痛苦的过程，而是一种需要不断斗争才能完成的任务。茨威格特和克茨也主张，比较法的重要功能就是最终为超国家法律的统一准备各项规则，也就是"在理想和可能的范围内，通过超国家的各项原则的一致性，协调或者消除各国法律秩序之间的差异"[3]。既然如此，比较法学把重点放在各国法律制度的相似性而非独特性方面也就不足为奇了。求同存异的一种方式是

---

〔1〕 *Cf.* Rudolf B. Schlesinger, "Research on the General Principles of Law Recognized by Civilized Nations", *The American Journal of International Law* 51, no. 4 (1957): 734-53.

〔2〕 Schlesinger.

〔3〕 ［德］K. 茨威格特、H. 克茨：《比较法总论》，潘汉典等译，法律出版社 2003 年版，第 31 页。

暂时放下规则细节上的千差万别,专注于对一般原则的理解和运用——施莱辛格及其领导的"康奈尔计划"(Cornell Project)便是如此。我们可以认为这是对战前"文明国家"共同法理想的延续。另一种方式则是像茨威格特和克茨那样,探索人们通过法律到底想要实现什么共同目的。

战后比较法学家虽然和他们的前辈分享着同样的理想,但是他们面对的是一个在各方面都相当不同的世界。两战之间欧美各国保守势力高涨,主张民族传统和历史在决定政治法律制度上的重要性,认为人首先是民族共同体的一员。就连巴黎和会所确立的一系列国际条约也延续了这种民族主义思维,承认最弱小的民族作为一个群体生活的意义共同体也应得到保护,从而禁止国家压迫少数民族的成员。第二次世界大战后,民族主义成了一种在亚非拉第三世界国家争取独立、反对殖民的批判工具,同时也远离了欧美各国的本土。战争的悲剧自然还留在施莱辛格、茨威格特和克茨等学者的记忆中,但如果选择向前看,联合国在国际事务上获得了国联所从未有过的权威、越来越多的国际组织开始协调各国的行动、欧洲一体化已经提上了日程,更重要的是国际市场确实至少分别在美国和苏联两个阵营内部形成了。就算比较法学不能说服各国的立法者选择同一种规范,至少在需要为新的国际秩序创造超国家的规范时,学者完全可以抓住机会,提出一种统一的法律。

时至今日,关于法律统一的讨论已经带来了难以胜数的理论和实践成果。特别在欧洲,探索欧洲共同法的努力长盛不衰,施莱辛格的康奈尔计划最终启发了延续至今的"欧洲私法共同内核"计划(The Common Core of European Private Law)。在立法方面,主要由德国法学家团队起草的《欧洲统一私法典》现在已经是各国民商法修改时的重要参照系。非洲商法协调组织也在积极推进非洲在商法领域的统一,拉丁美洲也从未放弃统一国际私法的努力。而在全球范围内,《联合国国际货物销售合同公约》则是一个典型的例子。

(二)法系

如果说法律统一体现的是比较法学家改变世界的抱负,那么对法系的研究则体现了他们理解世界的努力。最近出版的一些教科书关注比较法的理论与方法,或者比较法的哲学,但是除此之外,几乎所有比较法学的标准教科书都会探讨法系的概念。甚至在大部分情况下,一本典型的比较法教科书的主体部分就是对各个不同法系的介绍。达维德在《比较民法学基础教科书》中分别以意识形态和法律技术作为首要和次要区分标准来划分法系,然后在《当代主要法律体系》中放弃了统一分类标准。和达维德不同的是,茨威格特和克茨坚持认为可以用五种因素区分不同法系:"①一个法律秩序在历史上的来源和发展;②在法律方面占统治地位的特别法学思想和方法;③特别具有特征性的法律制度；④法源的种类及其解释；⑤思想意识因素。"〔1〕 这种多元分类法诚然比此前仅依据单一标准区分法系的方法更具现实主义色彩，但是很难说它与达维德在后期采取的那种权宜的、放弃追求统一分类标准的做法相比有何优点。这五种标准实质上更像是在对既有的法秩序划分归类后，再为了把现有分类区别开而提出的标准。

欧美比较法学的经典最善于处理的其实只有三种法系：大陆法、普通法和伊斯兰法。它们的指导思想、法律渊源和不同规范的解释与适用方法都有鲜明的特点。〔2〕 但世界毕竟不是欧洲人在 19 世纪末所认识的模样，除了这三种早已进入比较法学家视野的法律以外，人们也不可能继续认为非洲、中国、日本和印度是无法之地。欧洲比较法学家也普遍不认为苏联的法律是大陆法系的一种延续。于是，法系既构成了典范比较法教科书的核心部分，又对现成的比较法知识体系提出了挑战。一方面，人们不能仅仅因为这些地区的法律实践不同于作为"典范"参照系的德法或者英美国家的法律就否认其作为"法律"的地位。另一方面，人们又必须抵制把它们归类为大陆法、普通法或习惯法分支的努力。甚至，人们可以根据自己的意识形态立场，从这些法律中寻找批判和改进本国法律的希望。在冷战结束前，对比较法学家提出挑战并提供想象源泉的是苏联法。而在铁幕最终掀起后，包括中国法在内的远东法在一定程度上填补了苏维埃法消亡留下的空白。

法系的研究其实也和法律统一的理想相连。毕竟处于同一个法系之中的不同法律传统之间必然存在着较高的相似性，否则法学家也不会把它们放在同一个法系之下。而且既然我们可以区分出几个大的法系，那么在不同的法系之间找到共同推崇的原则也就比在各个国家的国内法中漫无目的地寻找要简单得多。一旦一种共同原则或者对社会问题的解决方法可以证明在不同的法系中都存在，那么要求各个法系之中的国内法接受这种统一规范也就容易得多了。所以，在这个意义上讲，法系可以作为法律统一的一种认识论基础。

本书继续把大陆法、普通法和伊斯兰法视为法系的典范，然后从各自不同的法律渊源、解释方法和法律职业三个方面来说明。需要注意的是，这只是各种可能分类方法中的一种，而不是唯一一种。

（三）法律移植

另一项经典比较法学的研究主题"法律移植"则与这一学科在更早阶段的

〔1〕 ［德］K. 茨威格特、H. 克茨：《比较法总论》，潘汉典等译，法律出版社 2003 年版，第 108 页。

〔2〕 参见本书第四、五、六章。

发展史息息相关。比较法学的实践意义最早体现在以一国法律改革另一国法律。朗贝尔、萨莱耶希望用德国、美国的立法改良法国法，庞德则希望用美国法改变中国法，以沈家本、江藤新平为代表的法律改革家更希望用西方法实现本国法律的现代化。而且，实现他们抱负的最直接方式就是通过立法把其他国家的法律文本变成本国法律的内容。20 世纪初的日本、中国、土耳其、泰国等亚非拉国家确实也直接引进了许多外国的法律制度，更不用说那些曾经受英国、法国、西班牙、葡萄牙等国直接殖民的国家和地区。学者们很早就注意到这一现象，开始评估这些计划的成败，并试图找出影响其实践效果的因素。[1] 自从阿兰·沃森（Alan Watson）1974 年出版了他的《法律移植：一种比较法进路》（*Legal Transplant：An Approach to Comparative Law*）后，学者们便经常把这种"从一个国家把法律移动到另一个国家"称为"法律移植"。[2]"法律移植"的概念因为其简洁、生动而具有极大的吸引力。沃森认为，文本上的相似就足以证明不同法律之间的移植关系，比较法学家恰恰不应该关注文本的社会功能。不论这种理论是否成功，沃森都为此后的比较法学家和法史学家提供了一种理解人们如何通过比较法有所作为的概念工具。

除了研究殖民时期西方法律模式的扩张外，美国主导的"法律与发展运动"和 1990 年后中亚和东欧各国政治体制改革分别促进了对法律移植的研究。"法律与发展运动"肇始于美国与一些欧洲发达国家为了维护二战后世界经济体系而为拉丁美洲和非洲一些国家提供一定经济援助并实验性地移植法律的计划。在 20 世纪 80 年代全球经济一体化格局稳固的背景下，美国更积极地同时向发展中国家和各种国际组织输出法律，使得美国法和美国法学的模式在全球范围内获得了稳固的地位。[3] 冷战结束后，此前苏联的加盟共和国和盟国纷纷开始政治和经济的自由化改革。时逢美国主导的全球化进程稳步发展、欧盟一体化势头正盛，对于这些亟待建立民主政体和自由市场的国家而言，从美国和西欧学习现成的法律是最简单不过的选择。于是，美国、德国、法国和来自各个国际组织的法学家纷纷以专家的身份前往这些国家，帮助它们起草了宪法、民法、商法等基本法律体系。这些实践对于比较法学意义重大，一方面，它证明了可以使用法律移植的手段实现法律统一的理想。另一方面，广泛的移植也让人们意识到纸面上的法律规则在实践中可能产生种种不同的后果，于是促进了比较

---

[1] *Cf.* Otto Kahn-Freund, "On Uses and Misuses of Comparative Law", *The Modern Law Review* 37, no. 1 (1974): 1–27.

[2] Alan Watson, *Legal Transplants：An Approach to Comparative Law* (Athens：University of Georgia Press, 1993), 21.

[3] 参见鲁楠：《全球化视野下的法律与发展》，法律出版社 2016 年版，第 1~10 页。

法学的自我反思与革新。

早期比较法学研究的重点在于法律文本，因此大部分的比较法学家更关注的是不同国家法律文本的相似性。后来，研究开始重视司法中对外国判例的引用、以外国的学说来解释本国的法律和各种私人企业以"企业社会责任"之名创建的"法律特区"。易言之，人们开始更全面地认识比较法的作用。我们将在本书的第十章具体讨论这些问题。

（四）功能主义方法

茨威格特和克茨认为比较法学唯一的方法就是功能主义方法。[1] 在比较法学上，功能主义方法的焦点并非规则本身，而是规则的实践效果，并非学说结构和论证，而是学说所完成的事件，所以研究者把法律决定视作对现实情况的回应，比较不同的法系也就意味着比较它们对相同情况的不同法律回应。[2] 对于比较法学家而言，功能主义方法既方便又实用。方便是因为他们可以通过"社会问题"的概念迅速找到两个不同制度的连接点。特别是在法学首先意味着研究本国有效的法律的时代，社会功能让比较法学家可以理直气壮地把目光投向看似与本国法大相径庭的外国法。实用是因为一旦假设所比较的法律制度都解决类似的社会问题，那么比较的工作往往结束于对不同制度解决同样问题之效果的评价。如果一种制度安排相对于另一种而言能更有效、经济地解决共同的社会问题，那么就有理由要求用这种更有效的制度取代不那么有效的制度。于是，法律移植的主张就有了科学论证的基础，而且只要比较的样本足够大、对功能的探讨足够深入，那么人们总是可以从现有制度中找到最能有效解决相应社会问题的办法，并且自然而然地希望以这一制度为样本设计一种统一法。就算沃森反对比较法学家关注社会效果，他却无法阻止人们用功能方法衡量法律移植的成败。正因为这种方法如此便利，可以说现在较为流行的比较法方法或多或少都是功能主义方法的变种。

一个典型的功能比较法研究可以分成以下四步：找出所研究的本国法律所发挥的社会功能，考察国外法律如何发挥类似功能，辨别国外法律中发挥类似功能的法律，提出比较结论。[3] 这种方法无疑是战前比较法普世主义遗产的体现，它假设所有的社会都会面对类似的问题，而且这些问题在不同的社会中都会受到相似的关注，最后每一个社会都需要以法律的形式解决这些社会问题。

---

〔1〕 对于功能主义的详细讨论，见本书第三章第二节。

〔2〕 *Cf.* Ralf Michaels, "The Functional Method of Comparative Law", in *The Oxford Handbook of Comparative Law*, ed. Mathias Reimann and Reinhard Zimmermann (Oxford: Oxford University Press, 2006), 342.

〔3〕 *Cf.* Geoffrey Samuel, *An Introduction to Comparative Law Theory and Method*, European Academy of Legal Theory Series (Hart Publishing, 2014), 68.

其背后不曾言明的想法仍然是所有社会都会沿着同一轨迹发展。然而，就算这种宿命论式的历史进步观难以证伪，至少我们可以说，并不是所有的社会都会以同样的方式认识某一社会现象。在一个社会表现为"问题"、需要解决的现象，可能在另一个社会反而是需要保护和珍视的实践。比如法国的社会法通过便利工会组织的罢工来保障劳动者、资方和政府的"社会对话"可以开展；而在许多外国的观察者眼中，法国频繁的罢工正是其产业进步的最大阻力。再退一步讲，就算人们能对存在的"问题"有相似的认识，他们对解决的目标的认识却大相径庭。人们常常把法学与医学类比。然而在医学上，人们知道什么是目标——健康的身体，争论的只是病灶；在法学上则相反，人们知道什么是需要消除的——不公平、不正义，真正让人们无法达成一致的反倒是理想社会应该是什么样的。

三、新自由主义背景下的战后比较法

乍看上去，二战后的比较法学只是对 20 世纪初比较法学的延续：对主要法系的研究早就出现了，法律统一的呼声也一直没有停息，法律移植更是各国改造自己法律的手段。但战前主导比较法学的是一种乐观的进步主义思想，人们把比较法学视作一种行动方案；而战后比较法学则更多秉持一种中立的技术性观念，认为本学科的任务仅仅是获得知识，而非参与治理。这一方面体现了战后世界秩序形成中占主导地位的新自由主义法律观，另一方面又在这一背景中帮助这种哲学继续支配全球化的进程。

如果我们遵循尼采的忠告，那就不应该浪费时间尝试定义那些存在于历史之中的概念。"新自由主义"就是其一。相反，我们可以试着举出在具体的历史语境中，它主要和哪些实践主张相连。它是一套关于政治经济实践的理论，认为"提高人类的福利的最佳方式就是在一个以保护个人财产权、自由市场和自由交易的制度框架内，最大限度地解放个人的创业自由和技能"。[1] 它主张政府的功能应该限制在创造并维护有利于自由市场运作的限度上。所以，政府只要提供国防、治安、基础教育、财产权、市场机制就足够了，应该尽量减少对合同自由的干预、减少基础设施建设投入、减少社会福利支出，也应该对进口商品和服务征收尽可能低的关税。可能会有一些历史学家把 20 世纪 70 年代末撒切尔和里根这两位典型新自由主义领导人的上台视为其发展的决定性时刻，但其实在 1945 年战争结束后世界秩序重建的过程中，新自由主义的整体趋势已经很明显了。毕竟其最早的推手——世界银行（World Bank）和国际货币基金组织（International Monetary Fund）——早在 1945 年就建立起来了，作为布雷顿森

---

〔1〕 David Harvey, *A Brief History of Neoliberalism* (Oxford University Press, 2005), 2.

林体系的一部分，要求经济援助的接受国接受市场化、民主化的改革。1995 年成立的世界贸易组织（World Trade Organisation）则进一步加速了这一进程。这些全球化的主要制度制定者希望各国降低乃至最终消除贸易壁垒，建立保护私人企业和市场自由运作的法律体系，这些法律最好是相似甚至相同的。而且，它们还通过有条件的发展援助、发布"法治指数"（Rule of Law Index）和"营商指数"（Doing Business）等手段促使各国修改法律以适应上述理想。

现代法学史上很多争论都可以概括为在"法律是政治的"和"法律是科学的"两种立场之间的选择。如果法律是政治的，那么作为众人之事，其内容就应该交由政治代表机关决定。如果法律是科学的，那么作为专业性的知识，其内容就应该交由法学专家、而非任何法学的门外汉来决定。战后的主流比较法学家一致倾向于选择后一种立场。比较法学不再为法律改革提供行动纲领，它首先是一种知识工具，比较法学家的主要工作就是尽可能客观中立地以准确、不带意识形态偏见的方法描述外国法。于是他们把自己研究的对象局限于法律的，并首先在法律和政治之间建起了第一道隔离墙。[1] 正因为法律是解决社会问题的一种技术，所以科学家们可以超越意识形态因素去诊断不同的技术在解决问题的效果上有何异同，而不需要去探讨人们对问题的认识是否一致。为了做到这一点，比较法学还需要第二道隔离墙，建立在法律与社会之间。沃森坚持比较法学研究的是法律的文本，茨威格特和克茨也提醒他们的读者虽然比较法学家可以向法社会学家学习很多，但两个学科之间终究存在着难以逾越的区别。[2] 其中最大的区别或许在于，比较法学家在"法律的概念"问题上往往先入为主地持有一种规范性的定义，而较少询问"什么是我所比较的社会的法观念"或"法律在此社会有何意义"。法律是解决问题的技术，而且只能是解决问题的技术。为此，战后主流比较法学家又在法律和文化之间建起了第三道隔离墙。他们主张法律的意义不需要在一个给定的符号体系中去理解，也认为法律可以脱离这种特定的符号体系发挥作用。

战后主流比较法学家未必本身是新自由主义者，只不过他们的技术中立立场恰好与新自由主义的法律计划不谋而合。在国家、个人、国际组织、企业、非政府组织等多元行动者共同参与的全球治理中，掌握专门知识的技术专家在创造和解释规范方面发挥了巨大的作用。他们是经济学家、职业律师、政策分

---

〔1〕　*Cf.* Kennedy, "The Politics and Methods of Comparative Law".
〔2〕　［德］K. 茨威格特、H. 克茨：《比较法总论》，潘汉典等译，法律出版社 2003 年版，第 16~17 页。

析家、工程师或商业管理者。[1] 把法律理解为一种科学，意味着用以讨论法律的不再是关于善与恶的价值话语，而是关于真与假的科学话语。战前比较法学的先行者则很明确提出他们要通过法律改造社会，而且他们随时准备进入关于什么是理想社会的辩论。话语转变最终让关于理想社会的争论处于比较法学的主流范畴之外，从而创造出了一个盲区，让作者们可以避免暴露他们的政治判断。在新自由主义驱动全球化的背景下，对价值问题的沉默让比较法学很容易变成这种意识形态以科学上的客观中立之名普遍化的渠道。既然科学是客观的，那么用一种最有利于国际国内自由市场运行的法律来统一世界各国的法律从而消除贸易的障碍，就不再是一种可以争论的价值选择，而是一种对科学规律的尊重。人们不需要再去讨论谁在这种统一市场的形成中获益，而谁又在其中受损。功能主义为我们提供了衡量不同法律制度有效性的尺度，同时也允许我们把自己对理想社会的认识投射到另一个社会上。法律移植就成了让同一种技术性的、为专家所支持的法律普遍化的方式。我们看到战后比较法的实践，无论是美国主导的两次法律与发展运动还是欧洲私法统一运动，遵循的都是类似的逻辑。

第三节　冷战后比较法学的革新

如果说 20 世纪 90 年代是全球化狂飙突进的时代，那么现在人们更多感到的是逆全球化和反全球化的思潮。当资本和商品可以超越国界限制在全球自由流动，跨国企业选择劳动力成本、环境保护成本乃至税收成本较低的国家或地区生产它们的商品也就成了一种再正常不过的选择。于是，在那些因为离岸生产失去工作机会的人看来，外国工人抢走了他们的饭碗。而在另一些人看来，利用第三世界国家在劳工权益、环境保护方面的低规制状态降低成本本身是一种不公平的交易。回到过去、重拾保护主义政策对许多人而言成了一种安全的选择。然而，排斥和封闭最终只能创造更多问题，而非解决问题的方法。需要反思的恐怕是主导全球化的新自由主义思想以及与其相关的法律理论。于是，在先后成为社会改革和全球化的排头兵后，比较法学在 20 世纪末再一次走到了批判经典法律理论的前沿。

---

[1]　*Cf.* Kennedy, "The Politics and Methods of Comparative Law".

一、批判比较法出现

一切似乎开始于 1968 年的 5 月。巴黎的大学生封锁学校，并和年轻工人一道筑起街垒。对社会压迫的反抗蔓延到了全欧，甚至传播到了大西洋彼岸，形成了一场知识—政治—社会运动，旨在揭示制度化的不平等与不公正。在尼采（Friedrich Nietzsche）、马克思（Karl Marx），特别是福柯（Michel Foucault）等人的影响下，学者们开始以批判的眼光审视作为社会制度之核心的法律制度，将其视为社会控制的工具而非正义的保证。[1] 20 世纪 70 年代中后期，当时采取行动的学生中有一些人走上了法学院的讲台。虽然这些总体上可以归为"左翼"的学者之间在政治、经济等问题上的判断大相径庭，但是因为他们共同的志业在于指出以法律之名实现乃至固化的社会不公，所以人们有时笼统地称之为"批判法学运动"。有美国学者把批判法学视作美国现实主义的余脉，并指出"不确定性命题"是其核心——法律的规范无法决定司法判决的结果，在所有可能结果中作出的选择必然是政治性的。[2] 诚然，批判法学确实质疑"法律的"与"政治的"之间的区别，但其背后更深刻的反本质主义倾向更值得我们重视。所以，反而是法国《法律与文化》（*Droit et cultures*）杂志发刊词更好地概括了批判法学的主张："只有对照一个给定文化中的价值和规范系统而谈论法律才有意义……只有对照法律的缺位和对法律的否定谈论法律才有意义。"[3]

换言之，批判法学运动强调对法律概念、法律之意义和法律之实践效果的情景化理解，也提倡对法律之失败的研究。在这场运动中，比较法很快便作为一种批判的武器登台亮相。

在批判比较法学的奠基性作品《批判性比较》（*Critical Comparisons*）中，法兰克福大学的弗兰肯伯格提出了旧方法向新的比较法方法转变的三个主要因素：从民族中心转向自我批判、从法律中心转向对法律的批判、从关于法律简单明了的陈述转向对复杂和暧昧的观察。对不同法律的比较应该帮助学者认清自己所处之法律传统的特殊性和缺陷，而非促使人们把某种产生于特殊文化之中的法律现象抽象化为可普遍化的法律概念。同样，对不同社会纠纷解决机制的研究也将让人们认识到，理性化和形式化的法律观并不是规制社会的最好方式。最后，批判比较法更关心在具体历史语境中人们可以通过规则所为之事，

---

[1] 理解这一背景之后，《法律的帝国》的读者在看到罗纳德·德沃金（Ronald Dworkin）说尼采和马克思根本没有什么正义理论的时候，大概就该明白他的所指了。*Cf.* Ronald Dworkin, *Law's Empire* (Harvard University Press, 1986), 75.

[2] *Cf.* John Hasnas, "Back to the Future: From Critical Legal Studies Forward to Legal Realism, Or How Not to Miss the Point of the Indeterminacy Argument", *Duke Law Journal* 45, no. 1 (October 1995): 84–132.

[3] "Domaines du droit", *Droit et cultures*, 1-1, 1981.

而非普遍有效的法律理论。[1]

不难看出，弗兰肯伯格所象征性地开启的批判比较法学首先是对欧美比较法学的自我批判。这种批判不可避免地要求人们把比较法的重大事件或基础研究主题回置于具体的历史语境之中，然后评估人们通过这些理论"做了什么"。于是，这种自我批判转而成为一种历史批判。当历史置于批判的显微镜下，过去的纪念碑仿佛显现出了完全不同的形象。从巴黎大会的乐观主义精神，到里昂大会的普世主义信念，再到战后技术主义比较法的兴盛……本学科每一次重要的进步，比较法研究都在把制度从特定文化、历史背景下的意义体系中抽离，赋予其一般的、抽象的因素。然而一旦考察到底是什么法律（包括规则、原则、学说、教条）不断得到普遍化，我们不难发现这种法律统一化的过程实际上是西方特殊法律的普遍化。功能主义方法在其中发挥了重要的作用。使用它的学者小心寻找各种法律经验中的相同部分，下意识地把那些不同的经验排除在研究范围之外。正如他们在 19 世纪末的前辈一样，20 世纪的主流比较法学家以欧洲和美国的经验作为标准，来衡量异同。于是，传统比较法接受了一种充满歧视和成见的文明标准，从而为新自由主义主导之下的全球化背书。而后者除了建立国际统一市场以外，还在固化着本身不平等的国际结构。相反，新的比较法学还尝试转换视角，把"他者"的立场作为参照系，凸显研究者本身所处传统的特殊性和偶然性，从而最大限度地摆脱成见的困扰。[2] 通过这样的反省和自我批判，比较法成为批判法学中相当强劲的一个支脉。

批判比较法的意义在于提出了一种自我批判、永恒批判的研究进路，拒绝成为不容动摇的教条。批判比较法的研究既不止步于对西方法学之不光彩过去（和现在）的否定，也不必然意味着不同意义系统的不可比较。批判比较法（及更一般的批判法学）不仅让我们有机会在情境中理解法律实践，更让我们可以通过更加抽象的方式理解表面完全不同的法律实践之间的共性。大陆法系国家以立法文本为中心的法学方法和普通法国家以先例为中心的法律方法固然不同，但它们都涉及法律专业人士如何处理以文本形式出现的初级材料的问题。对法律渊源的研究还会让我们发现，在任何一种法律实践中，不同职业的专业人士都在利用自己的相对竞争优势争夺对确定法律之意义的垄断权。法教义学的分析告诉了我们，在一个给定的法律体系中，法律以何种方式存在、各种存在方

---

〔1〕 Gunter Frankenberg, "Critical Comparisons: Re-Thinking Comparative Law", *Harvard International Law Journal* 26 (1985): 411.

〔2〕 我们反复强调的是，茨威格特等战后主流比较法学家也希望摆脱成见，只不过他们的方法无法实现他们的抱负而已。在这一意义上，我们批判他们的方法，却继承了他们的理想。

式之间有何种关系，但法教义学是起点而非终点。从这个起点出发，我们批判地研究谁在这种实践中得利、谁又在这种实践中被剥削与被损害，从而得以检讨以制度之名实现的不义。

二、反思法律的边界

但是，如果法律是一个纯粹事实的经验领域，法学不过是对这种经验的中立与科学的认识，那么批判就显得无关宏旨了，毕竟大部分人认为科学的结论与人们的价值判断无关。所以，20世纪80年代以来许多比较法学家在致力于拆除法律与政治、社会、文化之间的隔离墙。其结果是法律不再呈现为一个独立于其他社会实践的领域，其意义需要在给定的语境中理解，其价值也需要在给定的语境中评估。

在此次比较法学的转型过程中，法院似乎走在了书院之前。是法律的职业人士首先打破了过去以清晰界定的国内法、成文法为蓝本的法律的边界。20世纪最重要的民法学家之一卡塔拉（Pierre Catala）曾说："体系一致性和清晰性在我青年时代曾经如此吸引我，但现在面对由摇摆不定的规则组成的万花筒、由变动不居的概念组成的混合物和由不同的规范渊源形成的无政府状态，它们还如何存续？"[1] 相对于无序和摇摆不定，体系一致性和清晰性才是私法学乃至整个法学需要追求的目标。对体系性的追求首先决定法学作品的任务：无非是通过解决法律上一个具体的问题（评注）或描绘法律之整体（教科书），把需要知道的立法文本和需要了解的判例用法学家的集体智慧——学说——整合成一个无冲突的体系。[2] 现在，国家仍然生产法律，但生产法律的却不仅仅是国家。全球化让法律在空间上超越了领土国家的形式，法律要么由民族国家制定或认可（国内法）、要么由主权意志相互协调产生（国际法）的模式如今不克描述新的法律产生方式。[3] 全球性、国际性、区域性、跨国性、社群性的法律空间和亚国家、非国家的法律形式层出不穷。新的规范生产机制应运而生，与民族国家的立法机构展开竞争。所以，在全球化的时代，学者开始质疑大革命之后出现的"一个民族、一个国家、一部法律"的理想，转而重新关注法律的"碎片化"。[4] 规范的生产者现在更像是初级法律质料的提供者。法律实务的工

〔1〕 Pierre Catala, "Discours de M. Pierre Catala", *op. cit.*, p. 47.

〔2〕 *Cf.* Christophe Jamin et Mikhail Xifaras, "Sur la formation des juristes en France", *Commentaire*, juin 2015, vol. 150, n. 2, pp. 385-392.

〔3〕 参见鲁楠：《全球化时代比较法的优势与缺陷》，载《中国法学》2014年第1期。

〔4〕 Eg. Anne-Charlotte Martineau, *Le débat sur la fragmentation du droit international*, Bruxelles；Romain Tinière et Jordane Arlettaz, *Fragmentation en droit. Fragmentation du droit：Colloque de Grenoble*, 17 mai 2013, Ed. l'Epitoge, 2014, p. 166

作者把国家立法等不同的初级法律质料进行加工，制造出适应顾客所需要的法律工具，满足顾客在金融、经济、政治、社会发展方面所需要实现的目的。国家本身也在参与这种实践。宪法起草似乎成了在摆满了标准化零件的大卖场中购物，各种原则、各种基本权利已经由过去的宪法放在货架上，新的宪法起草者只需要从中选择编排就可以了。[1] 甚至连宪法诉讼中，法官也开始使用其他国家的法律和判例为自己的结论背书。

既然法律作为一个无冲突规范体系的理想已经无以为继，既然规范的多元性已经在实践中如此明显地展现出来，人们自然而然会问：那么，谁在决定着法律？利维坦——法学家们长期以来避而不见的老熟人——的面目便浮现在了他们曾经认为科学中立性足以保障安宁的法律实践中了。法学家对政治并不陌生。极力推荐我们只关注法律文本的沃森自己也说："法律是权力。法律是政治。那些有政治权力的人决定着谁能创造法律、如何判断法律的有效性、法律秩序如何运转。"但他同时也提醒人们："不能因此就说是掌握政治权力的人决定了规则的内容和法律的渊源。"[2] 我们不妨把沃森的提醒翻过来：能够决定规则的内容和法律渊源的人，就掌握了政治权力，而不管他是否真正身居高位。在一个多元法律环境中，"法律"不再只是国家的成文制定法，那么极端的情况是，法官每一次"依法裁判"其实都在决定着什么是法律、什么是可以适用的法律渊源。但政治家依然在代议制下形成立法文本，文官集团继续通过行政法规创造规则，律师和他们的"顾客"也在不断形成格式合同或者新的习惯。所以，说到底每个法律的适用和创造过程也都同时是一个做政治决定的过程。在理解法律专业人士如何做政治决定方面，比较法学家相比于其他的法学家或社会学家而言并无特殊优势。但是，比较法学有助于在法律多元环境中尽可能维护政治决定的公开性。一方面，对国际法、其他国家国内法和区域法的知识可以帮我们判断，使用这些规范的人是否在误用它们。另一方面，通过审慎比较方法（哪怕是功能主义方法），我们能尽可能阐明为何要做这样或那样的政治决定。[3]

一旦比较法学家开始对比不同国家的法律与政治之间的关系，他们便会发现，类似的法律文本甚至类似的策略在各个不同的国家完全可能会产生不同的

---

〔1〕 Günter Frankenberg, "Constitutional Transfer: The IKEA Theory Revisited", *International Journal of Constitutional Law* 8, no. 3 (July, 2010): 563–79.

〔2〕 Alan Watson, *Roman Law and Comparative Law* (Athens: University of Georgia Press, 1991), 122.

〔3〕 *Cf.* Michelle Graziadei, "The Functionalist Heritage", in *Comparative Legal Studies: Traditions and Transitions*, ed. Pierre Legrand and Roderick Munday (Cambridge, U. K.; New York: Cambridge University Press, 2003), 100–127.

结果。这说明承认法律人掌握了政治权力的同时必须也承认他们的权力远不足以决定法律秩序的运作。19 世纪末的比较法学家们曾希望用外国法改造社会，但他们也提醒人们小心选择所引入的法律，否则很可能目的落空。此后满怀信心的法律技术人员在世界范围所做的广泛法律移植实验以及由此产生的经验显示，前辈们的担心不但并非多余，甚至远远不够。法学家无论在试图说明法律的运作还是在试图通过法律而有所作为时，都必须同时考虑法律内部的实践和外在于法律的经济、社会、文化、意识形态因素。于是，比较法学家也不能再把法律视为自主的、独立的系统，而对其他"外部因素"视而不见。20 世纪后的比较法学因此重新把社会纳入了研究的范围。

最后，文化也在比较法学中重新出场。[1] 重新发现政治和社会，说到底是希望解释，特别是以因果关系的模式解释人们的行动与历史事件之间的联系。除此之外，新的比较法学还发展出了一种阐释性（interpretative）的进路。这种研究把法律视为文化的一部分，并试图在一种特定文化所确定的意义体系之中理解法律的意义。

强调法律之文化面向的作者们认为，法律就是我们生活于其中的世界，不能把它视为外在于主体的、可以进行中立观察的规则体系。他们反对把法律仅仅理解为规则、又把规则理解为表达了一定命题的陈述，也就是反对把法律孤立于其他因素的做法。因为重要的不是用以书写规则的词语，而是这些词语汇聚之后在一个特定的语境下形成的意义。[2] 作为文化之组成部分的法律必须在整体文化中理解；同时，法律又可以折射出文化之整体面貌。那么，无论是功能主义方法所欲揭示的客观功能，还是政治-社会结构方法希望展现的客观因果联系，都变得不但不可欲而且不可能，因为客观性在比较中根本就不存在。作为解释对象的文本置身于一个特定的情境之中，用以解释文本的语言处于一个特定的情境之中，作为解释主体的比较法学家也处于一个特定的情境之中。[3] 比如，一名研究法国法的中国比较法学家必须同时使用法文和中文来理解他所研究的文本，然后用中文或法文把他的理解再现。在再现过程中，他必然受到他此前所接受的中国法教育的影响，从而生产出一种必然不同于那些对中国法一无所知的法国法学家的理解与再现。他无法决定中文和法文这两种必要的语言工具，而每一种语言都有自己组织世界与呈现世界的方式；他也无法摆脱此

---

〔1〕　参见本书第三章第二节。

〔2〕　*Cf.* Pierre Legrand, "Impossibility of Legal Transplants", *The Maastricht Journal of European and Comparative Law* 4 (1997): 111–24.

〔3〕　*Cf.* Samuel, *An Introduction to Comparative Law Theory and Method*, 109.

前法律教育为他准备的一种特殊的"心态"。在这个意义上，比较法学的研究又不是主观的，因为每个人的理解受制于其语言和既有知识。[1] 比较法试图在一个给定的文化中理解法律的意义，但是研究的结果必然因为种种语言和前理解的不同而不同于身处于作为研究对象之文化中的人的理解。因此，比较法只能提供一种相对性的知识。

一种可行的意义比较法的方法是通过法律概念和法律职业群体对这些概念的解释来揭示一种文化特殊的法律思维（legal mentality）或认知结构（cognitive structure）。比如说，通过对家庭法的比较研究，我们可以理解"婚姻""家庭"等不同概念在不同社会中的意义。如果同性恋婚姻在西欧和美国引起争议的主要原因是作为异性之神圣结合的婚姻之宗教属性受到挑战的话，它在东亚各国引起的反对可能更多是因为挑战了"家"传宗接代的任务。所以，在前一种情况里，婚姻因其本身的宗教意义而受人重视；在后一种情况里，婚姻仅仅是形成家庭的一种基本手段、因其辅助性功能而受人重视。另一个有趣的例子是2005年以来法国关于"世俗性"（laïcité）概念的争论。如果不理解法国通过打击天主教会而确保共和政体建立的历史、不理解法国共和主义对单一公民身份认同的强调，恐怕很难理解为什么今天法国社会以此为名那么严格地禁止各种宗教符号。反过来说，通过世俗性的司法实践，我们也可以借机揭示作为法律人认知结构的历史和意识形态背景。于是，法律就变成了一面镜子，每一种文化通过其投射出自身的形象。

第四节　比较法学在中国的产生与发展

20世纪初，中国摒弃古老的法律文化传统，开始了移植西方法的漫长而曲折的过程。而在移植西方法和建立中国新的现代法律体系过程中，比较法学的教育和研究也得以产生和发展，并为推进中国法制现代化进程做出了巨大贡献。

中国比较法的起源可以追溯到公元前4世纪战国初期魏文侯师李悝所著的《法经》。它不仅是我国第一部比较立法的硕果，开我国系统编纂法典之先河，而且对以后各朝代均产生巨大影响。之后商鞅携《法经》入秦，改法为律，助秦王成霸业。汉萧何增厩、户、婚三篇，成《九章律》。以后朝代各有增损，直

---

〔1〕　Cf. Pierre Legrand, "Sens et Non-Sens d'un Code Civil Européen", *Revue Internationale de Droit Comparé* 48, no.4（1996）: 779-812.

至《大清律例》，一直沿袭此一"律典"（刑律）传统不变。自从秦灭六国建立统一的中央集权国家以来，尽管中国法律对亚洲各国古代法律产生深远的影响，但是中国对外国法未加关注，历代的立法和法学（或称律学）均局限于本国法律及其历史发展与变化的比较。[1] 因此，严格意义上的比较法学在中国是清末变法修律之后才逐渐产生和发展起来的。

受整个法制环境的影响，比较法学在中国从产生到发展并非一帆风顺。清末与民国时期全面移植外国法，至20世纪30年代初基本完成形式上的法制近代化，建立了较为完备的以"六法全书"为基础的近代法制体系，比较法学也得到相应的发展。但在1949年之后，中国废除"六法全书"体系，重起炉灶，转而全面引入苏维埃（苏联）法，旋即又与苏联决裂，这一进程亦告终止，而后在"文革"时期，比较法学销声匿迹，1978年实行改革开放政策以后，中国的法制建设才重新起步，从而也迎来了中国比较法学繁荣发展的黄金时期。

一、比较法学在近代中国

比较法在近代中国的传播与发展大体经历了三个阶段。

第一阶段，从19世纪30年代至1901年变法修律。这一阶段做出贡献最多的是丁韪良、林乐知等西方的传教士和魏源、林则徐、徐继畬等一批最早睁眼看世界的中国人。

鸦片战争失败之后，中国的国门被强行打开，西方列强纷纷涌入，基于对外交涉和解决贸易纠纷的需要，一些西方主要国家的法律和著作被译为中文。尤其是治外法权的丧失，使清政府中的有识之士意识到引入西方法乃当务之急。

众所周知，没有外国法作为参照系，仅有"祖宗之法"的《大清律例》便无从进行比较。因此，翻译外国法和了解外国法（西方法）乃是比较法产生的前提基础。当然，对西方法律制度的介绍还不能称为真正的比较法学。这一阶段尚停留在思想探索领域，对立法和司法实践亦未产生实质性影响。

第二阶段，从1901年清末修律至1911年清朝灭亡。在这一时期，通过对各国法律的翻译、比较，促进了中国近代最早的系统的立法事业，先后制定出了《钦定大清商律》《破产律》《大清民律草案》等一批重要法律及草案。此外，在这一阶段，比较法的教育也得到了发展。这种教育虽然和我们所说严格意义上的比较法学科教育尚存差距，但它对推动比较法在近代中国的诞生还是起了巨大的作用。最后，这一阶段出现了两位著名的比较法研究的先驱：沈家本和梁启超。他们翻译、介绍、传播外国法律的活动，对比较法在中国的产生做出了很大的贡献。尤其是沈家本作为修律大臣，在立法活动中主要移植和借鉴外

---

[1] 参见潘汉典：《比较法在中国：回顾与展望》，载《比较法研究》1990年第2期，第2~4页。

国法以建立中国的现代法律体系，应视为比较法在中国的首次实际应用。

为了制定新法，这一阶段翻译了大量的外国法律法规和相应的著作，出现了部门比较法著作的翻译出版，其中比较宪法类译著就达 12 种之多。尤以日本学者的著作居多，如日本学者辰已小二郎所著《万国宪法比较》（1902 年）和浮和田民所著《比较行政法》。[1]

这里应当指出的是，1903 年《政法学报》第 2 期刊登的《世界五大法系比较论》乃是中国近代第一篇严格意义上的比较法论文。[2] 作者依据日本学者穗积陈重的研究成果，不仅对世界五大法系的形成、历史沿革、主要内容、基本特征及其影响等作了详细的论述，而且强调了比较法对完善法治的重要作用。作者最后得出结论认为，中国如果实行法治，必须舍弃中国故有传统而继受罗马法系和英国法系。

第三阶段，从 1912 年中华民国建立至 1949 年国民党政府被推翻。此一阶段中国近代比较法得到了进一步形成和发展。

首先，出版了一批比较法的著作，如王宠惠的《比较民法概要》（1916 年）、王家驹的《比较商法论》（1917 年）、李祖荫的《比较民法：债法通则》（1933 年）、王世杰与钱端升合著的《比较宪法》（1936 年）、许鹏飞《比较刑法纲要》（1936 年），等等。出版的重要译著有美国学者古德诺（Frank Johnson Goodnow）的《比较行政法》（1913 年）和意大利学者密拉格利亚（Luigi Miraglia）的《比较法哲学》（1940 年）。

其次，发表了一批比较法论文。根据统计，该阶段我国共发表的比较法论文约有 150 余篇，其中比较主要的有张志让《英德契约法之比较》（1923 年）、孟之英《五大法系比较观》（1923 年）、周鲠生《比较法学研究现状》（1923 年）、孙祖基《英美婚姻法与中国婚姻法之比较观》（1924 年）、胡长清《假释制度比较论》（1925 年）、孙晓楼《近代比较法学之重要》（1933 年）、张鼎昌《比较法之研究》（1937 年）、民标《研究比较法学的实益》（1947 年）等。

再次，比较立法事业有了进一步发展。从 1912 年至 1949 年，在比较各国立法得失的基础上，中华民国政府先后制定了《中华民国临时约法》（1912 年）、《中华民国宪法》（1923 年、1946 年）、《中华民国刑法》（1935 年）、《中华民国刑事诉讼法》（1928 年）、《中华民国民法》（1929—1930 年）、《中华民国民

---

〔1〕 参见刘毅：《他山的石头：中国近现代法学译著研究》，中国法制出版社 2012 年版，第 3~46 页。

〔2〕 作者攻法子，生平事迹不详。据陈灵海教授根据以攻法子之名所发表的其他译文推定，作者系 1898 年赴日留学的浙江嘉兴籍学生吴振麟。参见陈灵海：《攻法子与"法系"概念输入中国——近代法学史上的里程碑事件》，载《清华法学》2017 年第 6 期，第 189 页。

事诉讼法》（1935 年）等基本法，形成了所谓的"六法全书"。另外，也颁布施行了诸如《土地法》（1930 年）、《银行法》（1931 年）等主要法规。可以说，中国法制近代化在这一时期已经基本完成。

复次，比较法教育有了显著发展。各公立、私立法政专门学校和法学院扩大了外国法律课程范围，除设国际私法、国际公法两门课程外，还增加了罗马法，并将比较法制史定为选修课。为了取得较好的教学效果，各大学还聘请外国法学家来华主讲这些课程。这些来华讲授法学课程的学者大都对中国法律有一定研究，如日本学者冈田朝太郎（1868—1936 年）、美国比较法学家罗炳吉（C. S. Lobingier，1866—1956 年）、英国传教士毕善功（Louis Rhys Oxley Bevan，1874—1945 年）等人，则进行了中外法律的比较讲授。1938 年，国民政府正式颁布了法学院共同课目表，其中在专业选修课中设置了比较法学课程，包括比较法学概论、比较民法、比较刑法、比较司法制度。标准正规的比较法学课程在中国法学教学中正式登台亮相。

最后，创办了比较法学会与杂志。1913 年，在上海成立了中国第一个比较法学组织——比较法学会，王宠惠当选为首任会长。1947 年任比较法学会会长的是杨兆龙，他还当选为国际比较法学会理事。在此期间，比较法杂志也开始出版发行。最早的是创刊于 1922 年的东吴大学法学院的《法学季刊》（后更名为《法学杂志》）。与此同时，东吴大学法学院的英文版《中国法学杂志》（*China Law Review*，1922—1940 年）还是一个比较法论坛。而 1900 年 12 月创刊的《译书汇编》（两年后改名为《政法学报》），在发表西方政法论著方面更为积极，更为集中，如该刊第一、二期就刊发了法国学者卢梭的《民约论》、孟德斯鸠的《万法精理》、德国学者伯伦知理的《国法泛论》、海留斯烈的《社会行政法论》以及英国学者斯宾塞尔的《政法哲学》（连载）等名著。

在比较法的传播、发展过程中，"比较法"（"比较法学"）一词也在此时开始出现，并得到法学界内同仁的普遍认同和广泛使用。据何勤华教授考证，汉语"比较法"（"比较法学"）一词最早在中国出现是在 1902 年 2 月，该月出版的《译书汇编》刊登有户水宽人撰写的《法律学纲领》一文，其第五章标题即"比较法学"。[1]

由于特殊的历史环境，比较法学在中国近代的产生与发展有其自身的特点。

首先，在近代中国法制发展进程中，"立法比较法"远胜于"学术理论的比较法"。[2] 这是因为无论是清末还是民国都在迫不及待地引进西方法律制度，

---

〔1〕　参见何勤华：《比较法在近代中国》，载《法学研究》2006 年第 6 期，第 125～127 页。

〔2〕　［德］K. 茨维格特、H. 克茨：《比较法总论》，潘汉典等译，法律出版社 2003 年版，第 76 页。

以期以西方法为模板建立新的法律体系，这是社会历史的实际需要使然。曾任国民政府司法行政部顾问的美国法学泰斗庞德在南京国立政治大学以"比较法与历史在中国法制上应有之地位"为题的讲座中，即以如何借鉴外国法以完善中国立法为核心内容。[1]

其次，虽然理论上认识到比较法的重要性，但比较法基础理论未能得到发展，而在部门法比较方面，相应的学术成果却很可观。在近代出版的比较法专著中，龚钺所著《比较法学概要》是民国时期唯一一本冠以比较法学之名而具有比较法总论性质的著作，但该书可谓"徒有其名"。虽然在论述各个专题时，对各国的法学理论也有涉及并进行了比较，但总体而言，这是一本法学通论性质的著作。1933年出版的《法学通论》（上海法学编译社）不仅在书中专设一节"比较法学派"，而且还专门对什么是"比较法学"作了解释，本书虽名为比较法学，却对比较法学基础理论问题未置一语；在内容上，所阐述的问题大体上也都是法学的一些基础知识。

最后，比较法学教育以直接讲授外国法为特色。而各个学校，由于设立的背景不同，其讲授外国法的侧重点也存在巨大差异。如京师大学堂因为政府聘请日本法学家教授法学，日本教授即按照日本教材讲授日本法；而东吴大学法学院（英文名称为"中国比较法学院"）则因美国人设立而直接用英文讲授英美法。[2] 这是由于中国近代立法刚刚起步，法解释学和法教义学都有待立法的发展和近代法律体系的建立。而到20世纪30年代初，在近代立法体系初步建立之后，民国政府教育部门即开始制定讲课大纲，规定授课内容，并限制外国法的讲授课时，以保障本国法的讲课时间。

总之，比较法学在近代中国虽然有了一定的发展，但显然并不充分。

二、比较法学在当代中国的发展

1949年以后，新中国废除了国民党的"六法全书"，全面学习苏联和移植苏联法，并尝试在此基础上建立自己的法律体系。但在完全否定旧法的条件下建立独立的法律体系并非短期内所能完成，在这空白期内便"无法"可以比较。在20世纪60年代之前，在苏联和其他社会主义阵营国家，基于意识形态对立，资产阶级的法只作为批判对象，没有比较法学的生存空间，直到20世纪60年代政治上"解冻"之后，才开始关注比较法研究。而中国在此期间，已和苏联在

---

〔1〕 参见〔美〕庞德：《比较法与历史在中国法制上应有之地位》，杨兆龙译，丁士行笔记，载《社会评论（长沙）》1948年第58期，第3~6页。

〔2〕 参见〔美〕康雅信：《中国比较法学院》，张岚译，载《中外法学》2003年第6期，第681~685页。

政治和思想上处于决裂状态，各种政治运动接踵而至，立法活动和法学研究亦形停顿，当然更无比较法的生存余地。因此，1949—1978 年为中国比较法的空白时期。1957 年倪征燠教授曾呼吁"救救比较法"![1] 实际上需要拯救的不仅仅是比较法，而是整个中国的法制和法学。没有法制作为基础和原料，比较法学乃至整个法学都失去了生存与发展的土壤。

中国比较法学的发展和繁荣始于 1978 年国家改革开放政策的实施，至 2018 年刚好四十年。如果进一步细化，从 1978 年算起，并以 1990 年、2000 年和 2010 年为时间节点，可将这一时期进一步分为四个阶段。中国比较法学在这四十年里经历了起步、发展、繁荣和转折调整阶段。这与中国社会的整体发展趋势是相对应的。

1978—1990 年为第一阶段。这一阶段可称为起步和探索阶段。此时正当改革开放之初，各行业各领域开始发展，中国法学也迎来了遍地开花的春天。国家紧锣密鼓地进行法制建设，广泛借鉴和移植外国法就成为本国法制建设的必然选择。而在移植外国法的路径上，也从单一的学习苏联法转向世界各国的法律，尤其是引入欧美各国的法律制度和法学理论。在这一引进和借鉴外国法的潮流中，比较法自然也受到法学界的关注。

在比较法领域，这一阶段以译介外国法和比较法论著为主要内容。这是中国法学界认识比较法理论和了解世界比较法学发展状况的基础，尤其是当代著名比较法学家的论著被译介到中国，对中国比较法学的发展发挥了重要的促进作用。1984 年上海译文出版社出版的法国著名比较法学家勒内·达维德所著的《当代主要法律体系》（漆竹生译）可谓中国比较法学界的重要事件。这部著作被欧洲法学界誉为当代比较法学的权威之作，被译为多种文字出版。中文版的面世，为中国法学界打开了通向比较法世界的大门。

这一阶段翻译出版的比较法著作还有美国比较法学家梅利曼的《大陆法系》（顾培东、禄正平译，知识出版社 1984 年版）、法国学者勒内·罗迪埃所著《比较法概论》（陈春龙、李泽锐译，法律出版社 1987 年版）或《比较法导论》（徐百康译，上海译文出版社 1989 年版）等。美国学者埃尔曼所著的《比较法律文化》（贺卫方、高鸿钧译，三联书店 1990 年版；清华大学出版社 2002 年再版）让中国比较法学界看到了西方比较法学理论的另一（文化）面相。这是一部比较法律文化的学术专著，内容涉及法律文化的概念、法律的渊源、法律的目的、法律职业者、法律的方法与手段，以及法律限度等多方面。作者从法学、文化学和政治学的结合上对法律文化进行了比较分析，其中不乏许多独到见解。

---

〔1〕　参见潘汉典：《比较法在中国：回顾与展望》，载《比较法研究》1990 年第 2 期，第 8 页。

比较法学领域值得关注的还有 1985 年群众出版社出版的一本外国比较法论文集——《国外比较法学论文选辑》（王正泉等译，王明毅校），文集收录了苏联、波兰、匈牙利、罗马尼亚、捷克斯洛伐克、法国、联邦德国、美国、日本等比较法学家的论文 15 篇，均译自苏联法学家 B. A. 图曼诺夫所编辑出版的《比较法学》和《比较法概论》。应当指出的是，文集中收录多篇西方比较法名家，如茨维格特、康斯坦丁内斯库等学者的论文。西方学者的论文通过俄文转译成中文，足见时至 20 世纪 80 年代中期，苏联法对中国法的影响虽然已经大为减弱，但惯性余威犹在。

这一阶段中国具有代表性的比较法学著作为沈宗灵教授的《比较法总论》（北京大学出版社 1987 年版），对于培养青年学者和学生的比较法学志趣发挥了重要引导作用。另外值得关注的还有吴大英、徐炳编著的《比较法基础知识》（法律出版社 1987 年版）。这是一本小册子，以问答的方式提出并回答了有关比较法基础理论的 17 个问题，包括比较法的概念、历史、研究方法、诸大法系的特点、国外的比较法教育情况等。储有德编著的《比较法学基础》（上海社会科学院出版社 1988 年版）也是这一时期出版的比较法学基础理论著作。

部门法领域的比较法成果当属龚祥瑞教授所著《比较法与行政法》（法律出版社 1985 年版）一书，作者以其深厚的学术功底和丰富材料，令读者感到耳目一新。比较宪法方面的著作较多，如何家辉所著《比较宪法学》（武汉大学出版社 1988 年版）和张光博所著《比较宪法纲要》（辽宁大学出版社 1990 年版）等。另外，值得关注的还有吴大英、任允正所著的《比较立法学》（法律出版社 1985 年版）。

在比较法学教育方面，一些院校开始尝试开设比较法课程，有比较法总论或概论课程，也有部门法的比较。如沈宗灵教授在北京大学法学院、[1] 潘汉典教授在中国政法大学研究生院和中国人民大学研究生班、广州大学为研究生讲授比较法总论课程；[2] 安徽大学的陈盛清教授为研究生开设了比较法制史课程。[3]

这一时期比较法的"三大刊"也相继创刊问世，这对于中国的比较法学研究具有划时代意义。它们是北京大学法学院的《中外法学》（1978 年创刊）、中国社会科学院法学研究所的《外国法译丛》（1979 年）和中国政法大学比较法

---

〔1〕 参见沈宗灵：《比较法研究》，北京大学出版社 1998 年版，序第 1 页。

〔2〕 参见〔德〕K. 茨维格特、H. 克茨：《比较法总论》，潘汉典等译，潘汉典校订，贵州人民出版社 1992 年版，中译者序第 2 页。

〔3〕 参见杨振洪、庄庆生：《陈盛清教授开设比较法制史课程》，载《比较法研究》1988 年第 1 期，第 77 页。

研究所的《比较法研究》（1987 年）。这些刊物"是当时比较法学的重要载体，也是中国了解域外法治和法学的重要窗口"[1]。

成立专门的比较法学研究机构，对于中国比较法学的发展具有重要的促进作用。中国政法大学比较法研究所成立于 1985 年（成立之初称为比较法研究室，1986 年改称外国法研究所，1989 年改称现名），[2] 并以《比较法研究》杂志为依托，短期内聚集了一批对比较法感兴趣的中青年学者，为中国比较法学的进一步发展创造了组织条件。北京大学法学院于 1988 年 3 月成立了比较法与法社会学研究所，沈宗灵教授为首任所长。

也许，对中国比较法学发展更具有组织意义的是中国法学会比较法学研究会（下称"比较法学研究会"）于 1990 年 11 月的成立。这一事件可以作为中国比较法学发展第一阶段的结束，也是第二阶段的开始。研究会成立的意义在于，在全国范围内的比较法学者有了一个交流的平台。以后的事实证明，研究会为中国比较法学的发展和传播发挥了极为重要的作用。

1990—2000 年为第二阶段。这一阶段，中国比较法学得到了飞速发展，初步完成了向外国同行学习的过程，在比较法学理论研究上取得了可观的学术成就，很多高等院校法学院系都开设了比较法课程。

1990 年 5 月 28 日，德国著名比较法学家科茨教授访问中国政法大学比较法研究所，并促成了他与茨维格特教授合著的比较法名著《比较法总论》在中国的翻译出版。[3] 这部著作代表了 20 世纪后期德国比较法学理论发展的最高水平，吸收了达维德的研究成果，并有所创建和超越。该著作的中译本初版于 1992 年，由贵州人民出版社出版。之后，又出版了两个版本，即法律出版社 2003 年版和中国法制出版社 2017 年版。[4]

无独有偶，当代日本最重要的比较法学家之一、上智大学法学教授大木雅夫于 1992 年 3 月访问北京，并与中国社会科学院法学研究所和中国政法大学比较法研究所的研究人员举行了座谈。[5] 而他的比较法名著《比较法》也于 1999 年在中国得以翻译出版。作者曾师从茨维格特教授，并在日本多年从事比较法教学。大木雅夫的《比较法》是其为世界奉献出的"一部比较法原论教科书"，"不仅对世界上迄今为止各种比较法学的研究成果和不同观点作了精炼的概括，

---

〔1〕 高鸿钧：《改革开放与中国比较法学的成长》，载《法学》2018 年第 8 期，第 3 页。
〔2〕 参见《本刊创刊四周年座谈会发言摘编》，载《比较法研究》1991 年第 1 期，第 73~74 页。
〔3〕 参见牟平人：《克茨教授访问比较法研究所》，载《比较法研究》1990 年第 2 期，第 54 页。
〔4〕 中国法制出版社 2017 年版的《比较法总论》标为上册，因为这一版本计划翻译出版作者此一著作的下册，实际为比较法分论部分，包括合同法中的缔约能力、不当得利、侵权等内容。
〔5〕 参见慕槐：《大木雅夫北京讲谈侧记》，载《比较法研究》1992 年第 2、3 号合刊，第 136 页。

而且在前人的基础之上提出了本人独到的精辟见解，其视角和结构亦令人耳目一新"[1]。

值得关注的是，另一位重要的日本比较法学家五十岚清关于比较法学理论的一系列论文在20世纪90年代被译介到中国，这些论文涉及比较法的概念、方法、功能、对象、教育等多个方面。这一时期翻译出版的西方著作视野已有所扩展，其中较为重要的有美国学者格伦顿、戈登、奥萨魁所著的《比较法律传统》。[2] 该书主要讨论了主要的三个法律传统：大陆法、普通法和社会主义法，同时还对欧盟法和欧洲人权体系进行了专章介绍。

代表这一阶段中国比较法学基础理论发展水平的代表性著作为沈宗灵教授的《比较法研究》。该书于1998年出版，是作者在《比较法总论》一书的基础上写成的。该书对当代世界上法律领域中的许多重大变化进行了深入探讨，如欧盟法的兴起、西方两大法系的融合、美国法的影响、苏联解体后俄罗斯法的转型、伊斯兰法改革、中国法的发展、"一国两制"带来的法律变化等，从而体现了中国比较法学发展的新视角。这一阶段较为重要的比较法基础理论著作还有朱景文教授的《比较法导论》（中国检察出版社1991年版）。除比较法的概念、方法之外，作者主要从法理学的角度，诸如法的渊源、结构、运行等方面考察比较法理论问题，可以说是研究比较法理论的新尝试。除比较法基础理论之外，制度比较和部门法比较仍然占据重要地位，并向比较法律文化领域扩展，如董茂云教授所著《比较法律文化：法典法与判例法》（中国人民公安大学出版社2000年版）。另外值得关注的还有《中外法学教育比较研究》（1992年）、《比较立法制度》（1992年）、《比较犯罪学》（1994年）、《比较民法学》（1998年）等。

比较法学研究会的作用开始显现。1992年4月，比较法学研究会在北京大学举办了第一届学术年会。除中国比较法学者参加会议外，瑞士、德国等国家的比较法学者也应邀参加了会议。会议收到的中外学者提交的论文于1993年结集出版，名为《比较法学的新动向——国际比较法学会议论文集》（北京大学出版社1993年版）。收录的论文，虽然以比较立法和部门法居多，但比较法学基本理论的论文也占有一定的比重，说明中国的比较法学已经有了一定的基础。

2000—2010年为中国比较法学发展的第三阶段。

2000年11月1—4日，在美国新奥尔良杜兰大学举办了主题为"国际比较

---

[1] [日]大木雅夫：《比较法》（修订译本），范愉译，法律出版社2006年版，第375页。

[2] [美]格伦顿、戈登、奥萨魁：《比较法律传统》，米健、贺卫方、高鸿钧译，中国政法大学出版社1993年版。

法学一百周年纪念大会",包括中国在内的 27 个国家的学者参加了这次纪念大会,也标志着中国的比较法学已经走向世界,走上国际学术交流舞台。[1] 2000 年 5 月,比较法学研究会在广州召开第四届年会,并进行换届选举。与以往不同的是,会议决定以后每一年举办一次年会,并以年会论文为基础出版论文集《比较法在中国》,作为比较法研究会的年刊,从而扩大了比较法研究会的影响,也极大地促进了中国比较法学的发展。中国比较法学在新千年伊始进入繁荣发展阶段。

2000 年以后,地方法学会依托大学法学院成立了地方比较法学研究会,主要有北京市法学会比较法学研究会、黑龙江省法学会比较法学研究会、上海市法学会外国法与比较法学研究会等。

比较法繁荣的另一个标志是比较法专门研究机构的设立。中国政法大学在整合原比较法研究所、中德法学院和中美法学院三个教学科研院所的基础上,于 2009 年 10 月 15 日成立了目前中国高校和科研机构中唯一以比较法学为中心的专门的教学科研机构——比较法学研究院。其他较为重要的比较法研究机构还有清华大学法律全球化研究中心、华东政法大学外国法与比较法学研究院、中国人民大学比较法律文化研究中心、苏州大学东吴比较法研究所、长春理工大学东北亚比较法研究所、中南财经政法大学欧洲法与比较法研究所、西安交通大学丝绸之路国际法与比较法研究所、哈尔滨工业大学欧洲法与比较法研究所和上海财经大学法学院比较民法与判例研究所等,可谓遍地开花。

这一阶段中国的比较法学教育也有了一定的发展,其重要标志是各大学法学院系都开设了比较法课程,一批比较法总论教材也相继出版。应该说,比较法教材的出版标志着中国比较法学正在走向成熟。这些教材主要有李其瑞、张宏斌、柯岚著《比较法导论》(2001 年),朱景文著《比较法总论》(2004 年),郑祝君主编《比较法总论》(2010 年),周世中著《比较法学》(2010 年)等。这些教材的结构和内容,根据著者对比较法基础理论的认识和理解而略有不同。

在内容和结构上与上述教材相近的比较法基础理论专著还有杨亚非著《比较法总论》(2001 年)和王莉君著《比较法学基础》(2009 年)。何勤华、李秀清所著《外国法与中国法——20 世纪中国移植外国法反思》(2003 年)是研究反思清末至今一百年来中国移植借鉴外国法实践并分析其利弊得失的重要著作,为法律移植理论提供了中国经验样本,对比较法学的发展具有重要的理论意义和实践价值。李秀清等所著《20 世纪比较法学》(2006 年)则以一百年间比较

---

[1] 参见孙谦、徐鹤喃:《国际比较法学一百周年纪念大会综述》,载《中国法学》2001 年第 1 期,第 184~186 页。

法学发生的重要事件、著名人物和论著，以及研究机构、研究热点和当下面临的主要问题及未来发展趋势为切入点，对法、德、英、美、日和中国比较法学的演变和发展作了较为系统的回顾和阐释，较为全面地勾勒出了 20 世纪比较法学的发展历史。这一阶段还出版了几套影响较大的比较法学丛书，如《外国法律文库》《美国法律文库》《当代德国法学名著》《西方法哲学文库》《宪法比较研究文集》和《比较法学丛书》等。出版的比较法学专著范围涉及比较法律文化、大陆法和英美法比较，以及伊斯兰法和非洲法等。

这一阶段中国比较法学的主要特点可以概括为如下四个方面：①研究的范围得到扩展，不仅限于主要法系，还涉及伊斯兰法和非洲法；②深度明显增加，除一般介绍外，许多比较法学成果强化了分析和批判；③比较法研究开始适应国内法治发展和加入世贸组织的需要，特别关注并致力于推动中国的人权发展、司法改革和法律体系的建构与完善；④比较法学在继续译介国外著作的同时，逐渐转向译介与研究并重，如在《比较法学丛书》已经出版的 29 部专著中，有 12 部是国内学者撰写的比较法学专著。另外，比较法学在中外比较研究领域和理论与实践结合上，取得了重要进展，为中国法学理论和法治的发展做出了积极贡献。[1]

2010 年以后，中国比较法学进入转折和调整阶段。这涉及中国经济飞速发展模式导致的世界地缘政治格局的变化、21 世纪初即已开始不断加速的全球一体化进程、智能时代科技进步对整个人类带来的冲击等一系列问题。尤其是中国在经济领域实施以"一带一路"为倡议的"走出去"战略，已经开始影响中国法治的发展方向和比较法学现状：在法律制度和法治理论方面，中国已不再是单向向外国学习了，开始有"输入"也有"输出"。输出的方式则主要是通过举办各种培训班，培训那些来自发展中国家的法官、检察官以及律师等法务人员，并理论上将中国较有影响的法学著作翻译成外文在境外出版。

这一阶段翻译出版了在西方久负盛名的意大利比较法学家罗道尔夫·萨科的《比较法导论》（费安玲、刘家安、贾婉婷译，商务印书馆 2014 年版）。另外还有《比较法研究：传统与转型》和《比较法新论》两部比较法学论文集的翻译出版。这表明中国比较法学者的关注视野已经非常宽广。[2]

2011 年全国人大常委会正式宣布"中国特色社会主义法律体系已经建成"，

[1] 参见高鸿钧：《改革开放与中国比较法学的成长》，载《法学》2018 年第 8 期，第 4~5 页。
[2] 参见［法］皮埃尔·勒格朗、［英］罗德里克·芒迪主编：《比较法研究：传统与转型》，李晓辉译，齐海滨、吴静校，北京大学出版社 2011 年版；［英］埃辛·奥赫绪、［意］戴维·奈尔肯编：《比较法新论》，马剑银等译，清华大学出版社 2012 年版。

标志着中国法制现代化在当代中国形式上的基本实现。而在比较法领域，则出版或发表了一些较有分量的论著。高鸿钧教授领衔编辑出版的《比较法学读本》与此前出版的比较法学论文集已有很大的不同，在形式上具有一定的创新性。全书六编的每编之前都附有编者的导读文字，导读的内容不仅代表了中国学者对比较法基础理论的理解，而且更是中国比较法学研究的阶段性总结。高鸿钧教授开篇《导论——比较法研究的反思：当代挑战与范式转换》对中国比较法学取得的成就和面临的问题进行了深入分析，并展望未来发展前景，将多元中寻求共识、超越功能比较、目的多样性与当下重点结合、积极与其他学科合作以及聚焦重大课题作为比较法学研究的未来发展方向。[1] 以高鸿钧、程汉大、李红海三位学者为核心，汇聚二十余位英美法专家学者，于2013年出版的《英美法原论》是一部难得的比较法研究著作。该书是一部150余万字的鸿篇巨制，是三十年来有关英美法研究的中国观点之前沿作品。米健教授所著《比较法学导论》（2013年）的出版则在比较法总论研究方面实现了某种突破和超越，表明中国比较法学理论研究已经达到了一定的高度。在21世纪的第二个十年，可以探讨中国学者在世界比较法学领域的话语权了。

【思考题】

1. 比较法学的研究经过了几次重大的范式转型？每一次的特点是什么？
2. 比较法学产生和发展的主要动力有哪些？
3. 批判比较法否认法律与社会、法律与文化之间界限的主张有道理吗？为什么？

【参考文献】

1. David Kennedy, "The Politics and Methods of Comparative Law", in *Comparative Legal Studies: Traditions and Transitions*, ed. Pierre Legrand and Roderick Munday (Cambridge University Press, 2003). （中文版参见［法］皮埃尔·勒格朗、［英］罗德里克·芒迪主编：《比较法研究：传统与转型》，李晓辉译，齐海滨、吴静校，北京大学出版社2011年版。）

2. Gunter Frankenberg, "Critical Comparisons: Re-Thinking Comparative Law", *Harvard International Law Journal* 26 (1985): 411.

---

〔1〕 参见高鸿钧：《比较法研究的反思：当代挑战与范式转换》，载高鸿钧等编：《比较法学读本》，上海交通大学出版社2011年版，导论第5~13页。

第二章

比较法基础理论

【**本章导读**】从事比较法的学习和研究，首先会遇到一些基本理论问题。诸如比较法的概念、比较法的作用与功能以及法系的划分问题。相对于各种具体部门法律的比较，这些基础问题更带有理论上的普遍性和重要性。解决这些问题，对于顺利开展比较法研究，具有重要的意义。本章重点阐述了比较法的概念和性质、比较法的学科与方法之争。本章深入分析了比较法的理论目的和现实目的以及多重功能——深化法的认识与扩大法学视野；辅助行政和司法部门的法律实施；促进各国法律协调统一；引领法学教育。研究比较法的学者，必须面对的问题就是，用什么方法和标准将世界上不同国家地区、不同民族、不同历史时期的法律制度或者法律秩序加以归纳总结，从而使研究视角更加宽广，研究工作更加有效。本章最后阐述了法系的概念及划分的标准，分析了法系格局的变动以及法系理论对于比较法研究的意义，并对混合法系的兴起进行了介绍。

第一节 比较法的概念与性质

一、何谓比较法？

人们容易误认为比较法像刑法、民法、行政法一样是一类部门法，即某一种法律规范的集合。其实，比较法指的是不同法域中相关法律的比较，与一国内部的刑法、民法、行政法存在质的差异，不可混为一谈。为了避免这种语义上的混乱，1951 年美国比较法学者将自己的学术组织命名为"美国法的比较研究协会"（American Association for the Comparative Study of Law），后来才改为"美国比较法学会"（American Society of Comparative Law）。

对于"比较法"一词的含义，各国学者言人人殊。法国学者达维德认为比较法是一门科学。[1] 英国学者沃森认为它是一种法制史和法理学的研究。[2] 德国法学家茨威格特和克茨认为，比较法是世界上各种不同法律制度的比较。[3] 意大利法学家萨科强调比较法是一门实践科学，它建立在对各法律体系内的具体规则和规范之实际运作的观察之上。[4] 德国学者格罗斯费尔德坚持认为，比较法是一种文化。[5] 上述观点都反映了各国学者对比较法的不同理解。

简言之，比较法是对不同国家（或特定地区、法域）的法律制度和规则的比较研究。作为一门独立的法律学科，比较法包括以下三种要素：其一，研究两种或两种以上的法律体系的规则和制度，即一种外国法范畴；其二，在研究不同的法律体系时，明确相关规则和制度的同与异，即一种比较范畴；其三，阐明相比较的规则和制度异同点的理论依据及其意义，即一种法理学范畴。所以，比较法从来不是某一个国家的部门法，而是法学的一门独立学科。在这种意义上，"比较法学"是较"比较法"更为准确的名称。

值得注意的是，比较法的研究对象是对不同国家的法律制度和规则的比较研究。但是特定地区或法域，也可以作为比较研究的对象。如美国特拉华州公司法和加州无过错离婚制度，同美国其他各州相关法律的比较。又如一国内部代表不同法系的地区法律制度，如加拿大魁北克省的法律与其他省法律的比较。欧盟法作为自成一体的法域同各成员国法律的比较，更是司空见惯。我国海峡两岸及香港、澳门四地公司法、破产法之间的法律比较，同样属于比较法的范围。20 世纪 80 年代，内地在法律比较的基础上，大胆移植了香港地区的土地批租制度，影响深远。[6]

长期以来，比较法学家重视各法系中法律规则和制度之间关系的比较研究，特别是它们之间的"内在关系"和"外在表现"。如罗马法很早就有对不当得利的救济规定，而英国普通法直到数十年前仍然缺少这种救济规定。相反地，普通法中财产信托地位重要，作用也极为突出，罗马法则缺失财产信托制度。通过分析英国法和罗马法所处的时代背景以及相关影响因素，可以更为深入地理

---

〔1〕　Ren David, John Brierley, *Major Legal System World Today*, Stevens Sons, 1978, p. 2.

〔2〕　Alan Watson, *Legal Transplant: An Approach to Comparative Law*, University of Georgia Press, 1974, pp. 1-9.

〔3〕　[德] K. 茨威格特、H. 克茨：《比较法总论》，潘汉典等译，法律出版社 2003 年版，第 3 页。

〔4〕　[意] 罗道尔夫·萨科：《比较法导论》，费安玲、刘家安、贾婉婷译，商务印书馆 2014 年版，第 68 页。

〔5〕　Bernhard Grossfeld, *The Strength and Weakness of Comparative Law*, Clarendon Press, 1990, p. 111.

〔6〕　中共上海市委党史研究室编：《破冰：上海土地批租试点亲历者说》，上海人民出版社 2018 年版。

解英国法和罗马法的异同点及成因。同理，比较研究美国最高法院判例法和德国民法典的功用，有助于我们更好地理解两国法律渊源的重大差异。

有必要强调的是，今天的比较法在比较法律规则和制度之外，同样涵盖各国法律传统的比较、法律文化的比较、法律职业的比较、法学教育的比较、法律语言的比较。21世纪以来勃兴的国际法律指标比较、法律数据比较、法治排名比较、世界营商环境比较，[1] 让比较法焕发出新的面貌和活力。

总而言之，比较法侧重通过比较的方法来研究不同国家（特定地区、法域）的法律。不同于法学其他学科，比较法的灵魂和精髓在于比较。

二、比较法的性质

比较法，19世纪诞生于西方国家，20世纪茁壮成长。但是对于比较法究竟是法学的一门独立学科，还是一种法学研究方法，各国比较法学家争辩不休，未有定论。1946年英国学者格特里奇指出："直到今天，令人吃惊的是，比较法研究能否作为一个学科仍作为一个问题存在，仍被一些人认为是法律科学中的灰姑娘。"[2] 从1900年在巴黎召开的第一次国际比较法学会议，到2000年剑桥大学召开的比较法学研究诸问题研讨会的一百年间，大体而言，比较法学界存在下列三种意见：

第一种意见认为比较法仅仅是研究法律的一种方法，否定其具有独立科学的性质。20世纪初新西兰分析法学家萨蒙德认为，比较法是对不同法律制度之间的类似和差别的研究，不是一个单独的法律部门，而仅仅是这种科学的各个部门中的一个特殊方法。[3]

第二种意见认为比较法不仅是研究法律的一种方法，而且也是法学的一门独立学科。法国比较法学家达维德在其名著《当代世界主要法律体系》中强调："对于多数人来说，比较法确实是一种比较的方法，用以帮助他们实现自己的特定目标。但是对于其他人而言，如果他们主要是研究外国法并把外国法与其本国法进行比较研究，那么在这种情况下，比较法就成为一门学科，也就是在法律知识中获得一个独立部门的地位。这也就是说，现在需要有一类能够恰当地称为比较法学者的法学家，同那些在各自领域中运用比较法的人们并驾齐驱。"[4]

---

[1] 2018年11月世界银行发布的《2019年营商环境报告：强化培训，促进改革》显示，中国营商环境较2017年大幅提升32位，位列全球第46名，这是世界银行营商环境报告发布以来中国取得的最好名次。中国成为东亚及太平洋地区唯一入列十大最佳改革者名单的经济体。

[2] H. C. Gutteridge, *Comparative Law*, Cambridge University Press, 1946, p. 23.

[3] John Salmond, *Jurisprudence*, Sweet Masewell Limited, 1937, p. 9.

[4] René David, John Brierley, *Major Legal System World Today*, London, 1978, p. 12.

第三种意见是怀疑这一争论的意义。英国比较法学家格特里奇认为："这样的问题是纯学术问题，其重要性无论如何是可疑的。"[1] 因为问题的关键之处在于对"学科"和"方法"两个术语的解释和辨析，但二者之间的界限总是模糊不清。

事实上，关于比较法性质的争论很大程度上是由于没有区别比较法律和比较法学，将两者混为一谈。作为法学方法的比较法律和作为法学学科的比较法学，前者是一种技术和方法层面上的学术活动，后者则是一种科学研究层面的学术活动。简单将比较法律视为比较法学，必然会得出比较法仅仅是一种法学方法的结论。[2]

从20世纪伊始，一直到今天，学界始终存在对于比较法性质的不同认识。其实无论作为方法，还是作为学科，比较法都实实在在地存在，都在发挥着实际作用。从这点来看，否认比较法作为学科没有多少实际意义。对于这一问题，德国法学家茨威格特和克茨认为，比较法学是一门年轻的科学，这使得对其方法论的探讨成为自然，"深入探讨比较法的方法是富有意义的：这不是因为比较法有毛病，而是因为法学是有毛病的，而比较法却是一剂良药。"[3] 任何一门学科的方法论形成，必然要经历一个探索的过程，比较法学也不例外。

客观而言，方法是指科学研究的手段，学科是指科学研究对象的领域。比较法的特殊之处，正在于它既有自己特有的研究对象，即不同国家（特定地区、法域）的法律；同时也拥有自身特有的研究成果，即从其他法学部门中无法获得的系统法律知识。

诚如法国比较法学家康斯坦丁内斯库所言："正是要把用比较方法得出的有关知识组合起来，加以整理和分类，使之构成一个紧密的、独立的、具有特有的目的与范围的整体，人们才能建立起比较法学。只有通过使用比较的方法，使人认识各个法律秩序间的真正联系，并由此而发现它们的真正性质的一部分，比较法才是一门科学。""这种紧密的具有自己的目的的知识整体，就构成了比较法律科学。这个科学是一门独立科学，因为它提出了一些问题，因此它走进了未经探索过的科学领域。"[4]

抛开是学科还是方法的争论，比较法学家格罗斯菲尔德说得好："比较法打开了我们的眼界……它刺激思想，向我们提供新的论据，激发想象。它告诉我

〔1〕 H. C. Gutteridge, *Comparative Law*, Cambridge University Press, 1946, p.5.
〔2〕 米健：《比较法学导论》，商务印书馆2013年版，第7页。
〔3〕 ［德］K. 茨威格特、H. 克茨：《比较法总论》，潘汉典等译，法律出版社2003年版，第45页。
〔4〕 沈宗灵：《比较法研究》，北京大学出版社1998年版，第7~8页。

们新的发展，冲破地方法学的领域，使法律科学再次成为世界的。"〔1〕

第二节　比较法的目的与功能

回顾历史，比较法在特定时代多被用于立法的辅助工作；而在另一时代，比较法则以认识法的发展规律为目的。这样一来，往往有人将比较法归结为只追求某个单一的目的，发挥单一的功能。客观而言，作为法学的一门学科和一种方法，比较法有着多种重要的目的与功能。〔2〕

以目的来说，比较法的目的可分为理论目的和实践目的两大类。

一、理论目的

（一）深化法的认识与扩大法学视野

比较法贯彻始终的目的首先是认识。正如"了解就是比较"一语所言，即使彻底否认比较法的一切效用，最后其认识的目的仍会存留下来。德国诗人歌德曾说过："不知别国语言者，对自己的语言也一无所知。"塞克尔也说："不知别国法律者，对本国法律便也一无所知。"

理论上，比较法都是以追求知识、扩大视野的欲望和更好的认识本国法为出发点的。因此，比较法常被人誉为"真理的学校"（达维德语）或"解决方案的仓库"（齐特尔曼语），承认这一点，就意味着摆脱了对本国法的顶礼膜拜或法学西方中心主义的窠臼。比较法的精髓正在于此，通过对域外法律的对比和参照，发现本国法的长处和缺陷。日本比较法学者大木雅夫表示："正像在探索日本法的根源时，如果不对法国法和德国法进行比较，归根结底只能一无所获。"〔3〕

实际上，本国法律无论是怎样的博大精深，也只不过是世界法律大家庭的一员，本国对某个问题的解决办法只不过是该问题诸多解决办法的一种。"世界上种种法律体系能够提供更多的，在它们分别发展中形成的丰富多彩的解决方法，不是那种局处本国法律体系的界限内即使是最富有想象力的法学家在他们

---

〔1〕　［德］伯恩哈德·格罗斯菲尔德：《比较法的力量与弱点》，孙世彦、姚建宗译，清华大学出版社 2002 年版，第 173 页。

〔2〕　关于比较法在实践中的具体应用，请参见本书第十章。

〔3〕　［日］大木雅夫：《比较法》（修订译本），范愉译，法律出版社 2006 年版，第 68 页。

短促一生能够想到的"[1] 比较法可以帮助法学家对国内法律的原则、原理和规则本身的正确与否加以检验,把法律人从最容易陷入的法律教义学的危险中拯救出来,避免沦为"法律逻辑"的囚徒。

众所周知,欧洲民族国家形成后,各国国境框架内所构筑的法学,难逃"贫乏的法学"之讥。法国、德国、瑞士、意大利在本国民法典制定完成之后,法学家大多满足于解释本国的民法规范,视野很少超过国界。出于对本国法自满自足的维护,伴随着民族主义情绪的加强,欧洲的法学家们对本国法的骄傲自大情结越发明显。德国人认为他们的法律是点金石,法国人对本国法引以为傲,英国学者对普通法同样百般赞美,于是民族的法律上的骄傲自大深入各国法律家的思想。

比较法有助于破除这种狭隘有害的思维定式,摒弃那种不加反省的民族偏见。通过比较法研究可以刺激对本国法律秩序的反思和批判,这种反思和批判对本国法的发展所做的贡献,比局限在本国法之内的法教义学要大得多。欧洲有识之士早就呼吁突破民族国家的藩篱,倡议建立一般民法学、一般刑法学。德国比较法学者克茨力主至少在欧洲编纂一部"欧洲普通民法教科书"。

对于法学基础学科如法理学、法哲学,比较法则能够为其提供必要的框架和重要的资料。这样就可以让基础法学从游离于事实的抽象思辨中解放出来,保证它们成为对法律现象开放的、全面的知识。而且,超越于此,比较法最终可以期待成为一种普遍法学。

（二）确认不同法律体系的共同性和法律的发展趋势

认识人类社会法律的共同性是比较法产生以来就存在的一个主要使命。19世纪末 20 世纪初在比较法产生的初期,欧洲比较法学家就提出比较法的使命在于"寻找文明人类的共同法"。实际上当时的文明法只局限于西方法,广大亚非拉殖民地、半殖民地的本土法律制度根本不在"文明人类的共同法"的范畴内。第二次世界大战结束后,社会主义国家与第三世界国家不断涌现,世界法律版图发生天翻地覆的变化。在冷战的历史条件下,如何寻找"共同法"成为棘手的难题。当时资本主义国家和社会主义国家的法学家,都有人提出根本对立的社会制度的法律没有共同性和可比性。

20 世纪 90 年代冷战终结,经济全球化浪潮兴起,越来越多的学者强调各国经贸领域的法律在越来越大的程度上相互接近,互相影响,逐渐融合。寻找共同法,已经不再是停留在学者书斋中的奇思妙想,而变成了各国鲜活的法律

---

[1] [德] K. 茨威格特、H. 克茨:《比较法总论》,潘汉典等译,法律出版社 2003 年版,第 22 页。

实践。

本着对全人类命运共同体的关怀，比较法对所有民族国家的法律及其蕴含的人类共性予以探究和阐明，进而追求和探索可以普遍适用于人类社会或整个世界的共同法或普遍法。探讨这种共同法或普遍法，是比较法的独特目的，也是历史赋予它的最高使命，它是任何其他法学都无法达到的境界和无法承担的使命。

法国法学家罗迪埃曾说："时代变了，今天，法学不再按国境线分割开来了，法学应该和哲学或自然科学一样是世界性的。"[1] 比较法既是这个法律新时代的创造者，也是这个法律新时代的表征，更是这个法律新时代各国法律文化融合交流的催化剂。

以世界胸怀为比较法的核心，任何一种片面的或过分强调民族传统和特色的言论或立场都是狭隘浅薄的。我国学者米健认为："长期以来，比较法学界存在的法律移植之争，很大程度上是欠缺世界胸怀和人类境界使然。以世界胸怀度之，所有各国文化都是世界文化或人类文化的一部分，各国法律的发展，必定逃脱不了物竞天择、优胜劣汰的自然规律。所以法律上择优而从，不能抱残守缺，既是必然的规律，也是应然的理智。"[2] 日本历史上大量移植中国、德国、法国、美国的法律，同时又不失自身的东方特色，充分说明法律完全可以共享共有。

必须认识到，一个世界范围内的普遍法或共同法在理论上可以设定，但客观上却永远不可能实现。比较法所能够做的，就是不断地发现不同法律体系的共同性和普遍性，不断地接近共同法。一言以蔽之，比较法追求的是超越民族国家文化和超越地方性知识。

基于此，比较法学家所要达成的目的就是要通过比较研究，来认识和把握不同民族国家和社会法律制度之间的共同和差异、进步与滞后，从而促进法律实现和逐步改进自身法律制度，发展为整个人类社会的共同法或普遍法。

不同于法学其他方法，比较法能从一开始就给法律人提供一个广阔的认识背景，使人们透过纷繁复杂的法律规则、制度、术语等表面，看到其后的社会、历史、经济和文化背景，看到法律所折射的种种社会和人生问题，从世界各国处理这些问题的不同方法中获得"更好的解决办法"的启迪。

---

〔1〕［法］勒内·罗迪埃：《比较法导论》，徐百康译，上海译文出版社 1989 年版，第 2~3 页。

〔2〕米健：《比较法学导论》，商务印书馆 2013 年版，第 42 页。

二、实践目的

（一）比较法对立法的功能

比较法应用于实践目的，特别是在立法中的应用，远远早于在法学理论上的应用。无论是在西方国家的历史，还是东方国家的历史上都是如此。古希腊时代，梭伦立法时就参照了其他城邦的法律；古罗马在制定《十二铜表法》时，十大执政官对希腊各城邦的立法进行过广泛的考察。在古代东方，世界上最古老的法典之一——《汉穆拉比法典》的制定也参照了两河流域美索不达米亚地区一些城邦的成文法典，其中比较著名的是乌尔城邦第三王朝的乌尔纳姆法典。

古代历史上，是否出现过东西方国家法律之间的相互借鉴，一直存在巨大的争议。正统的西方法律理论中，一直把西方现代法律看作对古罗马法的延续，认为古罗马法具有原生性、独特性、纯粹性、连续性和自我更新能力，似乎罗马法是优等民族的产物，不受其他文明的影响。但是 20 世纪以来的罗马法研究表明，所谓的罗马法不过是一种包括欧洲、非洲、亚洲闪族和地中海文明在内的多元文化的结晶。早期罗马法所固有的重大缺陷，如缺乏一般契约、政府理论、司法实践中的巫术色彩、纠纷解决机制缺少执行要素、缺乏法律学院和专业法官等，直到公元 3 世纪大危机以后才获得明显改观。现代世人所推崇的罗马法并非罗马人原生的产物，而是受到其他文明的影响——所谓"非罗马法"的产物。

在"非罗马法"的背景之下，罗马法形成了完全不同的、东方式的政治架构与法律制度，大范围地展开了法律编纂运动。通过诸多来自帝国东部行省的官僚法学家的努力，其他古代地中海法影响了或被吸纳进入罗马法之中，其他法律文明的介入造成了罗马法制史的重大断裂，而正是这一新生的罗马法律文化为后世欧洲大陆法律文化，乃至广义上的西方法律文化提供了共同的基础。[1]

至于现代意义上的比较法，19 世纪在法国、德国和英国设立比较法讲座和组织比较法学会的目的，并不是纯粹学术研究，而是通过研究各国新颁布的法典正反两方面的经验教训，在必要时向本国的立法者提出修改本国立法的建议。

立法者可以在不同国家的各种立法材料中进行比较和精选；考察每种法律成功与否及其实效；提供每一种外国法律方案的实际执行情况、修改情况及解释的方法和内容；分析每种法律措施的生效条件并同本国的条件进行对比；对外国的经验进行改造使之适合本国的条件，或创造使外国经验在本国生效的各种条件。在立法过程中运用比较法，是立法的一条捷径，某种程度上可以替代

---

〔1〕 朱景文：《比较法总论》（第 3 版），中国人民大学出版社 2014 年版，第 43 页。

成本高昂的法律试验。比较法一方面提出了立法改革的可能途径，另一方面又可避免走其他国家已经证明是错误的弯路。

以美国为例，国会研究服务部经常向提出法律草案的参议员和众议员提供比较法信息服务以借鉴外国经验。1972 年美国参议院司法委员会刑法与刑事诉讼法小组为制定《联邦刑法典》草案，向世界各国比较法学者广泛征求意见，收集了包括南斯拉夫、阿尔巴尼亚、奥地利和苏联等国在内的大量刑事立法资料，并对这些资料进行了详细的比较研究。为了保障在知识产权方面的国家利益，2011 年美国通过《专利法改革法案》（又称《美国发明法案》），参照其他国家的经验，放弃了传统的发明优先制，改为发明人申请优先制。专家赞扬其为美国专利法自 1952 年制定以来最重大的变革。

美国各州议会也积极运用比较研究的方法，2018 年 5 月欧盟《通用数据保护指令》（GDPR）正式实施，7 月加利福尼亚州议会在借鉴欧盟指令的基础上，通过《2018 消费隐私者法案》（CCPA），二者在隐私保护方面殊途同归。

再以德国为例。考察德国《民法典》有关债的规定可以发现，其中有不少观点是来源于 1881 年的瑞士《民法典》。德国《民法典》原第 847 条关于对一般人格权侵害的救济方式——"精神抚慰金"观念就来自于瑞士《民法典》。[1] 此外，德国《民事诉讼法》在多处受到奥地利《民事诉讼法》的影响。2001 年德国《债法现代化》即新债法和 2002 年《德国侵权法现代化》，都是经过长时期分别借鉴不同法系国家以及欧盟条例、指令、欧洲法院判例、联合国相关公约，而进一步改革和完善的。可以这样说，没有比较法研究就不会有德国现代民事立法的革新与完善。[2]

再以南非为例，20 世纪 90 年代开始移植德国《基本法》中基本权利、法治国、宪法法院等重要制度。南非立法者强调，立法的改革进程，是比较法学家运用比较研究和分析的方法而提供的有力依据来进行的。[3] 南非在 1993 年临时宪法颁布之前就存在援引外国法的现象。临时宪法确立了"可参考外国判例法"的条款后，南非宪法法院在首次 S v. Zuma 案判决中即援引了外国法。1996 年南非正式宪法将临时宪法的"外国判例法"修改为"外国法"，此后南非宪法法院在其判决中大量援引外国法，以解决本国宪法的相关问题。

近年来，在欧盟一体化运动以及世界贸易组织的发展中，比较法更是发挥

---

〔1〕　［德］K. 茨威格特、H. 克茨：《比较法总论》，潘汉典等译，法律出版社 2003 年版，第 28 页。
〔2〕　刘兆兴主编：《比较法学》，中国政法大学出版社 2013 年版，第 48 页。
〔3〕　［英］巴兹尔·马克西尼斯：《比较法：法院与书院——近三十五年史》，苏彦新等译，清华大学出版社 2008 年版，第 157 页。

着不可或缺的重要作用。早在 1968 年欧洲理事会在斯特拉斯堡召开的会议上，指出比较法在制订共同体法并在进一步制订欧洲法的工作中所起的作用。[1] 欧盟法院移植法国最高行政法院的政府专员制度，设置法律顾问官，其准司法的功能与法官的司法造法功能相得益彰，对欧盟法的发展做出巨大贡献。WTO 的争端解决机制移植了美国的法庭之友制度，WTO 的反倾销措施引入了美国的日落条款，均产生重大影响。没有法律比较，就不可能有支持欧盟和世界贸易组织等类似国际组织存在的法律秩序，从而也就不可能有欧盟和世界贸易组织的真正存在。

自从改革开放以来，中国大地上掀起一场轰轰烈烈的立法高潮，无论是宪法、民法、刑法、商法、知识产权法，无不经过了比较法的研究、论证和选择。例如，1983 年《海上交通安全法（草案）》由国务院提请五届全国人大常委会第二十六次会议审议，草案中规定：当事人对主管机关给予的罚款、吊销职务证书的行政处罚不服的，可以向上一级主管机关申请复议。审议过程中，不少常委委员对这条规定提出意见，草案否定当事人向法院起诉的权利，不符合许多国家的通行做法；建议修改为当事人不服行政处罚的，可以向法院起诉。交通部态度坚决，认为实施行政处罚的是中华人民共和国港监，它是代表国家行使职权的，不应成为被告。一位交通部副部长表示，美国、日本对这种行政处罚都是不能告到法院的。

会后，法工委研究室连夜查明美国、日本的法律规定，证明那位副部长讲得不对：日本有《海难审判法》，《美国海商法案例》第 283 例 1974 年美国联邦法院判决杜威·苏利亚诺（Dewey Soriano）控告美国海岸警卫队队长案，都很明确：无论美国，还是日本，当事人对海事当局作出行政处罚不服的，有权向法院起诉。后来出台的《海上交通安全法》采纳外国立法经验，明确规定：当事人对主管机关给予的罚款、吊销职务证书处罚不服的，可以向人民法院起诉。这一场争论，给酝酿中的《行政诉讼法》打了一针"催生剂"，中国"民不能告官"的时代逐渐走向终结。

此外，人权条款入宪前，就经过了较长时间的、谨慎的比较法考察，充分借鉴了当今国际社会对人权的认识和理解，最后结合我国国情予以规定。至于民事诉讼法、刑事诉讼法、公司法、破产法等领域，都是在充分比较研究国外相关法律的基础上，结合我国实际不断立法完善和实施的。

当今世界，各国立法者纷纷采用比较法的方法来寻求提高立法质量，法律比较已经成为现代立法者的不二之选。正如耶林在《罗马法的精神》一书中所

---

〔1〕 ［法］勒内·罗迪埃：《比较法导论》，徐百康译，上海译文出版社 1989 年版，第 4 页。

说的那样，只有傻瓜才会因为金鸡纳霜产于外国的土壤而拒绝服用它。继受外国法律制度并不是一个民族性的问题，而是一个简单明了的合目的性和必要性的问题。茨威格特和克茨强调："全世界的立法者现在已经认定，关于许多问题，如果不借助比较法——无论是采取全面的研究方式或采取就讨论中的问题提出特别准备的报告方式——就不可能制定妥善的法律。"[1]

世界各国在立法中运用比较法的方式可分为官方的和非官方的两种形态。前者是指各国成立官方机构，负责立法辅助工作或是搜集有关外国法的资料，与本国立法展开比较研究。欧洲大陆国家往往由本国司法部负责，它们是常设的有组织的政府机构，在准备法律草案的过程中负责召集有关专家学者，搜集有关国家的立法资料。

1897 年公布的德国《商法典》出台前，立法者广泛参考奥地利、荷兰、西班牙、法国商事立法。此后德国的外观设计（专利）法、著作权法、破产法、民事诉讼法、反卡特尔法、刑法典、原子能法，也无不借鉴英法美等国法律。1900 年《德国民法典》和 1949 年《德国基本法》（联邦德国宪法），都曾运用比较法参照他国成功立法例。1975 年，联邦德国通过《一般交易条款法》这一专门法，司法部就曾参考法国、以色列、意大利、瑞典和美国的法律。2002 年在《德国债法现代化法》生效前，司法部在起草立法时吸收了奥地利、民主德国、法国、意大利、希腊、荷兰、瑞士、英、美、欧盟、欧洲法院和斯堪的纳维亚国家的立法与判决经验。

普通法系国家往往成立专门的法律委员会负责法律改革事务。1965 年英国专门成立了一个永久性的法律委员会，[2] 并专门颁布了《法律委员会法》。该法规定，法律委员会的职能之一就是负责提供其他国家法律制度的有关信息。英国学者马克西尼斯在《与外国法打交道》一书中，收录了英国法律委员会 1906—2006 年援引外国立法例的全部资料。[3] 2018 年 11 月英国法律委员会针对网络谩骂和欺凌现象展开立法调研，同时委托学者研究澳大利亚、德国、爱尔兰、加拿大和新西兰的立法经验。[4]

印度也设立了法律委员会，负责研究相关领域的外国立法，为国内立法提供资料。2017 年印度法律委员会提交民事刑事程序中人体 DNA 检测的立法报告，参考了阿根廷、美国、加拿大、英国、苏格兰等多国立法。[5] 2018 年 8 月

〔1〕 ［德］K. 茨威格特、H. 克茨：《比较法总论》，潘汉典等译，法律出版社 2003 年版，第 28 页。
〔2〕 https：//www. lawcom. gov. uk/.
〔3〕 Basil Markesinis, Jörg Fedtke, *Engaging with Foreign Law*, Hart Publishing, 2009, pp. 387-396.
〔4〕 https：//www. lawcom. gov. uk/abusive-and-offensive-online-communications/.
〔5〕 http：//lawcommissionofindia. nic. in/reports/Report271. pdf.

印度法律委员会提交冤案受害人法律救济的立法报告，重点参考德国、美国、英国、加拿大、澳大利亚和新西兰的相关立法。[1] 美国没有这样的全国性组织，但各州大多有类似的组织，如 1934 年成立的纽约州法律修改委员会，它是一个官方组织，负责法律改革，并注意收集和研究外国和外州的立法经验。[2]

非官方的形式是各国立法中更为常见的方式，而且这种方式往往和官方的形式相结合。许多国家成立了比较法学会或比较法研究所，为本国立法提供外国法的资料和咨询意见。1869 年法国成立比较立法学会。[3] 学会章程第 1 条明确规定："本学会成立的目的在于促进、改善本国的各法律部门、法学研究和调查各个国家的法律。"目前法国比较立法学会下设拉美法组、欧盟法组、印度洋法组、北美法组、伊斯兰法组、亚洲法组和非洲法组。该学会致力于翻译外国法，如美国的《统一商法典》，研究重大的外国法律问题。法国比较立法学会出版的《国际比较法》杂志是法语世界顶尖的法学期刊，研究法国法与外国法之间的区别和联系，为法国立法部门提供建议。

美国国会图书馆下设的法律图书馆拥有全球数量最多的外国法藏书（240 个法域），国内外法律文献总数高达 280 万件，其中比较法律数据库收集数据 1200 余万条。法律图书馆下设国会研究服务部，专门为国会提供立法所需之法律依据，同时编辑出版《世界法律通报》（月刊），及时介绍各国法律的最新动向。该部门曾就修改移民法问题、汽车强制配置安全带问题、盲人专用点钞机识别等诸多法律问题，向立法机关提供最新外国立法资料。法律图书馆下属的全球法律信息委员会分设西方法律部、东方法律部和全球法律信息网络部；同时开展"国别法律研究"，对外国法律进行专题性或总体性研究，并定期培训国会工作人员。

日本国会图书馆成立专门机构对外国法进行调研，为国会议员提供最新的外国法信息，并出版刊物《外国立法》，对世界上主要国家最新立法动态及时进行翻译和介绍，并提供背景资料。以 2018 年 10 月《外国立法》为例，本期主要内容包括：欧盟废弃物相关指令的修订、韩国水资源管理法律改进、中国土壤污染防治法的制定；美国放宽普通武器出口规定；美国提交 2018 年亚洲安全援助倡议法案；英国 2018 年欧盟退出法的制定；法国个人数据保护法；德国关于要求补充保护的家庭成员的立法；意大利保护工人尊严等的措施；俄罗斯关于切尔诺贝利核电站受害者社会支持的法律修正案；澳大利亚防止外国影响政

---

〔1〕 http：//lawcommissionofindia. nic. in/reports/Report277. pdf.

〔2〕 https：//lawrevision. state. ny. us/.

〔3〕 https：//www. legiscompare. fr/web/？ lang＝fr.

治和选举的制度法；新加坡公共秩序/安全（特别管理局）法；等等。[1]

（二）比较法对行政和司法的功能

比较法对一国行政机关执行法律和司法机关适用法律同样具有重要功能。行政和司法部门以本国法律规范为基础，对于具有典型意义的外国法律规则进行比较研究后加以参考或援用，在实践当中很有必要。

国际社会公认英法美德等国是全世界最早一批建立行政救济制度的国家。我国于 1989 年制定《行政诉讼法》，1994 年制定《国家赔偿法》，1999 年制定《行政复议法》，它们共同构成了我国的行政救济制度。举凡美国行政规制及放松规制、政府信息的公开、正当程序原则和听证制度的建立，德国法律保留、法律优位、特别权力关系、比例原则、信赖保护原则，法国的公务理论、公务法人，英国的越权无效、自然公正原则和日本的行政指导制度，无不对中国的行政部门执法和司法部门适用法律，产生着深刻的影响。

相较于行政部门，司法部门在审理和裁判具体案件中，更需要适用比较法来解释法律。瑞士《民法典》第 1 条第 2 款和第 3 款中明确规定："如果不能找到法律规定时，法官应当依据习惯法；如果没有习惯法，则依据他作为立法者可能提出的规则进行裁决"；"在前款情况下，法官应依据公认的学说和实务惯例。"[2] 葡萄牙《民法典》第 2 条也是如此规定。[3]

瑞士《民法典》所确立的这一原则，至今已得到许多国家的认可，其内容就是：法官不得借口没有法律或法律规定不明确、不完备而拒绝裁判；法官裁判案件在所适用的本国法律规则不明确时，他可以运用比较方法研究、分析并参考其他国家相应的法律规定。当代大陆法系和英美法系国家的法院裁判中，大多允许运用比较法来研究外国法律规范来解释不明确的本国法律规范，以填补法律空白。

举例来说，1908 年美国最高法院受理的穆勒诉俄勒冈州一案。本案原告洗衣店老板穆勒控告被告俄勒冈州关于妇女工作时间的法律强制规定（每天最高工时不得超过 10 小时）违宪。俄勒冈州政府聘请的律师布兰戴斯，援引英国法国德国荷兰瑞士等国和美国多州的立法以及社会学报告和数据，论证系争俄勒冈州法律的合宪性。律师最后得出结论："参考欧洲最发达的国家和其他 20 个州 60 多年以来的立法活动，我们认为，对在机械制造业、洗衣房工作的女工进行 10 小时工作日的限制，是公共健康、公共安全和公共福利的要求；俄勒冈州

---

[1] http://www.ndl.go.jp/jp/diet/publication/legis/index.html.

[2] ［德］K. 茨威格特、H. 克茨：《比较法总论》，潘汉典等译，法律出版社 2003 年版，第 27 页。

[3] 米健：《比较法学导论》，商务印书馆 2013 年版，第 19 页。

立法机关有合理的理由相信这一点。"最高法院一致通过大法官布鲁尔撰写的裁定，维持俄勒冈州法，大法官在判词中承认了布兰戴斯律师援引7个欧洲国家法律的策略，指出："在大多数文明国家中都有类似的规定，不能轻易地被看作是不合理的、无端的、任意的，从而推翻它。"[1]

2002年美国最高法院在 Atkins v. Virginia 一案中作出禁止对精神障碍者适用死刑的判决，大法官史蒂文斯在多数意见中写道："在世界范围内，对精神障碍者适用死刑遭到压倒性的反对。"[2] 大法官把这一观察归功于欧盟提出的法庭之友意见书。2003年7月，在有关同性恋问题的 Lawrence v. Texas 一案中，大法官肯尼迪指出："法院过去赞同国家对同性性关系的禁令与其他西方民主国家的法律步调不一致。"摘录了欧洲人权法院的观点后，他写道："在本案中，原告的权利已经被许多其他国家视为人的自由一个组成部分而被接受。"[3] 2003年8月金斯堡大法官在美国宪法协会的演讲中表示："我们对宪法的理解应该放眼世界。如果我们不能和世界各国分享经验，同时向他们学习，那么我们就会成为输家。"[4]

1984—1995年间，加拿大最高法院在45%的案件中都至少援引了一项英国案例，30%的案件至少援引了一项美国案例。[5] 1994—1998年间，南非宪法法院和最高法院在判决中援引1258项国外判例（包括美国、德国、英国、欧盟和印度等国家和地区），原因在于南非《宪法》第39条明确规定："当解释权利法案时，法院、法庭或裁判所：①须促进以人的尊严、平等和自由为基础的开放民主社会之价值；②须考虑国际法；且③可考虑外国法。"

1972年爱尔兰最高法院在 Byrne v. Ireland 一案中，引用法国最高行政法院1873年布朗热案的判决以及联邦德国、澳大利亚、印度、南非和新西兰的法律，否决了传统的"国王不会犯错"理论，认定爱尔兰对公务员的过错应承担国家赔偿责任。同样，以色列最高法院和印度最高法院审判案件时，均十分注重参照外国法律。以色列最高法院多年来积极招收来自美国、欧洲、亚洲和澳大利亚的律师和国外法学院优秀学生，担任大法官助理，起草法律问题备忘录，提供比较法方面的协助。多起重要判决中，以色列最高法院大法官广泛援引美国、英联邦国家、欧洲法院的判决。美国学者甚至将以色列最高法院誉为："全世界

---

〔1〕 朱景文：《比较法总论》（第3版），中国人民大学出版社2014年版，第59页。

〔2〕 Atkins v. Virginia, https://supreme. justia. com/cases/federal/us/536/304/.

〔3〕 Lawrence v. Texas, https://supreme. justia. com/cases/federal/us/539/558/.

〔4〕 http://www. acslaw. org/pdf/Ginsburg%20transcript%20final. pdf, Looking Beyond Our Borders: The Value of a Comparative Perspective in Constitutional Adjudication, Aug. 2, 2003).

〔5〕 杜涛：《美国最高法院关于外国法的大辩论》，载《美国研究》2010年第3期，第63页。

最重要的比较宪法机构。"印度最高法院在涉及隐私、人权和环境权利方面的案件时，多次援引外国判决和立法。2008 年印度最高法院首席大法官巴拉克克里斯南在美国西北大学发表演讲，题为"外国判例在一个国家法律体系中的角色"。

　　大陆法系国家司法机关的典型代表——德国最高法院在一则判决中，承认在一般人格权受侵害时受害人有权就精神损害获得赔偿。最高法院批准的精神损害赔偿以对人格权的侵害特别严重者为限。判决书指出；这种限制"也见于瑞士法，它比德国民法典更加注重对人格的法律保护（参见瑞士《债法》第 49 条第 1 款）"。近年来，法国最高法院在参引外国法律和判决上迈出大胆一步，同德国最高法院互设一名"本国法官"，以获取对方国家法律资料，相互借鉴参考。[1] 2003 年 10 月 29 日法国最高行政法院在裁决[2]中，援引了英国高等法院 10 月 6 日的最新裁决。[3]

　　欧洲法院和欧洲人权法院在疑难案件[4]中，广泛采用比较法的解释方法。相关案件经常涉及欧盟法律、法规、条例、指令等与各成员国相关法律法规之间的关系，这就必须应用比较法的解释方法，以达到裁判的公平性、中立性和可接受性。在涉及基本权利的判决中，欧洲法院往往通过援引成员国宪法的方式证明欧盟共识的存在，进而将这些共识上升为欧盟法一般原则加以保障。欧洲人权法院则多以简单的数学方式寻找某种人权标准已被多数成员国采纳，并在此基础上确定各成员国的自由裁量边际。茨威格特和克茨指出："欧洲法院在大量的裁判中首先运用比较法的解释方式取得了巨大的成果。"[5]

　　近年来，我国司法实践中也出现了运用外国法的案例。在 2001 年"刘诚斌诉洪登凤离婚案"中，江苏省盐城市中级人民法院在判决中采取了大陆法系国家"终身定期金"的规定。[6] 该案中，法院认为："由于原、被告之间的婚姻关系存续期间较长，离婚后被告在生活问题上，原告应给予适当的帮助。"法院判决：原告刘诚斌在本判决生效之日起，每月给付被告洪登凤生活费 200 元。法院事后承认该案运用了大陆法系国家"终身定期金"的规定。所谓"终身定期金"是指当事人约定一方于自己或他方或第三人生存期间，定期以金钱给付

---

〔1〕　刘兆兴主编：《比较法学》，中国政法大学出版社 2013 年版，第 50 页。

〔2〕　参见 www.conseil-etat.fr/fr/arianeweb/CE/decision/2003-10-29/260768.

〔3〕　ABNA and others v. Secretary of State for Health, Food Standards Agency（英国联合农业有限公司等诉英国卫生大臣和食品质量标准局案）。

〔4〕　Markku Kiikeri, *Comparative Legal Reasoning and European Law*, Springer, 2002, pp. 194-267.

〔5〕　［德］K. 茨威格特、H. 克茨：《比较法总论》，潘汉典等译，法律出版社 2003 年版，第 29 页。

〔6〕　盐城市城区人民法院（2001）城民初字第 468 号民事判决书。

他方或第三人之契约。《法国民法典》《德国民法典》《瑞士债法典》《日本民法典》均有"终身定期金"规定。

2002 年，黑龙江省牡丹江铁路运输法院借鉴美国刑事诉讼"控辩交易"制度，律师在征得当事人同意后，向公诉机关提出控辩交易申请，被告人和被害人达成赔偿人民币 4 万元的协议。法庭开庭仅用了 25 分钟，判决被告人孟广虎犯故意伤害罪，判处有期徒刑 3 年，缓刑 3 年。[1]

2008 年广州市中级人民法院在"杨丽娟诉南方周末报社、南方日报社侵犯名誉权案"中，运用了美国法中"自愿型公众人物"这一法律概念。法院认定：自愿型公众人物自然派生出公众知情权，涉讼文章即使披露了杨勤冀的个人隐私，对于可能的轻微损害，杨丽娟应当予以容忍，判决杨丽娟败诉。[2] 这是新闻侵权案件中首次采用"自愿型公众人物"的概念，广州中院的判决揭示了公众人物隐私权、名誉权应受到限制的法理基础，为媒体采访报道特殊人物提供了清晰的司法标准。

1970 年我国台湾地区"最高法院"在一个判决中承认外国法与案例属于法理适用的范畴，属于"法律"的次要渊源。"法院"之所以这样判决，其原因在于运用外国法与案例既符合世界法律发展的潮流，又便于确定抽象法理的具体内容。[3] 通过该判例，"法院"将台湾地区"民法典"第 1 条规定的"法理"范畴延及外国法与案例，并承认外国法与案例在司法中具有澄清法律含义模糊、补强法律论证效力的功能。

德国学者格罗斯菲尔德强调："实际上，比较法在司法审判中所起的作用远比数据显示的重要，因为它是以自己特有的方式，即通过文献的中介和其他它所表达的法的理论深入到司法判决中的。"[4] 总而言之，比较法的功能不仅体现在立法方面，而且也体现在执法和司法方面。

（三）比较法在促进各国法律协调统一方面的功能

早在 1900 年巴黎召开的国际比较法大会上，就有比较法学家建议，比较法

---

［1］　牡丹江铁路运输法院（2002）牡铁刑初字第 11 号刑事裁决书。

［2］　广州市中级人民法院（2008）中法民一终字第 3872 号民事判决书。

［3］　中国台湾地区"最高法院"（1970）台上字第 1005 号民事判决书。该案上诉人借用房屋增设砖造围墙请求被上诉人偿还所支出之费用。法官在判决书中认为："上诉人主张之保养改建等垫款，倘确属有益费用，又因上诉人之增加设施所借用房屋之价值显然增加，在'民法'使用借贷一节内虽无得请求偿还或返还其价值之明文；然依据外国立法例，既不乏依无因管理或不当得利之法则请求偿还或返还之规定，则本于诚实信用之原则似非不可将外国立法例视为法理而适用。"

［4］　［德］伯恩哈德·格罗斯菲尔德：《比较法的力量与弱点》，孙世彦、姚建宗译，清华大学出版社 2002 年版，第 58~59 页。

的主要任务在于发现和创立对"一切文明国家共同适用的法律或法律原则"。早期西方比较法学家视野较为狭窄，并不了解各国法律的实际运作状况，更不了解各国法律的深层差异及其根源；当时的世界形势与时代主题也没有这样的需要和可能。这种主张的实质是将少数西方国家的法律凌驾于非西方国家和殖民地的法律之上，视为人类社会的共同准则，将广大非西方国家和殖民地纳入西方法律模式的附庸。第二次世界大战之后，总体来说，大部分比较法学家已经放弃了这种幻想。

20世纪90年代，冷战结束。经济全球化勃兴，和平与发展成为新时代的主题。协调各国法律，一定范围内统一国际立法的必要性日益凸现。特别是在经贸领域，"统一法的效益是便利国际的法律交往。这就是说，这种统一法在它调整的范围内，无需适用带着各种疑难的国际私法，同样地也无需适用带着不少危险的外国实体法。因此统一法减少了进行事前规划的商人和事后审判争议的法官都伤脑筋的关于国际往来的法律上的危险。从而统一法带来更好的法律预测可能性和高度的法律稳定性。"[1]

从比较法自身的发展来看，一个多世纪的比较法取得了长足的进步，研究范围不断扩大，方法论持续更新，各国法互相接近和融合，在此基础上协调各国立法，或者采用其中最佳实践，或者通过比较的方法提出一个比任何现有方法更好、更易实施的方法，实现法律的统一。茨威格特和克茨主张："在这里，比较法的准备工作是必不可少的；否则就不可能发现世界上不同法律制度的共同点和不同点，更不用说在现有的或拟议的解决办法中决定哪一种是最佳的。"[2]

在国际经贸、商法领域，相关协调统一法工作已取得重大成就。举例来说，联合国国际贸易法委员会主持制定《联合国国际货物销售合同公约》，分别由达维德（法国）、施米托夫（英国）和巴布斯库教授（罗马尼亚）代表大陆法系、普通法系和社会主义法系，组成指导委员会。公约旨在调整三大法系之间的差异，协调发达国家和发展中国家的利益诉求，实施四十年来效果有目共睹。国际民间组织的翘楚——国际商会为促进会员之间经济往来，协助解决国际贸易争议和纠纷，先后制定了一系列贸易、银行、货运方面的规章和条款，如《国际贸易术语解释通则》《托收统一规则》《联合运输单证统一规则》和《跟单信用证统一惯例》等，虽然不具强制力，但实际上已为世界各国普遍接受和采用。

---

〔1〕 ［德］K. 茨威格特、H. 克茨：《比较法总论》，潘汉典等译，法律出版社2003年版，第35~36页。

〔2〕 沈宗灵：《比较法研究》，北京大学出版社1998年版，第50页。

目前已有 73 个缔约国的海牙国际私法会议，致力于统一各国国际私法规则，至今已通过了 36 项公约，广泛涉及国际民事和商事领域的法律适用、国际民事诉讼程序及司法合作等领域。其中较为重要、参加国较多的公约有：《关于向国外送达民事或商事司法文书和司法外文书公约》《关于从国外调取民事或商事证据的公约》《国际诱拐儿童民事方面公约》《跨国收养方面保护儿童及合作公约》《国际司法救助公约》《外国公文书取消认证公约》等。学界公认该组织在统一各国冲突法和程序法方面，成就最为重大。作为一个国际组织，海牙国际私法会议在运用比较法研究国际私法，平衡各国需求，结合各国优点，促进国际统一实体法的制定方面起到了很好的表率作用。

1958 年联合国国际商业仲裁会议在纽约签署《承认及执行外国仲裁裁决公约》（以下简称《纽约公约》）。该公约处理外国仲裁裁决的承认和仲裁条款的执行问题。目前已有 158 个国家和地区加入《纽约公约》，这为承认和执行外国仲裁裁决提供了保证和便利，为进一步开展国际商事仲裁活动起到了推动作用。与仲裁裁决不同，当今世界并无得到普遍承认的内国法院判决在全球承认和执行的公约，即一国法院判决无法依靠国际公约在他国执行，只能依靠双边司法协助条约或互惠承认。反观非官方的仲裁庭的裁决，却能在执行地国法院的协助下在全球多数国家得到执行。《纽约公约》成为"国际仲裁大厦赖以存在的最重要的擎天玉柱"，是"整个商法史上最为有效的国际立法"。

今天的法律统一协调，绝不意味着由所谓的世界立法者颁布统一的超国家法来取代各国的国内法，而是在承认和尊重各国主权独立平等的基础上进行的。这样一来，比较法的作用就更显得突出，法国学者达维德在《当代世界主要法律体系》一书中这样评价比较法在促进国际统一立法方面的作用：对于了解各国别法之间存在的共同点和分歧点，比较法是必需的；对于明确统一应加的地理上或其他方面的限制，比较法是必需的；对于协调这国或那国使用的各种不同的技术，使统一的努力取得在当前形势下可能取得的最大成功，比较法同样是必需的。[1]

（四）比较法在法学教育中的功能

德国学者茨威格特和克茨赞扬比较法在教育上的一般价值：比较法作为实证主义、教条主义和狭隘的民族主义的对立面，推动法律传播的价值和法学的普遍性。它在更大的各种类型中，进行全面的法律思考，由此克服了偏重技术的专家意识，具有批判性的理解力，可以随时使用一个世界规模的"各种解决办法的仓库"。

---

[1] ［法］勒内·达维德：《当代主要法律体系》，漆竹生译，上海译文出版社 1984 年版，第 15 页。

法国比较法学家郎贝尔早就提出："在大学课程中，比较法应当同国内法律体系的课程一样享有同样稳固的地位。它要求有三个学期的时间，每周四小时讲授比较法。"美国比较法学会在20世纪30年代、50年代和70年代做过关于比较法在法学院中教学状况的大规模调查，并专门组织召开比较法的教学研讨会，得出了"比较法是现代法学教育之必需"的结论。茨威格特和克茨在20—21世纪之交更是断言："对于法学教育而言，比较法是必需的，而且是有益的，这个信念没有任何改变。"

随着社会和经济的不断发展，特别是法律全球化的推进，法学教育的内容和法学研究也在不断地演进变化，以迎接全球化和国际化的挑战。法学教育既要以本国现行法为重点，同时也要逐渐扩展到本国法以外的广阔领域，即比较法方面的丰富知识和技能。

此外，21世纪以来国际商事律师的鲜活法律实践，在某种意义上让国境线的边界日益淡化。一位美国律师表示："就外国法提供法律意见与就本国法提供法律意见没什么区别。如果律师了解法律的某一领域，无论是国内的还是外国的，律师将就此提供法律意见。由司法权所划分的世界的界限是人为的。"[1]美英大型跨国律所的全球扩张，极大地激发了大陆法系国家学生对外国法，特别是英美法的强烈兴趣。

荷兰等国法学院充分利用本国教授和学生的多语种优势（同时掌握英语、法语和德语），鼓励学生阅读第一手资料（外国法律和判决书），全面学习英法德美俄等国的私法、刑法和公法；部分法学院甚至聘请伊斯兰教法专家，让欧洲学生突破沟通障碍，接触多元法律文化。意大利法学家萨科强调："每个法律人都应当接受作为认识论意义上的方法且作为能够跨越不同法系的钥匙的比较法训练。"[2]

1994年比较法学者在荷兰马斯特里赫特大学建成了第一所欧洲法学院，[3]随后在意大利特伦托创建了第二所欧洲法学院，[4] 2000年克茨也在德国汉堡创

---

〔1〕 Glenn, H. Patrick, "Comparative Law and Legal Practice: On Removing the Borders", *Tulane Law Review*, vol. 75, Issue 4 (March 2001), p. 984.

〔2〕 ［意］罗道尔夫·萨科：《比较法导论》，费安玲、刘家安、贾婉婷译，商务印书馆2014年版，第243页。

〔3〕 https://www.maastrichtuniversity.nl/education/bachelor/bachelor-european-law-school，欧洲法学院本科项目全英文教学，开设大量比较法、欧盟法和比较部门法课程，重视协商谈判、问题解决教学法和模拟法庭。

〔4〕 https://offertaformativa.unitn.it/en/l/comparative-european-and-international-legal-studies，特伦托大学法学院主要采取比较法教学，2017年推出本科三年比较法、欧洲法与国际全英文项目。这是意大利第一家非盈利私立法学院，在意大利法学院排名中多次评为全国第一。

办了博锐思法学院（Bucerius Law School）。[1] 这类法学院围绕比较法、国际法和欧洲法（而不像一般法学院那样围绕国内法）开设主干课程，培育"欧洲共同法"理念。欧洲各国传统法学院纷纷设立欧洲私法、欧洲法律史和比较法律文化的教席。在学界的协助下，欧盟实施了"苏格拉底"和"伊拉斯谟"两项计划，安排成员国法学院学生到其他成员国进行跨国交流，促进法律文化之间的相互了解和融合。

日本一贯重视比较法教育，多所法学院如东京大学开设比较法总论本科课程，研究生阶段开设美国法、德国法等选修课。早稻田大学法学院下设著名的比较法研究所，鼓励师生借鉴欧盟法，通过比较研究发展出超越国界的亚洲区域共同法。[2]

美国哈佛大学法学院在经过三年调查研究和参照医学院、商学院、公共政策学院改革经验的基础上，从 2006 年开始启动根本性的课程体系改革，被认为是自兰德尔判例教学法以来的第二次法学教育大革命。其中一年级课程设置上最重要的变化包括：将国际法、比较法作为必修科目。[3] 目的在于使法科学生从一开始就能对世界的法律格局有清晰的认识，并在国际社会的框架里正确定位本国法。斯坦福大学法学院 2018—2019 学年开设比较法课程[4]，关注两大法系的融合，研讨美欧种族平等、性别平等、性骚扰、政教关系等问题。芝加哥大学法学院 2018 年开设比较法律传统课程[5]，从跨学科角度切入，比较美国和非西方国家法律传统的异同。

对于中国这样的法律移植国家，比较法的重要性更是不言而喻。它给法学教育带来的不仅仅是各国法律的基本知识，更重要的是，它将法学教育引领到一个新的境界，不再将本国法看作一个自给自足的系统而故步自封；它赋予法学家和学生以世界性的胸怀和视野；使法律人获得一种适应全球化和国际化的能力——全面思考、批判性理解力以及在世界舞台上平等对话和熟练应用世界规模的"各种解决方法的仓库"的能力。

茨威格特和克茨指出，如果不重视比较法学在大学教育中的意义，"那么法学教育，除此之外，就干巴巴地沦为一种技术学校教育，把单纯的法律技术人员当作法律家输送到职业行列里去。这种发展带来的危险对于我们德国人来说

---

〔1〕 https：//www.law-school.de，这是德国第一家非盈利私立法学院，借鉴美国法学教育模式，在德国法学院排行榜中多次排名全国第一。

〔2〕 https：//www.waseda.jp/folaw/icl/en/.

〔3〕 https：//today.law.harvard.edu/hls-faculty-unanimously-approves-first-year-curricular-reform/.

〔4〕 https：//law.stanford.edu/courses/comparative-law/.

〔5〕 https：//www.law.uchicago.edu/prospective/intlcourses.

是很清楚的。"[1]

第三节　比较法理论的法系论

一、法系的概念

面对浩瀚繁杂的各国法律制度，如何进行有效的比较，是比较法学首先面对的问题。英国学者德克鲁兹指出，即使最博学的比较法学者也不可能搞清楚所有的这些法律制度，因此必须从分类学或类型学的角度对这些法律制度进行归类。[2]

一百余年来，一代又一代比较法学者致力于对世界各国众多的法律秩序进行梳理分类，试图通过这种分类，获得对世界法律大家庭一个基本又准确的认识，使得比较法研究成为可能。在这一过程中，西方学者首先使用"法系"概念，提出对比较法研究影响深远的法系论，它成为理解和把握世界法律总体格局的重要理论工具。

美国比较法学家梅利曼在《大陆法系》一书中指出，法系是关于法的性质，法在社会和政治中的地位，法律制度的实施及其相应的机构，法律的制定、适用、研究、完善和教育的方法等一整套根深蒂固的并为历史条件所限制的理论。法系与文化相勾连，法系又是文化的一部分，法律制度被置于文化的视野中考察。[3]

国内学界公认，法系是具有共同法律文化传统的若干国家和地区的法律总称。法系的含义有三个基本因素：其一，法系不是一个国家的法律的总称，而是一些国家或地区的法律的总称，即同一类法律的总称；其二，这些国家或地区的法律之所以构成一类，是因为从某种标准来说，它们具有一种共性或共同的传统；其三，法系本身不是指一定社会制度的法律，因为不同社会制度的法律主要是依据生产方式的不同来划分的，从而将法律制度划分为奴隶制法、封建制法、资本主义法和社会主义法四种形态。

法系不仅是比较法的基础理论，在其他学科领域也时常成为学者讨论的话

---

〔1〕　[德] K. 茨威格特、H. 克茨：《比较法总论》，潘汉典等译，法律出版社 2003 年版，第 32 页。
〔2〕　刘兆兴主编：《比较法学》，中国政法大学出版社 2013 年版，第 55 页。
〔3〕　[美] 约翰·享利·梅利曼：《大陆法系》（第 2 版），顾培东、禄正平译，法律出版社 2004 年版，第 2 页。

题。西方经济学家讨论法律与金融问题时，法系成为重要的考量因素。20 世纪 90 年代以来，开创"法律与金融"研究的经济学家在考察法律制度与金融发展的关系时，强调法系是影响金融发展的重要因素——法系渊源论（Legal Origins Theory）。他们按照法律起源把所考察的各国法律制度分为普通法系、法国式大陆法系、德国式大陆法系、北欧法系等四种类型，并从小股东权利保护、债权人权利保护、法律实施质量等三个指标入手，考察了四大法系国家法律制度的差异以及这些差异对金融发展的影响，进而证明一国的法系归属或法律起源与其金融发展的密切关系。他们得出的结论为：普通法系对投资者的保护最好，北欧法系次之，德国法再次之，法国法最差。大陆法系国家学者则批评作者的"普通法偏爱"倾向，认为其忽视对法律移植过程的深入分析。世界银行接受了他们基于法系的经济效率比较对各国法律进行绩效排名的做法，成为其发布的"营商环境报告"（Doing Business Report）[1] 的理论基础。

二、法系理论对于比较法研究的意义

法系是比较法学学科的基础理论范畴，在对世界各国的法律制度进行比较研究时，法系的划分可以使我们对纷繁复杂的法律进行简捷有效的索引，各国比较法学者非常重视法系理论，法系划分对于比较法研究具有重大意义：

首先，法系理论是比较法学科的基础理论范畴，法系理论的发展体现了比较法学科的发展进程。在比较法学科刚刚诞生之时，比较法研究主要表现为对世界上具体国家法律制度的较为零散的比较研究，法系理论为比较法学者提供了重要的理论工具，加强了对世界法律总体格局的认识，法系理论也成为比较法学教材的重要组成部分。法系的划分也显示其具有鲜明的时代性，法系划分理论的不断变化实际上体现了比较法学研究中所体现的西方中心主义的淡化、意识形态成分的减弱以及对法律实践本身的注重。

其次，在进行具体比较法的研究时，法系理论把世界上纷繁复杂的法律体系进行分类，使得法律的宏观比较更为简便可行。正如达维德所说的，当代世界上的法虽然为数众多，但却可以归类成数目有限的法系，不必逐一介绍各国法律的具体细节，而只需阐述这些法所分属的几个法系的一般特征。在法系理论的指引下，比较法学者可以从更宏观的角度理解和把握世界总体法律格局及发展趋势。

三、法系划分标准与争议

世界上的法律制度应当分为哪几大法系，法系的分类应当遵循什么样的标准，一直以来在学界存在不小争议。茨威格特和克茨指出，要界定"法系是什

---

〔1〕 http://www.doingbusiness.org/en/reports/global-reports/doing-business-2019.

么"这一问题，首先需要回答以下这几个根本性的问题："是否可以将世界上为数众多的秩序加以分类，归入少数几个大集团？这样的一个分类应当依照什么标准？如果确信这样分类是可行的，我们应当依照什么标准决定某一法律秩序是归入这一集团而不是归入另一个集团？"[1]

从历史发展角度来看，对于法系划分的标准与理论主要有以下几种：

（一）早期的种族或民族标准

最初比较法学者比较注重民族、种族或者语言的重要性，基本以此作为划分法系的标准。例如 1884 年日本学者穗积陈重根据民族差异，将世界上的法律体系划分为五大类，后来他又进一步完善他的理论，提出根据法律制度的谱系和亲缘关系，即以一国的固有法与引进他国法而形成的系统关系为标准，后在五大法系以外，又加入了日耳曼法系、斯堪的纳维亚法系。他的谱系分类法在确定亲缘关系时没有对时间进行限制，主要注重几种法律制度的共同历史源流，实际上把不同历史时代的法系并列在一起，随着时间的推移，这种划分日益显示出一定的局限性。

1905 年法国法学家埃斯曼以种族和语言为标准提出五个法系：罗马法系、日耳曼法系、盎格鲁-撒克逊法系、斯拉夫法系、斯堪的纳维亚法系。[2] 埃斯曼的划分在欧洲学者中具有开创性，但是他的法系划分标准并不十分明确，因为种族和语言标准与法系没有内在的必然联系，不同的种族、使用不同语言的国家或民族可能采用相同或相似的法律制度，此外，他并没有考虑中国、印度等具有强大影响力的法律制度，这也反映了当时盛行的"欧洲中心论"在法系划分上的影响。

1913 年法国比较法学者霍尔主张将人种作为法系分类标准，把世界上的法系划分为印欧法系、闪米特（犹太）法系、蒙古法系以及未开化民族法系，并把印欧法系又进一步划分为印度、伊朗、凯尔特、希腊-罗马、日耳曼、盎格鲁-撒克逊和立陶宛-斯拉夫等子法系。[3]

种族论标准同样存在理论缺陷，正如美国比较法学家威格摩尔所言，法系和种族之间并不存在共存共亡的必然联系。一个法系的消亡并不意味着它所隶属的种族消亡，有些法系可以脱离它们所属的种族而独立生存。[4]

---

〔1〕　〔德〕K. 茨威格特、H. 克茨：《比较法总论》，潘汉典等译，法律出版社 2003 年版，第 99 页。
〔2〕　〔德〕K. 茨威格特、H. 克茨：《比较法总论》，潘汉典等译，法律出版社 2003 年版，第 99 页。
〔3〕　〔德〕K. 茨威格特、H. 克茨：《比较法总论》，潘汉典等译，法律出版社 2003 年版，第 100 页。
〔4〕　〔美〕约翰·H. 威格摩尔：《世界法系概览》（下），何勤华等译，上海人民出版社 2004 年版，第 956 页。

（二）历史发展顺序标准

某些比较法学家从历史发展的渊源为标准对法系进行划分，如 1928 年威格摩尔在著作《世界法系概览》中，按照从古代延续到近代的标准，将全世界法律分为十六个法系，在古代法系中，他分别列举了埃及法系、两河流域法系、中华法系、印度法系、希伯来法系、希腊法系和罗马法系；近现代法系中又有大陆法系与英美法系。[1] 该书在 1936 年再版中又增加了埃塞俄比亚、蒙古、尼泊尔与中国西藏等法系。威格摩尔在法系的划分上试图涵盖人类历史上出现的一切重要法律制度，对以种族为依据划分提出了挑战，但是他的划分方法没有系统性和逻辑性，过于繁琐。

还有的法学家从法律传统的角度划分法系，如加拿大学者帕特里克·格伦所著的《世界法律传统：法律的持续多样性》一书将世界的法律传统划分为原生法传统、犹太法传统、大陆法传统、伊斯兰法传统、普通法传统、印度教法传统、亚洲法传统等七个主要法律传统。[2] 这一标准也存在着明显缺陷，因为原来属于某个法系的国家可能会由于后来的法律移植等逐渐脱离这个法系，例如土耳其原本属于伊斯兰法系但是因为大规模移植欧洲大陆法（法国法和瑞士法），现在更加具有大陆法系的特征。

（三）意识形态标准

冷战时期，不少比较法学家认为意识形态对于法律制度的形成具有重要作用，从而以意识形态为标准对各国法律制度进行分类。1950 年达维德在《比较民法概论》一书中就采用以意识形态为主的标准，将世界各国法律制度分为西方法系、社会主义法系、伊斯兰法系、印度法系与中国法系五类。[3] 他指出，西方法是以基督教的道德原理、民主主义的政治社会原理以及资本主义经济结构为基础，苏维埃法是以社会主义政治、经济和道德的特殊性为基础，伊斯兰法以伊斯兰神学为基础，印度法是以印度独特的哲学为基础，中国法以儒教的巨大影响为基础。1964 年达维德在《当代主要法律体系》一书中修改了自己的分类标准，将法律技术标准与意识形态标准并列，把世界上的法律制度划分为罗马-日耳曼法系、普通法法系、社会主义法系。此外，他又提出了次要法系：伊斯兰法、印度法、犹太法、远东法（包括中国法和日本法）与非洲和马达加

---

〔1〕　[美] 约翰·H. 威格摩尔：《世界法系概览》（下），何勤华等译，上海人民出版社 2004 年版，第 2 页。

〔2〕　[加] 帕特里克·格伦：《世界法律传统：法律的持续多样性》，姚玲、李立红、黄英亮译，北京大学出版社 2009 年版。

〔3〕　[德] K. 茨威格特、H. 克茨：《比较法总论》，潘汉典等译，法律出版社 2003 年版，第 101 页。

斯加的法律。

（四）多元标准说

20世纪下半叶以来，比较法学者一般采用多元的标准。茨威格特和克茨认为首先要解决划分的标准和原则问题，提出"主题关系相对性的原理"和"时间相对性原理"，[1] 前者是指法系分类随着法律主题的不同而所不同，后者则指任何法律制度都不能离开历史发展与变化而独立发展，必须考虑影响法律制度形成和发展的各种因素。他们提出了根据法律样式的构成因素进行法系的划分。所谓的划分法系的"样式"因素包括：①一个法律秩序在历史上的来源与发展；②在法律方面占统治地位的特别的法学思想方法；③特别具有特征性的法律制度；④法源的种类及其解释；⑤思想意识因素。[2] 据此将世界上的主要法律秩序划分为：罗马法系、北欧法系、普通法法系、社会主义法系、远东法系、伊斯兰法系与印度教法法系。冷战结束后，社会主义法律体系出现危机，在茨威格特与克茨新版的《比较法总论》中社会主义法系已被删除。茨威格特和克茨的法律样式构成理论在比较法学界影响很大，对于不同法律制度之间的差异及其形成原因的理解具有重要意义。

法国学者康斯坦丁内斯库提出作为法律体系分类的标准的九个规定性要素：法律观念与法的作用；意识形态与原理；前提条件与构成的关系，即社会、经济、政治、历史现实与法律规范的关系；经济结构；国家的观念与作用；市民的基本权利；法律渊源及其效力等级体系；法律解释以及法官的地位与作用；各种法的概念以及基本的法律范畴。[3]

日本学者大木雅夫提出法圈的概念，他以茨威格特与克茨的法律样式的构成要素理论为基础，增加了人的要素或主体性要素，他认为在各个法律体系中作为法律秩序创造者的法律家极为重要。新分类的结果是：西方法圈——罗马法系、德意志法系、北欧法系，以及继受西方法的日本法等；普通法圈——英国法系、美国法；脱离社会主义的发展中国家法圈——苏维埃法、东欧各国法（亚洲共产主义法系）；宗教性或哲学性的混合法——伊斯兰法、印度法、远东各国法。[4]

（五）动态的法律规则标准

传统的法系分类很大程度上带有西方中心主义的色彩，为了改变这种状况，

〔1〕［德］K. 茨威格特、H. 克茨：《比较法总论》，潘汉典等译，法律出版社2003年版，第103~105页。
〔2〕［德］K. 茨威格特、H. 克茨：《比较法总论》，潘汉典等译，法律出版社2003年版，第108页。
〔3〕［日］大木雅夫：《比较法》，范愉译（修订译本），法律出版社2006年版，第112页。
〔4〕［日］大木雅夫：《比较法》，范愉译（修订译本），法律出版社2006年版，第146~147页。

促进不同法系之间的理解与沟通，美国比较法学家马太倡议对传统比较法学中
关于法系划分的模式作重大改革，提出了主张以法律模式为基础进行"新的，
不以欧美为中心的分类"。

马太从社会学与人类学的角度理解法律，认为法律就是社会组织工具或社
会控制手段，不同类型的社会控制代表着不同的法律模式。他指出，在所有社
会中，社会控制或激励模式主要有政治、法律和哲学或宗教这三种，因此世界
上的法律体系可以分为职业法律规则、政治法律规则和传统法律规则三大法系。
职业法律规则体系主要指民法法系和普通法法系的西方法律传统，其同质性建
立在法律与政治的分离、法律与宗教（哲学）的分离这两个因素基础之上；政
治法律规则体系包括非洲、拉丁美洲各国法律和东欧前社会主义一些国家，在
政治法律规则体系中，政治过程与法律过程不能分开，法律过程常被政治关系
所决定；传统法律规则体系即东方的法律观，包括伊斯兰法国家、印度、其他
亚洲和儒家法律观念国家（中国与日本等）。[1] 马太认为这种三分法是一种多
元化的、动态的划分标准，考虑到各国法律制度具有复杂性，因此在每种法系
中他又划分了一些次要法系，例如职业法律规则体系又可以分为普通法、民法、
混合法三种次要法系，政治法律规则体系又分为过渡法（前社会主义法律）和
发展法（可再分为非洲大陆法和拉丁美洲法）两种次要法系，传统法律规则体
系又可分为远东法和伊斯兰法两种次要法系等。

马太的新理论并非完美，仍然是西方中心主义的，他把西方的法律视为真
正意义上的法律，认为西方社会主要是以法律作为社会控制手段，而非西方社
会那样主要以政治或传统作为社会控制手段。其实，世界各国无不存在法律、
政治、传统的社会控制手段，以这三种控制手段为标准，很难对世界各国法进
行比较明晰的类型化划分；而从不同的部门法角度来看，可能一个国家的法律
会分属不同的法系。

加拿大渥太华大学法律系全球法律体系研究团队在 1999 年第一次提出并在
2008 年修订后的法系分类，把世界上的法律体系分为民法系、普通法系、穆斯
林法系、习惯法系、混合法系五大法系，并以此为标准绘制出了一幅真正的世
界法律地图。[2]

在这幅世界法律地图上，每一个政治实体属于哪个法系都有明确的定位，
而且对于属于混合法系的政治实体，进一步明确说明了混合法的具体构成。例

〔1〕　Ugo Mattei，"Three Patterns of Law：Taxonomy and Change in the World's Legal Systems"，45 *American Journal of Comparative Law*，1997，pp. 12-13.

〔2〕　http：//www. juriglobe. ca/chi/index. php.

如，按照他们的分类，中国内地（不包括香港和澳门特别行政区）属于由民法法系和习惯法系混合而成的法系。全球法律体系正在实施的研究项目包括：①穆斯林法系与其他法系联系研讨会；②世界范围内的不同宪法体系；③世界范围内的不同刑事诉讼体系。

自20世纪初期法系概念由日本引入后，我国至今在法系划分问题上也没有达成共识。总体上，我国学者基本延续西方学者的划分方法，主要有三种观点：第一种观点基本上承认西方学者的三分法，即大陆法系、英美法系和伊斯兰法系；第二种观点受到穗积陈重划分方法的影响，主张以"亲缘关系"作为划分标准，分为大陆法系、英美法系、伊斯兰法系和社会主义法系；第三种观点主张以法律的形式渊源为标准把世界的法律划分为大陆法系和英美法系，把社会主义法系归为大陆法系。

四、法系格局的变动

法系的划分与世界政治经济格局的变化密不可分。早期的法系划分反映了欧洲中心论的观点，经过两次世界大战，尤其是20世纪50年代之后，苏联东欧社会主义国家的力量不断壮大，欧洲中心论主义的西方法研究模式受到挑战，世界法系格局发生了变化，比较法学者注意到了社会主义阵营的壮大及社会主义国家法律制度的特点，将世界主要法系划分为大陆法系、英美法系和社会主义法系，这种三分法一直到20世纪下半叶在比较法研究中都占有主要地位。

尽管比较法学者们注意到伊斯兰法系、印度法系、以中华法系为核心的所谓"远东法系"以及"非洲法系"，但与主要的三种法系划分相比，这些法系都只居于次要地位。实际上，从法律文化或者法律传统角度出发所划分的印度法系或中华法系已经受到严重的冲击与挑战，它们不同程度地受到了西方两大法系的影响，或被同化或者近乎消亡。唯独伊斯兰法系出现了复兴的势头，不容忽视。

冷战结束以来，法系格局又出现了新的变化：首先，苏联解体，东欧各国转型，作为社会主义法系核心的苏联法律体制已经消逝，中国、越南等少数社会主义国家也不同程度地借鉴与移植了西方法系国家的法律制度。因此，作为主要法系的社会主义法系是否仍然存在遭到质疑。其次，在经济全球化与法律全球化的背景下，美国法向外扩张趋势明显，无论在前社会主义国家还是大陆法系国家，美国法都显示出强大的影响力，导致普通法系成为西方法学的主导，甚至美国法影响了法律全球化的主要方向。最后，随着全球经济一体化的发展与法律全球化的变化，各国法律文明呈现全球性互动加强，两大法系原本在很多方面具有的显著差异逐渐变得模糊，原来为某一法系所特有的法律制度逐渐被其他法系所效仿，两大法系在诸多方面出现融合与趋同。

伴随着世界范围内法律输出与法律移植现象增多，一些国家出现同时受到多个法系法律传统影响的现象。不少学者提出，在两大法系之外还存在混合法系，这逐渐成为比较法学研究的一个新兴领域。

应该说，现在大陆法系、普通法系、伊斯兰法系，以及在东亚有强大影响的中华法系还是人们广为接受的法系分类。所以本书主要从历史渊源、司法制度和法律方法三个角度探讨上述各法系。

五、混合法系

早在 20 世纪之初，就已经有学者提出混合法系的观点。茨威格特与克茨也认为，八大法系之外还存在着混血法律体系，包括希腊、美国路易斯安那州、加拿大魁北克、苏格兰、南非、以色列、菲律宾、波多黎各、中华人民共和国和其他法律体系。[1]

对混合法系，可以从广义和狭义两个层面进行界定。从广义上讲，混合法系是指由两个或两个以上法律传统或法系的成分所构成的法律体系；从狭义上讲，混合法系指由民法法系和普通法法系混合构成的法律体系。传统法系的概念和划分，更多的是对过去的、既有的法律发展格局的一种总结；而对混合法系的研究则不仅如此，它更重要的是对未来法律发展趋向的一种展望、一种描绘、一种预测。[2]

2001 年美国法学家帕尔默教授编著出版《世界混合法域——第三大法律家族》一书，2012 年再版。他认为，如果一个法律制度具有以下特征则属于混合法系[3]：其一，混合的独特性。世界法律体系呈现多样化，有宗教法、习惯法、商人法、教会法、罗马法和法官法等，但是可以归为"混合法系"的混合成分是建立在大陆法和普通法基础上。其二，数量和心理的特征。混合法系的二元性应该明显地为一般观察者发现。在数量方面，混合发生之前可能有一定的数量要求，如美国得克萨斯州和加利福尼亚州的法律体系中也包含一些大陆法系的成分，但仍被称为普通法系，而路易斯安那州则被视为混合法系，因为前者包含的民法法系成分远不如后者明显。在心理方面说，法律职业者和普通的大众都可以认识和承认法律的双重特点。因此，混合法系不仅有大量法律规则的混合，而且有制度本质和法律思维上的混合。其三，结构性的特征。根据这一特征，在私法和公法领域，英美法和大陆法分别占主导地位。因而对于混

---

〔1〕［德］K. 茨威格特、H. 克茨：《比较法总论》，潘汉典等译，法律出版社 2003 年版，第 115 页。

〔2〕刘兆兴主编：《比较法学》，中国政法大学出版社 2013 年版，第 76 页。

〔3〕Vernon Palmer, *Mixed Jurisdictions Worldwide: The Third Family*, Cambridge University Press, 2001, pp. 7-10.

合法系来说，出现了大陆法的私法和英美法的公法并立的局面。与私法领域的大陆法成分相比，混合法系中的公法是典型的英美式，比如分权原则、法官独立、行政行为的司法审查、法律的正当程序等。当然，每一领域内都不会是纯粹的大陆法或英美法，往往由其中一种占据支配地位。

混合法系理论的发展与世界政治经济的发展密不可分。根据苏格兰学者里德的分析，混合法系之所以受到重视主要原因有四个：其一，随着法律国际化的趋势，部门法学者对外国法的兴趣也逐渐增强。其二，随着欧盟的不断扩张和欧盟一体化进程的加深，一些学者甚至提出了欧洲私法以及欧洲民法典的概念，人们对把普通法与民法两方面规则整合为欧洲私法或欧洲民法典的思想产生极大兴趣。欧洲私法正在因为大陆法和英美法的双重影响逐渐形成一个混合法系。其三，作为混合法系典型成员的南非 1993 年政治变革后国际地位的加强，引起了人们对其进行研究的浓厚兴趣。其四，混合法系的发展在于民族的自我发现与自信心的增强。[1]

随着全球经济一体化的发展与法律全球化的变化，混合法系也成为比较法学研究在 21 世纪的一个新热点。王泽鉴指出："以前这些是被当作弃婴的，因为人们认为凡是混合的都没有什么创意，可是现在变成宠儿。"[2]

尽管学者们对混合法系的理解不同，却包含着一个潜在的理论共识，即混合法系不能再被视为几大主要法系之外的特殊情形，而应当作为一种主要的法系类型对待。按照狭义解释论者的观点，混合法系至少是民法法系和普通法系之外的第三大法系。而按照广义解释论者的观点，无论是从包含的法律体系数量，还是从覆盖的人口规模、地理范围，混合法系恐怕将成为超过普通法系和大陆法系的 21 世纪第一大法系。

总之，比较法学家对混合法的研究范围正在逐步拓宽，研究的对象更加广泛，但是学者在混合法系基本理论问题上并未达成共识，同时对于新类型的混合法域的研究还不够细致和深入，大量的注意力仍然放在传统的路易斯安那州、魁北克、南非、波多黎各、以色列等法域，而人口众多，发展迅速的中国（海峡两岸及香港、澳门）法律和印度法律是否属于或迈向混合法系等重大课题，还有待全球比较法学者深入研究。

六、法系理论的相对性

将世界各国法律制度按一定标准归类成系，这本身就具有相对性。之所以这样说，主要是因为法系的分类受到很多因素的影响和制约。

---

〔1〕 刘兆兴主编：《比较法学》，中国政法大学出版社 2013 年版，第 77 页。
〔2〕 2009 年 5 月 19 日 "王泽鉴教授华政学术系列讲座" 第二讲。

首先，一国法律体系内，公法和私法的基本形式和特征并不一定完全一致。不同国家的法律，有可能私法的基本形式和特征高度相似，而公法的基本形式和特征却相去甚远。

冷战结束前，比较法学的研究重点主要集中在私法领域，法系的分类多是以私法的相似性来归类的。[1] 20 世纪 90 年代以来，苏联、东欧国家在公法领域兴起大规模法律移植，宪法审查制度迅速发展，国际学术界中，比较宪法、比较行政法、比较公法的学术研究一跃成为显学。[2] 从私法角度看，德国法和法国法属于大陆法系，美国法和英国法属于普通法系。但当我们考察国家法的一些基本制度如违宪审查制度时，我们则可能将德国法和美国法划分为同一个法系。类似的例子还有日本，其民法方面属于典型的大陆法系，其宪法审查模式（日本最高法院）则脱胎于美国最高法院宪法审查模式[3]——1947 年颁布的《日本宪法》由美国盟国占领军总部起草，从英文翻译为日文。

其次，法律是一个民族国家的历史、文化和社会存在的集中体现。即使是同一个法系中，任意两个国家的法律制度都不会完全一样。

例如，《法国民法典》和《德国民法典》风格差异极大。前者通俗易懂、优雅简洁，处处激荡着公民权利与自由的激情，因此法国象征派诗人保尔·瓦雷里称赞法典是一部"出色的法国文学著作"，文辞浅显，对在民众中的普及做出了实质性的贡献。与此相反，后者有意识地放弃了通俗易懂性和民众教育的特点，采用了大量的概念化术语，高度重视其规定的准确性、清晰性及完整性，因此语言抽象深奥、艰难晦涩，以至于有学者这样说："那些第一次阅读《德国民法典》的人会非常失望，它的语言古老过时、句子繁复、概念抽象……它是法律家们给法律家制作的。"比如《法国民法典》第 212 条与《德国民法典》第 1353 条，虽然都在规定夫妻之间的义务，前者表述生动明确（"夫妻负互相尊重、忠实、救助、扶助的义务"）后者则用了一个模糊的人造术语"婚姻生活共同体"。[4]

---

〔1〕 ［德］K. 茨威格特、H. 克茨：《比较法总论》，潘汉典等译，法律出版社 2003 年版，第 103 页。

〔2〕 2007 年牛津大学出版社出版《比较法手册》（1456 页），2012 年该社出版《比较宪法手册》（1396 页）。2011 年英国爱德华·埃尔加出版社出版《比较宪法手册》（680 页）和《比较行政法手册》（688 页）。

〔3〕 1947 年《日本宪法》第 81 条：最高法院为有权决定一切法律、命令、规则以及处分是否符合宪法的终审法院。

〔4〕 ［德］K. 茨威格特、H. 克茨：《比较法总论》，潘汉典等译，法律出版社 2003 年版，第 141 页。

　　同为普通法系的美国法和英国法也渐行渐远。在《英美法中的形式与实质——法律推理、法律理论和法律制度的比较研究》一书中，英国学者阿蒂亚和美国学者萨默斯通过比较的方法，对两国的法律推理、法律理论和法律制度进行了比较分析，深入到两国的历史传统、政治文化及民众心理的层面，从中追寻两国在法律推理、法律理论和法律制度方面的差异的深刻根源。两位作者将英美法律的主要差异概括为：英国法的高度"形式性"与美国法的高度"实质性"。[1]

　　美国法学家波斯纳在《英国和美国的法律及法学理论》一书中认为："在很重要的意义上，英国法律制度更接近于大陆法系的，而不是美国的法律制度。由于种种因素，这一点被掩盖了。英美语言相同，美国的法律制度源于英国，英国与大陆法系有很多表面上的区别，而英美制度间又有同样多表面上的相似之处。"[2]

　　最后，20世纪后半叶以来，大陆法系和普通法系的界限日益模糊，美国各种立法迅猛增加，德国和法国司法判决的地位不断提高。新世纪以来，中国特色社会主义法律体系博采众长，融合创新，影响力与日俱增。[3]各大法系之间相互影响、相互渗透、相互融合，原来的法系划分越来越不具有绝对意义。由此可见，21世纪法系的划分日渐呈现相对性。

【思考题】

1. 比较法在当代中国立法中有何表现？
2. 比较法在司法中的作用为何？它与主权原则是否矛盾？
3. 当代中国（海峡两岸及香港、澳门）属于何种法系？
4. 你如何看待比较法的西方中心主义？

　　〔1〕［美］P. S. 阿蒂亚、［美］R. S. 萨默斯：《英美法中的形式与实质——法律推理、法律理论和法律制度的比较研究》，金敏、陈林林、王笑红译，中国政法大学出版社2005年版，第1页。

　　〔2〕Richard A. Posner, *Law and Legal Theory in England and America*, Oxford University Press, 1997, p. vii.

　　〔3〕在知识产权、反垄断法等诸多领域，中国已成为与美国、欧盟并列的全球三大司法管辖区之一。2018年《中华人民共和国电子商务法》作为世界上首部电子商务领域综合性立法，成为他国借鉴的范本。2018年全球律所百强排行榜中，16家中国律所进入榜单，数量仅次于美、英两国。越来越多的外企选择在华发起知识产权诉讼，2017年福州法院受理高通诉苹果案，反映出外国公司对中国知识产权司法的认可和信任。

【参考文献】

1. ［德］K. 茨威格特、H. 克茨：《比较法总论》，潘汉典等译，法律出版社 2003 年版。

2. ［法］勒内·达维德：《当代主要法律体系》，漆竹生译，上海译文出版社 1984 年版。

3. ［美］约翰·亨利·梅利曼：《大陆法系》（第 2 版），顾培东、禄正平译，法律出版社 2004 年版。

4. ［美］约翰·H. 威格摩尔：《世界法系概览》（上、下），何勤华等译，上海人民出版社 2004 年版。

5. ［日］大木雅夫：《比较法》，范愉译，法律出版社 1999 年版。

6. ［美］格伦顿、戈登、奥萨魁：《比较法律传统》，米健、贺卫方、高鸿钧译，中国政法大学出版社 1993 年版。

7. ［英］巴兹尔·马克西尼斯：《比较法：法院与书院——近三十五年史》，苏彦新等译，清华大学出版社 2008 年版。

8. ［比］范·卡内冈：《法官、立法者与法学教授：欧洲法律史篇》，薛张敏敏译，北京大学出版社 2006 年版。

9. 沈宗灵：《比较法研究》，北京大学出版社 1998 年版。

10. Mathias Reimann, Reinhard Zimmermann（ed.），*The Oxford Handbook of Comparative Law*，Oxford University Press，2006.

11. Esin Örücü, *The Enigma of Comparative Law：Variations on a Theme for the Twenty-first Century*，Springer，2004.

第三章
比较法的方法

【**本章导读**】 比较法的基础和核心是方法论。比较法经由比较不同法律制度，发现其共性与差异，来处理法学的一般知识和特殊知识的关系，并在此基础上形成了规范比较、功能比较和文化比较三种主要的方法论传统。在跨学科比较方法中，历史比较方法、比较法律社会学方法和经济分析比较方法发展相对成熟，为比较法提供了学科交叉融合所带来的方法论活力。20 世纪末以来的批判法学对现代西方比较法的理论前提和理论界限进行了反思性批判。而全球化和信息技术的飞速发展也预示了比较法方法论上的变革趋势：法律比较的碎片化、日常化和技术化。面对时代挑战，推动比较法方法论的发展和革新是当代比较法的重要使命。

第一节 比较法的知识与方法

一、比较法上的一般知识与特殊知识

一方面，"比较法的第一个功能——正如一切科学方法一样——是认识。（如果说）我们所理解的法学不仅是关于本国的法律、法律原则、'规则'和'准则'的解释学，而且还包括有关防止和解决社会冲突的模式的探索的话，那么很清楚，比较法作为一种方法比那种面向一国国内的法学能够提供范围更广阔的解决模式。"[1] 因此，探求具有跨文化适应性的"通制"与"通理"向来被比较法学视为自身学术使命。经由比较获得普遍性知识，是现代比较法的理论追求之一。1900 年巴黎国际比较法大会上，由朗贝尔（Lambert）起草的开幕式主题报告中就提出了通过比较法寻求建立"文明人类的共同法"（droit commun de l'humanité civilisée），寻求把地方性的法律和普遍性的自然法学结合起来，从而为可能实现的文明人类的共同法作准备。"比较法既是所有法律的向

---

〔1〕 ［德］K. 茨威格特、H. 克茨：《比较法总论》，潘汉典等译，法律出版社 2003 年版，第 22 页。

导，又是所有法律的教父；它是走向共同法的通衢，它是追寻永久和平的卫士。"[1] 在一个越来越相互依赖的世界上，几乎所有的法律研究都必然或多或少是世界性的。20 世纪以来，联合国、欧盟以及诸如 WTO 等国际性组织的建立，推动着比较法对共同法的追求，进入了一个自觉的、有目的的发展阶段。在国际立法和区域法律一体化过程中，比较法学家们关注诸种制度之间的"共同核心"，积极寻求具有跨文化适应性的、普遍适用的制度形态，为推动法律融通做出了重要的贡献。

而另一方面，制度融合过程中的"同""异"堪别，同时生产了两种产品：一种是经过人类理性的抽象、归纳和系统化形成的法之通制、法之通理；另一种则是无法被通约的特殊的制度和理论，即法之"殊制"与"殊理"。"通制（理）"与"殊制（理）"之间是相互对应存在的互证之物。不同制度的"公约数"被理解为"通行之制"，并被作为更理性、更成熟可靠的制度而得以被广泛地传播和移植。法之"通制（理）"就具有了更大影响力和权威性。作为"剩余"的"异制"则留存在各自的文化和地域单元之内，作为标示制度身份认同的"差异"保存下来。作为"比较的剩余物""不可通约的余数"，"差异"历经了内部和外部的比较、论辩和区别的过程。在比较的过程中，"差异"也在与"通制"和"通理"的对话甚至对抗过程中，完成了自身的合理化过程，从而在不同的文化结构中沉淀下来形成了稳定性的"传统"和"文化"。比较法应将西方法与非西方法、本国法与外国法、自身与他者置于平等的认识论地位之上，倡导一种主体间沟通对话的比较研究，以克服唯西方本位和唯自我本位的教条。这是一种向地方知识和语境持开放态度的比较，试图克服主流比较法对地方法的简化；这是一种反实证的、反形式主义的比较，拒绝将法律纯化为唯一的研究对象、拒绝祛除法律与文化和意义之关联的幻想。[2]

如果说比较法是通过"构造对某一事实问题的差异与共性的关系"[3]，来处理人类法律发展中多元文化的生成机制，协调多元合法性之间的矛盾冲突，那么在方法论上就需要处理"一般知识"和"特殊知识"的关系问题。总的来说，无论是制度还是理论，其普遍性呈现一种强度的光谱，即从最具有普遍性到最具有特殊性，而大量的制度与理论居于两个极端之间的不同位置上。在一

---

〔1〕 米健：《比较法·共同法·世界主义》，载《比较法研究》2011 年第 1 期，第 5 页。

〔2〕 参见 Günter Frankenberg, *Comparative Law as Critique*, Cheltenham, Edward Elgar Publishing, 2016, pp. 226-228.

〔3〕 Nils Jansen, "Comparative Law and Comparative Knowledge", in Mathias Reinman & Reinhard Zimmermann edited, *The Oxford Handbook of Comparative Law*, Oxford University Press, 2006, p. 310.

个普遍性程度的光谱中处理法律比较，既反对动辄高度抽象和普世化，也反对文化相对主义，反对否定一切跨文明法律沟通的可能性。任何对研究的前提、范围和应用限度的考量和设定都是法律比较的前提性任务。

二、比较法方法的一般过程

方法尽管是多元的，但是无论在何种意义上，对方法的理解都包括步骤和过程，步骤和过程是方法的核心内容。其一般过程都要包括下述步骤：首先是明确比较的目的，其次需要确定被比较的对象（比较的第三项 tertium comparationis），再次是准备作比较的素材（主要是本国法和外国法中的法律素材，如法律规则、法律原则、判例、学说、习惯法等），然后进一步在分析素材的基础上开展法律比较（描述不同法律体系中被比较对象、发现同与异、分析同与异），最后对比较的成果进行总结和评价（是否实现了事前确定的研究目标，是否解决了设定的问题）。

（一）明确比较的目的

一般而言，法律比较总体上在两个向度上展开：一是知识探求意义上的比较；二是实用性的工具目的比较。实质上，所谓宏观比较是通过对不同的法律秩序的精神和样式以及它们通常使用的思想方法和操作法的相互比较，往往意在概括出一般性的法律认识框架；而微观比较往往集中于比较不同法律秩序中用以解决一定具体问题或一定的利益冲突的规则，意在分析不同的法律方案，[1] 所对应的往往是比较目的的差异。对于知识探求的目的而言，比较法试图通过法律比较寻求法律的一般知识框架，发现更具有普遍性的法律概念、制度和规范，从而为解释多元文明的法律现象提供一般概念工具。如同语言学上的"辅音""所指""能指"；宗教学上的"神性""教义""教宗"；社会学上的"阶层""分工"等概念。这些概念从大量多种形式的具体表象中抽象出来，又用以概括和比较不同的现象。比较法所力图发现的"同"，其目的就是在类似、趋同的制度和理念基础上抽象出甚至创造出程度适中的一般概念和一般制度，为理解和评价法律的多元差异性提供基础，并最终构造出人类共同的法律知识体系。

意大利比较法学家萨科（R. Sacco）的"法律共振峰"（legal formats）理论构造过程即一个典型的"一般科学"导向的比较法研究。[2] 追求科学性的比较

---

〔1〕 参见〔德〕茨威格特、克茨：《比较法总论》（上），潘汉典等译，中国法制出版社 2017 年版，第 7、8 页。

〔2〕 参见〔意〕罗道尔夫·萨科：《比较法导论》，费安玲、刘家安、贾婉婷译，商务印书馆 2014 年版，第二章比较的对象。

法研究，需要明确的前提限定、广泛而有代表性的选材、具有说服力的推理和论证，并尽可能获得更具有普遍性的理论和范型，而不仅仅以解决一时一地的现实问题为目标。不同的比较目的决定了后续比较步骤中的选择路向。而大量服务于立法目的、司法决疑目的的法律比较则往往带有明确的问题意识，如怎样解决司法判决的执行难问题、如何提高民事案件的证人出庭率、如何控制校车运营中的安全风险，等等。这种面向法律实践问题的比较限定了其比较选材的范围和指向，往往最有效率的比较是在与自身最具有类似性的样本中，寻找到那些最能够解决问题的法律方案。如果没有清晰的法律比较目的，混淆了科学与实践的视角，则往往会陷入方法论的困惑而不得要领。

（二）确定被比较的对象（比较的第三项）

比较什么，即决定什么样的主题作为比较的第三项，直接决定了比较的方向和结果。比较历史学给予比较法的启发是，发现那些在历史上具有文化和制度"基因"性质的要素进行比较，可以获得历史纵深之中的制度发展线索。而比较宗教学和比较社会学的方法论说明，那些具有共性又能包容不同差异的、中等程度的抽象概念和制度是作为被比较对象的最好选择。这种中等程度的概念和制度能够在一般知识和特殊知识之间建立有弹性的关系。如宗教学上的"神"的概念，就是一个例子。宗教学上"神"的概念具有共通的超验本体和信仰归一的至高无上地位，同时也可以在不同宗教中呈现出不同的面貌，既可以是"耶稣"也可以是"安拉"，从而在凝练一般概念的同时也包容了差异。[1]在知识探求意义上所选择的比较项如果具有强烈而不可通约的地方性，如伊斯兰宗教财产制度"瓦克夫（waqf）"、英美契约法制度"禁止反言"等，则会将比较限制在相对狭窄的范围；相反，如果所选择的被比较项过于宽泛和抽象，如"法典风格""司法文化"等，则将会使比较陷入空泛。如果将上述题目修改为"宗教财产赠与制度""契约法上防止正当可期待利益落空的法律机制""法条的语言形式与风格""影响法官司法权威的因素"等相对抽象程度适中的被比较项，就能够更加有效地开展比较。当然，当被比较对象能够进一步拆分成内部要素的时候，适度的拆分也是一种有效的方法。

当然，除了比较项的概括性与包容度之外，使比较有意义还要求选择有理论和实践价值的被比较对象。在追求一般知识的意义上，有价值的被比较对象就是对于构筑法学知识的一般体系具有体系化作用的要素，可以作为制度的"公因式"提取出来的要素，如"缔约欺诈""为公共目的的征收""侵权行为

---

〔1〕　参见 Nils Jansen, "Comparative Law and Comparative Knowledge", in Mathias Reinman & Reinhard Zimmermann edited, *The Oxford Handbook of Comparative Law*, Oxford University Press, 2006, pp. 318-335.

的抗辩事由""宪法基本权利的第三人效力"等。通过这些被比较的对象，比较法不仅能够发现在这一要素上，各个法律体系的共性与差异，还能够延展出新的概念和制度范式，从而实现法律知识更新的创造性功能。比较法学家实际上在比较过程中不可能完全依赖既有的素材进行简单的归纳和辨识，而往往需要在比较中发现、在比较中创造。如萨维尼在罗马法与日耳曼法的比较研究中提出了物权行为概念和法律关系本座的概念就是经典范例。

如果从服务于立法和司法目的的现实性的比较，即挑选和学习好的、适合的法律解决方案的角度而言，就需要选择那些对于问题之解决具有直接帮助的核心要素。明确研究主题、划定研究范围，并最终确定一个或几个需要通过研究加以回答和解决的问题，就成为开始比较研究的第一步。这些问题可以以不同的形式存在，既可以是背景性、条件性的，如以什么是（What/why）开头的大部分问题，所寻求的是不同法律体系中的制度形式和实践方式及其背后的因由，例如"案例在大陆法系国家的司法中发挥什么作用""为什么有的国家承认安乐死合法而有的国家不承认"；也可以是具体做法的，表现为以"如何"开头的问题，例如"如何解决未婚同居财产纠纷的""各国如何用财产法保护个人信息"等。有学者考察了在宪法案例比较方面最适合也最经常被比较的主题类型：①最相同的案件逻辑；②最不同的案件逻辑；③最典型的案件原则；④最疑难的案件；⑤最吸引外部观察者的案件。[1] 尽管这是在宪法的案例主题比较方面的分析，但同样对其他法律领域具有参考价值，选择诸如（最同、最异、最典型、最疑难、最具争议等）法律概念、规则、制度等其他法律要素开展比较，往往能够发现具有现实意义的比较主题。

（三）确定比较的素材范围

选定被比较的对象和主体之后，下一步是确定研究范围和明确被比较的素材范围。对于研究素材的选择严重依赖于研究主题。研究主题是集中于法律规范文本还是更关注立法与司法实践，抑或更关切法律运行的社会背景？其研究目的的不同决定了研究素材的选择将是不同的：或集中于法律文本尤其是规则，或集中于司法应用抑或扩展至诸如法律语言、法律行为、法律习惯、大众法律观念、法律文学等更广泛的社会素材。在需要全方位立体考察多种法律渊源并开展比较的情况下，意大利比较法学家萨科的"法律共振峰理论"所提倡的多种素材多元互动的研究方法就成为一种有益的进路。萨科认为法律最终效果的产生是各种因素，甚至是冲突和矛盾的因素相互作用的结果，如同声波形成过

---

〔1〕 参见 Hirschl R. , "The question of case selection in comparative constitutional law", *The American Journal of Comparative Law*, 2005, 53（1）: pp. 125-156.

程中各种声音的共振共鸣和相互抵消所最终形成的共振峰。为了充分认识这种法律共振峰形成的机理，比较法需要处理的不仅仅是正式的法律，而且需要研究认识那些隐藏在法律运行背后的影响共振的因素，这些要素诸如语言中的隐型结构（crypto type），它们可能包括意识、心理、在法律职业共同体中共享的前提等。[1]

但是应该看到，这种研究方法显示的主要是研究的总成阶段，而不是起始和过程，而且显然是一种综合的思路和法律的社会文化思路。在共振峰意义上的研究，需要学者能够立体全面地掌握文本、观念、行动等各个层面的比较素材，并能够理解和阐释这些素材之间的相互关系和互动模式。这显然是一个很高的要求。沃格那（Vogenauer）[2] 强调法律体系中法律职业群体中的共同认知，即那些在法律职业群中一致被认为是该体系中法律渊源的那些要素均应被列入比较法的素材范围。格伯（Gerber）则强调应该发展一种语言学方法以分析动态运行的法律体系，而这种语言或者方法，更关注法律人的决定（decision）。广义的决定就是法律人用以做出法律判断的那些参与性要素，包括权威的、有效力的法律文本，机构意见，共同体观念和思维方式，等等。[3] 这种分析方式将多种可分析对象相对集于特定案例的司法决定之中，考察法官在具体案件裁量中以语言和推理所展现的多种法律渊源关系来进行比较，要更具有可操作性。将此思路延伸到立法领域，也可以将比较的素材理解为，对于形成法律规则具有影响的多种主要因素，并分析不同比较法律素材进入立法者考量过程中所展现的复杂关系。

由于比较法需要处理不同法律体系的知识和实践，法律比较的过程需要我们进入一个外国的甚至与本身文化完全异质的法律体系。而这个外国法体系当然是其自身历史发展的产物，意欲理解其概念、规则和实践，在不了解其生成机理的情况下会存在相当大的错误理解风险，尤其是进入那些有着悠久历史传统和漫长发展过程的外国法体系和制度。尽管现代比较法研究方法中积极倡导进行广泛的素材选择，要求比较法研究涉猎几乎所有的相关素材，但这种逻辑之实现的确是非常非常困难的。对于扎实的研究者而言，这种综合、立体、全

---

〔1〕 Rodolfo Sacco, "Legal Formants: a Dynamic Approach to Comparative Law", 39 *American Journal of Comparative Law*, 1（1991）.

〔2〕 Stefan Vogenauer, "Sources of Law and Legal Method in Comparative Law", in Mathias Reimann and Reinhard Zimmermann edited, *The Oxford Handbook of Comparative Law*, Oxford University Press, 2006, pp. 869–898.

〔3〕 David J. Gerber, "System Dynamics: Toward a Language of Comparative Law", *American Journal of Comparative Law*, 46（4）, Autumn, pp. 719–737.

面的资料搜集和这种宏大的研究往往并不现实。一种更为扎实的逻辑似乎是从最核心的、具有约束力的法律规范文本素材开始，并主要集中于那些对"法律共振峰"之最后形成具有主要决定性的因素，如有余力再逐渐拓展到更广泛的范围。另外，需要强调的是，研究所针对的问题和所要达到的目的直接决定了比较素材的选择。如果主要是在教义学范围内，在文本范围内进行研究，也并不需要将研究范围拓展得如此广泛，而只需集中在文本上，集中在各种形式的对文本的解释和应用上即可。

（四）发现同与异

一个有效率的比较法研究往往需要一个思虑周全的研究计划和方案，在明确研究的主题和目标之后，需要将研究的力量集中在最有效的研究素材上。随之而来的阅读、思考和调查研究所集中体现的研究旨趣往往就会集中在被比较对象的"同与异"问题上。比较法学术史在这一问题上存在从追求共同性到关注差异性的发展沿革，乃至当下在批判比较法的搅动下仍是一个争论的议题。并由对此问题的不同态度，使整个比较法学术界分裂为两个相当对立的阵营："求同派"与"求异派"。

在比较研究中寻求共同的认知和制度架构，在比较法历史上由来已久。在西方启蒙运动以来的"法律普遍主义"和康德已降的"法律世界主义"影响下，19世纪初现代比较法肇始，其研究旨趣就被确定为"寻求文明世界的共同法律规则"，在二战以后的法律国际化和法律全球化力量的推动下，以欧洲共同法运动为代表，比较法对普遍法与共同法的学术努力成为世界法律趋同的重要力量。但20世纪90年代以来，随着作为法律全球化的一种伴生物和非西方法律文明的自我觉醒，加之西方批判法学等后现代法律思潮的影响和推动，求异派在比较法研究和实践中逐渐形成一种响亮的声音。在批判比较法的代表人物法国比较法学家勒格朗和德国比较法学家弗兰肯伯格的大力推进下，比较法方法论开始在新的视野下理解比较中的差异问题。批判比较法认为，比较法中的求同旨趣是西方法律霸权的体现，是对弱势法律文明主体性的扼杀，在根本上是一种知识的霸权。

而居间派，如丹纳曼（Dannemann）则主张一种更加务实的态度，即应该同时关注共性与差异，二者不可偏废。共性与差异同时构成了不同法律文明相互联系与交往的格局。[1] 但对于每一项实际开展的比较法研究而言，决定其关注

---

〔1〕 参见 Gerhard Dannemann, "Comparative Law: Study of Similarities or Differences?", in Mathias Reinmann and Reinhard Zimmermann edited, *The Oxford Handbook of Comparative Law*, Oxford University Press, 2006, p. 419.

焦点的还是其研究的目的和主题。如果出于概括一般知识，或者服务于诸如共同市场建构和共同规则框架等实践目标，当然是要更集中于发现共性并以求同存异之心慎重处理差异。如果比较研究更加集中于处理地方的特殊问题、建立民族认同和追求法律多元，无疑将更加集中于发现甚至放大差异。而随着对共性与差异之结构认识的深化，人们发现共性与差异实际上还存在着程度问题，即共性中还包含着非差异（similarities and dissimilarities），而差异中也还包括非共性（differences and indifferences）。共性中的非差异是指那些类似但不相同的东西，如大陆法系尽管都是成文法作为主要法律渊源，但哪些素材可以作为成文法本身是存在差异性的。而差异中所包含的非共性则是指，那些不同但同时又在完成共同功能、扮演共同角色的东西。比如，同样是激励人口增长的制度安排，有的国家是增加人口津贴，而有的国家是降低多子家庭的税收。如果进一步将具有共性的要素进行拆分的话，共性似乎是共性1+共性2+共性3组成的组合，差异也一样。这种考虑到差异与共性的不同程度及其可分解要素的"厚"的比较法，相对而言更具有解释力，更能够调和共性与差异之间的矛盾，从而在共性与差异互相规定并可能相互转化的辩证关系中把握了现实中的复杂关系，避免了简单的理论简化。

作为实际操作的比较法研究步骤之一，就是对所要研究的外国法（有时也需要对本国法）进行描述和阐释，这种描述和阐释往往存在视角上的差异，即存在所谓"内部人视角"和"外部人视角"的差异。外部观察者视角主张研究者站在所观察的外国法体系之外，从自身的理解来看待、描述外国法。这种视角的优势在于完全服务于观察者自身的需要，更便于截取对于自身有用的素材，而且有可能发现一个法律体系内部的法律实践者无法发现的盲点。但这种外部观察者视角所存在的问题是，可能存在一种透过海德格尔"前理解"的有色眼镜的过滤效果，即经由观察者自身的阐释和理解，已经不是原汁原味的外国法。所谓内部人视角在20世纪欧洲私法共同核心计划和施莱辛格在美国1960年代开展的"康奈尔计划"中得以体现。

在施莱辛格的康奈尔计划中，首先确定各个领域中的实际问题，诸如"如何处理缔约过程中的欺诈等不诚信行为"，再邀请来自各个法域的法律专家作为内部人，从自身法律体系中给出解决这一问题的答案，随后再从这些答案中寻找共性和差异。应该看到欧洲私法共同核心计划和康奈尔计划都是基于庞大的国际学术共同体合作，对于研究外国法和比较法的单个学者和人员组成单一的小团队而言，这种内部人视角的实现非常困难。它要求比较法研究者能够从自身的法律语境中脱离出来，以一种"沉浸"式的研究姿态进入外国法之中，甚至把自己想象成该国土生土长的法律人，一个该国法实践过程的参与者，从而给出其外国法对于某一问题的答案。这种过程对于比较法学者的语言、对外国法熟悉程度、对外国法律文化和社会等知识和感受的要求之高几乎是难以企及的。

另外一种温和的外部人视角的方法论主张，研究者进入研究和开展研究的过程可以不问，更不必细究是否以内部人身份进行，关键是其对外国法的描述和评价应该获得该所表述的外国法体系的内部人，尤其是法律人的认同。此种外部视角实际上是一种检验的视角，即无论比较研究的过程如何，其对外国法的描述之准确性应该通过内部人的检验。由此看来，任何一种意义上的内部人视角，往往都需要来自于该法域内部法律人不同形式和程度的参与和合作，方能保障比较研究的真实性和有效性。另需说明的是，无论是内部人还是外部人视角，实际上都要求比较法学者对所描述的外国法的规则、理论、观念和实践进行某种程度的抽象和简化。这种抽象和简化不仅仅意味着对外国法认知的理论升华和提炼，而且意味着在比较法层面构建了一种可以沟通不同法域的概念和理论框架。这种用以描述外国法的概念和理论框架并不必然是照搬外国法的原样描述，也可以是在研究者自身理解基础上的重构和再理论化——当然，这种重构本身应该对于无论外国法中的法律人而言，还是对于研究者所处的局外法律人而言，都是可以理解的。

（五）评价比较的结果

在比较法研究的后端，总是需要进行某种评价和判断，这种评价和判断一般被理解为对比较过程中发现的同与异的解释。对同与异的解释往往是相当复杂的，但从操作的角度来看，一般比较法学者处理这一问题的角度可以大体上区分为"法律之内的解释"和"法律之外的解释"。法律之内的解释最有说服力的当然是历史发展，在法律制度的全球发展来看，其制度形态的历史演化往往是最具有解释力的原因，尤其是对总的宏观框架而言。比如在民法的宏观框架上，整个民法法系的世界差异基本上来自于对法国民法典及其理论的学习和继承（如意大利、西班牙）还是对德国民法典体系的学习和继承（如波兰、中东欧、中国、日本）。而普通法系则都来自于对古老普通法体系的继承和发展，近代以来的普通法系国家间的差异则可能来自于学习和跟随美国还是继续固守古老的英国普通法传统。运用制度的历史演化、诉诸法律移植和内部法律变革，往往是解释法律制度之间共性与差异的最好方式。此种发展从何而来，如何演化，在哪些演化的历史节点上产生了与他者不同的走向？从这些视角往往能找到制度同异的历史原因。当然，为什么在那些历史演化的节点上产生了那些变化之解释，往往需要历史社会学的支持。法律之内的解释还包括当下的法律理论和法律运行过程中的环节和因素的阐释和理解。例如，虽然制度如此规定，但理论界的认知和解释往往与制度的表面形态不同，甚至相异，乃至造成制度被空置化、空洞化；或者在司法和法律实践中，由于存在更有效的替代方法，致使制度被扭曲而发生变异。

如朗格尔（Langer）在其对辩诉交易的研究中发现，即便学习美式的辩诉交易几乎是所有采用现代刑事诉讼法国家的一个共同趋势，但朗格尔通过对阿根廷、法国、意大利和德国的辩诉交易的研究发现，尽管这些国家都不同程度地将辩诉交易制度写入刑事诉讼法，但实践中仍呈现了不同的差异。朗格尔认为纠问制（inquisitorial）和对抗制（adversarial）并不仅仅是两种不同的刑事司法组织形式，而且也是不同的法律文化形态用以在不同的司法机构之间划分司法责任的方式。在辩诉交易制度世界性传播过程中，其变异之大挑战了法律移植塑造法律制度和观念的传统理论。而法律制度的继受国家本土法律文化中的既有制度环境改造了制度的原本形态。[1]

当法律制度的历史演化、法律理论的争议和法律实践过程等这些法律内部的解释不足以完整有效地解释比较中发现的"同与异"时，就需要研究者将其视角深入到更为广阔的关联空间，如社会历史、宗教、文化观念与意识形态、民族、语言传统、基本政治与经济结构、社会行为模式乃至地理与气候环境等。如怀特曼（Whiteman）的研究认为，美国和欧洲大陆国家都有尊重隐私权的观念，但在制度的侧重点上基于文化和历史的差异有所区别。美国更倾向于将隐私权理解为对自由利益的保障，而欧洲则将隐私权理解为一种对个人人格尊严的保护，并将隐私权的平等保护作为重点。诚然，这种深入和发散的过程应该审慎而克制，不能毫无限度，更不能指望罗列和描述所有相关素材。无限拓展的研究方式难度大而易于流于表面，泛泛的相关因素的罗列无疑淡化了其主要理由的解释力和说服力。研究者仍需要在进入法律之外的领域，运用交叉学科方法对法律体系之间的"同与异"提供解释的过程中，将重点放在那些最有说服力的社会和文化要素上，而不是将读者带入一个外国法、外国社会和外国历史的迷宫，任其迷失方向而不问。当然，如果比较法研究者一开始设定的主题就是从更广阔的多元社会视角对法律制度和运行提供解释，或者说从一开始就试图进行站在法律之外对法律进行反向的观察，那么这种比较法律社会学的研究本身就已经是一种对法律同与异的法律之外的解释了。

比较法中的评价，既包括比较内部程序中对所比较的第三项所进行的评价，

---

[1] Máximo Langer, "From Legal Transplants to Legal Translations: The Globalization of Plea Bargaining and the Americanization Thesis in Criminal Procedure", *Harvard International Law Journal* 45（1）, Winter, pp. 1~64.

如对若干被比较的制度的评价，也包括对比较过程及其结果本身的评价。从尊重多元文明共生共存的角度，以追求知识为目的的比较活动，一般不倾向于对所比较对象的优劣进行评价，即便是评价也是从其内部设定的客观目标的实现程度来判断。而服务于实践目的的法律比较的判断，当然要以其所设定的比较目标来确定，即所比较和参照的制度，哪些更能够实现比较者的目标。相较于处理比较过程中的判断问题，比较法学方法论更应该注重的是提供一套判断法律比较过程及其结果是否有效的标准。而这一标准的确立实际上就是满足上述法律比较过程中的所有要点，也即：比较了可比的且有意义的被比较项，确定了明确而可行的比较范围和素材，应用了一定的比较方法（如功能主义方法、历史比较方法），并达到了探求一般知识的目的或者满足了法律实践问题之解决。

第二节　多元比较法方法

所谓科学方法就是为了解决问题的，而且为了问题的解决当然不限于一种方法。法律的比较同此道理。法律研究和实践需要进行法律比较，其原因在于存在着需要解决的理论或实践问题。而比较法方法论则为这些问题的解决提供一个方法论的集成。跨学科方法是当代比较法方法论的趋势，[1] 而具体比较法研究使用哪一种方法，关键在于需要解决哪一种类型的问题。

一、规范比较

如果说法律的基本要素包括概念、规则和原则，那么在法的原理意义上，所有法律的基本构成要素必然包括规则，而且要以规则为中心，以规则为基础，没有任何一个法律的体系是主要建立在概念和原则的基础上的。"法律规则是具体规定法律权利和义务及其具体法律后果的准则，或者说是对一个事实状态赋予一种具体的后果的各种指示和规定。"[2] 法律比较区别于更宽泛的社会比较，应主要并集中关注于规则。脱离法律规则、淡化法律规则、曲解法律规则都将使比较法陷入误区。因此，法律比较尤其是关注有效性和合法性的法律比较应该以规则作为首要的切入点。在比较法上，最为直接呈现法律规则的是成文法

---

〔1〕　Geoffrey Samuel, "Comparative Law and its Methodology", in Dawn Watkins and Mandy Burton (eds.), *Research Methods in Law*, Chapter 6, Abingdon, Routledge, pp. 100–118.

〔2〕　张文显：《法哲学范畴研究》（修订版），中国政法大学出版社 2001 年版，第 49 页。

典中的具体法条。当然，规则不等于法条，一个规则可能由多个法条构成，一个法条也可能蕴含着多个规则。还有的规则规定在不同的法典之中，如关于公司董事的忠实义务不仅规定在公司法中还规定在刑事法律中。通常在大陆法系的成文法典之间进行对应性规则的比较是较为便利的。比如要比较中国、日本、德国和法国的缔约过失责任，找到各自国家合同法中的相应规定，把这些法条摘取出来即可开始比较。虽然饱受批评，但是文本比较毕竟是任何比较法作业无法躲避的第一步——不过也仅仅是第一步而已。

　　关于规则比较通常存在的问题是，规则的对应性问题。即便是在大陆法系国家，规则的对应性往往也并不是一个信手拈来的简单问题。特别是当各国使用不同的法律概念、运用不同的法典形式进行规范时，就会带来规则对应性的困难。比如基于各国不同的民法法人分类，要比较某一种法人的责任制度，如非营利法人的责任制度就会出现选取不同法典的规则的困难。如德国民法中有公法人与私法人的区分规定，并将私法人分为社团法人与财团法人，将社团法人区分为营利性与非营利性法人；而我国《民法总则》则直接规定了营利法人和非营利法人制度。[1] 这就造成了我国的营利法人与德国民法上的营利法人在范围和功能上的不对应。如果只是基于概念上的一致去比较两国民法典中带有营利法人的法条，进行简单的组织和比较，就会造成对应性的错误。一般而言，在规范比较中，判断对应性的标准要有以下几个部分：所比较的规范使用的核心法律概念、法律规则中权利义务客体的内涵和外延基本一致，围绕该法律权利与义务客体的规则的框架能够基本对应。

　　在比较法中一个通常的误解是，大陆法和普通法系之间在规则的可比性上很难建立对应关系，因为普通法是以判例法为主要法律渊源的传统。但如果深入分析普通法的法律渊源逻辑，我们会发现：一方面，普通法国家法典化已经十分普遍，找到对应成为法条表达的规则并非不可能；另一方面，即便是在普通法的判例法之中也能够提取出规则。普通法传统中对规则的提炼、甄别和应用的技术不同于大陆法系。在处理普通法中的规则过程要考虑判例法的核心地位和法官造法的现实，以及联邦立法与州立法的关系等问题。譬如在处理美国法的立法中，应注意立法的不同层次，如联邦立法和州立法，而且需要处理判例法与成文法的关系。在美国的司法环境中，法官具有较大的权力解释成文法，成文法往往需要辅之以判例来发挥作用，而且大量判例摘要（digest）的出现，是将相关的案例汇编于对应规则之下形成成文法与判例法的共同效力。在普通

---

[1]　参见李永军：《以"社团法人与财团法人"的基本分类构建法人制度》，载《华东政法大学学报》2016 年第 5 期。

法的判例中，如美国式判例中常常蕴含着法官所概括出的应用于案件的规则[1]，这一规则与系列先例中概括出的规则或许会有一些变化，甚至转折，但这些规则之间具有的历史联系，使同类案件中的规则形成了一个内在联系的链条，也即德沃金所说的"连载小说"。这些规则的变化与发展也能够通过截取时间横截面等方式将规则明确地指出来。如何提炼这些规则需要熟悉普通法的规则提取方法、了解普通法判例技术。在这个意义上，在大陆法系与普通法系之间以规则为比较对象并非不可能，只是需要熟悉不同的司法技术，审慎选择，以保证规则提取的恰当准确，并形成较好的对应性。

在规则比较应用的过程中，或可会出现，此法域中有特定的规则而另一法域中却失之阙如，以至于无法形成有效比较的现象。当然，由于历史文化和法域环境的差别，各法域中都多少存在一些特殊的制度形态和规则。如我国基于公有制经济体制形成的一些特殊的法律概念和制度，如个体工商户、农村承包经营户等，再如伊斯兰教法国家独特的宗教法制度、非洲国家、澳大利亚与新西兰等国家特殊的部族司法制度等。这些特殊的制度形态往往无法在其他不具备该历史文化背景的法域中找到类似的规则。如何处理这种情况：一方面，将这些特殊制度放置在特殊的共同文化环境中比较，如在伊斯兰教法国家比较伊斯兰法官卡迪（Kadi）的司法责任，在社会主义国家比较公有制的经济制度形式，在俄罗斯和其他中东欧国家之间比较转型期的私有化法律效果等，这种比较建立在共同的文化历史背景之下，也使法律比较的意义得以彰显。在历史文化背景完全不同的法域之间开展的法律制度比较，即便用尽办法，答案往往会被历史文化因素所冲淡。因此，另一方面，在文化历史因素影响相对较小、社会技术共性程度较高，但仍有无法对应的法律规则之时，从问题出发，借助功能主义的手段开展比较研究。

二、功能主义比较

尽管功能主义方法自其诞生以来就争议不断，但毫无疑问，功能方法是20世纪以来比较法方法论中最有影响的主流方法论，至今仍被大量而广泛地应用于比较法研究，其影响力生生不息。比较法中的功能主义方法其方法论根源来自于杜尔凯姆、帕森斯、卢曼等社会学系统论。社会学系统论总体倾向于认为社会是一个由各个功能结构组成的系统，系统各自完成自己的功能任务并相互

---

[1] 一般而言，美国式判决书的结构是：案件诉讼过程与事实、先例与规则、多数意见和少数意见、判决结论。

作用，从而使社会得以运转。[1] 西方 19 世纪后期的冲突法理论在解决识别问题的过程中已经出现了功能方法。在理论上，德国法学家拉贝尔（Ernst Rabel）首先使用了"功能主义"一词，来表征某种研究方法。1924 年，拉贝尔在《论法律比较的任务和必要性》一文中重申比较法研究应当坚持功能主义进路。他认为："法律比较就是将一个国家（或其他立法共同体）的法律规定与另一个制度下的法律规定一起进行研究，或者还要与历史上的和现在的尽可能多的其他的法律一起进行研究。我们要研究各个地方所提出的问题是什么以及它们是如何被回答的，以及这些答案之间的关系怎样。"他的学生马克·莱因斯坦（Max Rheinstein）在功能主义进路的学理论证方面做出了重大贡献。莱因斯坦认为，从法律科学的角度来看，"法律是社会控制和组织的工具"这一命题要求人们探究具体法律规则和法律制度的社会功能。为了论证具体法律规则和法律制度的合法性，我们必须从以下两个方面来考虑：一是法律规则和法律制度在当前社会中发挥何种功能；二是法律规则和法律制度是否很好地发挥了这一功能，以及有没有其他更好的发挥这一功能的法律规则和法律制度。莱因斯坦认为，只有通过与其他法律体系进行比较才能较好地回答这些问题。[2] 功能方法最终在茨威格特和克茨著名的教科书《比较法总论》中得到最完整清晰的阐述："全部比较法的方法论基本原则是功能性，只有具有功能性的事物才是可比较的事物；这一结论的做出是建立在比较法的根本经验基础上，即每个社会的法律在实质上都面临同样的问题，但解决方法可能不同，虽然结果可能是相同的，即'相似性推定'。"[3] 茨威格特和克茨认为，欲使比较法的过程成为具有创造力的过程应遵循下述步骤："其一，从功能角度提出一个研究问题（如何解决社会问题X）；其二，介绍解决问题 X 的制度及其方法；其三，列举解决办法中的相似和差异；其四，从功能角度解释研究中发现的相似和差异（包括建立一个能够比较各个解决办法的体系）；其五，对研究结果作出批判性评价，必要时判断哪一个解决办法是'最好的'。"[4] 意大利学者卡佩莱蒂（M. Cap Pelletti）[5]、德

---

〔1〕 Jaakko Husa, "Functional Method in Comparative Law-Much Ado About Nothing-Between Scylla and Charybdis?", *Journal of Comparative Law* 9(2), pp. 12-18.

〔2〕 参见 Max Rheinstein, "Teaching Comparative Law", *University of Chicago Law Review* 615, 618 (1938).

〔3〕 ［德］茨威格特、克茨：《比较法总论》（上），潘汉典等译，中国法制出版社 2017 年版，第 58 页。

〔4〕 ［德］茨威格特、克茨：《比较法总论》（上），潘汉典等译，中国法制出版社 2017 年版，第 57~86 页。

〔5〕 ［意］毛罗·卡佩莱蒂：《比较法教学与研究：方法与目的》，王宏林译，载沈宗灵、王晨光编：《比较法学的新动向——国际比较法学会议论文集》，北京大学出版社 1993 年版，第 15~19 页。

国学者柯茨（Peter de Curz）[1] 也分别提出了开展有效的比较法研究的步骤。在 20 世纪后半叶，功能主义方法成为重要的打破概念法学和文本规范比较的手段，实现了不同法律体系之间的对话，为诸如"欧洲私法共同核心计划"、施莱辛格的"康奈尔计划"均提供了直接的方法论工具。当代比较法研究的主要组织形式："以主题为线，以召集人为引线人，以国别报告和区域报告人为资源和素材提供者"，就是以功能主义方法为组织原则的。而在实践中，法律移植过程实际上都不乏法律功能方法的应用。

功能主义方法自诞生以来就引发了诸多争议和批评，这些批评首先集中于功能方法的前提，即法律回答社会问题、问题具有普遍性、对于可识别的问题的法律解决方法的可识别性，[2] 批评者对上述前提均进行了质疑。尤其是对于"法律制度具有特定社会功能"一说批评尤为集中。功能究竟是指什么，对于一项制度具有多种功能，多项制度具有一种功能，一项制度甚至有时会用于相反的功能等复杂的情况，功能主义提供的都仅仅是非常模糊而简化的解释。由此，有学者认为功能主义实际上并不是一种非常明确的研究方法，而仅仅是一种方法论的隐喻（Methodological Metaphor）[3]，更有学者称比较法功能方法只是比较法的一种虚构和想象。弗莱克伯格对功能主义的批评也很有代表性：其一，功能主义进路所强调的客观性和中立性是虚假的；其二，功能主义进路提出的"类似推定"排除了法律体系之间的根本冲突；其三，功能主义进路关注于正式法律制度的比较，缺乏对非正式制度的比较，因而具有强烈的法律中心主义色彩；其四，批判性比较论者也对功能主义的普遍主义倾向进行了批判。[4] 但令人感叹的是，尽管功能主义受到各方批评但仍生生不息，其秘诀何在？胡萨（Husa）认为，功能主义极强的实用性和整合能力使其具有不可替代的方法论优势，"比较法中的功能和功能主义背后的终极理性逻辑是给比较法学家们在方法论上以警示：他自己的法律体系和他人的法律体系之间是存在差异的"。[5]

除了这些激进的反对意见，部分比较法学者也在试图修补、完善和发展功

〔1〕 沈宗灵：《比较法学的方法论》，载《法制与社会发展》1996 年第 3 期，第 12~13 页。

〔2〕 A. Tkachenko, "Functionalism and The Development of Comparative Law cognition", in W. E. Butler, O. V. Kresin, Iu. S. Shemshuchenko edited, *Foundations of Comparative Law： Methods and Typologies*, Wildy & Hill Publishing, 2011.

〔3〕 Jaakko Husa, "Functional Method in Comparative Law–Much Ado About Nothing–Between Scylla and Charybdis?", *Journal of Comparative Law* 9（2）, pp. 24–28.

〔4〕 参见 Günter Frankenberg, *Comparative Law as Critique*, Cheltenham, UK and Northampton, MA, USA, Edward Elgar Publishing, 2016, pp. 56–59.

〔5〕 Jaakko Husa, "Functional Method in Comparative Law–Much Ado About Nothing–Between Scylla and Charybdis?", *Journal of Comparative Law* 9 （2）, p. 107.

能主义方法，一种方式是进一步将"功能"概念具体化，如乌戈·马太提出用"效率"替代模糊的"功能"概念，并以经济分析方法实践更为具体的功能分析，以发现那些最能促进效率的法律制度。[1]索伯提出用"适应性"概念替代"功能"概念，认为功能就意味着适应性。另一种思路是进一步开放功能概念的空间，萨科强调法律与其他社会制度共同实现的功能互动形成的"法律共振峰"[2]。社会学的功能分析对功能性质的理解也倡导从一元论转向多元论，区分哪些是清楚显现的或潜伏着的功能，即要去发现法律那些隐在的除了社会整合和社会问题之解决的其他功能，从而为功能比较开放了更为广阔的空间。在一定意义上，批判比较法提出的"厚的比较法"[3]和"场域化的比较法"[4]可以理解为对功能主义的批判，也可以理解为对功能主义的发展，因为批判法学实际上放大、拓宽了法律功能概念的容量。在功能主义及其发展和批评势均力敌的新趋势下，以功能方法开展比较研究的维度可以更加广阔而多元了。既可以从共同的问题出发，以传统功能方法开展研究；也可以以各种具体化的功能为指向——如效率、适应性等角度进行比较；或者以法律多元的角度入手，将隐形的社会规范与法律制度共同组合发挥的功能进行比较。当然功能比较内在的"求同"趋势，可以辅之以文化和历史比较来加以补充。

三、文化比较

文化概念作为认识论工具而言模糊、宏大，但仍然在比较法知识体系中扮演着非常重要的角色，其原因在于，文化是标示差异、对抗霸权和统一性的有力概念工具：只要对同一性、支配性、霸权的抵抗一出现，文化概念也就立刻如影随形。文化最核心的内涵是人的创造和意义的载体。20世纪法律比较活动中所使用的法律文化概念基本上是两种意义上的。一种是文化社会学意义上的，指法律所嵌入的文化背景，作为法律的外部环境和语境的文化；一种是法律社会学意义上的，即法律现象中除却规则之外的部分，尤其是不可见的精神的部分。

---

〔1〕 参见［美］乌戈·马太：《比较法律经济学》，沈宗灵译，北京大学出版社2005年版，第一章效率与公平。

〔2〕 参见 A. Tkachenko, "Functionalism and The Development of Comparative Law cognition", in W. E. Butler, O. V. Kresin, Iu. S. Shemshuchenko edited, *Foundations of Comparative Law*: *Methods and Typologies*, Wildy & Hill Publishing, 2011.

〔3〕 参见 Günter Frankenberg, *Comparative Law as Critique*, Cheltenham, Edward Elgar Publishing, 2016, p. 99.

〔4〕 参见［法］皮埃尔·勒格朗：《共性与差异》，载［法］皮埃尔·勒格朗、［英］罗德里克·芒迪主编：《比较法研究：传统与转型》，李晓辉译，齐海滨、吴静校，北京大学出版社2011年版，第282页。

文化社会学意义上的文化指向一种法律所存在的特定文化语境，甚至是一种"原因性因素"[1]，决定了法律制度的发展和形态。在范·胡克（Mark van Hoecke）看来，法律文化似乎是一个涟漪不断漾开的结构，由内而外，若要理解法律，需认识法律共同体的内部社会常规，而若要理解法律共同体的社会常规则，必须理解其所处的大的社会秩序与文化；而要理解法律所处的社会文化，则应将其置于不同法系和法律文化圈进行比较，尤其是需要"勾勒西方和其他非西方法律文化的一些基本要素，从而有助于获得一种新的比较法研究方法"[2]。这种隐形的法律文化结构如与法律规则契合，则使法律制度如虎添翼；而当这种稳定的隐形文化模式与制度不契合，则会造成制度在文化和行为层面受阻。在法律移植问题的研究中不难发现，植入的法律制度如果与当地固有文化中的态度和理念不符，会产生合法性与规范性的竞争关系，甚至造成生活中的法律实践与正式法律之间的对立。

而法律之中的文化要素主要指向两种含义：其一，法律文化指向一种与"合法性"相关的行为、生活和社会经验，既是解释性的，也是规范性的。法律文化是"某种赋予法律一定共性的历时性或地理性独立实体"[3]，是一种生活经验的集合，一种法律制度的社会结构过滤器，一种描述法律导向的社会行为和态度的相对稳定模式的途径。其二，指向一种群体联系。法律文化作为一种地方性的要素，承担着塑造地方性认同——如民族、族群等身份认同，法律作为一种意义符号，经由历史的传承塑造了特定群体的精神气质。H. W. 埃尔曼（Henry W. Ehrman）的《比较法律文化》[4]是此种意义上经典的法律文化比较。埃尔曼通过将法律文化拆解为法律渊源、法律的目的、法律职业、法律的手段与方法、法律的限度等要素，全面比较了大陆法系和英美法系的文化差异。

作为法律语境的社会文化背景，往往用于衡量比较的过程，以避免文化差异造成对可比较性的减损，同时作为法律之文化语境，特定的文化样态也经常用以解释比较中产生的差异。文化比较是对规范比较的一种超越，比较所及应不局限于规则，还应考虑法律话语、法律人对待法律的方式以及推理方法。注重法律内部文化要素的比较有助于将法律比较的对象拓展到书本和法条之外，

---

〔1〕 参见〔美〕弗里德曼：《选择的共和国：法律、权威与文化》，高鸿钧等译，清华大学出版社2005年版，第一章导论。

〔2〕 〔英〕埃辛·奥赫绪、〔意〕戴维·奈尔肯编：《比较法新论》，马剑银等译，清华大学出版社2012年版，第125~126页。

〔3〕 〔英〕埃辛·奥赫绪、〔意〕戴维·奈尔肯编：《比较法新论》，马剑银等译，清华大学出版社2012年版，第125页。

〔4〕 〔美〕H. W. 埃尔曼：《比较法律文化》，贺卫方、高鸿钧译，清华大学出版社2002年版。

看到不同社会中差异性的行为模式和观念形态对法律实践形成的影响。一般认为，对于大量地方性的法律问题之理解需要法律文化的视角，特别是在法律领域上受文化影响较大的家庭法和宗教法领域；再如涉及文化上差异比较大的法律体系、具有鲜明文化特色的法律体系进行比较时——如伊斯兰法体系——文化的比较要素往往是需要被重点考虑的。但沃森等人的法律移植研究也已经发现，德国法律和美国法律进入日本、英国普通法进入印度和南非的过程并没有因为文化上的差异造成本质上的困难。因为文化本身不是静止的，而是流动和发展的，异域法律的进入也在塑造和改造本土文化，不同法律制度的移转也在彼此塑造。因此，文化指示差异，但也并不是法律比较的铜墙铁壁。

尽管法律文化比较具有视角上的优势和不可替代性，但也存在着诸多难以克服的困难。文化概念所蕴含的认识论缺憾集中地体现为：泛化指向、循环逻辑和集体本位。由于文化概念的模糊和宏大，往往使比较流于泛泛。文化概念的模糊性，往往会使对法律的理解陷入一种"不可描述之物的困难"。比较法律文化方法的应用，在对比较结果的解释上也常常容易陷入某种循环论证。如日本社会的诉讼率低是因为日本有"厌诉"的文化，而日本诉讼文化有"厌诉"的特质就是因为其诉讼率低。产生这种解释循环的原因就在于，法律本身就是一种文化符号和文化现象，而自身无法用以解释自身。即便把文化落实到更加具体的某种观念、态度和行为模式、语言风格等，也仍然存在识别上的困难。由于文化的诸种符号往往是看不见、摸不着的，究竟语言的哪些要素体现了语言风格、哪些行为体现了不同社会中的人对出庭作证的观念和看法，究竟所谓社会的文化调查应该包括哪些人群等，对于这些问题总有相当不同的理解。如果探究到个体的心理层面和社会行为认知层面，就进入了社会学、心理学等社会科学的方法论视域，需要通过特定的社会学、心理学方法来加以分析。因此，内在于法律之中文化要素的比较在 20 世纪晚期逐渐走向了比较法律社会学、法律人类学和认知心理学。因此，20 世纪末以来，为向社会科学输送有效的知识和类型化分析，比较法律文化研究开始转向实证主义进路：一方面，这种实证主义进路意图通过在相互竞争的假定变量之间分配因果关系的优先地位来阐明法律文化，以期解释在法律上相关行为的层级和类型方面的变化；另一方面，这种解释性进路更加关注对作为"地方性知识"的法律进行"深度描述"而文化整合所体现的集体本位可能对个人主体性的模糊化处理，以主流统合亚文化支流，也可能造成以集体"文化霸权"淡化个人价值和内部差异性的危险。

四、跨学科比较方法

法律自身并不是脱离于社会而孤立存在的，方法论多元本身也是法学方法论本身的特征。在法律教义学的纯粹文本和概念方法以外，必然需要从不同的社会视角看待法律、比较法律，因此在法律比较的过程中存在学科交叉方法是必然的。

有学者将法学跨学科方法归纳为四类。

第一种方法只是初步涉及非法律学科的方法，非法学方法的使用经常是富有启发的，但同时也往往是简单的和武断的。因为通过这种方法试图回答的主题，并不是法学学科方法自己所不能回答的命题，之所以使用其他方法只是换了一个角度而已。如证人拒绝出庭的法律文化分析，法律的规则层面提供了分析这一问题的方法，寻求文化上的解释只是使对这一问题的理解更具有厚度。

第二类是其他学科的方法不仅是补充性的，而且是作为建设性地应用于法学研究。即法律比较者为了回答这些主题，其他学科的方法是必需的，而不是补充的。如回答诉讼率与法律职业现代化的关系问题，就必须建设性引入社会学的数据统计和分析方法，否则研究无法开展。

第三种方法称为并行的或者组合式的跨学科研究方法。平行并同等重要地使用两种以上的学科方法开展法学研究，法学方法本身不是占据主导地位的方法，每一种学科方法都提供自身的洞见，但各学科的研究方法本身并没有实现实质的整合，而是在各自的逻辑上开展，并提供各自学科的研究结论。如对比较宪治问题的研究中，并行出现的政治学的权力关系分析方法与宪法学教义学方法。

第四种研究方法才是真正彻底和完全的跨学科研究方法（multidisciplinary），这种研究方法从设定问题伊始即开始体现，如"缔约过失责任制度在不同的社会交往方式中存在何种差异？"这一问题的解决需要比较法方法和社会学方法的整合性应用。而且检验这种跨学科研究的成果是否有效，需要在法律学科和社会学科中同时开展。即这种研究在法学意义上和社会学意义上应同时符合方法规范，并同时提供了有效的研究结论。再如"大陆法国家司法中的案例应用是否节省了司法成本？"这是一个跨法学和经济学的问题，需要同时应用法律比较方法和经济学方法开展研究，并在两个学科的意义上检验其过程和结论的有效性。

目前的比较法研究还基本在第二种和第三种之间的层次上，真正富有成效的第三种并行式和第四种整合式研究仍然十分稀少，而并行式与整合式的跨学科研究也正是比较方法的可能未来。[1] 上述分析同样适用于跨学科的比较法方法。当单纯的法学方法意义上的比较与其他学科方法在不同程度上进行整合的过程中就会出现不同程度的跨学科比较法律方法。而诸如比较法律社会方法、

[1] B. M. J. van Klink and H. S. Taekema, "On the Border, Limits and Possibilities of Interdisciplinary Research", in B. M. J. van Klink and H. S. Taekema ed., *Law and Method*, *Interdisciplinary Research into Law*, Mohr Siebeck, 2011, pp. 7-32.

比较法律历史方法、比较法律经济分析方法等实际上也都存在上述四种意义上不同程度的使用。当然，我们在方法论上应着力追求的是第三种和第四种意义上的跨学科比较法方法的应用。

由于不同学科在认知模式和概念体系上的差异将导致跨学科研究在概念使用和方法应用上的不一致，因此，跨学科研究方法也存在相当大的误用和混用的风险。比如制度经济学中的"制度"与法学中的"制度"是不同的概念，伦理哲学中的"法"也往往不仅指成文法。如果缺乏相应的跨学科训练，就更难恰当使用其他学科方法。因此，比较法研究本身在人才培养的起步阶段就应该强调跨学科训练，多给予那些意欲从事比较法研究的学生以更多的语言学、人类学、社会学、经济学的基本训练，或者吸引其他学科的学者进入比较法研究领域。否则，大部分未来的比较法跨学科研究仍然只会停留在上面所提到的第一或者第二阶段的层面，很难形成学科融合的力量。下面以比较法学科相对应用比较多的跨学科方法——历史比较方法、比较法律社会学方法、法律经济学比较方法进行方法论探讨。

（一）历史比较方法

法律史研究的核心主题是"恒与变"（法律的稳定性与变革），而比较法研究则围绕"一与多"（共性与多元）的问题展开。相比较于社会学、人类学等其他学科，历史比较的特殊性在于以不同的方式处理时间和空间的关系。所谓法律的历史比较，是指将不同法律体系中的类似制度放置在历史维度中，或进行同一历史时段的平行历史比较或进行不同时段的交错历史比较。而那些单纯梳理一种法律体系内部制度历史发展脉络的研究属于法律史的范畴，不属于历史比较。"历史比较的意义是对历史理解和历史解释手段的扩大和强化"，通过确定类似性和差异性以寻求共性，或者"在其个性中更为准确地把握历史对象并把之与其他历史对象相互区别开来"[1]。17—18世纪欧洲历史主义兴发，自梅因和萨维尼以来，历史比较的方法逐渐发展成熟，为理解和比较多元法律文明提供了重要的方法论。从现代史学方法论的角度，历史比较的目的总的来说体现了两种向度：分析和理解。[2] 其中分析性的历史比较相对客观，能够较为准确地把握历史进程、建构历史模式；理解性的历史比较更加注重挖掘规则、现象、概念背后的深层次社会原因，关注不同社会历史之间的交流和联系。分析性比较是审慎的，较少评判；而理解性分析更为尊重所比较对象的历史个性。

---

〔1〕 ［德］哈特穆特·凯博：《历史比较研究导论》，赵进中译，北京大学出版社2009年版，第5页。

〔2〕 参见［德］哈特穆特·凯博：《历史比较研究导论》，赵进中译，北京大学出版社2009年版，第37页。

历史比较方法特别适合处理一些具有历史纵深的制度形态、适合分析那些在历史发展中出现变异性的制度形态、适合处理那些需要明确对焦历史发展阶段的制度形态。如梅因在使用历史比较方法中对比较项的选择就充分注意到了上述问题。他认为，意欲在英国法学研究中突出历史研究的意义，选择遗嘱制度作为研究对象非常适合。因为遗嘱制度内容多、时间长，最能够体现历史比较研究的优越性并能够挖掘出与非历史比较所无法发现的结论，从而与那些仅从表面分析而来的结论形成某种鲜明的对照。[1] 在开展历史比较过程中，适当地划分历史阶段并进行类型概括，往往会使比较进行得更为便利。如梅因在契约早期史研究中使用了类型化分类的方法，按照历史顺序研究了四种类型的契约：口头契约、书面契约、要物契约和诺成契约。契约的早期史中四种类型契约的更替，显示了契约内在的意志合意的重要性，而缔约形式逐渐成为合意的一种象征。梅因的经典历史比较展现了历史比较在发现法律演进过程中规律性和客观性方面的优势。另一脉经典的历史比较研究，萨维尼的历史比较，则更加注重在历史比较中提炼通用概念和一般规则，从而达成法律体系化的目的。萨维尼通过历史比较，将罗马法渊源进行了"体系性"（哲学性）与"历史性"（注释—诠释学的）的全新统一的阐释，与德意志法律传统相对照，提炼出了大量一般性的概念和制度，如法律行为、双务合同、履行行为的独立性（或物权行为的无因性）、意思表示错误理论等，从而构成现代民法教义学的直接典范。[2] 现当代比较法中对法律传统的比较研究，继承发扬了这种历史比较的方法论传统。宏观比较如帕特里克·格伦在《世界法律传统：法律的持续多样性》一书中所展现的：使用"传统"概念对七大法律文明历史的纵深和流变开展比较研究；微观比较则见诸如赖因哈德·齐默尔曼（Reinhard Zimmerman）在《罗马法、当代法与欧洲法：现今的民法传统》中所展现的游走于历史与当代之间的制度比较。但历史比较可能存在的"以主观性拣选历史素材""经验事实到一般概念的非整全性""向后看的保守性"等问题，也是研究中需要注意的。

（二）比较法律社会学方法

鉴于法律不仅是一种规范体系同时也是一种社会事实，因此将法律放置于更为宏大的社会结构之中理解，将法律关联上人的行为和社会关系是理解法律的必然要求。从现代比较法之父——孟德斯鸠开始，比较法律社会学传统一直是比较法学术传统的重要组成部分。孟德斯鸠从社会历史的经验现实出发，将法律与社会各要素（气候、土壤、人口、宗教……）之间的关系作为"法的精

---

〔1〕 参见［英］梅因：《古代法》，沈景一译，商务印书馆1997年版，第98~99页。
〔2〕 舒国滢：《萨维尼和他的三部巨作》，载《中国政法大学学报》2015年第6期，第12页。

神"加以讨论，以社会规律和自然法则统摄了多样性的法律秩序，平衡了法律的规律性与多样性之"一与多"的关系，为现代比较法乃至现代法学方法提供了有益的启发。[1] 继而，马克斯·韦伯以人类的法律现象为对象，运用合理性概念对包括印度文明、中国文明和犹太文明在内的法律传统与西方理性法进行了比较研究，并概括出了法律在传统型统治、魅力型统治和法理型统治三种不同社会理想型中的作用和意义。20 世纪以来的社会学研究为比较法研究提供了更为宽广的视野和更实用的研究方法。庞德的"社会工程法学"刺激比较法关注法律制度在实现社会控制、调整社会利益过程中的共性与差异。埃利希的"活法"理论拓宽了法律比较的范围，使比较法开始关注"行动中的法"。涂尔干的社会分工理论使得比较法关注那些真正帮助现代社会实现"有机连带"的法律规范，其宗教社会学研究为比较法研究提供了使"不可比较"的对象转化为可比较对象的神奇社会学方法。哈贝马斯影响着比较法学关注跨文化沟通交往中的沟通交往理性，为建立包容他者的制度体系提供论证。布迪厄的社会学研究为比较法提供了"惯习"和"场"等有实用价值的方法论概念。福柯的知识社会学研究激发了比较法对自身知识发生史展开批判的愿望……

在比较法实践中出现了大量应用社会学方法论工具的研究成果。从宏观理论角度，20 世纪中叶，千叶正士等比较法学家对法律多元问题的研究充分展现了比较法社会学方法的开放性特征。大量对欧洲、亚洲、非洲、澳洲等不同类型社会中纠纷解决模式、习惯法和本土法的研究[2] 也充分体现了法律多元的实质性主张。而桑托斯、托依布纳和推宁等在全球化背景下关于人对"多元合法性"问题的处理的研究，也体现了比较法律社会学的方法论旨趣。在微观研究方面，如对诉讼率、诉讼模式、证据法等开展的跨文化分析，对律师职业的结构与社会职能的社会学分析等问题的研究也大量使用社会学方法。其中，达玛什卡在《司法和国家权力的多种面孔：比较视野中的法律程序》中继续展现了韦伯传统的当代影响[3]。达玛什卡将多样的法律制度如何管理司法以及政治与司法的关系作了高度原创性的比较分析，并概括为科层式理想型和协作式理想型两种模式。佢是比较法律社会学的分析中，由于社会学家所理解和使用的法概念和范式往往是社会性的，即满足一定的规范性期待的社会规则体系，而法学知识中倾向于将法律理解为一种具有效力的行为规范体系，这种概念上的差

---

[1] 参见李晓辉：《孟德斯鸠"法的精神"与现代比较法方法论》，载《北方法学》2018 年第 5 期。

[2] 参见 S. E. Merry, "Legal Pluralism", *Law & Society Review*, 1988; G. R. Woodman, "Ideological Combat and Social Observation: Recent Debate About Legal Pluralism", *Journal of Legal Pluralism*, 1998.

[3] ［美］米尔伊安·R. 达玛什卡：《司法和国家权力的多种面孔：比较视野中的法律程序》（修订版），郑戈译，中国政法大学出版社 2015 年版。

异可能给比较法律社会学研究带来一定的风险。[1] 在社会学方法呈现越来越突出的经验分析科学性的趋势下，比较法学家仅仅满足于使用社会学家所提供的一般概念框架并不足以提供有说服力的研究成果了。引入更多的精细化社会学数理统计、分析和问卷、模型建构等实证方法，将是未来比较法律社会学的发展趋势。

（三）经济分析比较方法

经济分析法学在 20 世纪 60 年代以来的发展也吸引了比较法学家的目光。经济分析比较方法注重"效率"价值的意义。"在使用法律经济学联通比较法这些工具时，效率观念体现比较的含义。一种制度、规则或外在秩序绝不能说是抽象的或绝对的有效率或者无效率。它只能和具体的替代物相比较，后者在特定情况下可能合适或不合适。"[2] 比较法律经济学从效率的角度切入能够提供的方法论贡献主要表现为以下四个方面：首先，将效率应用于分析法律变迁，可以发现在历史发展中拣选真正有效率的法律制度之过程，如征收制度的法律发展趋同，说明了法律发展趋同背后的重要力量之一就是对效率的追求；信托制度的全球传播，则展现了"竞争使移植发生"的内在逻辑，更有效率的制度将会被广泛学习和借鉴；而比较也能够使我们发现没有效率的制度是如何存在并应该如何纠正。[3] 其次，将有助于具体制度的比较和判断。"法律经济学可以被用于建立效率模型，它可以作为法律制度分析中问题的具体解决的比较根据。"[4] 如以交易成本来考察不同的法律实质结构中的权利设置、程序安排、补救措施和机理手段等，对不同制度的效果进行比较。如考察英美法系与大陆法系的违约金条款，发现不同制度体系中通过违约金迫使相对方履行协议的效果，以解释相对而言为何普通法法域对损害赔偿的青睐程度超过对违约金条款和实际履行。[5] 再次，由于经济模式可被用来衡量特定法律信号对市场主体的真正影响，经济分析方法还能够从效率的角度处理不同法律制度的共性与差异问题，即将效率追求作为共同关切的情况下，考察不同法律制度对提高社会效率、降低交易费用的手段和效果，从而达到衡量法律异同的标准一致。如通过

---

〔1〕 参见 Mathias Reimann, "Comparative Law and Neighboring Disciplines", *The Cambridge Companion to Comparative Law*, edited by Mauro Bussani & Ugo Mattei, Cambridge University, 2012, p. 33.

〔2〕 ［美］乌戈·马太：《比较法律经济学》，沈宗灵译，北京大学出版社 2005 年版，第 2 页。

〔3〕 ［美］乌戈·马太：《比较法律经济学》，沈宗灵译，北京大学出版社 2005 年版，第 127、129、131 页。

〔4〕 ［美］乌戈·马太：《比较法律经济学》，沈宗灵译，北京大学出版社 2005 年版，第 94 页。

〔5〕 参见 ［美］乌戈·马太：《比较法律经济学》，沈宗灵译，北京大学出版社 2005 年版，第七章"比较效率研究之二：违约金条款"。

比较英美法系信托机制与民法法系处理类似信托型交易所适用的法律机制（如契约法上信托人和受益人向被信托人要求强制履行权、有条件赠与、遗嘱执行人、监护人制度等）的效果，从而发现两大法系在信托类型安排上基本无差别，但民法法系的安排相比较而言是缺乏效率的。[1] 最后，经济分析方法还可以用于将各种模糊的比较法概念具体化。如将萨科的"法律共振峰理论"处理为不同法律渊源之间的竞争关系。乌戈·马太之后，陆续有一些学者投入将经济分析与比较法学结合的尝试，如对法律体系的架构进行的经济分析，也体现了经济分析方法对比较法宏观研究的意义。[2]

第三节　比较法方法的未来

一、批判比较法的方法

20世纪60年代以来，以邓肯·肯尼迪、莫顿·霍维茨、罗伯特·昂格尔，以及女权主义法学家群体为代表的批判法学（或称后现代法学），对现代法学知识和制度的背后所隐藏的权力结构、西方霸权和男权逻辑进行揭露，对整个西方法理论进行了解构。批判比较法的兴起是批判法学向比较法传导的结果。批判绝不仅仅是批评。从哲学的角度而言，"批判"意指澄清理论前提、划定理论界限。批判方法反对一切无前提和前提错误的理论，反对无界限和界限模糊的理论，倡导从理论的前提和限度入手去反思和再认识。包括批判比较法在内的批判法学在方法论上的意义也正在于此。

（一）对西方现代比较法的前提进行反思

皮埃尔·勒格朗认为，传统比较法持康德主义的理性观，将西方制度和意识形态作为普世性基础，一味追求以西方法律统摄和整合所有非西方法，将追求制度的同一性作为唯一目标。勒格朗认为，现代比较法的历史不过是西方法律在大陆法系和普通法系之间进行的内部对话，其内在的线索是通过构造一种以欧洲地方法律为模板作为文明之法的"自我"而将其他法律形态"他者"化。这种法律比较的哲学倾向是追求一种普遍性的法，将差异性视为一种"创伤"。

---

〔1〕　参见［美］乌戈·马太：《比较法律经济学》，沈宗灵译，北京大学出版社2005年版，第94～99页。

〔2〕　Francesco Parisi and Barbara Luppi，"Quantitative Methods in Comparative Law"，in Pier Giuseppe Monateri ed.，*Methods of Comparative Law*，Part Ⅵ：Chapter 16，Edward Elgar Publishing，pp. 306-316.

"通过压制差异，经常是通过粗暴的形式，以关于人的共性的模糊观念（这种观念可能是基督教的世界观所滋生的，这种世界观认为人类最终是一体的和相同的）为基础而向往普世性和追求通用性（commonality），从而使比较法学家可以避免这种创伤。"[1] 但是，如同所有的愿望一样，在法律中寻找同一性的愿望最终一定会失败，因为它聚焦于不可能的主题，这一主题仅仅存在于一种自身的概要和抽象之中，而并不是事实上的存在。勒格朗提出了差异优先化的主张，"一个根本性的论点是同一性实际上需要差异性以便展现它的存在。因为同一性是一种关联，它需要在其之外存在一个非同一性，以此作为它存在的条件"，也就是说，同一性从非同一性或者差异中取得自身的存在。"然后，差异能够理解为不仅在一定程度上与同一性是'同质的'而且比同一性享有更高程度的原初性，因为是差异使同一性的存在成为可能。"[2]

弗兰肯伯格（Günter Frankenberg）也质疑现代西方比较法对于普遍性的追求，认为追求普遍性的比较法学家们在理论上都预设了两个假定：其一，存在一种普遍的比较框架——自然法、普遍历史、普遍正义感等，否则他们就无法声称比较法能够作为一种解释的普遍方法；其二，他们不得不假定在比较审查下的现象是本质上类似的，否则他们就无法主张"如果法律是那些普遍原则的体现而不仅仅是国内或者欧洲的原则，那么比较主义必须处于所有司法行为的中心"。[3] 然而这两种前提都已经被证明是存疑的。

批判法学主张将差异性优先化，这样做不仅在于打破传统比较法的本质主义对"幻想中的一般性"的病态追求，而且能够满足自我超越的需要。"如果比较的目标首先是显示所有法律共同体分享的东西，那么，任何人都不需要为了考虑自己之外的视角和经验而修正自己的观点。"差异优先化的比较研究不追求一种统一化的理论和实践效果，而是追求一种多样化的呈现。但勒格朗也强调，他并非要抛弃"共性"的观念，而是反对比较法学家构建共性的排他性方式。这种排他性的构建共性的方式往往存在将共性（commonness）偷换成同一性（oneness）的危险，仅仅将自身投射到他者身上，构建一种虚伪的共性，而背后实现的是将自身强加于他者的文化暴力。勒格朗所主张的尊重差异的比较研究，意在"解释、赞颂、留意和质问地方性"，不在于秩序化和同质化他者，而是注

---

〔1〕 ［法］皮埃尔·勒格朗：《共性与差异》，载［法］皮埃尔·勒格朗、［英］罗德里克·芒迪主编：《比较法研究：传统与转型》，李晓辉译，齐海滨、吴静校，北京大学出版社2011年版，第235页。

〔2〕 ［法］皮埃尔·勒格朗：《共性与差异》，载［法］皮埃尔·勒格朗、［英］罗德里克·芒迪主编：《比较法研究：传统与转型》，李晓辉译，齐海滨、吴静校，北京大学出版社2011年版，第254页。

〔3〕 参见 Günter Frankenberg, *Comparative Law as Critique*, Cheltenham, UK and Northampton, MA, USA, Edward Elgar Publishing, 2016, p. 99.

重某种场域化的研究，展现作为他者本身的他者。[1]

上述对现代西方比较法的前提性批判也完全能够称其为一种方法应用于各种具体制度的比较研究，即通过法律比较揭示法律制度现象背后所掩盖的意图和理论前提，从而为理解法律的多元生成机制提供帮助。如乌戈·马太在其分析普通法系对违约金持怀疑态度的过程中，就指出了法院不愿意放弃他们的决策权其实是制度发展的一个主要障碍；而大量无效率法律制度的存在实际上是意识形态和政治权力作用的结果。[2]

（二）对现代西方比较法界限的反思

批判比较法不仅聚焦于理论前提的批判，还对现代比较法理论来源及应用的局限性进行了反思。弗兰肯伯格认为现代比较法的主流研究存在诸多教条：集中在文本比较（Camparative Nomoscopy）；试图将法律体系描述为事实；有着一种法律中心主义和实证主义的狭隘，忽略了社会和文化的方面；受制于一种前见，即法律的发展具有既定的趋势——将走向趋同。[3] 弗兰肯伯格倡导一种"有厚度的比较"（thick comparison），即将西方法与非西方法、本国法与外国法、自身与他者置于平等的认识论地位之上，倡导一种主体间沟通对话的比较研究，以克服唯西方本位和唯自我本位的教条。这是一种向地方知识和语境持开放态度的比较，试图克服主流比较法对地方法的简化；这是一种反实证的、反形式主义的比较，拒绝将法律纯化为唯一的研究对象，拒绝祛除法律与文化和意义之关联的幻想。[4]"有厚度的比较法"将所比较的法律理解为平等对话的对象，理解为在具体的社会中以其自身方式型构法律事实与法律行为要素的动态结构。在这种比较中，文化、语境和自反性（reflexivity）都成为关键的要素，那些注重差异的研究计划成为决定性的部分。[5] 批判比较法清楚地认识到，现代西方比较法将非西方法和多元法律规范排除在外，其赖以挖掘和发现法律异同的基础往往是单一的，集中于西方法；政治基础往往是一元的，集中

---

〔1〕　参见［法］皮埃尔·勒格朗：《共性与差异》，载［法］皮埃尔·勒格朗、［英］罗德里克·芒迪主编：《比较法研究：传统与转型》，李晓辉译，齐海滨、吴静校，北京大学出版社 2011 年版，第 254、275、282 页。

〔2〕　［美］乌戈·马太：《比较法律经济学》，沈宗灵译，北京大学出版社 2005 年版，第 194、131 页。

〔3〕　参见 Günter Frankenberg, *Comparative Law as Critique*, Cheltenham, UK and Northampton, MA, USA, Edward Elgar Publishing, 2016, p. 11.

〔4〕　参见 Günter Frankenberg, *Comparative Law as Critique*, Cheltenham, UK and Northampton, MA, USA, Edward Elgar Publishing, 2016, p. 226, 228.

〔5〕　参见 Günter Frankenberg, *Comparative Law as Critique*, Cheltenham, UK and Northampton, MA, USA, Edward Elgar Publishing, 2016, pp. 227-228.

于国家法，从而将自身限定在了一个局促的空间之内。唯有突破这种比较的局限，方能实现比较法认识论的改造和创新。这种方法论认识，也为具体法律比较提供了启发，只有囊括多元法律现象，方能获得一般知识。

二、全球化、新技术革命与比较法方法

全球信息技术飞速发展，信息和数据的流动与开放将根本性地改变法律比较的形态，从而可能导致法律比较的碎片化、日常化和技术化。

（一）法律比较的碎片化

全球化所带来的显著影响就是通过动摇国家主权在世界法律格局中的中心地位，从而形成了多元合法性并存的局面。传统比较法所仰赖的国家法律中心主义遭遇淡化，而全球、国际等多个维度的合法性却不断得到鼓励。不同空间之内的法律相互叠加，如当下几乎所有的国内法都有一个国际法为依据或准则，事实上国内法在某些方面，如经济贸易和知识产权等领域被国际法架空并整合了。这种国际法和国内法在适用空间上的叠加造成了国家法的模糊和国际法适用范围的实质性拓展。在叠加和碎片化的空间之内，法律沿着历史传统、经济活动等脉络展开，形成了一个多元自主的动态空间结构。如同桑托斯（Boaventura de Sousa Santos）所言："我们处在一个多孔的合法律性或合法律性的多孔性的时代，一个迫使我们不断地转变和违规的法律制度的多重网络的时代。我们的法律生活是由不同的法律秩序相互交叉即法律间性而构建的。法律间性是法律多元主义的现象学的对应物，它是压制型后现代法律观的一个关键概念。法律间性是一个高度动态的过程，因为不同的法律空间是非同步的，因此产生了法律代码（在符号学意义上）的不平衡的和不稳定的混合。"[1] 卢曼（Niklas Luhmann）曾经"尝试性假设"："全球法将经历一个激烈的片段化过程，这一片段化的过程将不是循着领土的边界，而是顺着社会事务领域的分界而进行。其理由或许存在于一种从规范性（政治、道德、法律）期待向认知性期待（经济、科学、技术）的转变之中；这将是一种在从以国家组织的复数的社会向一个全球社会变迁的过程中产生其效果的转变。"[2] 在功能分化的全球社会中，我们看到无论是科学、文化、技术、卫生、军事、运输、旅行、体育，都已经在全球空间内分化成各自具有独立性的全球系统。这些全球系统所形成和构建的规则已经切割了全球法律体系，形成了各自的领地，并在各自系统内部形成

---

[1] ［英］博温托·迪·苏萨·桑托斯：《迈向新法律常识：法律、全球化和解放》，刘坤轮、叶传星译，中国人民大学出版社 2009 年版，第 536~537 页。

[2] ［德］贡塔·托依布纳：《魔阵·剥削·异化——托依布纳法律社会学文集》，泮伟江等译，清华大学出版社 2012 年版，第 61 页。

某种关于这一系统运作逻辑的合理性。"因此，遵循领土政治原则而分化成相对自治的国家法律秩序这一传统的分化，被一种循着事务领域进行分化的原则取代了：全球法分化成了诸多超国家的法律组织，而这种分化是循着议题特定化的路线而不是领土的路线，来界定其管辖权范围的外部界限，并且这种分化主张它们自身具有一种全球的有效性。"[1] 这些由事务主题，特别是认识性主题所重构的法律空间，可以被称为"议题特定化领域"（issue-specific regimes），它们各自建构了各自的合法性"代码"，而且这些不同的合法性"代码"又常常会产生冲突。托依布纳（Gunther Teubner）认为，这些领域之间的合法性冲突可以通过建立合理性兼容原则，或经由法律的定型化（formalization）等方式加以缓解，并且乐观地认为："在社会事务领域片段化的处境中，法律将被迫把自己限制在它的传统角色之上，为人与自然环境的损害提供补偿并加以抑制。"[2] "议题特定化领域"的存在可能对比较法的存在造成某种重构性的影响，将比较法的空间视域由国家、国际等地理空间中移开，从建立在时空联系的传统之中移开，重新回归某种主题视域，从而在比较法宏观体系遭遇前所未有的挑战之时，开辟一方新天地。比较法的素材组织将是没有限制的，但是比较过程的主题性则将会得到更加充分的强调。而且比较法之目的也将从服务于国内法律发展和国际法的功能主义转向建构"主题规范域"。在各个不同的主题规范域中整合比较法素材，建构某种系统内部的合理性。与此同时，在系统外部，面对各个不同规范域之间可能产生的合理性冲突，比较法将可能通过还原这些比较法渊源和传统的工作从而为某种主题规范域提供自我反思和回应的机制，并在规范域之间建立某种温和的兼容性。一个有说服力的例子是比较金融法专家菲利普·伍德（Philip R. Wood）在《金融法的世界地图》[3] 中所展示的精细化主题域比较。

（二）法律比较的日常化

互联网等信息技术的发展极大地便利了全球法律信息的流动，法律比较获取信息的成本大大降低，比较研究者不再苦恼于资料稀少，反而苦恼于如何处理海量的比较素材。云计算和大数据处理技术部分地帮助解决了此类问题，即时翻译软件的飞速发展则不断突破语言和文化障碍，人工智能的加入进一步降

---

〔1〕〔德〕贡塔·托依布纳：《魔阵·剥削·异化——托依布纳法律社会学文集》，泮伟江等译，清华大学出版社 2012 年版，第 73~74 页。

〔2〕〔德〕贡塔·托依布纳：《魔阵·剥削·异化——托依布纳法律社会学文集》，泮伟江等译，清华大学出版社 2012 年版，第 116~117 页。

〔3〕〔英〕菲利普·伍德：《金融法的世界地图》（第 6 版），陈儒丹、黄韬译，法律出版社 2013 年版。

低了法律比较活动对专家的依赖。在这种情况下，法律比较将不再是少数比较法学家的专属，而几乎可以成为法律研究和实践活动的"日常"。在这种情况下，制度的比较活动将成为某种即时的思维常态，没有无比较的制度也没有无比较的法律实践，制度在比较和瞻顾中存在。人们随时比较，随时判断。在一个人人可为比较、事事可比较的时代，"我们需要具备至少是处理这些素材的基本技能，因此，比较的方法需要被视为'法学方法论'的核心内容"[1]。而比较法的方法本身也将高度依赖技术手段，呈现明显的"技术比较法"的特征，当前量化比较法的繁荣就充分体现了这一点。

（三）法律比较的技术化

量化（quantitative）研究以非规范性的实证研究为方法论原则，通过搜集数据、建立分析模型、通过社会调查和访问等方式开展研究。西姆斯（Mathias M. Siems）以公司法为例讨论了量化方法在比较法中的应用，并指出在使用量化方法时要充分考虑必要性、可行性、可比性、功能对等性（equivalence）和研究的本质。[2] 安妮和米拉（Anne Meuwese & Mila Versteeg）应用量化方法研究了比较宪法的问题。量化方法可以使用数据分析技术同时分析更大量的数据样本，得出规律性的结论；更有趣的是，能够在数据分析过程中促使研究者发现很多新的问题，而这些问题是隐藏在量化分析背后的，是量化分析发现了这些问题的存在。[3] 赫希尔（Hirschl）的研究已经注意到，比较宪法的研究已经远远落后于当代技术发展。当代比较法研究几乎没有利用这些大数据的便利并及时追踪其变化，即便是利用现有的数据库技术开展的大数据分析也非常有限。因此他倡导比较法研究应充分利用数据库技术和大数据挖掘技术开展案例搜索、案例选择和数据跟踪。比较宪法学研究应充分利用发达的现代政治科学的实证研究方法和工具。[4]

信息技术给比较法研究带来便利的同时，也可能给比较法带来负面的效应，即技术成为"意识形态"所造成的法律趋同将会在某种程度上减低新的、更有

---

〔1〕 ［英］威廉·推宁：《全球化与比较法》，吴大伟译，载［英］埃辛·奥赫绪、［意］戴维·奈尔肯编：《比较法新论》，马剑银等译，清华大学出版社 2012 年版，第 84 页。

〔2〕 Mathias M. Siems, "Numerical Comparative Law: Do We Need Statistical Evidence in Law in Order to Reduce Complexity?", *Cardozo Journal of International and Comparative Law* 13, pp. 521-540.

〔3〕 Anne Meuwese and Mila Versteeg, "Quantitative Methods for Comparative Constitutional Law", in Maurice Adams and Jacco Bomhoff (eds.), *Practice and Theory in Comparative Law*, Chapter 11, Cambridge University Press, pp. 230-257.

〔4〕 Ran Hirschl, "The Question of Case Selection in Comparative Constitutional Law", *American Journal of Comparative Law* 53 (1), Winter, pp. 125-155.

想象力的法律创造，并将法律文化的制度土壤变得更加单一、单调，从而压制了法律比较的愿望和可能。而法律与算法的关系也在挑战法律比较的存在意义。区块链技术构造了一个虚拟的自主世界空间，真实的主体之间的关系已经可以通过技术实现自我规制。区块链技术之下的智能合约，压缩了对法律规则的需求，"智能合约会创建一个基于逻辑的自动执行结构，从而消除现实交易中对第三方法律机构的需求。双方一旦通过合约达成协议，合约就直接扮演了仲裁者的角色，自动推动交易的完成。在这个过程中，法律被排除在外，不再是合法/非法，而是合约代码本身成为元代码。"[1] 法律面临着功能性限缩并被代码和算法所取代的可能。当然，算法本身亦存在差异，是否法律的沟通会被算法的沟通所取代，法律的比较会被算法的比较所替代呢？未来已来，比较法需要做好准备，为新的法律比较形态提供有效的方法论支持。

【思考题】

1. 一个有效的法律比较的一般步骤是怎样的？
2. 什么是功能比较？如何突破功能主义比较的局限？
3. 有哪些相对成熟的跨学科比较方法，应用时要注意什么问题？
4. 批判比较法学对现代西方比较法的批判体现在哪些方面，有何启发？
5. 全球化与信息技术发展对比较法提出了哪些挑战，在方法论上应如何应对？

【参考文献】

1. Mathias Reinmann and Reinhard Zimmermann ed. , *The Oxford Handbook of Comparative Law*, Oxford University Press, 2006.

2. Maurice Adams, Jaakko Husa and Marieke Oderkerk ed. , *Comparative Law Methodology*, Volume Ⅰ&Ⅱ, Edward Elgar Publishing, Inc. , 2017.

3. ［比］马克·范·胡克主编：《比较法的认识论与方法论》，魏磊杰、朱志昊译，法律出版社2012年版。

4. ［法］皮埃尔·勒格朗、［英］罗德里克·芒迪主编：《比较法研究：传统与转型》，李晓辉译，齐海滨、吴静校，北京大学出版社2011年版。

5. ［英］埃辛·奥赫绪、［意］戴维·奈尔肯编：《比较法新论》，马剑银等译，清华大学出版社2012年版。

---

[1]　余成峰：《法律的"死亡"：人工智能时代的法律功能危机》，载《华东政法大学学报》2018年第2期，第11页。

第四章

大陆法系

【本章导读】 发源于欧洲大陆的大陆法系形成于对罗马法的继
受，经由法典编纂而演进成了今天的样态。虽然今天我们所认识
的大陆法系国家法律在内容上已经和罗马法相差很大，但大陆法
系国家法学和法律实践的许多特点早已定型于罗马法时代，比如
法学学说对法律的决定性意义。大陆法系的法学家形成了一个独
立而且具有强大政治影响力的集团，在法律的发展中发挥了最重
要的作用。其结果是法学教育主要在大学的法学院展开，以法学
家作为职业法律人培养的蓝本。今天，大陆法系形成了以成文法
典为核心的法律渊源体系，对成文法的解释也成了首要的法学方
法。学说在把不同的法律渊源整合成一个融贯体系的同时，也在
决定着法律的意义。

第一节　大陆法系的历史变迁

大陆法系发轫于欧洲大陆，故称之。[1] 其根植于罗马法，特别是受优士丁
尼《市民法大全》（*Corpus Juris Civilis*）影响甚大，故亦被称为罗马法系。有学
者认为，在当今世界几大法系中，大陆法系的历史最悠久、分布最广泛、影响
最深远。[2]

一、古罗马法

据传说，古罗马城邦建立于公元前 753 年。自此，罗马的政治体制，经历
了王政、共和与帝政三种形式。王政时期，先是拉丁人、后是埃特鲁斯人统治

---

〔1〕 Antonio Gambaro e Rodolfo Sacco, *Sistemi Giuridici Comparati*, terza edizione, UTET, Torino, 2009,
p. 31.

〔2〕 参见［美］约翰·亨利·梅利曼：《大陆法系》（第 2 版），顾培东、禄正平译，法律出版社
2004 年版，第 1 页。

罗马。[1] 王政时期的主要法律渊源为习惯法。期间，根据"王"（rex）的提议制定的库里亚法，曾被塞斯图斯·帕皮利乌斯（Sextus Papirius）汇编整理成书，史称"帕皮利乌斯市民法"（ius civile Papirianum）。[2]

公元前509年，最后一位"王"塔尔奎尼乌斯·苏泊尔布斯（Tarqunius Superbus，又译为"塔克文"）被驱逐，罗马由王政时期进入共和时期。共和时期可以分为三个阶段。第一阶段自公元前509年始，至公元前264年第一次布匿战争爆发止。在此期间，罗马确立了在意大利半岛的统治地位。第二阶段自公元前264年始，至公元前133年完全控制伊比利亚半岛止。在此期间，罗马取得了在整个地中海的霸主地位。第三阶段自公元前133年始，至公元前27年元老院授予屋大维（Gaius Octavius Thurinus）"罗马元首"（Princeps Romanorum）和"奥古斯都"（Augustus）尊号止。在此期间，罗马基本完成疆域扩张，但社会矛盾不断激化，内战频仍。共和时期罗马的主要法律渊源有：民众会议制定的"法律"（lex，如《十二表法》），平民会议通过的"决议"（plebiscitum，如《阿奎利亚法》），祭司们和法学家作出的解释，高级执法官发布的告示，以及长期存在的习惯（mos）。[3]

帝政时期同样可以分为三个阶段。第一阶段为元首制时期，自公元前27年开始，至193年康茂德（Commodus）遇害时止。[4] 这一时期，法律渊源除了习惯、民众会议的立法、执法官告示（荣誉法）、法学家的解答外，还有元老院决议、君主谕令（包括召谕、训示、批复、裁决等形式）。第二阶段自193年始，至284年戴克里先（Diocletianus）登上皇位时止。在此期间，军人干政不断，皇帝更替频繁，帝国几近崩溃边缘。戴克里先开启了君主专制时代，皇帝成为罗马世界的主宰者（dominus）。为了治理广袤的帝国和抵御外敌的入侵，戴克里先同马克西米安（Maximianus）将帝国作为一个整体东西分而治之。戴克里先管理帝国的东部，马克西米安管理帝国的西部。戴克里先的继任者君士坦丁在拜占庭建立了一座新城"君士坦丁堡"，且于330年将帝国的首都迁往其处。

---

〔1〕 关于罗马王政时期的法律制度特点，参见［意］朱塞佩·格罗索：《罗马法史》（2018年校订版），黄风译，中国政法大学出版社2018年版，第22~37页。

〔2〕 D. 1. 2. 2pr. ‑2. 中译参见《学说汇纂》（第1卷：正义与法·人的身份与物的划分·执法官），罗智敏译，［意］纪蔚民校，中国政法大学出版社2008年版，第21页。

〔3〕 关于罗马法共和时期的法律渊源，可参见［英］H. F. 乔洛维茨、巴里·尼古拉斯：《罗马法研究历史导论》，薛军译，商务印书馆2013年版，第111~132页。

〔4〕 在涅尔瓦（96—98年）、图拉真（98—117年）、哈德良（117—138年）、安东尼·庇乌斯（138—161年）以及奥勒留（161—180年）"五贤帝"掌权时期，皇帝在选择皇位继承人时，以个人才干大小而非血缘关系远近为标准。哲学家皇帝奥勒留打破了这一政治惯例，选择了自己的亲生儿子康茂德继任皇位。

395 年，东西分治的格局最终确立。此时西罗马帝国的大厦已经摇摇欲坠。410
年，哥特人洗劫罗马。476 年，西罗马帝国最后一位皇帝罗莫洛·奥古斯都
（Romulus Augustulus）被废黜，西罗马帝国覆亡。

帝政前期，法学家的创作活动异常活跃，并形成了两大学派：萨宾学派和
普罗库勒学派。按照彭波尼的讲述，这两个学派的创始人分别是阿特尤斯·卡
皮托（Ateius Capito）和安提斯提乌斯·拉贝奥（Antistius Labeo）。"这两个人创
立了两个不同的学派。事实上，阿特尤斯·卡皮托坚持遵循传统的规范，而拉
贝奥则因其天赋和学识致力于许多研究领域，在不少方面进行了创新。"〔1〕 两
大学派的对立一直持续到哈德良时期。

2 世纪和 3 世纪前半叶一般称为罗马法的古典时期。优士丁尼《学说汇纂》
中的片段，绝大部分引自古典时期法学家的作品。这一阶段，法学家群星闪耀，
有杰尔苏父子（Celsus pater, Celsus filius）、尤里安（Iulianus）、彭波尼（Pom-
ponius）、盖尤斯（Gaius）、马尔切罗（Marcellus）、夏沃拉（Scaevola）、帕比尼
安（Papinianus）、保罗（Paulus）、乌尔比安（Ulpianus）、莫德斯汀（Modesti-
nus），等等。他们拥有精湛的法学技艺，以优雅和符合逻辑的方式"创
造"法。〔2〕

盖尤斯〔3〕的《法学阶梯》是一部了解古典罗马法的基本文献。〔4〕 在关于
古典法的文献中，除优士丁尼立法的渠道以外，该书基本完整反映了 2 世纪罗
马法的原貌。它是盖尤斯以当时法学家普遍运用的"系统性和创造性"工作方
法而写就的一本法学教科书。全书共四编。第一编简单介绍法的分类和渊源后，
论述了"人"（persona）的法律地位、人格减等、婚姻、监护、保佐等。第二编
和第三编围绕"物"（res）论述，重点讨论物的分类、所有权的取得方式，如
要式买卖、拟诉弃权、让渡、时效取得、先占、添附、加工，以及遗嘱继承、

---

〔1〕 D. 1. 2. 47.《学说汇纂》（第 1 卷：正义与法·人的身份与物的划分·执法官），罗智敏译，
［意］纪蔚民校，中国政法大学出版社 2008 年版，第 59 页。朱塞佩·格罗索认为，萨宾学派擅长系统研
究，而普罗库勒学派更喜欢作个案分析。参见 ［意］朱塞佩·格罗索：《罗马法史》（2018 年校订版），
黄风译，中国政法大学出版社 2018 年版，第 266 页。

〔2〕 关于古罗马法学家创制和改良法的方式，参见 ［意］桑德罗·斯奇巴尼：《法学家：法的创立
者》，薛军译，载《比较法研究》2004 年第 3 期。

〔3〕 盖尤斯是一位大约生活在安东尼·庇乌斯皇帝时代（138—161 年）的法学家。关于他的其他
信息，迄今我们所知甚少。

〔4〕 盖尤斯《法学阶梯》由尼布尔（Niebuhr）于 1816 年在维罗纳的图书馆发现。它是 5 世纪书写
在羊皮纸上的手抄本，其中部分片段难以辨识。尽管存有争议，但绝大多数罗马法学者认为在维罗纳的
图书馆发现的手抄本基本忠实盖尤斯原著。此书已被译成中文，见 ［古罗马］盖尤斯：《法学阶梯》，黄
风译，中国政法大学出版社 2008 年版。

遗产信托和遗赠等。第三编重点讨论无遗嘱继承、契约之债和私犯之债等。第四编围绕"诉讼"（*actiones*）展开，内容涉及各种诉讼程序和制度。盖尤斯《法学阶梯》人、物、诉讼之体系安排基本上为三百多年后的优士丁尼《法学阶梯》承继，并直接或者间接影响了近现代多部民法典的编制结构。

东罗马帝国一直存续到 1453 年土耳其人攻陷君士坦丁堡。期间，527 年继承皇位的东罗马帝国皇帝优士丁尼（Iustinianus），在位时念念不忘收复失地，重振帝国雄风。在法律领域，他主持了规模宏大的罗马法编纂工程。

528 年 2 月 13 日，继位不久的优士丁尼皇帝颁布 "*Haec quae necessario* 谕令",[1] 命令成立由前司法大臣乔万尼（Giovannia）领导的十人委员会。其他成员中还有宫廷事务大臣特里波尼安（Tribonianus）、君士坦丁堡大学法学教授狄奥菲尔（Theophilus），以及两位律师等。委员会的职责是对《格雷戈里安法典》（*Codex Gregorianus*）、《赫尔莫杰尼安法典》（*Codex Hermogenianus*）、《狄奥多西法典》（*Codex Theodosianus*）和 438 年之后颁布的皇帝谕令，作相应的补充、删除、修改，编纂整理出一部内容简明、体系协调的法典（*Codex legum*）。委员会用一年多的时间完成了任务。法典于 529 年 4 月 7 日由 "*Summa reipublicae* 谕令"颁布，是为第一部《优士丁尼法典》。该法典于同年 4 月 16 日生效。根据 "*Summa reipublicae* 谕令"，除极少数情况外，《优士丁尼法典》之前的法令原则上废止。但是，第一部《优士丁尼法典》四年后即被第二部法典所取代，所以第一部《优士丁尼法典》并未完整流传下来。

或许是为了给编写《学说汇纂》作准备，或许是为了给实务部门提供法律适用指引，优士丁尼还很可能于 530 年颁布了《五十裁定》（*Quinquaginta decisiones*）。可惜这些"裁定"也已失传，我们只能从其他文献中看到它们的一鳞半爪。

530 年，优士丁尼听取了彼时已经成为司法大臣（*quaestor sacri palatii*）的特里波尼安的建议，于是年 12 月 15 日颁布 "*Deoauctore* 谕令"，委任特里波尼安选择合作者组成编委会，系统汇编"法学理论"（*iura*）。特里波尼安选择了一位财政大臣、两位来自君士坦丁堡的教授、两位来自贝鲁特的教授以及十一位律师，来协助他完成君命。

按照 "*Deo auctore* 谕令"的规定，委员会要从有"解答权"（*ius publice respondendi*）的法学家的著作中摘取片段，删去已经废止的规则，清理彼此重复的内容，并结合新的法律规定查漏补缺。此外，被援引的法学家处于平等的地位，委员会可以择善而从。

---

[1]　*Haec quae necessario* 为谕令开篇的几个词。

此项工程远比预期进展顺利，三年即告竣。[1] 533 年 12 月 16 日，优士丁尼以拉丁文和希腊文双语向"元老院和全体人民"（*ad senatum et omnes populos*）颁布"*Tanta* 谕令"，公布了汇编成果：《学说汇纂》（拉丁文名为 *Digesta*，希腊文名为 *Pandectae*）。"*Tanta* 谕令"还规定，《学说汇纂》自 533 年 12 月 30 日产生法律的效力；[2] 生效后，任何人不得对之评论或者摘编，而只允许直译为希腊文、制作索引或者参引指示。

《学说汇纂》共 50 卷，除第 30、31 和 32 卷外，每卷分若干章，每章均有标题。所引片段皆在段首注明了出处，信息包括法学家姓名、著作名称以及具体卷数。[3] 被引述的法学家有 38 位或者 39 位，[4] 约 2/3 的片段出自乌尔比安、保罗、帕比尼安、盖尤斯和莫德斯汀之手，1/4 强的片段出自其他七位古典时期的法学家（杰尔威迪·夏沃拉、彭波尼、尤里安、马尔西安、雅沃伦、阿弗里坎、马尔切罗），剩余不多的片段出自其他二十余位法学家。与"*Deo auctore* 谕令"的要求不同，其中某些法学家并没有"解答权"。

"佛罗伦萨手抄本"是我们今天能够看到的优士丁尼《学说汇纂》的最古老版本。它抄写于 6、7 世纪，12 世纪比萨人攻陷阿玛尔菲时获得此本；1406 年佛罗伦萨人征服比萨，该本作为战利品又被带到了佛罗伦萨，之后一直保存在那里。

7 世纪后，《学说汇纂》逐渐淡出了人们的视野。直到 11 世纪，由于注释法学派的兴起，在博洛尼亚等意大利北部城市又出现了多种手抄本。

早在颁布《学说汇纂》之前，优士丁尼即命令特里波尼安、狄奥菲尔和多洛特组成人员更少的委员会，编写一部其名亦为《法学阶梯》（*Institutiones*）的基础教材，以取代部分内容已显陈旧的盖尤斯《法学阶梯》。该项工作很快完成，成果于 533 年 11 月 21 日通过"*Cupida legum iuventus* 谕令"公布。与当今的法学教材仅服务于法学教育不同，优士丁尼《法学阶梯》自 533 年 12 月 30 日产生法律的效力。

效仿盖尤斯《法学阶梯》体例，优士丁尼《法学阶梯》也包括四编。第一

---

〔1〕 对委员会工作方法的各种推测，参见［意］朱塞佩·格罗索：《罗马法史》（2018 年校订版），黄风译，中国政法大学出版社 2018 年版，第 335~337 页。

〔2〕 换言之，与当代法学著作不同，优士丁尼的《学说汇纂》不仅用于教学，而且可以作为法庭裁判案件的依据。

〔3〕 例如，《学说汇纂》第 1 卷第 1 章的章名为 "*De iustitia et iure*"（关于正义和法），该章第一个片段出自 "*ULPIANUS libro primo institutionum*"（乌尔比安：《法学阶梯》第 1 卷）。

〔4〕 取决于克劳迪·萨杜尔尼努斯（Claudius Saturninus）和威奴雷尤斯·萨杜尔尼努斯（Venuleius Saturninus）是否为同一个人。

编主要论述人法，第二编主要论述物权关系和遗嘱继承，第三编主要论述无遗嘱继承和产生于合法行为的债，第四编主要论述产生于非法行为的债、诉讼和公共审判（de publicis iudiciis，此为盖尤斯《法学阶梯》所无）。尽管编写者未标明优士丁尼《法学阶梯》中各部分内容的具体出处，但研究表明，其内容除来自盖尤斯《法学阶梯》和《论日常事务》外，还参考了弗洛伦汀、马尔西安、乌尔比安和保罗等人的同名著作，此外还有部分内容是优士丁尼《学说汇纂》和谕令中的片段。[1]

530 年以后，优士丁尼又颁布了不少谕令，于是有必要修订 529 年颁布的《法典》。534 年年初，优士丁尼任命特里波尼安、多洛特和曾经参与编纂《学说汇纂》的三名律师组成委员会，负责修订《法典》。为使法典内容与时俱进、相互协调，修订委员会享有对谕令裁剪修改的广泛权力。修订工作同年完成，优士丁尼于 534 年 11 月 7 日通过 "Cordi 谕令" 废止了第一部《法典》，颁布了《新优士丁尼法典》（Codex repetitae praelectionis，Novus Codex Iustinianus）。修订后的法典共有 12 编，每编下设各章，章内以年代先后排列不同的皇帝谕令，每个谕令之前列明颁布谕令的皇帝姓名、颁布对象和具体时间。

《新优士丁尼法典》第一编涉及法律渊源、公法和教会法，第二至八编涉及私法，第九编涉及刑法，第十至十二编是关于行政法的规定。

优士丁尼主持的立法活动并未就此终止，而是继续开展至 565 年他去世，尤以 542 年之前颁布的谕令最为密集。[2] 根据 "Cordi 谕令"，新颁布的谕令谓之 "新律"（Novellae constitutiones）。"新律" 中的谕令，除某些针对说拉丁文的行省以拉丁文颁布，以及少量是拉丁文和希腊文双语的外，多以希腊文颁布。此外，优士丁尼的几个继任者颁布的谕令，人们也习惯称之为 "新律"。

尽管 "Cordi 谕令" 表明优士丁尼有编纂 "新律" 的打算，但是事实上并不存在这方面的官方汇编。几部影响较大的私人 "新律" 汇编有：君士坦丁堡的教授尤里安于 555 年左右编辑的《尤里安摘要》（Epitome iuliani），包含 122 项

---

〔1〕　Antonio Guarino, *Storia del diritto romano*, dodicesima edizione, Editore Jovene, Napoli, 1998, pp. 597-598.

〔2〕　因此有学者推测 542 年也许是优士丁尼最得力的立法助手特里波尼安逝世的年份。Antonio Guarino, *Storia del diritto romano*, dodicesima edizione, Editore Jovene, Napoli, 1998, p. 600；〔意〕朱塞佩·格罗索：《罗马法史》（2018 年校订版），黄风译，中国政法大学出版社 2018 年版，第 339 页。

拉丁文"新律"摘要;[1]《真本》（*Authenticum*），包含 134 项拉丁文谕令;[2] 提比留二世（Tiberius II）时期编撰的希腊文版《新律汇编》（168 *Novellae*），[3] 包含 168 项谕令原文，等等。

《学说汇纂》《法学阶梯》《新优士丁尼法典》以及主要收录优士丁尼谕令的"新律"，是古罗马人留给世人的宝贵法律遗产。为与《教会法大全》（*Corpus iuris canonici*）对称，迪奥尼吉·戈托弗雷多（Dionigi Gotofredo）将优士丁尼的立法成果在热那亚汇集出版时，名之曰"市民法大全"（*Corpus iuris civilis*）。[4]

二、罗马法的复兴

在东罗马帝国，《市民法大全》的影响经历了一个日渐式微的过程，且越来越多地吸收了希腊化的思想。9 世纪的《巴西尔法律全书》（*Basilica*）是优士丁尼之后最重要的法律汇编。[5] 该汇编共分 60 卷，主要是对优士丁尼《学说汇纂》《新优士丁尼法典》《法学阶梯》和"新律"的整理、修改和简要注释。

在西部，罗马法并没有随着西罗马帝国的覆亡而完全消失，而是与日耳曼法律思想融合，并成为西欧中世纪法发展的基础之一。[6] 但是，毋庸讳言，罗马法毕竟随着罗马帝国的崩溃而衰落了。蛮族入侵后，蛮族和罗马居民各自主要适用其固有的法（特别是习惯法）。只是随着时光的流逝，不同种族相互融合，生活方式日趋接近，封建制度逐渐稳固，属人原则才被属地原则取代。[7]

6—11 世纪，总体而言，欧洲大陆法治不彰，地方法制各异，教会势力强大，丛林法则盛行。11—12 世纪之交，随着城市的兴起和商业的繁荣，仅靠习惯法和宗教教义已经不能满足社会发展的制度需求，故而几乎与文艺复兴、宗教改革一道，罗马法枯木又逢春。正如马克思主义经典作家所言："当工业和商

---

〔1〕 表面上看是 124 项，实际上有 2 项谕令重复写了两遍。

〔2〕 其中有的谕令是拉丁原文，有的谕令是从希腊文直译而来的拉丁文译本。从希腊文到拉丁文的翻译水平不高，多有舛讹。汇编叫作"真本"（*Authenticum*），据说是因为它先是被认定为伪书，后又被注释法学派的伊尔涅里乌斯（Irnerius）认定为依据优士丁尼的命令寄到意大利的正式汇编。

〔3〕 该汇编收录了优士丁二世（565—578 年在位）的 4 项谕令，提比留二世的 3 项谕令，军政长官（*Praefecti praetorio*）的 3 个告示，其余均为优士丁尼颁布的谕令。有 2 项谕令重复收录了两遍。

〔4〕 Antonio Guarino, *Storia del diritto romano*, dodicesima edizione, Editore Jovene, Napoli, 1998, p. 588.

〔5〕 巴西尔一世（Basil I，867—886 年在位）有志于复兴、纯化优士丁尼立法。他倡议开展了一系列法律汇编工作。不过《巴西尔法律全书》完成于其子利奥六世（Leo VI）统治时期（886—912 年）。

〔6〕 参见［德］马克斯·卡泽尔、罗尔夫·克努特尔：《罗马私法》，田士永译，法律出版社 2018 年版，第 15 页。

〔7〕 参见［法］勒内·达维德：《当代主要法律体系》，漆竹生译，上海译文出版社 1984 年版，第 36 页。

业进一步发展了私有制（起初在意大利，随后在其他国家）的时候，详细拟定的罗马私法便立即得到恢复并重新取得威信。"[1]

罗马法的复兴，首先意味着罗马法研究，特别是对优士丁尼《市民法大全》研究的复兴。12 世纪初，来自阿尔卑斯山南北、有志于研习法律的学生齐聚博洛尼亚市，组成学生团体（universitas），共同延聘伊尔涅里乌斯（Irnerius）等教员，为其讲授罗马法。[2] 从此，近代大学生焉，法学流派生焉。

首先形成的是以伊尔涅里乌斯为代表的注释法学派。该学派的法学家将古罗马法特别是《市民法大全》视为神圣的典籍，借助逻辑学、文法学和修辞学这"三艺"，澄清文本词句的含义，协调表面上存在的矛盾，甚至提炼法律的一般原理。但是，注释法学派的工作更多只是为了修复罗马法原典，并确认其为"书面理性"（ratio scripta）和"不可置疑的真理"。[3]

注释法学派的著名法学家还有：号称"四博士"（quattuor doctores）的布尔加鲁斯（Bulgarus）、马丁（Martinus）、胡果（Hugo）和雅各布（Jacbus）；到英国牛津大学讲授罗马法的瓦卡留斯（Vacarius），到法国蒙彼利埃大学讲授罗马法的皮亚琴提努斯（Piacentinus），到意大利北部摩德纳创办法学院的皮留斯（Pillius）；其后还有以"大释义文献"（Apparatus maiores）样式注释罗马法的阿佐（Azo），[4] 以及其弟子阿库尔修斯（Accursius）。阿库尔修斯对《市民法大全》和采邑法所作的注释多达 96 940 条。这些注释不仅综合了之前注释法学家们的观点，而且既提出问题、又解答问题，既服务于法学教育、又着眼于法律实践。在中世纪，它们长期被视为"标准注释"（Glossa ordinaria）。之前的注释法学派的著作被束之高阁；在法学院，"标准注释"甚至取代了《市民法大全》，成为讲授的核心内容；在实践中，"凡（标准）注释不承认的，法庭也不承认"。可以说，阿库尔修斯是注释法学派的集大成者，也是该学派的实际终结者。[5]

---

〔1〕 中共中央马克思、恩格斯、列宁、斯大林著作编译局编：《马克思恩格斯选集》（第 1 卷），人民出版社 1972 年版，第 70 页。

〔2〕 参见〔德〕孟文理：《罗马法史》，迟颖、周梅译，商务印书馆 2016 年版，第 95 页。

〔3〕 关于注释法学派的工作方法，参见〔德〕弗朗茨·维亚克尔：《近代私法史——以德意志的发展为观察重点》（上），陈爱娥、黄建辉译，上海三联书店 2006 年版，第 37~43 页。

〔4〕 关于阿佐的生平及学术，参见〔德〕格尔德·克莱因海尔、扬·施罗德主编：《九百年来德意志及欧洲法学家》，许兰译，法律出版社 2005 年版，第 37~42 页。

〔5〕 当然，某种意义上，也可以将注释法学视为现代法教义学的前身。关于二者的差别，参见〔德〕弗朗茨·维亚克尔：《近代私法史——以德意志的发展为观察重点》（上），陈爱娥、黄建辉译，上海三联书店 2006 年版，第 42~43 页。关于阿库尔修斯（又译作"阿库修斯"）的生平及学术，参见〔德〕格尔德·克莱因海尔、扬·施罗德主编：《九百年来德意志及欧洲法学家》，许兰译，法律出版社 2005 年版，第 14~18 页。

继注释法学派之后，13 世纪中后期产生了评注法学派。与注释法学派满足于对古罗马法原始文献的直接解释，对法律实践观照不足不同，评注法学派运用经院主义哲学，试图从《市民法大全》中提炼出法律规则内在的基本原理（*ratio iuris*）和原则（*principia*），以协调共同法（*ius commune*）与特别法（*ius speciale*）、成文法（*ius scriptum*）与不成文法（*ius non scriptum*）之间的关系，找出满足当时社会需求的法律规则。换言之，评注法学派更注重实践导向，更注重古为今用。在研究对象上，评注法学派也超出了《市民法大全》的范围，扩大到了地方习惯法、教会法、中世纪皇帝谕令、注释法学派的注释等。此外，他们还开拓了刑法、诉讼法、国际私法等新的法律研究领域。

评注法学派的代表人物有：法国的雅克布斯（Jaobus de Ravanis，？—1290年）、彼得鲁斯（Petrus de Bellapertica，1250—1308 年）；意大利到法国奥尔良大学研习法律开创了"意大利风格"（*mos Italicus*）的奇努斯（Cinus da Pistoia，1270—1336 年），奇努斯的弟子巴特鲁斯（Bartolus de Saxoferrato，？—1357年），[1] 巴特鲁斯的弟子巴尔杜斯（Baldus de Ubaldis，？—1400 年），[2] 等等。其中，巴特鲁斯虽然寿命不长，但是著述颇丰，影响巨大，有"法学王子"（*Principe de iure consulti*）之称，还是公认的国际私法的鼻祖。相当长时期人们认为："不是巴特鲁斯主义者，就不是好的法学家。"（*Nemo bonus iurista nisi bartolista.*）

15 世纪末、16 世纪初，评注法学派开始衰落，人文主义法学派悄然兴起。[3] 人文主义法学家在文本鉴别和校勘方面取得了不俗的成就。他们对评注法学派的拉丁文水平和经院主义方法论多有微词，强调法学要使用优雅的语言，要综合借助历史学、语言学、文献学等知识，辨别文献的真伪，尤其是要识别哪些是优士丁尼的法学家们对古典法文献所作的"添加"（*interpolatio*），以恢复罗马法的文献原貌，提炼原汁原味的罗马法所蕴含的精神与哲学，赋予法学人文主义新内涵。人文主义法学派一般将罗马法视为古罗马文化的一部分，而不是将法律与文化的其他部分割裂开来。他们系统整理罗马法原始文献，重构法学体系，改良法学教育，为后世的法典编纂运动奠定了相当的基础。

---

〔1〕 关于巴特鲁斯（又译作"巴尔多鲁"）的生平及学术，参见［德］格尔德·克莱因海尔、扬·施罗德主编：《九百年来德意志及欧洲法学家》，许兰译，法律出版社 2005 年版，第 46~49 页。

〔2〕 关于巴尔杜斯的生平及学术，参见［德］格尔德·克莱因海尔、扬·施罗德主编：《九百年来德意志及欧洲法学家》，许兰译，法律出版社 2005 年版，第 42~45 页。

〔3〕 人文主义法学派开始是法学界为了回应其他人文学科对法学的质疑而创立的。参见 Vincenzio-Varano e Vittoria Barsotti, *La tradizione giuridica occidentale*, vol. I, G. Giappichelli Editore, Torino, 2004, p. 103.

人文主义法学派的创始人一般认为是阿尔恰托（Andreas Alciatus，1492—1550 年）。阿尔恰托出生于意大利米兰，成名于法国布尔日。他批判性地研究了"意大利风格"的方法论，开启了"高卢风格"（*mos Gallicus*）之先河。[1] 该学派的主要代表人物还有：对弗莱堡城市法的罗马法改革做出巨大贡献的德国人乌尔里希·查修斯（Ulrich Zasius，1461—1535 年）；[2] 对于如何识别"添加"贡献甚大、被耶林称为"工作机器"的法国人居亚斯（Jacques Cujas，1520—1590 年）；[3] 写成全面体系化论述市民法的《市民法注释》，在占有、抽象物权合同、人格权等领域都推动了私法发展的法国人多内尔鲁斯（Hugo Donellus，1527—1591 年）；[4] 等等。

在罗马法复兴过程中，天主教会法与罗马法相互竞争，并彼此影响。早在11 世纪末，法国沙特尔的主教伊沃（Ivo di Chartres）便开始对天主教会的教规进行体系化整理，1094 年出版了《教令集》（*Decretum*）。[5] 12 世纪，天主教会的势力超过了世俗政权，更加注重法律这个几乎可以控制社会生活方方面面的工具之立法技术与质量。正是在这样的时代背景下，曾在意大利博洛尼亚长期接受注释法学派熏陶的格拉提安努斯（Gratianus），于 1140 年左右，编纂完成了《天主教规集成》（*Concordia discordantium canonum*）。[6] 与伊沃的《教令集》不同，格拉提安努斯的汇编工作，不仅包括收集既有的教会法规则，而且对它们进行甄别筛选和体系化整理，消除规则之间的矛盾，并结合《圣经》、教皇敕令等对其中的规则作了技术性很强的个人注释。有学者认为，格拉提安努斯开启了"古典天主教会法"时代。[7] 接下来的几个世纪，教会法学者私人收集、编纂工作似乎一直没有停止过。多任教皇，特别是亚历山大三世（Alexander

---

〔1〕　虽然如下文所述，意大利、法国、德国等主要欧洲国家都有人文主义法学派的代表人物，但是人文主义法学派的传播中心为法国的布尔日大学，所以后世称该学派所开创的研究方法为"高卢风格"（也译作"法国风格"）。关于阿尔恰托的生平及学术，参见［德］格尔德·克莱因海尔、扬·施罗德主编：《九百年来德意志及欧洲法学家》，许兰译，法律出版社 2005 年版，第 18～21 页。

〔2〕　关于查修斯的生平及学术，参见［德］格尔德·克莱因海尔、扬·施罗德主编：《九百年来德意志及欧洲法学家》，许兰译，法律出版社 2005 年版，第 464～467 页。

〔3〕　关于居亚斯的生平及学术，参见［德］格尔德·克莱因海尔、扬·施罗德主编：《九百年来德意志及欧洲法学家》，许兰译，法律出版社 2005 年版，第 108～110 页。

〔4〕　萨维尼评价多内尔鲁斯的理论体系是"最好的而且几乎是惟一可用的"体系。［德］格尔德·克莱因海尔、扬·施罗德主编：《九百年来德意志及欧洲法学家》，许兰译，法律出版社 2005 年版，第 118～121 页。

〔5〕　Paolo Grossi, *L'ordine giuridico medievale*, Editore Laterza, Roma-Bari, 2011, p. 203.

〔6〕　后来也称"*Decretum magistri Gratiani*".

〔7〕　关于格拉提安努斯的生平及作品风格，参见 Paolo Grossi, *L'ordine giuridico medievale*, Editore Laterza, Roma-Bari, 2011, pp. 204-205.

III)、英诺森三世（Innocent III）等，推动完成了不少官方或半官方的汇编，例如五卷本的《古规则集》（*Compilationes antiquae*）；格列高利九世（Gregory IX）在 1234 年公布了五卷本的《格列高利九世敕令汇编》（*Decretalium Gregorii IX compilatio*）；博尼费斯八世（Boniface VIII）于 1298 年公布了《博尼费斯八世教皇敕令汇编第六卷》（*Liber sextus decretalium Bonifacii papae* VIII）；[1] 1317 年约翰二十二世（John XXII）公布了《克莱门特汇编》（*Clementinae*）。[2] 格列高利十三世（Gregory XIII）命人将所有汇编进行审核、检阅，终于在 1582 年公布了官方版本的《教会法大全》（*Corpus iuris canonici*）。[3]

教会法在澄清诚信、公平、欺诈、胁迫、错误、简约等重要法律术语的含义，反对暴利行为，反对神意裁判，提高妇女在婚姻关系中的法律地位，促进刑法、继承法的完善等方面，都做出了不小贡献。尤其是，教会法长期在诉讼法领域占据主导地位。程序法罗马法较少关注，而教会法规定了相当严格的案件事实查证规则。教会法创造的诉讼模式后来为欧洲大陆各国所效仿。另外，由于罗马教廷的势力强大，教会法还在客观上成为了欧洲共同法（*ius commune*）形成与传播的渠道。[4]

在罗马法复兴和教会法兴起的过程中，实践中又渐渐形成了影响大陆法系品格的第三大元素：适用于商人职业群体的商法体系（*lex mercatoria*）。商法主要起源于中世纪商业繁荣的中心城市，例如，意大利的热那亚、佛罗伦萨等。在这些城市，商人团体将实践中长期形成的商业习惯明文吸纳为各自的章程，近代商法的基础由此奠定。

相较于罗马法和教会法，商法是从事商业活动的商人自下而上的创造。它以商人利益为中心，以商业需要为导向，更注重契约自由，更看重交易效率。发生争议时，由商人充任法官的商事法院专门负责审理，适用的程序更加简单和快捷，当事人缴纳的费用也不高。由于上述特征，萌芽于地中海沿海城市的商法很快成为欧洲大陆商业领域的普通商法，其影响力甚至波及到了英国。后

---

[1] 之所以称"第六卷"，是因为博尼费斯八世将其主持下的汇编视作格列高利九世汇编工作的延续。

[2] 之所以以"克莱门特"命名，是因为汇编实际上是由约翰二十二世的前任克莱门特五世（Clement V）倡议并推动完成的。

[3] 关于中世纪教会法的历史变迁，可参见［德］弗朗茨·维亚克尔：《近代私法史——以德意志的发展为观察重点》（上），陈爱娥、黄建辉译，上海三联书店 2006 年版，第 55~62 页。1917 年本笃十五世（Benedict XV）颁布了《天主教法典》（*Codex iuris canonici*）。

[4] 参见［美］约翰·亨利·梅利曼：《大陆法系》（第 2 版），顾培东、禄正平译，法律出版社 2004 年版，第 10~11 页。

来商法的内容也从刚开始的海商法，逐步扩大到了公司法、票据法、保险法、破产法等。[1]

三、罗马法的继受

自 12 世纪初，罗马法的复兴就不仅意味着大学开始讲授罗马法，还意味着各国在立法和司法实践中越来越多地继受罗马法的原则及规则。

教皇英诺森三世 1215 年召开的第四次拉特朗大公会议的一项决定的内容是，禁止教士参与求助于神意或者上帝裁判的诉讼程序。该决定为法的统治开辟了道路，从此裁判的结果不再取决于当事人的命运，而是主要由一整套日趋完善的证据规则决定。换言之，世俗社会开始完全受法律支配。[2] 稍晚时期的托马斯·阿奎那（Thomas Aquinas，约 1225—1274 年）指出，以理性为基础的罗马法符合上帝的意志和天主教的公平正义原则，从而为罗马法的继受扫除了观念上的障碍。[3] 大学里讲授的罗马法走上了程序化、技术化的道路，对法治实践产生了更大的影响。

罗马法的继受导致地方习惯法逐渐让出法律舞台的中心位置，因为后者是封闭的经济社会条件的产物，且各地差异极大，难以查明其存在，不易理解其内容。但是如果将这些习惯法汇编起来，就可以一定程度上弥补上述缺陷。

除了在意大利罗马法较早便应用于司法实践外，法国和德国也先后继受了罗马法。在法国，在成文法地区（pays de droit ecrit）法国南部，以《阿拉利克罗马法辑要》（*Breviarium Alaricianum*）为代表的"通俗"罗马法从 13 世纪初开始便具有支配性的影响；在习惯法地区（pays de droit coutumier）法国北部，日耳曼、法兰克习惯法占上风的时间更长些，继受罗马法较为缓慢，长期只有习惯法规则不存在时，人们才会把罗马法作为书面理性对习惯法进行补充和解释。13 世纪出现了《诺曼底习惯法大全》（Grand Coutumes de Normandie）、《博韦习惯法》（Coutumes de Beauvaisis）等习惯法汇编。15、16 世纪，几任国王命令记录整理习惯法规则。有不少习惯法规则被吸纳进了 1804 年的法国民法典。[4]

---

〔1〕　关于商法的发展史，可参见已译为中文的学术名著［意］F. 卡尔卡诺：《商法史》，贾婉婷译，商务印书馆 2017 年版。

〔2〕　参见［法］勒内·达维德：《当代主要法律体系》，漆竹生译，上海译文出版社 1984 年版，第 46 页。

〔3〕　参见［法］勒内·达维德：《当代主要法律体系》，漆竹生译，上海译文出版社 1984 年版，第 41 页。

〔4〕　参见［德］茨威格特、克茨：《比较法总论》（上），潘汉典等译，中国法制出版社 2017 年版，第 148~149 页。法国继受罗马法的历史，还可参见［美］约翰·亨利·梅利曼：《大陆法系》（第 2 版），顾培东、禄正平译，法律出版社 2004 年版，第 11 页；［英］保罗·维诺格拉多夫：《中世纪欧洲的罗马法》，钟云龙译，中国政法大学出版社 2010 年版，第 51~71 页。

德国 15 世纪中后期才开始继受罗马法，时间比法国稍晚，但程度却远比法国更深。原因主要在于，霍亨斯陶芬王朝（Hohenstaufen）覆亡后，帝国中央权力弱小，地方邦国的势力却不断增强，缺乏统一的政治制度和司法机构。但是，正是这种诸侯割据的局面为罗马法在德国的继受提供了有利条件：之前不存在统一的德国私法制度，不存在适用共同法律的德国法院系统，不存在一般的法律职业阶层。一言以蔽之，上述可能成为阻碍罗马法继受的力量都不存在。

中世纪的德国没有一个官方机构对凌乱的地方习惯法加以系统整理，以作为普通德意志法律的基础。尽管北部领主凭借艾克·冯·雷普戈（Eike von Repgow）编著的习惯法权威著作《萨克森镜鉴》（Sachsenspiegel），坚决抵制罗马法的侵入，但是传统的德国法毕竟尚处于"前科学"的状态，与罗马法丰富的概念、严密的推理不可同日而语。此外，德意志神圣罗马帝国自命为古罗马帝国的继承人，继承古罗马帝国的制度遗产显得名正言顺。[1]

1495 年，马克西米利安一世（Maximilian I）组建"帝国最高法院"（Reichs-kammergericht）作为常设法院。最初规定，16 位陪审员中，一半是法学博士，一半是骑士。后来法令要求，担任陪审员的骑士也应尽量从研习过市民法的人中挑选。这一机构的建立，为提炼德国普通法提供了场所，在帝国层面彻底打开了"全盘"继受罗马法的大门。[2] 16 世纪上半叶，多个公国为了与"帝国最高法院"保持一致，纷纷决定以罗马法改造各自固有的法律。[3]

16 世纪在德国流行的"送阅卷宗"（Aktenversendung）制度也在客观上促进了罗马法的继受。法官遇到拿不准的案件，时常将卷宗送到大学征求意见。而具体给出"鉴定意见"的教授们并不一定了解地方习惯法，往往会遵从评注法学派的通说，罗马法在实践中的优先地位得以进一步确立。[4]

四、法典编纂

在 1789 年法国大革命爆发前，欧洲大陆各国的法律渊源种类繁多，有罗马法、习惯法、教会法、商法、国家立法、地方立法等。这些规则数量庞大，内容多有抵牾，法的确定性难以保障。另外，法律在具体适用时还会因当事人的

---

〔1〕 参见［德］茨威格特、克茨：《比较法总论》（上），潘汉典等译，中国法制出版社 2017 年版，第 252~257 页。

〔2〕 其实当时继受的是评注法学派的学说，而非原汁原味的古罗马法。

〔3〕 关于德国继受罗马法的历史，参见［德］弗朗茨·维亚克尔：《近代私法史——以德意志的发展为观察重点》（上），陈爱娥、黄建辉译，上海三联书店 2006 年版，第 81~147 页；［英］保罗·维诺格拉多夫：《中世纪欧洲的罗马法》，钟云龙译，中国政法大学出版社 2010 年版，第 89~109 页。

〔4〕 参见［法］勒内·达维德：《当代主要法律体系》，漆竹生译，上海译文出版社 1984 年版，第 52 页。

身份和地位不同而不同，这显然不符合新兴的资产阶级的政治要求。

18 世纪末在西方世界蔓延开来的革命，带来了对个人、社会和国家的重新认识。这场革命对大陆法系的演进带来了深远影响。其一，它以自然法思想为指引，强调人人平等、自然权利，以及政府负有承认和保护上述平等关系及自然权利的义务。其二，它普及了孟德斯鸠和卢梭等人倡导的权力分立的学说。根据这些学说，立法权、司法权和行政权应当分立，特别是要防止司法向立法和行政领域侵蚀，即要"保证法院自觉地适用立法机关创制的法律，而不干涉履行行政管理职责的政府官员的活动"。[1] 其三，它信奉自然法学的理性主义，认为遵循自然法原则产生的理性，完全可以制定出内容完备、体系协调、表达清晰的新规则，以超越和取代杂乱无章、缺乏理性的旧规则。其四，它呼唤尊重个人自由，强调所有权神圣和契约自由，反对封建社会形形色色的身份特权。其五，它要求民族国家垄断立法权，建立一个用民族语言表达民族精神、民族特征和民族文化的统一法律制度，以取代罗马法、教会法、习惯法等其他法律渊源。[2]

18、19 世纪的法典编纂运动正是在这样的时代背景下兴起的。囿于篇幅，我们只重点介绍欧洲大陆几部最具代表性的民法典的编纂过程及其突出特征。

腓特烈·威廉一世（Friedrich Wilhelm I，1713—1740 年在位）希望统一立法，抑制法官恣意裁判，但是受托执行此项任务之人未能付诸实施。腓特烈大帝（Friedrich II，1740—1786 年在位）在 1746 年任命科克采伊（von Cocceji，1679—1755 年）负责编纂一部规则清晰明确、符合自然理性和各地宪制传统的法典。七年战争使得该计划停滞。[3]

1780 年卡尔默（von Carmer）与法学家斯瓦雷茨（Svarez）、克莱因（Klein）被腓特烈大帝委以改革普鲁士法的任务。他们的目标是制定一部清晰、完整、符合自然法精神的法典。经过多次修改，1794 年腓特烈·威廉二世（Friedrich Wilhelm II，1786—1797 年在位）终于颁布了《普鲁士邦法》（Allgemeines Landrecht für die Preussischen Staaten，ALR）。

《普鲁士邦法》内容庞杂，多达一万七千多条。法典分序篇、第一编和第二编。序篇是自然法学派公认的"一般原理"的概括。第一编是关于物权法的规

---

〔1〕 英国和美国因为司法传统的不同，不存在此种对于司法权的态度。参见［美］约翰·亨利·梅利曼：《大陆法系》（第 2 版），顾培东、禄正平译，法律出版社 2004 年版，第 16 页。

〔2〕 关于 18 世纪末西方世界思想革命对于大陆法系的影响，参见［美］约翰·亨利·梅利曼：《大陆法系》（第 2 版），顾培东、禄正平译，法律出版社 2004 年版，第 14～18 页。

〔3〕 参见［德］弗朗茨·维亚克尔：《近代私法史——以德意志的发展为观察重点》（上），陈爱娥、黄建辉译，上海三联书店 2006 年版，第 325 页。

定。第二编是格劳秀斯理论意义上的团体法的规定，包括家庭法、国家不同阶层适用的法、刑法、宪法和行政法等。可以看出，这部法典不仅规定了私法，还对其他法律部门作了详细规定。它禁止以解释之名实施法的续造，对司法和法学抱有高度警惕之心，认为司法和法学不过是法律的"看门人"。它散发着浓浓的"家父情节"，意图为臣民的幸福做出事无巨细的生活安排。如果将法典理解为某一生活领域系统、全面的抽象法律规定，那么《普鲁士邦法》到底算不算一部真正的法典，殊值怀疑。[1]

在原普鲁士和威斯特伐利亚地区，《普鲁士邦法》实施一百多年，直至1900年被《德国民法典》取代。但是，除了上述地区，这部法典并没有产生特别大的影响。而1804年颁布的《法国民法典》（Code Civil）却产生了世界性的影响。

法国在大革命以后，为了统一私法制度，除旧布新，巩固资产阶级革命成果，亟须制定一部民法典。冈巴塞雷斯（Cambacérès）分别于1793年、1794年和1796年提交了三部民法典草案，但均未获得批准通过。1798—1799年，雅克米诺（Jacqueminot）也拿出了一部9编900条的不完整民法典草案。[2]

1800年，拿破仑以第一执政的身份任命了四位起草委员会成员：习惯法专家、最高法院院长特龙谢（Tronchet），律师比戈·德·普雷亚梅纽（Bigot de Prameneu），法官马勒维勒（Maleville）以及罗马法专家、演说家、政论家、高级行政官波塔利斯（Portalis）。特龙谢任起草委员会主席，波塔利斯对法典的设计和起草起了关键作用。

委员会仅用四个月就拿出了一部草案。法案评议委员会和立法会议都否决了该草案，否决的动机主要为了反对第一执政拿破仑，而不是认为草案的实质内容有何重大不妥。拿破仑撤回了草案，继而将法案评议委员会中反对他个人的委员悉数清洗了出去。自1803年开始，36项单行法（相当于法典的36章）在没有异议的情况下获得通过，并最终于1804年3月21日合并一处，以"法兰西民法典"之名颁行。

拿破仑对《法国民法典》的出台发挥了重要作用。在参议院审议法典草案

---

〔1〕 Gerhard Wesenberg, Gunter Wesener, Storia del diritto privato in europa, *a cura di Paolo Cappellini e Maria Cristina Dalbosco*, CEDAM, Padova, 1999, pp. 212-214.

〔2〕 冈巴塞雷斯的第一个草案有719条，分人、物、契约三编。国民大会否决了该草案，认为它太固守罗马法传统和过于复杂。第二个草案结构与第一个草案相同，但仅有297条。这一次国民大会又认为其过于简单。第三个草案仍分三编，不过条文数量大大增加，多达1104条。由于政治原因，第三个草案同样未能逃脱搁浅的命运。参见 Giuseppe B. Portale, *Lezioni di diritto comparato*, seconda edizione, Giappichelli Editore, Torino, 2007, pp. 76-78.

的 102 次会议[1]，拿破仑以主席身份至少参加了 57 次。他特别强调法典的语言要通俗易懂，要让像他这样没有经过专业法学训练的人也能看明白。此外，在家庭法和继承法等领域，拿破仑还影响了法典的实质内容[1]。为纪念拿破仑做出的伟大贡献，1807—1814 年，1852—1870 年，该法典两度被命名为"拿破仑民法典"（Code Napoléon）[2]。

《法国民法典》除"前编"外，分为三编。"前编"完全不似《德国民法典》的"总则"，仅有 6 条，只是简短规定了法律的颁布、效力及其适用[3]。第一编是人法，主要规定了民事权利的享有及丧失、身份证书、住所、失踪、结婚、离婚、婚生与非婚生子女、收养和监护等。第二编是关于财产及所有权的各种限制的规定，内容主要包括财产分类、所有权、用益权、使用权、居住权和地役权等。第三编规定取得财产的各种方法，内容涉及继承、赠与、遗嘱、契约之债的一般规定、非合意之债、夫妻间的财产关系、买卖、互易、租赁、合伙、借贷、寄托、委任、保证、和解、担保物权和时效等。

《法国民法典》规定了法律统一原则、法律不溯及既往原则、立法司法彼此分立原则、公法私法相互独立原则。这些基本原则成为近代民族国家法律的基石。第 8 条规定所有法国人都享有民事权利，"解放"了封建制度下被压迫、被奴役的一切人，把所有法国人都置于了平等的地位。法典确立的所有权绝对和契约自由原则，奠定了近代财产法的基础。法典推进了婚姻的世俗化，否定了在婚姻问题上家父的绝对权力，否定了身份继承制，否定了男性继承和长子继承制。它还规定了行为人对且仅对自己行为负责的个人责任原则[4]。

《法国民法典》开创的模式得到了广泛传播。法国人把它带到了加拿大魁北克省、比利时和卢森堡等原属法国势力范围的国家或地区。此外，1838 年《荷兰民法典》、1855《智利民法典》、1864 年《罗马尼亚民法典》、1865 年《意大利民法典》、1869 年《土耳其民法典》、1869 年《阿根廷民法典》、1889 年《西班牙民法典》、1916 年《巴西民法典》、1949 年《埃及民法典》、1949 年《伊拉克民法典》、1953 年《伊拉克民法典》、1954 年《利比亚民法典》、1973 年《索马里民法典》、1975 年《阿尔及利亚民法典》等近现代民法典都借鉴了《法国

---

〔1〕　关于拿破仑在《法国民法典》制定过程中发挥的作用，参见［德］茨威格特、克茨：《比较法总论》（上），潘汉典等译，中国法制出版社 2017 年版，第 159~161 页。

〔2〕《法国民法典》，李浩培、吴传颐、孙鸣岗译，商务印书馆 1979 年版，译者序。

〔3〕"这六条规定实际上不只是民法的问题，而是一切'法律'的几个基本原则。"谢怀栻著、程啸增订：《外国民商法精要》（第 3 版），法律出版社 2014 年版，第 56 页。

〔4〕　关于《法国民法典》思想内容的精当阐述，详见谢怀栻著、程啸增订：《外国民商法精要》（第 3 版），法律出版社 2014 年版，第 56~63 页。

民法典》的立法模式。[1]

在 18、19 世纪制定的民法典中,《奥地利普通民法典》(Allgemeines Bürgerliches Gesetzbuch, ABGB)也有自己独特的风格。

1753 年女皇玛利亚·特蕾西娅(Maria Theresia)命令组建了一个仅限于起草一般"私法"法典的委员会。委员会于 1766 年拿出了一个被称为"特蕾西娅法典"的草案。但这部草案太教科书化和罗马法化,广受批评。1772 年特蕾西娅成立了以修订草案为任务的新委员会。1786 年约瑟夫二世(Joseph II)公布了法典的第一部分,史称"约瑟夫法典"。1790 年利奥波德二世(Leopold II)任命了以自然法学家马尔蒂尼(Martini)为主席的新委员会。马尔蒂尼提出的草案于 1801 年被交给了以自然法学者蔡勒(Franz von Zeiller)为灵魂人物的王室法庭,让其完成最后的加工完善。1811 年 6 月 1 日,《奥地利普通民法典》颁布。[2]

《奥地利普通民法典》最初仅有 1502 条。除了"法例"规定了民法的基本原则外,法典包括三编。第一编"人法",主要规定了婚姻法、亲子法等。第二编名为"物法",实际上是财产法,主要是对物权和债权的规定。第三编"关于人法和物法的共同规定",主要涉及权利和义务的确立、变更、废止以及诉讼时效和消灭时效等。很明显,该法典在形式上也效法了盖尤斯《法学阶梯》的体例。

《奥地利普通民法典》仍然是一部受自然法思想影响较大的法典,其概念还算清晰,语言尚属简洁,体系可谓完备。但是它的外部影响力远不及 1804 年《法国民法典》和 1896 年《德国民法典》。

19 世纪初,德国人民亦饱尝法律冲突之苦。海德堡大学教授蒂堡(Thibaut)在 1815 年发表了一本小册子《论制定一部德意志统一民法典之必要性》,呼吁制定以民法典为代表的统一法律,从法律制度上奠定德意志国家统一的基础。[3] 但是这种主张遭到了以历史法学派创始人萨维尼(von Savigny)为代表的坚决反对。萨维尼在《论立法和法学的当代使命》一文中认为,制定一部统一的德国民法典的时机尚未成熟。在萨维尼看来,一切法律都是历史有机生长的结果,是民族精神的体现;通过自然法原则的推论来创制民法典的做法是错

---

〔1〕 关于《法国民法典》的传播,参见〔意〕罗道尔夫·萨科:《比较法导论》,费安玲、刘家安、贾婉婷译,商务印书馆 2014 年版,第 292~294 页。

〔2〕 参见〔德〕茨威格特、克茨:《比较法总论》(上),潘汉典等译,中国法制出版社 2017 年版,第 293~296 页。

〔3〕 〔德〕A. F. J. 蒂堡:《论制定一部德意志统一民法典之必要性》,傅广宇译,载《比较法研究》2008 年第 3 期。

误的，因此《法国民法典》和《奥地利普通民法典》都不足为训；德国的法学研究水平还有待提高，法律术语尚不敷使用。[1]

德国在1848年通过了《票据条例》，1861年通过了《德国普通商法典》，实现了票据法和商法的统一。1873年德国宪法修改，帝国的立法权扩展到了全部私法领域，民法典编纂的宪法基础因此形成。

1874年成立了一个由6名法官、3名高级官员和2名教授组成的民法典起草委员会。潘德克吞学派代表人物温德莎伊德（Bernhard Windscheid）是委员会的领衔人物。委员会辛苦工作达13年之久，终于在1887年完成了第一部草案。1888年第一草案公布，向社会公众征求意见，遭到了各方激烈的批评。1890年召集成立的新委员会，在第一部草案的基础上于1895年完成了第二部草案。参议院稍加修改后，交由帝国首相于1896年1月17日提交帝国议会审议。议会在1896年7月1日通过了草案。《德国民法典》于1896年8月24日公布，1900年1月1日生效。[2]

德国民法典采五编制。五编依次为：总则、债法、物权法、亲属法和继承法。总则编主要规定了作为权利主体的自然人和法人、作为权利客体之一种的物、法律行为、期间期日、消灭时效等。债法编主要规定了债的内容、约定之债、债的消灭、债权让与、债务承担、多数人之债、各种合同之债、无因管理、不当得利、侵权行为等。物权编主要规定了占有、所有权、各种用益物权和担保物权等。亲属编主要规定了婚姻关系、亲属关系以及监护等。继承编主要规定了继承人的法律地位、遗嘱、继承权的丧失、继承的抛弃、遗产买卖等。

《德国民法典》的突出特点有以下几点：其一，设置总则编，且总则编的抽象性和理论性强，尤其是最为抽象的"法律行为"（Rechtsgeschäft），是总则编构建的核心；其二，物权关系和债权关系的严格区分，负担行为和处分行为"任督二脉"清晰；其三，整部法典结构严谨、概念清晰、语言准确。当然，法典的上述特点也造成了它对普通人而言艰深难懂。

《德国民法典》对其他国家的法学理论和学说影响很大，但是相比《法国民法典》，实践中继受《德国民法典》的国家比较少。[3]

---

[1]［德］弗里德里希·卡尔·冯·萨维尼：《论我辈从事立法与法学之禀赋》（上　下），袁治杰译，载王洪亮等主编《中德私法研究》（第12、13卷），北京大学出版社2015年、2016年版。

[2] 参见［德］茨威格特、克茨：《比较法总论》（上），潘汉典等译，中国法制出版社2017年版，第266~268页。

[3]《德国民法典》对1946年《希腊民法典》影响巨大。除此之外，它对匈牙利、日本、泰国以及我国民国时期的民法典也产生了比较大的影响。

第二节　大陆法系国家的司法体制

一、概述

关于司法体制的概念，有广义和狭义的区分。广义上的司法体制，包括审判体制、检察体制、侦察体制、裁判体制等司法机关的体系和制度；而狭义上的司法体制主要指向的是法院体制。[1] 在比较法上，被西方主流观点所认可的司法体制概念也是狭义的司法体制概念，即司法体制仅指法院体制。[2] 本章采取狭义司法体制的概念，着重介绍大陆法系国家的法院体制。总体来看，大陆法系国家的法院体制大致有以下特征：

第一，具有多重的法院系统，即不同案件由不同法院系统来审理，且各个系统都有一个从低级法院到最高法院的完整体系，它们各自都有其司法管辖权、审级、法官以及程序制度。典型的大陆法系国家一般都具有两个及以上的法院体系，包括普通法院系统、行政法院系统等，属于其中一个法院系统管辖则意味着对其他法院系统管辖的排斥。这与普通法系国家仅有一个统一的法院系统形成对比。

第二，大陆法系国家普通法院系统中的最高法院，一般是一个非司法性的裁判机构。它并不实际审理案件，而是对下级法院呈交的有关法律解释和适用的问题做出权威的答复。典型的例子就是意大利最高法院，其仅审理有关法律解释和适用问题，除此之外的其他一切争议，都不受理。[3]

第三，设立有独立的行政法院系统。行政法院的设立来自于三权分立理论的要求，司法权、行政权、立法权的相互分立，要求相互之间不可干预，行政法院的设立即是为了避免法官对政府行政行为的错误干预。

第四，设立了独立的违宪审查机构。德国和意大利设立了独立的宪法法院，法国则设立了宪法委员会，对立法是否符合宪法进行审查。

最为典型的大陆法系国家代表当属德国和法国，因此本节将着重介绍德国和法国的法院组织体系。

---

〔1〕　参见王公义主编：《中外司法体制比较研究》，法律出版社 2013 年版，第 1 页。

〔2〕　参见李卫平主编：《司法制度教程》，郑州大学出版社 2004 年版，第 3 页。

〔3〕　参见［美］约翰·亨利·梅利曼：《大陆法系》（第 2 版），法律出版社 2004 年版，第 91 页。

二、德国的法院组织

德国《基本法》第九章对法院系统作出了规定。在德国法院系统中具有最高地位的是德国联邦宪法法院，其判决对其他所有法院都具有约束力。除此之外，德国存在五个不同的司法系统，被称为"五个司法管辖区"，[1] 分别是普通法院系统、行政法院系统、劳动法院系统、财政法院系统、社会法院系统。每个系统下，在联邦一级都设有相应的最高法院，为了维护联邦最高法院（位于卡尔斯鲁厄）、联邦行政法院（位于莱比锡）、联邦劳动法院（位于艾尔福特）、联邦财税法院（位于慕尼黑）和联邦社会法院（位于卡塞尔）之间在审判上的一致性，设立了"联邦法院联席会议"（Gemeinsamen Senat der obersten Gerichtshöfe des Bundes）。在任何一个联邦最高法院要偏离其他联邦最高法院已经作出的判例的情况下，就由这一机构作出裁决，这一机构设在联邦最高法院。根据《基本法》第96条，德国联邦一级还设有专利法院、联邦惩戒法院、军事法院等，负责审理一些专门事务。

（一）宪法法院

德国宪法法院包括联邦宪法法院和州宪法法院。联邦宪法法院依据《基本法》设立，负责监督联邦和各州行使的国家权力，管辖全国范围内的宪法性争议，位于卡尔斯鲁厄；州宪法法院依据州宪法设立，负责监督和衡量州的权力机关政策，管辖本州内宪法性争议。因此，联邦宪法法院和州宪法法院之间没有隶属关系和审级关系，各自独立行使审判权，实行一审终审制度。联邦宪法法院位于整个法院体制的制高点，其重要性可见一斑，此处将着重介绍联邦宪法法院的体系和制度。

联邦宪法法院包括两个审判庭，分别称为第一庭、第二庭。每个审判庭由8名法官组成：其中3名由在联邦最高等级法院服务3年以上的法官组成；另外5名则须年满40岁且具有联邦众议院议员之候选资格，一经任命，须解除其在联邦众议院、联邦参议院、联邦政府或各邦机关的职务。联邦宪法法院法官任期12年，最长不得超过68岁年龄限制，不得连任，亦不得再被选任。各庭法官由联邦众议院及联邦参议院各选出半数：各庭中应当从联邦最高等级法院的职业法官中选任的，由联邦众议院选出1名，由联邦参议院选出2名；其余法官由联邦众议院选任3名，由联邦参议院选任2名。

就联邦宪法法院的管辖范围而言，第一庭和第二庭有所不同。第一庭主要负责司法审查，包括两方面的案件，一是处理法规是否违宪，对政府机构与公民

---

[1] 参见最高人民法院中国应用法学研究所编、韩苏琳编译：《美英德法四国司法制度概况》，人民法院出版社2008年版，第322~333页。

之间因宪法权利争议引起的审查，其目的是保护公民的宪法权利不受政府侵犯。进行司法审查时，法院有权根据宪法，去宣布立法、行政、司法决定违反宪法条款而无效。司法审查占宪法诉讼的 95 %。[1] 二是受理宪法诉愿，听取涉及公民个人权利的宪法诉讼，以及法院提交的具体宪法争议，其目的是保护公民权利不受第三人侵犯。第二庭进行宪法审查，是传统的违宪审查，主要处理宪法规定的政府机构之间的权限争议，审查联邦政府机构之间、联邦和州政府之间，以及政党因被宣布违宪而引起的争议，目的是通过审查，维护不同政府机关之间的分权与制衡，以保障宪政体制的正常运转。

（二）普通法院系统

在五个法院系统中，普通法院具有最重要的地位。普通法院管辖民事诉讼和刑事诉讼，以及不属于其他法院管辖的所有案件。德国的法官中，大约 75% 在普通法院中从事审判工作。[2] 依照从下到上的顺序，普通法院系统包括地方法院、地区法院、高级地区上诉法院、联邦最高法院四个层级，实行四级三审终审制。

地方法院（Amtsgericht）是最低一级的法院，受理诉讼额相对有限的民事案以及轻度刑事案件。民事案件通常由法官独任审判，原则上审理诉讼标的额不超过 5000 欧元的案件（在房屋租赁、强制执行等争议中，地方法院也审理标的额超过 5000 欧元的民事案件）；[3] 地方法院也受理有关租赁合同、婚姻案件、监护权、抚养费等纠纷的案件；地方法院还是公司、社团组织以及地契等的登记处。民事案件可以从地方法院上诉到州法院，州法院是其终审法院；有关婚姻的案件可以上诉到更高一级的州高等法院。关于刑事案件，地方法院受理可能被处以罚金刑或者可能被判处不超过 4 年有期徒刑的刑事案件；独任法庭审理时，最高可以判处 2 年以下监禁的刑事案件，且案件来源只能是被害人的自诉案件。[4] 独任审理的刑事案件可以上诉到州高等法院的小刑事法庭。

州法院（Landgericht）审理所有地方法院不审理的民事和刑事案件以及地方法院的上诉案件。州法院设立了民事、商事、刑事、婚姻、未成年人案件等专门法庭。民事法庭审理案件一般由 3 名专职法官和两名兼职法官组成合议庭；商事法庭审理案件一般由 1 名专职法官和 2 名非职业法官（商务专家）组成合议庭。刑事法庭分为小法庭和大法庭：小法庭由 1 名职业法官和 2 名非职业法官

---

〔1〕 参见蔡定剑：《中国宪法司法化路径探索》，载《法学研究》2005 年第 5 期，第 114 页。

〔2〕 参见徐美君：《司法制度比较——以英、美、德三国为主要考察对象》，中国人民公安大学出版社 2010 年版，第 14 页。

〔3〕 参见江国华主编：《外国司法制度》，武汉大学出版社 2017 年版，第 90 页。

〔4〕 参见江国华主编：《外国司法制度》，武汉大学出版社 2017 年版，第 91 页。

组成，审理来自地方法院的上诉案件；大法庭由 3 名职业法官和两名非职业法官组成，审理地方法院以及州高等法院不审理的严重刑事案件。未成年人法庭则审理涉及未成年人案件的专门法庭。以上案件都可以上诉到州高等法院，有时也上诉到联邦法院。

州高等法院（Oberlandesgericht）是州的最高级别法院，主要审理民事和刑事一审上诉案件、来自州法院的二审刑事案件以及作为一审法院审理最严重的刑事案件（例如《资本投资者示范诉讼法》规定中的诉讼）。除非相关程序法规定由 1 名法官独任审理，否则州高等法院的案件都由 3 名法官组成合议庭进行审理。德国普通运院系统虽然一共有四级，但由于实行三审终审制，因此对于大多数案件而言，州高等法院就是其终审法院。

联邦最高法院（Bundesgerichtsbof）是普通法院系统中的最高法院。审理来自州高等法院的经联邦法院同意审理的案件，它还审理涉及新的法律原则或与以往联邦法院判决不同的案件。联邦最高法院有 12 个民事委员会和 5 个刑事委员会，以及 8 个法律专业领域的委员会。审理案件采用合议制，由 5 名专职法官组成合议庭进行审查并做出判决，其判决为终审判决。

（三）行政法院系统

德国行政法院系统分为三级，包括初等行政法院、高等行政法院、联邦行政法院，实行三审终审制。行政法院的管辖范围为非宪法性质的公法上的争议，只要有关案件没有根据联邦法被具体分配给另一套行政法院管辖（比如社会法院系统或财政法院系统）即可。

初审行政法院由院长、主审法官以及其他相应数额的法官组成。在初审行政法院内设有若干法庭，除法官独任审理外，行政法院的法庭都由 3 名法官和 2 名名誉法官审理案件。除法律规定由高等行政法院或联邦行政法院审理的行政案件外，其余行政案件都由初等行政法院管辖。

高等行政法院由院长、主审法官以及其他相应数额的法官组成。在高等行政法院内设有若干法庭，由 3 名法官组成并行使审判权；州法律也可以规定法庭由 5 名法官组成，其中 2 名为名誉法官；若符合《联邦德国行政法院法》第 48 条第 1 款的情况，也可以由 5 名法官组成法庭，其中 2 名为名誉法官。高等行政法院审理对初级法院一审判决不服的上诉案件，上诉内容可以涉及事实和法律问题两方面。作为初审法院，它也可以审理以下案件：其一，有关州行政部门的某些抽象行政行为是否有效的争议；其二，有关由州管部门发布的适用于任何社团的禁令是否有效的争议；其三，有关合并农田财产的争议；其四，有关宪法的争议（仅限于未建立宪法法院的州）等。

联邦行政法院是行政法院系统的最高级别法院，由院长、主审法官以及必要数量的法官组成。联邦行政法院内设有法庭，由5名法官组成并行使审判权；除言词审理外，其他裁定也可以由3名法官组成的法庭作出。此外，联邦行政法院还设有一个大审判庭，如果联邦行政法院的一个法庭欲在某一法律问题上偏离联邦行政法院另一法庭或大审判庭的判决时，由大审判庭作出决定。联邦行政法院受理不服初等行政法院和高等行政法院的判决而上诉的案件。作为初审法院，它也受理以下案件：联邦和各州之间以及各州之间具有公法性质但不是宪法性质的争议；有关控告联邦内政部根据《结社法》发布的禁止结社的诉讼；有关控告德国外交机构和领事代理机构的政府行为的诉讼；有关控告联邦情报局实施法律的政府行为的诉讼；确认联邦监察局的某些决定无效及针对联邦监察局不作为的强制履行的诉讼；确认联邦政府或两边主管机构发布的命令、指示无效的诉讼。

（四）劳动法院系统

劳动法院分为地方劳动法院、州劳动法院和联邦劳动法院三级，实行三审终审制。初等劳动法院的法庭由1名职业法官和2名名誉法官组成，这2名誉法官来自雇员和雇主组织如工会和商会；州劳动法院由3名法官组成合议庭审理案件；联邦劳动法院的法庭由3名职业法官和两名名誉法官组成。劳动法院主要审理雇主与雇工的劳动纠纷，以及雇主与工会之间的纠纷。劳动法院受理案件时，规定争议双方必须有书面合同，否则由普通法院管辖。对地方劳动法院的判决，可以向州劳动法院提出上诉；对地方劳动法院的裁定不服的，也可以向州劳动法院提出异议。

（五）财政法院系统

财政法院包括联邦财政法院和州财政法院两级，实行两审终审制。财政法院实行合议制，州财政法院由3名专职法官和2名兼职法官（税务专家）组成审判庭。不服州财政法院判决的案件得向联邦财政法院提起上诉。这些法院仅处理源于个人（或一个公司）与税务机构之间产生争议的所有公法纠纷。审理纳税人对征税不服，状告国家财政税务局的案件，案件可采取调解方式结案。偷税、漏税案件涉及数额的由财政法院审查决定，如果触犯刑法的，由普通法院管辖，如对管辖权发生争议，则由联邦法院联席会议进行协调。

（六）社会法院系统

社会法院系统包括地方社会法院、州社会法院和联邦社会法院，实行三审终审制，审理案件实行合议制。地方社会法院审判庭由1名专职法官和2名兼职法官组成，州社会法院和联邦社会法院均由3名专职法官和2名兼职法官组成审判庭。社会法院受理有关失业补助、医疗事故保险、社会保险以及其他社会福利项目方面的案件。社会法院审理案件不收费，不允许律师参与，主要是调解结案。

（七）其他一些专门法院

《基本法》第96条还规定，在德国联邦一级设专利法院以及纪律法院等专门法院。联邦专利法院设有上诉法院和专利法院，专门受理知识产权相关的诉讼；联邦纪律法院主要审理官员、法官、士兵、公证人、律师、会计师、建筑师、医生等的渎职行为。

三、法国的法院组织

法国的法院组织，包括司法法院和行政法院这两个法院系统，司法法院下又包括民事法院和刑事法院。为了处理司法法院和行政法院之间的管辖权争议，法国还设立了争议法庭。除此之外，法国还设有宪法委员会，主要行使司法审查权。

（一）司法法院系统

司法法院系统由基层法院、上诉法院和最高法院组成，但是实行两审终审制度，最高法院并不构成第三审级的法院。法国司法系统最大的特点是民刑合一。

基层法院包括初审法庭、违警罪法庭、大审法庭、轻罪法庭、专门法庭等。初审法庭通常设在区政府所在地，一般由一位法官进行独任审理，受理标的在4000欧元以上10 000欧元以下的动产诉讼（4000欧元以下的不动产租赁、消费信用合同、占有以及其他一系列诉讼也由初审法院受理）；[1] 初审法庭审理刑事案件时被称为违警罪法庭，也实行独任审判制度，负责处理1500欧元罚金以下的违警罪。[2] 大审法庭通常设在省会所在地，审理所有的个人诉讼和10 000欧元以上的动产诉讼（个人和家庭事务、发明专利、商标、外国裁判和仲裁裁决的承认也归大审法院管辖）[3]；大审法庭在审理刑事案件的时候被称为轻罪法庭，轻罪法庭采取合议制原则，由3名法官审判，一些危害较小的轻罪由1名法官独任。不服以上法庭判决的，可以上诉到上诉法院或最高法院。除此之外，法国还设有诸多专门的法院，比如，未成年人法院、军队军事法院、商事法院、社会保险事务法院、劳资纠纷仲裁法庭等。这些法院都专门审理某一特定类型的案件。对这些法院作出的判决不服的，仍然可以上诉至上诉法院或最高法院。

---

〔1〕参见［法］皮埃尔·特鲁仕主编：《法国司法制度》，丁伟译，北京大学出版社2012年版，第54页。

〔2〕参见［法］皮埃尔·特鲁仕主编：《法国司法制度》，丁伟译，北京大学出版社2012年版，第57页。

〔3〕参见［法］皮埃尔·特鲁仕主编：《法国司法制度》，丁伟译，北京大学出版社2012年版，第54页。

此外，重罪法庭也属于基层法院范畴。重罪法庭是审理大刑事案件的法庭，也即巡回法庭，受理法定刑为 10 年以上有期徒刑或无期徒刑的刑事案件。[1] 重罪法庭受理的案件，必须经过上诉法院预审庭审查同意起诉。重罪法庭是按行政区划设立的，不是常设机构，而是定期开庭。重罪法庭的案件必须由 3 名上诉法院的法官和 9 名陪审员组成审判庭进行审理。[2]

上诉法院受理不服下级法院判决的民事和刑事案件的上诉。上诉法院设有民事审判庭、商事审判庭、社会事务审判庭、轻罪上诉庭、预审庭等。民事审判庭负责审理不服初审法庭和大审法庭判决的上诉；商事审判庭审理商事法庭的上诉案件；社会事务审判庭审理有关社会、劳务契约方面的上诉案件；轻罪上诉庭则受理轻罪法庭和警察法庭一审判决的上诉案；预审庭负责审理预审案件。上诉法院审理案件主要是进行事实审，如果发现原审在认定事实或适用法律上有错误，可以撤销原判发回重审。由于法国实行两审终审制，因此上诉法院的判决即终审判决。

最高法院设有 5 个民事审判庭和 1 个刑事审判庭，[3] 分别受理不服上诉法院终审判决的民事上诉案件和刑事上诉案件。最高法院并不进行事实审，而主要是复议法律问题。最高法院对上诉案件不自行改判，不制作新判决，原则上只宣告撤销原判或维持原判。最高法院也不开庭审理，而是进行书面审查。任何案件生效后，都可以向最高法院提出申诉。

（二）行政法院系统

行政法院系统包括基层行政法院、上诉行政法院和最高行政法院，受理有关公法的案件以及个人与国家、公职人员、国有企业或任何政府机构之间的纠纷案件。按照其管辖争议范围广狭的不同，又可以分为专门行政法院和普通行政法院。专门行政法院只对特定的行政事项有管辖权，比如审计法院、职业团体纪律处分委员会、战争损害赔偿委员会等。只要不由专门行政法院管辖的行政争议，都由普通行政法院管辖。

在法国本土和海外都设有基层行政法院，其中，本土设有 29 个，海外设有 8 个。[4] 除了法律规定应当由最高行政法院或某一专门法院受理的案件，基层行政法院可以受理几乎全部行政案件，同时，基层行政法院也具有有限的顾问

---

[1] 参见宋英辉等：《外国刑事诉讼法》，法律出版社 2006 年版，第 245 页。

[2] 参见［法］皮埃尔·特鲁仕主编：《法国司法制度》，丁伟译，北京大学出版社 2012 年版，第 58 页。

[3] 根据《法国法院组织法典》第 121-3 条和 1996 年 5 月 31 日第 96-482 号法令的规定而设置。参见何家弘主编：《中外司法体制研究》，中国检察出版社 2004 年版，第 184 页。

[4] 参见何家弘主编：《中外司法体制研究》，中国检察出版社 2004 年版，第 201 页。

职能。基层行政法院审理案件，原则上由 3 名行政法官合议作出；简单案件也可由 1 名法官独任审判。基层行政法院的法官主要从国家行政学院录用，由共和国总统下令进行任命和提升。为了保证行政法院的独立性，无论出于何种情况，政府特派员都不能成为基层行政法院的审判员。对于基层行政法院的判决，可以向上诉行政法院或国家行政法院提出上诉。

上诉行政法院主要受理来自基层行政法院的上诉案件以及一个专门法院（该法院专门处理居住在法属领地的法国公民的归国要求）的上诉案件，仅具有司法职能。上诉行政法院的院长由最高行政法院的 1 名行政法官担任；上诉行政法院的法官从基层行政法院的法官中选任，他们必须具备基层行政法院一级法官的资格且已在政府工作 6 年以上或在法院工作 4 年以上。

最高行政法院既具有咨询顾问职能，又具有司法职能。它可以就立法和行政事务向政府提供意见，并参与立法过程；同时，也负责审理行政诉讼案件。最高行政法院对一些非常重要的事务拥有法定专属管辖权，实行一审终审制。比如，对法令的一般或具体应用提出的行政诉讼、对内阁成员通过的行政条例进行司法审查的权力等。最高行政法院对三类特定的上诉案件拥有专属管辖权，分别是：通过先决裁定程序提出对合法性进行审理的要求之后对基层行政法院的判决提出的上诉；有关市、城镇和区行政委员会选举的争议；来自一些专门行政法庭的上诉案。事实上，根据公认的行政案例法，任何基层行政法院作出的判决都可向最高行政法院提出上诉。最高行政法院的院长由政府总理担任，但其不参与法院工作，因此最高行政法院的真正最高领导人是副院长；最高行政法院的成员必须由司法部领导组成；最高行政法院还实行外调制度，法院人员任职 4 年后可调到普通行政部门工作以了解政府实际行政状况，然后再调回法院。

此外，法国还建立了大量的专门行政法院，专门处理一些比较复杂的案件，如前所述，有审计法院、职业团体纪律处分委员会、战争损害赔偿委员会等。对这些法院作出的裁判结果不服提起的上诉，几乎都由最高国家行政法院受理。

（三）争议法庭

争议法庭受理行政法院和普通法院之间管辖权限的冲突，包括司法管辖权限的冲突以及判决之间的冲突。关于司法管辖权限的冲突包括两种情况，一种是行政部门对受理某一案件的普通法院的司法管辖权提出异议；另一种是普通法院和行政法院都认为对方法院拥有司法管辖权而拒绝承认自己也拥有司法管辖权。所谓的判决之间的冲突，是指行政法院和普通法院都各自认为自己拥有管辖权并且就同一案件做出了互相冲突的判决的情形。争议法庭由 9 名正式法官组成，除了庭长外，其中 3 名法官来自最高法院，3 名法官来自最高行政法院，还有 2 名正式法官。争议法庭的 9 名正式法官还会遴选 2 名候补法官。法官的任期是 3 年，可以连选连任。司法部部长为争议法庭的庭长，除非在法庭表决票数相等时投最后一票，否则一般不出席；争议法庭工作一般由副主席领导，副主席由 9 名法官秘密投票，互选出一人担任。争议法庭还设有一个检察处，由 2 名政府专员、2 名候审政府专员组成，由政府每年任命，对案件判决提出自己的观点，不受政府的拘束。

（四）宪法委员会

法国行使司法审查权的机构是宪法委员会，它既具有审判职能，也具有顾问职能。就审判职能而言，宪法委员会受理议会、政府以及议会和政府之间的立法管辖权纠纷；宪法委员会也是法国唯一有权审查立法合宪性的机构；宪法委员会也有权审查国际合约；还负责裁决总统和议会选举以及公民投票的合法性。就顾问职能而言，宪法委员会监督总统选举和公民投票，在此过程中也接受顾问咨询；对于总统是否无法完成其职责或总统职位是否空缺的问题，由宪法委员会决定；总统紧急权的行使必须要与宪法委员会协商。宪法委员会由 9 名成员组成，其中 3 名成员由总统任命，3 名由国民大会任命，3 名由上议院任命。9 名成员的任期都为 9 年。

第三节　大陆法系的法律渊源与法律方法

法律渊源是法学的基本概念范畴之一，对于法理论的研讨和司法实践的运行均具有十分重要的意义。与法律渊源紧密相关的另一个范畴是法律方法。法律方法是一门法律论证的学问，其主要内容在于培养法律人根据法律渊源进行法律推理的思维，是法律人安身立命的重要技能。本部分的主要目的在于阐明法律渊源的概念及种类，并在此基础上分析法律人以法律渊源为根据进行法律推理的方法。

一、法律渊源的概念与种类

（一）法律渊源的概念

法律渊源，也称法的渊源，还简称"法源"。其在英文中的表述是"Source of law"，作为一个专门的法学术语，源自于古罗马法的"*Fontes juris*"，意为"法的来源"或"法的源泉"。学者们对法律渊源一词有不同的理解，甚至在他们之间也不无分歧。凯尔森就曾指出，法律渊源是一个含混、模糊的概念，为了获得明确的含义，提议应以"法的形式"这一表述取而代之。恩瑞科·帕特罗也提出，很少有法律术语能像法律渊源这样宽泛和模糊，究其原因在于"法律"和"渊源"这两个构成词通常被人们在不同的意义上使用，所以法律渊源也就常常会指向不同的含义。与此同时，罗马法中的"*Fontes juris*"包括了两层含义：第一层含义是，法律渊源概括出了古罗马的法官在司法裁判过程中哪些规范可以作为其裁判规范和裁判理由的来源；第二层意思是，法律渊源既是对国家制定法的运律效力的肯定，也是对制定法以外的但又能成为法官纠纷解决依据的规范具有司法适用价值的认可。[1] 归纳起来，法律渊源的核心内容在于它构成了法律运用者借以形成裁判根据之来源。

对于本书所持有的上述观点，主要是从司法中心主义的立场界定的，对此有两点需要加以说明：

首先，由于出发点或切入视角的不同，学者们往往会形成"立法中心主义"和"司法中心主义"两种不同法律渊源观。前者将法律渊源看成立法机关制定法律所依据的材料，而后者把法律渊源看作司法机关裁判纠纷所依据的材料。[2] 对于法律渊源概念的整体把握须同时兼顾这两个视角，尽管如此，由于法律渊源主要是法律适用过程中的概念范畴，因此本书将重点仍然放在"司法中心主义"的视角之上。

其次，法律渊源与法律形式存在关联，但所指涉的并非同样一个事物。法律渊源是法律借以形成的来源或源泉，是一个蕴含着"可能性"的概念，法律的渊源从本质上讲并不是法。法的形式是实在法的外在表现形式，采用这种形式表达自身的规范通常就已属于实在法的范畴，因此它更多的是一个"现实性"或"实然性"的概念。对此，有学者提出不宜用法的形式随意替换法律渊源的两点理由："其一，在汉语中，渊源一词指根源、来源、源流的意思，将法和渊源连用，其涵义主要应指法的根源、来源、源流，这同法的表现形式不是一回事；其二，法的渊源一词在国外法学著述中包括多种涵义，其中只有法的形式渊源的涵义才相当于国内学界所说的法的形式的涵义。基于此类原因，讲到法的形式如果使用法的渊源这个概念，对中国读者来说，容易误解或生出歧义。对外国读者来说，也会用他们理解的法的渊源一词的涵义，理解我们特指的法的形式的涵义。"[3] 基于这些原因，不宜混同使用这两个意思接近但性质不同的概念。

---

〔1〕 参见彭中礼：《法律渊源论》，方志出版社 2014 年版，第 36~41 页。
〔2〕 参见张文显主编：《法理学》（第 5 版），高等教育出版社 2018 年版，第 87 页。
〔3〕 周旺生：《法的渊源与法的形式界分》，载《法制与社会发展》2005 年第 4 期。

（二）法律渊源的种类

在学理上对法律渊源可以作不同的分类，如按照是否具有直接的适用效力，可以将法律渊源分为正式渊源和非正式渊源，前者是指具有正式约束力并可直接加以适用的渊源，包括立法、委任立法、条约和先例；后者指的是通常仅具有说服力而无法律拘束力的文件，包括正义之标准、理性与事物的性质、个别衡平、公共政策、道德和社会倾向、习惯等。[1]也有一些学者将法律渊源分为直接法源与间接法源，前者包括法律、习惯和法理，后者包括判例和学说等。[2]

此外，从法律渊源的外在表现形式，还可以将其分为成文法源和不成文法源。所谓"成文法源"，是指由有权专门机关制定、以成文形式表现的具有普遍约束力的规范性法律文件。成文法渊源有时也被称为"制定法"，其形式包括宪法、法律、法规、规章、法令、条例等。"不成文法源"是指通常并不采纳成文或法典形式的规范性法律文件，在此意义上学者有时也使用"判例法"这个称谓。当然，我们也注意到，判例法有时候也会采取成文的形式，尤其是在普通法系国家中有进行判例编撰的传统；另外，"不成文法源"的范围要比"判例法"更广，除了判例法这种主要内容之外，还包括习惯、条约、法理、学说、公平正义、乡规民俗等。

通过以上论述，可以看到法律渊源的具体内容是多样化的，包括成文形式的与不成文形式的。就此而言，大陆法系与普通法系国家在法律渊源的具体类别和形式上并无实质性差异，其区别在于两大法系赋予各类法律渊源的权重有所不同。简单地说，在大陆法系国家，成文法渊源占据主要地位，但习惯、法理、学说、判例也慢慢开始发挥重要作用。普通法系国家中，判例虽然是主导的法源形式，但成文立法的数量也非常之大，并且成文法可以修改和废止判例法。这是两大法系在法律渊源方面相互趋同和融合的一个重要表现。

二、法律方法的概念与种类

（一）法律方法的概念

"方法"系指通向某一目标的路径。在科学上，方法是指这样一种路径，它以理性的、可检验的和可控制的方式导向某一理论或实践上的认识，或导向对已有认识之界限的认识。[3]法律方法，便是用以思考法学问题并寻找答案的方

---

〔1〕　参见〔美〕E.博登海默：《法理学：法律哲学与法律方法》，邓正来译，中国政法大学出版社1999年版，第413~483页。

〔2〕　参见陈金钊主编：《法理学》，北京大学出版社2002年版，第145页。

〔3〕　参见〔德〕齐佩利乌斯：《法学方法论》，金振豹译，法律出版社2009年版，第1页。

法或路径。用更加专业的术语来讲，即法律人根据现行有效的法律规范解决个案争议的方法。

法律方法具有以下两个方面的特征：

第一，法律方法不同于法学研究方法。法律方法主要是从法律适用的角度来讲的，是法律人进行案件推理的基本方法；而法学研究方法是从学术研究的角度而言的，指研究法律问题或分析法律现象所用的方法，比如规范分析法、比较分析法、历史调查法、社会考察法、实证研究法等。正是为了避免带来误解，本书有意区分使用"法律方法"与"法学方法"，尽管二者时常被人们等同使用。

第二，法律方法的主体是法律实务人。这与上面一点存在紧密相联，由于法律方法主要是为应对法律实务所提供的方法，因此运用这一方法的主体主要是实践中的法律人，包括法官、律师、检察官、当事人等。在这些主体之中，法官是运用法律方法的最重要的主体，因为司法裁判究其本质而言是一种判断和推理的活动，裁判结论的做出必须依赖于科学的推理方法。

（二）法律方法的主要种类

1. 演绎推理

也被称作三段论式推理，是法律方法中的最常规形式。它以既有的法律规则作为出发点，通过涵摄技术将案件事实置于特定规则之下，进而演绎推导出结论。这是一种正统的"基于规则的推理"（reasoning with rules）模式，离开了法律规则这一大前提，整个推理就无法进行下去。尽管这一推理模式在后来受到了来自类比推理、等置理论以及法律论证等方法的挑战，但是如果离开了规则、抛弃了逻辑这后面的三种推理方法均难以自足。而正是在这个意义上，麦考密克才极力捍卫三段论的基础性地位："有些人极力否认法律推理从来都是严格的演绎性活动，如果这种否定试图走向极端，认为法律推理从来不是或者根本不可能是以演绎推理的形式而存在，那么这种质疑就是大错特错的。"[1]演绎推理的基本构造如下：

T→R（对规则 T 的每个事例均可以产生法律后果 R）

S = T（因为事实 S 是 T 的一个事例）

S→R（所以对于 S 也可以推导出法律后果 R）

根据这一模式，全部的司法活动就集中于为法律推理准备大、小前提，结论的得出不过是一种涵摄技术的运用，并且这一过程是一种从"规则→后果"的顺向推理。

---

〔1〕　See Neil MacCormick, *Legal Reasoning and Legal Theory*, Oxford University Press, 1978, p. 19.

2. 类比推理

就"法"本身而言，它"原本即带有类推的性质"，这是因为"'事物本质'是指向类型的，从'事物本质'产生的思维是类推式思维"。借助于法所蕴含的类推力量，可以有效地消弭规范与事实之间的张力。在考夫曼看来，之所以如此，是因为真实的法来自于规范与具体的生活事实、当为与存在的对应，"法是一种对应，因此法的整体并非条文的复合体，并非规范的统一体，而是关系的统一性。关系统一性，对应，便意味着类推"。[1]法自身所具有的这种特质，在很大程度上决定着立法也以类型为基础。对法律规范进行概念化和抽象化的活动高度依赖于"分类"或"类型思维"，立法者通过对类型特征的提取、排列和组合来建构一种类型化的法律规范体系。[2]从这个角度讲，人们对于法的认知和理解难免也要依赖类型思维。

在民法法系国家中，类比推理的一个重要功能是被认为可以填补法律漏洞，其适用要满足一些基本前提条件，具体来说：其一，司法者首先需要证明法典或法律规定存在着漏洞，这是进行类比推理的基本前提，否则如若只是法律规定存在语义上的模糊或争议，尚不涉及类比推理的问题，法律解释足以澄清之。其二，权力分立的理论抑制或反对通过法律类比进行司法造法，因此类比推理的前提必须证明立法者并不否定他们如此行为。通过对立法者立法目的的探求，只要立法者没有明确禁止将某规范推论适用至类似情形的案件中，那么类比推理的适用便可证立。其三，还须证明法律所规定的要件事实 T 与案件 A 的事实 t 具有"质的相似性"，因此出于同等对待的形式正义原则，法律后果 R 也应适用到 A 中去。故而，用公式表述就是：

因为 T→R（如果 T 则 R）

且 TSt（T 与 t 在事实构成上具有质的相似性）

所以 T→A（T 也应当适用于案件 A）。

三、法条主义式的演绎性推理

在大陆法系国家中，演绎性推理的一个重要表现形式便是基于法条所进行的演绎推理，为展现其特色，本书单独对这种"法条主义式"的推理作一探讨。

法条主义讲究从法律规则或条文入手，结合案件事实并主要借助于形式逻辑顺向地推导出裁决结果。法条主义的传统是十分强大的，甚至时常会与"法

---

〔1〕 ［德］亚图·考夫曼：《类推与"事物本质"——兼论类型理论》，吴从周译，学林文化事业有限公司 1999 年版，第 41 页。

〔2〕 参见［德］卡尔·拉伦茨：《法学方法论》，陈爱娥译，商务印书馆 2003 年版，第 340～341页。

治"这个概念齐名。从法条主义产生的历史谱系来看，它与法律的职业化发展密不可分，伴随着各个部门法研究分工的日益精细化，部门法学者将越来越多的精力投放在对于法律（条文）的理解和解释（也包含批判）上，法条主义由此获得了长足发展的空间，法条主义借此为法学之独立性以及自主性谋得了话语权。与此同时，从立法主义到法律适用主义的过渡，在客观上也推动了法条主义的进一步发展。

（一）法条主义的概念

学者们对于"法条主义"这个概念的使用是相对混乱的，有的将法条主义与诠释法学或法教义学（legal dogmatics）等同起来，这种法条主义大致指向的是部门法学的基本法学操作。有的将法条主义等同于法律形式主义（legal formalism），认为法律条文已经为所有问题预先准备好了答案，法官的任务只不过是凭借形式逻辑从既有法律中发现该答案而已。与此同时，法条主义与法律的形式性（legal formality）也很接近。如此一来，我们需要对法条主义做出概念界定，辨析其与法律形式主义、法教义学以及法律形式性之间的区别。

首先，与法条主义最为接近的是法律形式主义。人们通常所谈的法律形式主义，主要是指在美国19世纪中叶由哈佛大学法学院首任院长兰代尔所开创的一种法学理论，它将法学当作一种科学来进行建构，以一种乐观和积极的态度审视和对待既有法律。其基本主张是，法律体系是完美的，它已为任何法律问题都准备好了答案，法官只需要依靠形式逻辑就能够找到这个答案。法律形式主义的上述主张招致了很多非议，根源在于其对法律体系之完美性以及形式逻辑的过度信奉。在此，应将形式主义与法条主义加以区分：形式主义本质上将是一种描述司法裁判的法学理论，法条主义是一种法官对待法律适用的态度与方法。

其次，要辨析法条主义与法律的形式性之间的关系。形式（性）与实质（性）是一对相对的概念，形式性一度被奉为法律理性的完美体现，它体现为追求一种具有普遍性、自治性、公共性和实在性的法律。以逻辑的手段将法律规则、原则体系化，并通过逻辑的方法演绎出案件的裁决。相比之下，实质性意味着除了着眼于形式规范体系，还会考虑目的、政策等价值性因素。因此，可以说法律的形式性要求法官以形式性依据为基础做出判决或采取行动，这种依据通常排斥、无视或至少弱化与之对立的实质性依据。从这个角度来看，法条主义确实有形式性的一面，甚至形式性构成了其重要的一部分。但是，也应注意，形式性并不完全排斥实质性。法条主义可以很好地体现形式性与实质性之间的这种对立统一关系，形式性在法条主义的结构中占据基础地位，实质性则发挥着一种辅助性的、补充性的作用。因此，形式性仅仅是法条主义的一个侧面，完整地认识和评价法条主义，还必须辨识清其实质性的一面。

最后，是法教义学与法条主义这对概念。法教义学是一个舶来的概念，源自于德文中的"Rechtsdogmatik"，学界有法律教义学、教义法学、法律信条学（论）、法释义学以及法律解释学等多种不同的译法，其基本含义是以现行有效实在法作为基础，对其进行解释和体系化的学问，大致等同于狭义的法学。法教义学与法条主义的相通之处在于，二者都与司法裁判相关，法教义学在某种程度上是以问题为导向的，为司法实践中疑难个案之解决提供法律解释方案。从区别来看，法教义学主要可以化约为两个维度，即"概念/理论的维度"和"实践/适用的维度"，前者主要是对于法律之概念和性质的认识，而后者所指向的是法律规范的构成要素、逻辑关系及其在实践中的适用。相比之下，法条主义主要是一种事关法条之解释与适用的方法论主张，并且其活动主体主要是法官而非学者。

概念使用上的混乱，是导致人们对法条主义产生误解乃至偏见的一个重要原因。《布莱克法律词典》将"法条主义"界定为一种关于法律职业之特质的表达，认为它是法律职业者之间的一种行话，比如说"依照、遵循或追随法条主义而审判"。[1] 从字面上来理解，法条主义指向法条的理解与适用活动，以及法官对此所持有的观点、态度或立场，它要求所有为法律所调整的问题及争议都应尽可能依照预先确立的、具有高度一般性和清晰性的规则来解决。

（二）法条主义遭受的批评

1. 法条主义的封闭性和机械性

第一个批评比较常见，它指责法条主义是封闭的和机械的。

封闭性这个指责暗含两层意思：其一，顾名思义，封闭就是斩断自身与外界之联系，此处意指由法条所编织的法律体系缺乏开放性，不容许法律之外的其他因素进入法律体系之中；其二，与不够开放相关，法条主义有一个基本预设，认为法学是一门自给自足的学科，相应地法律也是一个"自足性的领域"。这种自足性的核心意思在于，主张法律体系是一个由法律条文所构建的完美体系，既然完美自然也就不会存在什么漏洞。言外之意，既有的法条已为一切法律问题准备好了答案，裁判者只需要发挥能动性去发现这些答案即可。

接下来是机械性，有时也被说成是僵化性，这主要是从法条适用的结构是否复杂的角度来讲的。如果说法条的适用是以一种简单的三段论的方式进行，即在案件事实与法条所规定的事实构成之间进行比对，通过涵摄得出结论。这

---

[1] See Bryan A. Garner ed., *Black's Law Dictionary*, The ninth edition, West/Thomson Reuters, 2009, p. 977.

个过程完全是一种技术性的法条推演，而无需进行任何的价值判断。相比之下，如果法官不是死板地拘泥于法条的表面含义，而是在个案中结合法条背后的目的或价值灵活地解释和适用法律，那么此种适用就是灵活的而非僵化的。批评者认为法条主义所对应的显然是前一种，它虽然对于维护法律稳定、提高裁判效率能够起到一定的作用，但它把司法实践过于简单化了。

2. 割裂规范与价值之关联

对法条主义的第二个批评认为它割裂了规范与价值之间的关联。法条主义给人们的最初印象就是以法条为出发点，并且法官所注重的也仅仅只是法律条文的字面含义，而并不重视其背后的立法目的或立法价值，就更不用谈法律之外的一般性道德或伦理价值了。由此批评者们指出，法条主义者会坚持"实证法"的实然必须严格区分其无法证实的应然，从而在法律条文中会将道德的因素剥离掉；更进一步，法条主义坚持价值与事实相分离的科学标准也是极其虚伪的，因为它将涉及诸如好坏、善恶、正义与不正义等道德的选择及原则视作对价值的荒谬偏爱。

3. 否认法条争议的存在

第三种批评是非常有意思的，它认为法条主义否认法条争议的存在，主张法条是清晰易懂、没有争议的，法官只要在个案裁判实践中发现法条即可，只要理解法条所规定的内容是什么，而无需深入探索法条背后的立法目的或价值。法条争议意指人们对于某个法律之真正内容存在分歧，它们之间甚至有时难分高下，说不清楚到底哪一种是正确的。法条主义由于否定了法律争议的存在，故而为其径直适用扫清了障碍。

（三）法条主义的运行逻辑

1. 法官首要的工作是"找法"（discovery of law）

也可以说是"法律发现"或者"法律检索"，法官在本阶段的工作就是检索出所有能够调整本案或可能适用于本案的法律。找法是司法裁判的逻辑起点，是一种法律推理之前提的获得过程。能否找到一个直接相关的、确切的、合适的、能够为裁判所用的法条是至关重要的，因此找法活动不应被轻视。问题在于，这种法律发现存在什么独特的方法吗？法条主义者认为逻辑和理性应当在法律法律发现中起主导乃至决定作用，对此在民事审判实践中比较成熟的法律发现方法是请求权检索法，如王泽鉴教授所言"寻求请求权乃法之发现的过程"，在确定了争讼一方（原告方）存在请求权的前提下，下一步即要确定这是一个什么性质（具体什么样）的请求权，[1]即通过类型化的方法确定该请求权

---

〔1〕 王泽鉴：《民法思维：请求权基础理论体系》，北京大学出版社 2009 年版，第 148 页。

所指向的具体法律关系，从而进一步确定或寻找到能为裁判所用的法律。

2. 分析案件的法律争点

这一步其实就是在法律规定与案件事实之间建立起联系，使法律规定与案件事实从"不相适应"到"基本适应"再到"完全适应"，为下一步的裁判结论的得出作铺垫。所谓法律争点（legal issues），是指当事人之间存在争议的具体事项，从内容上来说，既包括事实方面也包括法律方面的争点。准确地归纳或提炼出案件的争议焦点，可以将裁判活动集中于最关键和最核心的问题。在完成找法活动之后，法条主义运行过程中的一个重要环节，就是分析、提炼和归纳案件的法律争点，在此基础上，当事人及代理人围绕法律争点进行答辩或反驳，法官也依据法律之规定对该争点提出相应的法律观点或见解。

3. 基于法条的类比推论

法条主义内部容许对于法条之争议的存在，它具有的一种内在的弹性，这种弹性空间的存在能够保障法条的灵活而非僵化适用。至于如何在某个法条的可能文义之间进行选择或者如何在可能的数个法条适用主张之间进行选择，则涉及法律适用者的解释和判断。除此之外，在法律（条文）存在潜在包含的情形下，根据形式正义原则，等者要等之对待，法官"将法律针对某构成要件（A）或多数彼此相类的构成要件而赋予之规则，转用于法律所未规定而与前述构成要件相类的构成要件（B）",[1]这种基于法条的类推也是法条主义的重要适用形式，就是连一些法条主义的批评者都不得不承认这一点。因此，法条的类比不仅可以帮助法官"发现"法律，而且还能够赋予既有法条以一种新的生命力。

以上便是对特定个案中一个法条主义思维轨迹的还原，在真实的司法实践中，法条主义推理的实践形式可能要比上面所描述的还要复杂得多。无论在批评者的眼中它存在着何种缺陷，我们都无法否认其在大陆法系国家的司法实践中所占据的基础性或重要性地位。我们应当注意，法律主义钟爱对概念的分析，但并不自我沉迷于法律条文所编制的概念天堂里；法条主义关注的对象主要是实在法，但并不自绝于价值判断和法条批判；法条主义注重对法律条文的解释，但并不自我束缚于条文的文义所限定的边界；法条主义追求法律最大限度的确定性和完整性，但并不天真地承诺法律的绝对确定性和完整性。

---

〔1〕〔德〕卡尔·拉伦茨：《法学方法论》，陈爱娥译，商务印书馆 2003 年版，第 258 页。

【思考题】

1. 大陆法系国家以法典编纂为其主要特色之一，法典编纂有何意义？

2. 德国和法国法院体系的异同？

3. 什么是法律渊源？法律渊源与法的形式之间存在哪些不同？

4. 法律方法的特征有哪些？大陆法系法官所擅长使用的法条主义式的演绎性方法在实践中是具体如何运作的？

【参考文献】

1. 〔美〕约翰·亨利·梅利曼：《大陆法系》（第 2 版），顾培东、禄正平译，法律出版社 2004 年版。

2. 〔美〕艾伦·沃森：《民法法系的演变及形成》，李静冰、姚新华译，中国法制出版社 2005 年版。

3. 何家弘主编：《中外司法体制研究》，中国检察出版社 2004 年版。

4. 〔瑞典〕亚历山大·佩岑尼克：《法律科学：作为法律知识和法律渊源的法律学说》，桂晓伟译，武汉大学出版社 2009 年版。

第五章
普通法系

【**本章导读**】普通法在英格兰的形成大致肇始于诺曼入侵后，随
着封建君主的统治体制和行政能力的提升，司法技术日渐成熟。
在王权与贵族的争斗中，逐渐萌芽出早期的宪政思想和粗陋的人
权保护实践。伴随着令状、中央司法审判机构和衡平法的发展，
普通法系进入稳定的发展期。地理大发现以来，随着殖民的发
展，普通法沿着殖民地与殖民者的区域扩展到北美等广大地域。
在适用普通法的同时，这些继受普通法的地方也结合本地域的社
会特点，革新了普通法的某些原则和司法实践，赋予普通法长盛
不衰的生命力。普通法系的司法制度建立在司法中心主义的基础
之上，这就决定了它以判例作为主要的法律渊源，在法律方法上
坚持遵循先例的原则，类比推理构成了普通法司法方法的核心
内容。

第一节　普通法的历史

一、普通法的历史变迁

（一）普通法与英格兰：形成与演进

1. 普通法的历史源头：无缝之网？

普通法的历史始于何时？英国最杰出的法律史家梅特兰深深理解这个问题
的难度："一切历史叙事都存在这样的共性：任何人想要诉诸其一端都会觉得下
笔伊始便撕开一张无缝之网"[1]，那些敢于尝试"撕网"者似乎能收获些吉光
片羽，而如何描述全景非常人之所能为。如果要搜寻英格兰法律史的起点，那
就最好从英格兰之外的世界开始——梅特兰指的是罗马，然后确定英格兰法律
史上的关键时刻。

普通法肇始于何地？这似乎很容易形成共识：普通法诞生于英格兰，虽然

---

〔1〕 See F. Pollock & F. W. Maitland, *The History of English Law before the Time of Edward I*, Cambridge
University Press, 1968, p. 1.

英格兰这块土地上最早期的法律并非普通法。

邃古之初，英格兰的荒原上虽发展出高度组织化的社会形态，但是早期法律的证据还有待考古学家和人类学家来整合。一般认为有字可证的英格兰早期法律发轫于罗马法的体系，因为当时的英格兰可以说是罗马帝国版图中的附庸——自公元 1 世纪到 4 世纪末（约公元 43—406 年），罗马军团和总督挟政治力量结实而有效地在此地立足，直至今日散布在不列颠各地的罗马要塞和水渠遗址可以作证。

但是，罗马辖下的不列颠境内，来自罗马的典章制度究竟在多大程度上影响这块土地上的日常生活，法律史家对于这个问题多半存疑。武功不及于文治，这样的例子古已有之。尤其当罗马帝国为蛮族所掳掠焚烧之际，政令不出国门，更无暇顾及远在大陆那边的海岛了。罗马不再向不列颠派出总督和军团了，不列颠在事实上脱离了罗马帝国。不列颠人退隐山林，发展出自成一家的凯尔特文化。

在其后的 7 个世纪里，随着盎格鲁与撒克逊等部落的壮大和占领，英伦进入盎格鲁-撒克逊时代。在其全盛时代，典章文物也历历可数，如在肯特地区已经适用较为成熟的世俗法律，与当时的社会结构适应良好。

随着基督教在公元 6 世纪到达英格兰，中世纪的英国政治与法律史进入一个全新阶段。597 年是重要的标志。是年，圣·奥古斯丁在罗马教廷与英格兰部落之间建立起有效的联络，从此来自罗马的宗教、道德和法制进入英格兰的政治经验乃至日常生活中，史称盎格鲁-撒克逊时期，其时间期限大致自 6 世纪末到 11 世纪诺曼入侵止。这期间虽有列国争霸，王侯异位，但统治模式和社会制度较为均一，具有较高的稳定性和自成一家的体制延续性，也是我们探讨普通法时较为一致的历史起点。

盎格鲁-撒克逊时期的王侯们以欧洲大陆列邦为师，观摩并借鉴其可用的法律与治理制度，可述者如：发展出精良的计税制度，将土地按照计税价值的标准计量，而不是依照其物理度量，这样的每一土地单位称为“海德”（hide），这一惯例延续深远，后世沿袭不辍；其时，教士阶层融道德、宗教和智识代言者于一体，基督教影响所及，深深扎根于宫廷与民间社会中，在身份等级体系中自成格局，并享有特殊的权利和利益；基督教的统治地位渐渐影响法律观念和评价标准：在凯尔特的部落社会中，家族地位和观念甚于个人，但是基督教的个人主义道德和责任观逐渐取代了传统部落生活中的团体主义，个人成为自我负责的主体。自己的行为符合教义与否，决定了命运里光荣还是罪孽的后果，一切有违教义与法律的行为也由个人承担，个人而非家族或部落成为承担罪与罚的主体。这些构成日后普通法中有关行为、责任和义务的观念基础。

盎格鲁-撒克逊时代的后期，维京人不请自来。斯堪的那维亚人既是强悍的海盗，也是精明的海商。他们不但给英格兰带来了凌驾其地的殖民者与统治者，而且也输入了良好的治理制度和有序的财政体系。比如长期以来征收保护费的"丹麦金"（Danegeld）之制日后演化为列王攫取苛捐杂税的代名词，又比如从语源上看，"法律"（law）这个词其实源自古丹麦而非英语。至于他们输入的制度，颇有垂范后世者：如大陪审团之制；土地可以较为自由地买卖；由于海商作风，他们还发展出类似基尔特的社会组织；甚至后世的自治市镇（borough）的传统，也奠基于这一期间丹麦人的统治。

公元 11 世纪上半叶的英格兰属于某个庞大的王国，其时克努特王（Cnut）君临英格兰、丹麦和挪威，克努特王的法律在英格兰深入人心，以至于多年之后还有人以复兴克努特之政为己任。克努特驾崩后，帝国离析，忏悔者爱德华统治英格兰——直至这个海岛沦陷于诺曼人的入侵。

2.《末日审判书》与封建法的英格兰实践

一般说来，1066 年是英格兰千年繁华大戏的开端，彼时的异族领袖"杂种威廉"乘乱将这片河山纳入囊中时，继承了良好的政治体制和丰饶的财政遗产，再加上他自己的励精图治，终其离世之际为后代开太平气象，有迹可征的英格兰政府和法律制度也发轫于此际。

这位诺曼底公爵在未渡海前本已是虔诚的基督徒，但很强势地要求教士不得干预自己的文治武功。他还培养起一个运作良好的财政机制，史称"内阁"（camera），在自己的领地上已经演练熟了征敛技术再度发扬光大。正是他与他的吏员，将 5000 将士与 2500 匹战马输送到海峡对岸，在当年这是了不起的壮举。

诺曼公爵征服伊始，便着手新政与革新。最先进行的也是最重要的工作自然是清点国库，以实仓廪。同时，也为了控制旧王原先的地方诸侯，掌控地方行政，他也派出自己的得力骑士，或巡视宇内，或坐地分侯，将州郡之内皆安插自己的羽翼，并加以治理。当然，他也不忘灵魂的修养，将良田沃土与隶农百姓尽情地赐给教士们，同时不忘叮嘱他们不得逾越到世俗政务上来。

威廉王的治术集中体现在两大卷地产户口登记簿中，此即史称"末日审判书"者。英国最伟大的法律史家梅特兰对此种档案作了详尽的解读，并赋予它极高的评价。他的分析见于《末日审判书及其他》这部大作中。

威廉要在他的王国里做一次彻底的财产与人口普查，他派出的普查官员恪尽职守，巨细无遗地记录了每一郡县、每一市镇乃至每村的户口、地产，甚至鸡豕牛羊，为的是核定价值，以便输税。登记之严苛，计财之琐碎，令人如临末日审判，后世乃以此名之。在当时，它只是两册"登记"记录而已。

《末日审判书》在初始时为的只是赋役和财政，但是由于记录之丰富，后世更经常地被作为司法材料来对待。我们从中不但可以领略中世纪的身份法和封建制的内涵，更可以窥见当时的土地、财产变动甚至地产权利诉讼的痕迹："未来的史家大约得以重述英格兰土地法之全貌，包括1086年被征服的英格兰，以及未征服时代的1065年。"[1] "该书独一无二地揭示出封建主义在其成长过程的两个不同阶段，更加可信，当然也更加让人迷惑——因为它给我们揭示的是个别而非一般。"[2]

诺曼入侵前，英格兰行政区划早已形成郡县（county）、百户区（hundred）或小邑（wapentakes）、村镇（vill）三级。正因为全英格兰是按照郡县、百户区或小邑以及村镇划分，所以这样大规模的调查才会有地理行政区划的基础。《末日审判书》中记录的基层社会"庄园"（villa）类似后世的行政教区，已经具备较为纯熟的行政制度，加上原有的较为成熟的自治体制，使得从这一层面看来，庄园俨然已具备基层政权的各种要素。虽然它们在本质上属于不同类型基层组织的混合体，有时候是相当大的耕作为主的有机单位，有时候则是一部分较小耕作单位的聚合，因某种外力或者基于治安法或者财政法粘合成一体。它不仅承载着土地要素，也承载着身份要素；不仅具有基层解决公共事务的政治集会功能，也运行着基础的司法裁判机制。

《末日审判书》更集中地体现了早期封建制的核心特质：社会阶层的等级化。土地上的耕作者明显地被划分为五大阶层，依照地位尊贵与身份自由的程度，他们分别是：①自由民（liberi homines），②自耕农（sochemanni），③维兰农（villani），④帮役农、茅舍农等（bordarii, cotarii, etc.），⑤隶农（servi）。其中后两类是没有任何身份、几乎没有任何财产（可供在那时养活自己的生产或生活资料）的被奴役者，连他们的税都是领主缴纳。社会阶层的分布和法律制度的形成一样，在传统村落习惯和诺曼带来的封建制度下渐渐杂糅成独特的英格兰封建法，并在此基础上逐步累积，历经漫长的中世纪演化嬗变。

以《末日审判书》为中心，诺曼入侵后在行政、财政和基层司法体制等逐步成型，并随着封建制和王权的巩固，为后世的治理和法治奠定了坚实的基础。

从普通法的源头来看，它的产生与独特的封建制度密切相关。纯粹的西欧封建体制（feudal system）意在调整分封格局下具有不同等级和身份的人群之间的权利义务关系（体现在法律上的主要是地产权关系）。在此我们有必要澄清

[1] Maitland, Frederic William, *Domesday Book and Beyond: Three Essays in the early History of England*, Cambridge University Press, 1987, p. 2.

[2] Ibid, p. 3.

"封建"一词的确切含义。如果我们采用马克·布洛赫对"封建主义"的定义："依附农民；附有役务的佃领地（即采邑）而不是薪俸的广泛使用……；专职武士等级的优越地位；将人与人联系起来的服从—保护关系（这种关系在武士等级内部采用，被称作附庸关系的特定形式）；必然导致混乱状态的权利分割；在所有这些关系中，其他的组织形式即家族和政府的留存（在封建社会第二阶段，国家将获得复兴的力量）——这些似乎就是欧洲封建主义的基本特征"，[1]那么同期的英吉利社会并不具有如此强烈的人身依附关系，政治主权也不像典型的西欧封建制那样仅仅在国王和封臣之间分享——自治城镇、自由民等阶层和他们的财产权利一直没有被压制殆尽。难怪有学者认为："自 12 世纪晚期，英格兰的确变成了一个半官僚化、半科层化的国家，在这里封建主义失去了它政治、司法和军事上的意义，而仅限于土地保有和财税体制的规划方面。在这个意义上，那种正宗的'英国封建主义的第一个世纪'同时也是它的最后一个世纪。"[2]

中世纪早期各阶层间的关系相对简单，普通法的内容在当时也相对粗疏。随着社会经济的发展，王权和贵族之间的地产格局发生变化，再加上官僚体制下治理技术的发达以及国王对司法和行政的改革，英格兰的法律从封建法中脱颖而出，成为具有鲜明特征的普通法。中世纪的普通法大致有如下特征：其一，与其他古代法系一样，此时的普通法也侧重于对人身份的确定，有关法律主体、身份方面的法律就非常复杂；身份和财产制度交织在一起，极大地影响到普通法的适用。虽然普通法改革的本意在于形成中世纪英国自由民皆可适用的法律，但自由民之外的隶农、教士、商人都需适用不同的法律。其二，中世纪法律也同样注重于土地的财产权利，因此普通法中最为复杂也最为重要的部分非地产权法莫属。以保有为主的权利格局与当时农业为主的生产方式、较为粗疏的耕作水平和有限的产出直接关联，但也与王权统辖下财富的表现形式紧密联系。其三，普通法的司法技艺脱胎于行政治理过程，故而注重法律程序，讲究严格的形式与既定的仪式，普通法的令状制度既是程序法发展的代表，也是蕴藉实体法规则的源泉。令状制度的确立与司法中心主义的强势地位，以及凭借"有救济始有权利"的观念，深深地影响了普通法系下的实体权利格局。

此外，威廉国王从未废止原盎格鲁-撒克逊习惯法，在征服后更是掺了诺曼人的习惯，司法官在审理案件的时候，习惯和成例被代代沿袭，在处理新案件

---

〔1〕 ［法］马克·布洛赫：《封建社会》（上卷），张绪山译，商务印书馆 2004 年版。

〔2〕 ［英］R. C. 范·卡内冈：《英国普通法的诞生》（第 2 版），李红海译，中国政法大学出版社 2003 年版，第 8~9 页。

的时候，按照以往类似案件的裁决而处理，此即"遵循先例"（stare decisis）的起源。在这一精神的指引下，加上王权对此制度的推行，通行全国的普通法得以奠基。一方面，后世将遵循先例发展为严格的法律适用原则，法院须遵循与案件事实类似的以往判决，对当前的法律问题作出裁决，目的在于保证司法判决的稳定、一致和可期待。另一方面，遵循先例并不禁止法院在出现强烈异常的事实和理由时偏离以往判决，以防止一错再错。

大量先例的出现，使得发现法律变得有些艰难。12世纪以来，法律学者们采撷爬梳，做成较有系统的判例汇编，《格兰维尔》（Glanvill）和《布莱克顿》（Bracton）是其中较早期的尝试。13世纪后，法院或法学者们按年度编辑法官判决意见和理由，此即《判例年鉴》（Yearbook）的起源。这些文本都是判例法的参考材料。普通法也就成为建立在判例法基础上的不成文法。

3. 普通法在中世纪的演进

诺曼征服后，虽然一度强调既定格局的稳定，准许全体英格兰人或者原有的部落或自治村镇可以沿用自有的法律，即爱德华王时代所拥有的权利。但随着封建制仅仅限于地产制度，军事效忠或义务变得淡化之后，较为集权而有效率的王室将"撕成碎片"的传统习惯法逐步整合起来，并通过强有力的中央司法机关，统一法源和司法执法权力，构筑了后世名之为"普通法"的大厦。诺曼王朝尤其是亨利二世实行的司法和行政改革，极大地约束了地方诸侯和封建领主的行政权力和司法特权，建立了统一的司法行政体制，使得法律的适用和司法的运作均进入相对标准化的形态中。

诺曼征服加速了英格兰的法律统一。一方面，诺曼王朝保留了较古老的行政区划和地方司法组织，如百户区、郡以及地方治安官等的设置都是久已有之的。另一方面，亨利二世（Henry II）等明君在较短的历史时期内，建立了一套法院体系，在中央如王座法院（King's bench）、财政署法院（exchequer），在地方则派出巡回法院和巡回法官，受理王室和地方领主的争端。王室还通过自己的司法系统，积累审判经验和案例，推广自己的司法管辖权，并发展出强大的法律规则来指导审判。最终，王室通过种种途径，终于扩大了国王的司法权，渐渐挤压了领主们主导的公共法庭、封建法庭，或者来自教会的特许法庭的权力，大体上能够把全国司法置于国王法庭直接或间接的控制之下。这一历史过程可述之处很多，但历史家们往往强调以下的一些独特的英格兰经验：

（1）王权对司法有效控制，"王室司法"（Royal Justice）占据突出地位。中世纪之初，覆盖英吉利全境的审判组织多为封建法庭，适用的司法规则多为地方习俗，各地差异明显，缺乏统一的法律规则和救济内容，对同一诉讼事项则会出现千差万别的司法后果。亨利二世不满于零碎化的司法格局和各地对王室权力的分散，大力发展覆盖全国的"王室司法"。对民众来说，王室的司法影响日益重要，对王室司法的信任和遵从也就容易理解，此即"国王所至之处法律必存"（wherever the King was, there was the Law）的局面。

就内容大体而言，统一的"王室司法"分为两个方面。一方面，安境保民、注重治安的"与国王有关的诉讼"（Crown Pleas）。"国王诉讼"是指破坏"国王安宁"（King's Peace）的犯罪案件，"国王诉讼"只能由王室法庭审理。在英格兰，"个人安宁"的法律概念早已有之，在盎格鲁-撒克逊时代，所有自由人均享有不受他人侵犯的"个人安宁"权利。国王作为最高领主和国君，其"安宁"的权利被视为全体子民的代表和最高利益。诺曼征服后，随着国王至高无上地位的确立以及王权的日趋强大，"国王诉讼"的范围迅速扩大，几乎囊括了所有危害国家、社会和基督教会安全的刑事犯罪。大体上刑事审判权归国王所有并且仅仅由国王行使，这一观念已得到法律的承认和实行。"国王的安宁"即针对犯罪的刑事司法审判主要由王座法院（Court of King's Bench）来承担。出现于13世纪中叶的王座法庭是独立的专职法庭。1268年，罗伯特·布鲁斯被任命为"在国王面前受理诉讼的首席法官"，这标志着王座法庭的诞生。布鲁斯带领三四名法官，专注于案件审理，不再兼理其他工作。

另一方面，国王的司法权力也把触角伸向民事诉讼（common pleas）。传统上民事诉讼第一审由地方法院（自治城镇法院或者封建法庭）来处理，此外还有教会法庭对某些特定民事事项的管辖；后来随着王室法庭的加入，在民事案件中与原有的审判权力形成竞争关系。由于王室法院不断优化和提升自己的司法水准，渐渐取得了压倒性的管辖权。当事人在不满于地方法院的偏狭或者不利于己的情况下，有权向中央求助，王室赖于当事人的请求得以受理民事诉讼。国王的法官适用较为统一的、清晰的审判程序和可预期的司法救济模式，当事人渐渐乐于将纠纷提交国王而不是领主或教会法庭，王室法庭在这一过程中取得了优势地位。王室负责民事救济的司法机构主要是民事法庭（Court of Common Pleas）和财政署法院（Court of Exchequer）。到爱德华一世时，这两个中央司法机构已经定型，并积累了相当的审判案例。

（2）以司法令状的形式构筑普通法的救济和权利模式。最早的令状是行政性质的，但亨利二世的司法改革将此一文书形式构建成为普通法的基石。令状最早出现于9—10世纪，一直到12世纪前，都是一种信件式的行政文书，它以统治者命令的形式与口吻，按照既定的格式和用语，由王室文书处大法官厅向相对人发出，一般用于行政事务。亨利二世时，令状不再直接命令相对人如何行事，而是要求他/他们到王室法官面前解决纷争，届时将由法官而不是国王来主持并解决纠纷。在内容上则被大量用于土地纠纷等民事案件的司法审判，并开始形成若干不同的固定格式，每一种形式的令状只适用于某一特定案件。凡自由人，交纳一定的申请费后，均可向国王申请相应的司法令状，然后根据令状规定的程序进行诉讼。令状具有崇高权威，无视或违抗国王令状，以蔑视王权论处。司法令状是 12 世纪中叶以后国王与地方公共法庭、封建领主法庭原有司法权竞争有力手段。

令状从行政文书变身为启动诉讼的司法文件，这可谓司法令状的最古老形态，此即起始令状（original writ）。最早的起始令状出现于 1203 年，由文秘署签发。作为司法令状的另一大种类则是由法庭签发，涉及诉讼的步骤和措施。起始令状载明了诉讼请求的性质、双方当事人的姓名、争执的事项或者标的，乃至其他诉讼程序上的事项如传唤、召集陪审团等。

以王室的文秘署或法庭签发并盖印的令状代表了民众对王室作为正义之源泉的坚定信念，不遵守令状等同于违抗王令，会带来严重的刑事后果，所以王室签发的令状具有至高的威力。令状与国王们的强势立场相一致，口气不容置疑，遣词清晰具体，用语明白无误。

令状的格式和其对应的诉讼程式十分严格，每一程式都对应特定的诉讼程序，包括特定的起诉期限、举证方法、出庭或缺席理由以及判决的执行方式。每一程式的令状都有其创设时的情形和要求，是为某一特定的侵害而创设的救济程序。随着法律的发展，新令状不断被创设出来并添加到"令状登录簿"中。当事人只能就既有的令状格式申领，一旦获得某种令状，则不得以他种形式的令状救济方式进行诉讼。

令状不但是当事人进行诉讼的司法文件，也是王室法院进行司法管辖的主要来源。国王的法官或文秘署签发令状，需要当事人支付费用，这可谓早期的诉讼费。该收费构成王室金库的一部分。令状不但构成司法管辖的基础，不同类型的令状格式在法律史的演化中，也充实了普通法的权利救济格局。

令状制度是和王室的中央司法集权结合起来发挥其作用的。早期的令状可以指示地方法庭进行司法救济，也可以满足当事人避免某种不愿承担的司法程序。渐渐地，王室令状发展成在王室法庭（而且仅仅在王室法庭）开始诉讼程序的司法公文。亨利二世的司法改革更促使大部分的侵犯私人权利的案件集中到王室法庭来解决，王室的法官和文秘署官员们接管了地方法院的部分权力，尤其是涉及地产保有制的各项权益如今也笼罩在王室及其司法令状体制下。

令状在长期发展过程中，也演变出多种形态，其中与封建地产制密切相关的是占有诉讼令。构成后世普通法令状基础的四种小巡回审诉讼令（petty assize）是建立在亨利二世时期的四项以占有为核心的地产立法之上，其内容构成普通法的主体，其形式包括：①新近侵占诉讼令（assize of Novel Disseisin），"恢复原告对土地的占有，否则到王的法官面前出庭诉讼"，构成了后世普通法以占有为核心的地产权利格局；②收回继承地令状（assize of Mort d'Ancestor），适用于继承的形式问题；③地产性质诉讼令（assize of utrum）决定的是争议标的属于教会还是世俗财产，不仅涉及地产保有制和法院管辖权，而且涉及宗教义务和身份权利；④最终圣职推荐令（darrein presentament, or last presentation），涉及地产保有人向该地教堂的主教推荐教士的权利。

占有诉讼令给王室法院带来了可观的案源和诉讼费，不过指令令状（praecipe）在这方面也不弱。指令令状以传讯的形式，通过郡守发给被告，要求其出庭应诉，适用的案件涉及寡妇地产、疏于履行债务、对圣职推荐提出主张、土地所有，等等。指示令状构成对权利救济加以司法保障的基础[1]。指令令状始于国王在听取原告控诉后，向被告发出的要求他们作为或不作为的强制性命令。

令状制度可谓普通法的基石，令状的垄断地位导致的后果是：有令状方有救济，随之而来的逻辑是有救济才有权利。所以封建王权主导下的司法体制催生了中世纪普通法的权利内容，但是几个世纪以后开启了近代化进程，封建的令状制度显然无法满足工商业主导下的社会需要，19世纪的司法改革主要任务便是废除令状制。不过，令状在今天虽然从立法上被废除，但它依然深刻地影响了普通法的理论和实践，普通法中对于权利的分类依然可见令状制度的遗留。正如梅特兰所说："我们虽然埋葬了令状制度，但它却仍从坟墓中统治着我们。"[2]

（3）巡回审判制度的普遍化和专业化。亨利二世的司法改革不仅扩大了王室司法在境内的优势地位，而且通过专业的法官巡回审判，强化了普通法的统一适用。上文述及的王室法院如普通民事诉讼法院、王座法院、财政署法庭等，都脱胎于封建的御前会议。同样地，御前会议也萌芽了后世的巡回法院。在亨利一世时期，御前会议的某些成员被派到州郡巡游（eyres），以便主持听讼，多涉及刑事和森林案件，也偶尔监督或者协助地方法院。早期的巡游官只是偶一为之，没有制度化的人员和巡回区划的建制。亨利一世后斯蒂芬治下的乱世时期，这一做法不得不中断。

巡回制度和地产调查、令状等制度一样，最初都是源自国王治理的需要，后逐渐转化为制度化的司法实践。亨利二世力求恢复祖父时代的治理，也不时

---

〔1〕 参见［英］R. C. 范·卡内冈：《英国普通法的诞生》（第2版），李红海译，中国政法大学出版社2003年版，第二章。
〔2〕 ［英］梅特兰：《普通法的诉讼形式》，王云霞、马海峰、彭蕾译，商务印书馆2009年版，第1页。

派出贵族巡游境内。在 1166 年，亨利二世颁布以打击重罪为目标的《克拉伦顿法》（Assize of Clarendon），派出长期驻守的巡游官员，主持森林巡回等审判。1168 年，总巡回审判着手推进，对全境内适用的巡回审判制度至此正式建立。到 1176 年，《北安普顿法》确保了覆盖全境内的常设巡回审判机构和司法制度。当时巡回审判的"钦差法官"（justicie errantes）分为 6 组，对境内的所有州郡做正式的巡视和听讼。

几个世纪以来，巡回审判渐渐臻于完善。巡回审判不但定期进行，而且籍由巡回法官的专业、统一的法律原则和程序模式，占据各级、各地的法庭。巡回审判制度的重要后果自然是挤压了地方法庭和封建法庭的大部分司法权，加速了司法管辖权的集中。巡回法官主持领主领地内的种种纠纷，审查地方法庭的各项决定，甚至干预后者的判决结果，国王司法权愈加有效地延伸到全国各个角落和各个领域。

国王的法官们和律师们促成了司法体制的集权化，继之又促进了统一法律体系的形成。伴随着巡回法官的足迹，各地不同的习惯法逐步融为一体。同僚们集合起来，法官们要汇集案例，交流办案经验，研讨法律疑点，逐渐形成并继承专门的法律传统。许多被公认为合理的判例、习惯自然成为大家共同遵奉的审判准则，久而久之，便作为普遍有效的统一法律固定下来，形成通行全国的普通法。据说约 12 世纪中叶，开始出现"普通法"这一词汇，普通法的出现，首先且主要是基于统一的法院体系和专门化的法官阶层的努力，籍此司法不仅脱离了行政治理，独立成为强调司法运作的内在精神和严格的外部形式的司法技艺，在后世也能够部分地抵御行政专权的压力，从而发展出独特的普通法路径。

（4）王室法院的陪审制度彰显理性的举证调查制度，有效地拓展了普通法的适用。从法律或诉讼产生的那天起，举证和事实审查就成为人类理智的难解之题。在较为原始的世纪里，人民采用神裁、决斗等惨烈方式，力求寻找事实真相。虽然在漫长的中世纪这些查证事实的方式一直未断，但是英格兰的治理者们和民间社会一道，发展出极具人文理性的陪审制，使得普通法在司法审判领域较早地走出司法蒙昧时代，进入人本主义的理性司法行列。

陪审团（jury）制度也是古已有之，在末日调查时代就有询问来自村落长老之做法。同样也是在亨利二世时期，陪审团成为一种经常性的司法工具。[1] 陪审制度同样在王室法院有效，但是陪审制度并非唯一的事实查证机制，刑事案

---

〔1〕 ［英］西奥多·F. T. 普拉克内特：《简明普通法史》（第 5 版·影印版），中信出版社 2003 年版，第 106~115 页。

件的被告也可以选择其他的证明方法。

陪审团依承担的功能可分为检举陪审团和审判陪审团两种，后人称检举者为大陪审团，审判中承担事实查证者为小陪审团。大陪审团是当巡回法庭开庭时，郡长应从各百户区内遴选 12 名合法居民，从各村遴选 4 名合法村民，经宣誓后检举自亨利二世继位以后发生在自己百户区或村镇内的所有重罪犯罪。后世大陪审团多提交嫌疑人，决定起诉还是不起诉。

早期的陪审员身份类似陈述事实的证人，他们的回答类似于事实说明。陪审制逐渐频繁地被用于刑事审判，尤其是检举重罪、指控犯罪，后来也用来确认嫌疑犯。陪审团不仅具备检举权，也明确用于查证事实。15 世纪开始，陪审员不仅限于自己陈述的事实，得以以自己的认识作为判断事实或证据的基础。近代以来发展出由陪审团和法官分担审判中的不同职权，陪审员就法庭出示的证据做出对事实的判断，从而使得普通法的审判、检举和证据制度更加完善。

自 12 世纪以来，由骑士或普通自由民组成的地方陪审团在王室法院作出事实裁断，担当起民事诉讼和刑事审判的核心，这一制度为民众带来便利和好处，审判从非理性转向人文理性以来，并在几个世纪中不断拓展着普通法的吸引力。

依靠专门化的法律职业团体，加上国王的适当专权，中央集权化的审判实践形成了通行于全境的法律（the law common to the realm），普遍适用于国王的各级各类法庭，于是国王法院统称普通法院，该法院适用的法律程序和权利内容便是普通法。普通法不仅压倒了地方诸侯的封建法，也有利于法律职业团体的专门化，从而对抗教廷和王权的控制，并得以连续地发展数个世纪，屹立不倒。

4. 八百多岁的《大宪章》与万岁的国王：国王在法律之下

2015 年是《大宪章》（Magan Carta）的八百周年纪念日，老少咸集，英格兰及一些英联邦国家也举行了宪章"原件"的巡回展览，举国若狂究竟为何？

诞生于 1215 年的《大宪章》有其独特的历史契机，而且这样的历史契机不可再现也不可复制：不得人心的约翰王内外交困，强敌压境，贵族们占领首都，要挟国王，乘国王之危，逼他在自我限权的宪章上加盖尊贵的王玺，事后国王反悔食言，贵族们也不了了之，没有继续追究。即便《大宪章》的全部文本实际上从未得到当时的国王遵行，但这无损于其在普通法发展史上的光辉烙印，那就是："国王在法律之下，而且应该低于法律。"

早在 1100 年时英格兰国王颁行《自由宪章》，亨利一世同意在某些特定的领域，他作为国王的权力会受到限制。1215 年的《大宪章》限制王权的条文则来自第 61 条：由 25 名贵族组成的委员会有权随时召开会议，具有否决国王命令的权力；并且如果有必要，可以剥夺国王的城堡和财产。罢黜国王的权力（distraint）是出自中古时期的一种法律习惯，但这是在人类历史上第一次有机会将它加诸国王之上。虽然在 1217 年的《宪章》中这条被去掉了，但是对王权的限制已经有了先例。

《大宪章》留给后世的遗产不只是限制王权，《大宪章》至今发生法律效力的条文尚有三处：一是保障英国教会的自由和权利；二是承认伦敦及其他自治城市的自由和习惯；三是也是最重要的那条是："未经同身份等级者或者这一土地上的法律的合法审判，任何自由人不得被逮捕、监禁、剥夺权利、没收财产、放逐出境等。"

在万古如长夜的黑暗时代，英吉利可以发展出自由的宪章，令王权向法律低头，令臣僚遵循法律，令城市不受侵犯，也让每一个自由民不受恐惧地享受自由和财产，这可谓是普通法对世界的巨大贡献，过去是，现在依然如此。而国王及其家族虽历光荣革命的波折，终得以在君主立宪的格局下颐养天年，与民同乐，真正安享"万岁"的欢呼了。

5. 衡平法的起落

在一个法律体系内部，可以内生出别样的程序和法院体系来补充现有体制的不足，同时有意无意地引发两种体系的竞争，这可谓普通法发展史上的另一特色。衡平法在 13、14 世纪的兴起，及其在后世的流布，似乎更能表明普通法系中法律的自我更新能力。

普通法全面确立后，由于强调司法令状的严格使用，诉讼或救济途径都变得有限。普通法遵循"有救济方有权利"的古训，对于那些无法获取合适令状的权利纠纷，当事人无法及时、满意地受到法律的庇护。而同期的地产制度经历几个世纪的嬗变后，旧有的格局显然无法适应新的财产保有者的利用方式。由于社会经济的发展、财产关系的复杂化以及诉讼救济途径的不便，普通法在某些方面已陷入僵局。

王权在历来的习惯中为自己保留了最后的便宜行事的权力空间。虽然从地方法庭到中央王室法庭，此时皆已纳入严谨的令状体系中，但是国王赋予了未能受到审判机关公正裁决的人借向国王请愿（petition）的途径实现最后的正义。未能受到公正裁判的原因可能来自现有法院对该类情形没有可依据的管辖权，从而无法救济的情形；也可能虽现有救济令状可以管辖某种情形的案件，但是适用该救济会导致明显的不公正。随着请愿案件的不断积累，到 14 世纪交由特别的大法官（chancellor）法院加以裁决。大法官没有成案可循，裁决本着"国王的良心"（King's conscience）考量，为实现公平、衡平（equity）而进行案件裁决。"良心"构成了大法官管辖权的基本权威，良心作为唯一的管辖权渊源，构成司法救济的另一途径。

大法官早期多由教士担任，原本是隶属国王的行政官员，主管文书起草、发布各种特许状等文书事务，此时因处理令状或者其他司法文件而介入审判和司法领域。他们在处理这类案件时，享有很大的自由裁量权，不必受普通法诉讼程序的约束，也无法遵循普通法的成例，只能依据其个人良心所认为的"公平""正义"原则独立处理，同时无须陪审团参加。这样就在普通法体系之外，又产生了以大法官判例为法律规则的衡平法。

自15世纪开始，通过向国王请愿、交由大法官处理的特殊诉讼案件与日俱增，为应对诉讼压力，大法官官署（Chancery）负责专门处理此类案件的审判事务，乃成大法官法院（Court of Chancery），亦即中央王权层面的衡平法院。大法官法院累积的法律规则也就被称为衡平法（Equity）。

早期历史的衡平法原则和救济程序都不太稳定，标准也不统一。由于衡平法的源头——国王的良心难以归结出较为一致的适用原则，加上审判过程中较多依赖大法官的自由裁量，裁决结果具有很强的个人倾向和变通性质。自从1529年托马斯·莫尔担任大法官后，衡平法院审判逐渐仿照普通法，发展出一套自己的规则和学说，当后世类似的事实或案件出现时，大法官便求助于这些规则和学说去处理案件。发展到16世纪末，大法官的判决开始定期公布，大法官的活动逐步脱离个案的性质，具有定型化司法的特征，其规则也为法律职业者所研习和归纳。

及至18世纪，衡平法的自由裁量不再占据主要地位，而且像普通法一样，采取了遵循先例主义原则，衡平法的规则也逐渐实现了规范化和条理化，史称"衡平法的结晶"。衡平法上升成了普通法之外的另一种法律形式，出现了普通法和衡平法两种法律规则、两种法院和两种诉讼程序并存的法律体制，诉讼案件和审判规则分别适用不同的法院。

在权利救济的范围上，衡平法创设了土地收益权（uses）和信托（trust）特殊的救济和权利格局；而在诸如欺诈、禁止反言（estoppel）等问题上与普通法分享管辖权；此外，衡平法还在救济程序上发展了独特的禁令（injunction）和特殊履行（specific performance）等补偿或救济措施，有助于协助普通法的执行。

（二）普通法与世界

1. 革命与法律：普通法在大西洋两岸的近代进程

普通法的变革并不过多地依赖政权变革，如果我们沿袭以1688年光荣革命（Glorious Revolution）为界划分英国社会的中古世代和近代，那么与其说光荣革命成就了普通法的近代化，毋宁说普通法在一定程度上孕育了光荣革命的制度建设。法律的进化很难找到类似政治史上的显明标志。相反，普通法的近代化是世代演进的缓慢历程，"其无限的复杂性已经过许多个世纪的检验，凝聚了许多代人的智慧。"[1]

（1）旧邦新命。15—16 世纪可谓普通法的发展和近代法的孕育时期。在此期间，王权和议会、王权与教廷、国王与贵族大臣们，乃至普通法院与衡平法院的矛盾、竞争乃至妥协，无不造就了普通法一以贯之的基础要素：权力制衡、遵循先例、法律职业专门化以及权利救济格局。这些要素使得普通法从专属某一阶层或某一人群的法律渐渐变成属于全体自由民的法律，即便在中世纪缓慢的进程中，关于法律的经验、知识与技艺也没有中断其前进的脚步。

尽管英吉利的治理模式较之欧洲大陆显得独特而且有效率，但是在 17 世纪革命的前夜，这种舶来的体制还是为变革者提供了口实。从那时起，法律变革者们鼓吹历史上的"诺曼奴役理论"（theory of the Norman yoke），认为英国人与生俱来的自由惯例和法律被诺曼征服者通过武力和王权统治给剥夺了[2]，所以在历史变革的关头，重寻法律源头，不仅是政治革命的任务，更是法律变革的内在要求。

光荣革命后，通过各方妥协所达成的政治诉求主要在次年（1689）通过的制定法《权利法案》加以体现。《权利法案》以约翰·洛克等倡言的自然法思想为旗帜，认定革命是人民为保护自己的生命、自由和财产而采取的正当行动，保护私有财产、人身权利、政治社会的组织化、限制政治权力侵犯公民自然权利等，成就了人类历史上第一次宪政主义的表达和实践。

《权利法案》以及后来的《王位继承法》都是议会主导下的政治权利文件，议会主权也成为此一时期英国宪政的基本政治源泉。议会主权强调议会立法权的至高无上，国王不得干涉或者削减议会通过法案的效力。

在议会主导下通过的《王位继承法》也明确了保障法官独立的条款，国王随意介入审判、主导审判结果的封建专制现象被彻底废止，一旦法律在议会获得通过，就独立于政治力量或者王权，只能由专门的法院及独立的法官加以实施，这些规范保证了司法的独立。对于具有几个世纪悠久传统的法律职业者集团来说，法律是根本的、神圣的，只能遵守而不可随意更改。法学家们也一改往日仅仅关注先例研习的传统，利用体系化的思维与概念，整理、总结法律的原则和精神，布莱克斯通所作的《英国法释义》（*Commentaries On the Law of England*）便是 18 世纪普通法在学术化方面的杰出代表。

---

[1]　H. T. Dickinson, *Liberty and Property*: *Political Ideology in Eighteenth Century Britain* (1977), p. 63, 转引自陈晔编译：《17 世纪英国的法律与普通民众》，载侯建新主编：《经济—社会史——历史研究的新方向》（下编），商务印书馆 2002 年版。

[2]　[英] R. C 范·卡内冈：《英国普通法的诞生》（第 2 版），李红海译，中国政法大学出版社 2003 年版，第 9 页。

在司法领域的变革首先是诉讼程序的简化。因为普通法以事后救济为特点，因此它在形式上比较不关注交易方式的变化或者权利类型的法律认定；而以关注救济方式或诉讼程序为出发点，在实际生活中救济总是晚于权利的，所以对于近代社会生活或生产方式的变革，普通法不能及时呼应。19 世纪初，在以边沁为代表的改革家推动下，对诉讼程序进行了艰难和长期的改革，改革的主要方式是通过立法，推翻旧有的繁杂程序。19 世纪末随着议会立法的积累，司法改革取得了较为彻底的成果，初步确定了今天普通法司法程序的面貌。19 世纪的司法改革也许是英国法律史上对英国司法制度进行的最集中的改革，它不仅合并了普通法和衡平法，建立了统一的最高法院和高等法院，而且还废除了令状制度，统一了诉讼程序。

19 世纪上半叶以来的法律改革运动强调立法，并推动了议会立法的过程和模式的标准化。很多与市场或自由经济内容相关的立法，都是通过设立委员会、召集专家听证、制作报告、然后交议会通过这一流程实现的。19 世纪至 20 世纪初的很多单行立法，很多也是为了确保自由市场秩序、改革旧有习惯而设立的。

英国法律改革的重要标志之一便是财产法改革。1925 年，由议会主导的法律改革力量通过了《财产法》（Property Act），以清晰的成文法规范了普通法中有关财产权利的核心内容。1925 年的财产立法意在废除所有带有封建性质的保有形式，简化了繁琐的地产权利附属义务，而只保留了绝对占有的非限嗣地产权和终身保有的大体分类，也清晰界定了在土地上的各种负担和权益，以及相应的在衡平法上的权利。地产权类型的简化适应了经济发展的需要，同时也使人的身份摆脱了与土地的关联，真正实现了法律与私权利的现代化。

（2）革命与法律：宪政、联邦主义与司法审查。独立战争为美国人实践洛克所倡导的人民起义权提供了最完美的实践机会。洛克在他著名的《政府论》中一再强调：生命、财产和自由是人民不可让渡的权利，一旦人民授权成立的政府违背这些原则，侵犯公民与生俱来的自由权利，人民可以随时收回自己让渡的那部分自由，即人民面对暴政有推翻它的权利。洛克的自由学说在殖民地公众中具有强大的影响力，革命是天赋于殖民地人民的权利体现。但是，革命不是一时冲动之举，而是建国之父和美国人民自行设计政治图景、规划法制蓝图的第一步。美国宪政主义是在独立战争后才进入到纯粹的顶层制度设计，而且有赖于设计者的远见与妥协，宪法文本之精良设计，垂范后世，远胜于莱克星敦的猎猎武功。

作为宪政重要组成部分的法治，尤其是美国独立后及 19 世纪上半叶，美国的宪法、司法制度乃至法律学说都取得了革命性的进展，其中最显著者如肯特（James Kent）的《美国法释义》（*Commentaries On American Law*）以及最高法院大法官斯托里〔Story）等法律家关于宪政和宪法、司法体制等的著述，不但在美国，而且在欧洲也获得了充分的关注。

美国在立法和司法上的"宪法至上"原则足以表明其宪政实践的成功。宪法文本自 1787 年通过以来，除了随时损益的 28 条修正案以外，正文的内容几乎一字不易。直到今天，美国宪法依然是保护国内公民权利、实施联邦制度的强大保障，是法院一切裁判的最终法源，并一直是支撑着美国政治体制的柱石。其持久的生命力不仅来自立法过程中的设计和妥协，也来自实现宪政原则的司法机关对它的"创造性遵守"。宪法在立法过程中，立法者们采集各方利益诉求，结合 17 世纪以来欧洲自由主义的精神，发布出精巧制度设计的文本，其基本精神在今天仍历久弥新。宪法在编纂过程中吸纳了各阶层利益的诉求，是各种利益群体妥协的产物，为适用宪法、解释宪法提供了足够的空间。

美国宪法具有鲜明的联邦制特色，联邦政府较为强势的地位有赖于联邦主义和联邦党人在建国之初的努力。联邦主义最杰出的代表作是《联邦党人文集》，文集采用与纽约人通信的形式，主要由麦迪逊（James Madison）、汉密尔顿（Alexander Hamilton）完成，少量则为杰伊（John Jay）所作，主要是为了说服纽约州的居民们接受新宪法文本，深入阐述了联邦体制对于独立后美国的价值。文集也是为了和反联邦党人论战之用：反联邦党人认为原有的邦联宪法足够完美，只要稍加修正即可成为新国家的宪法；国家主权来自人民，实现人民民主最直接的手段在州一级，而强大的联邦和权势过多的总统只会削弱人民的权利；新宪法的文本缺乏公民自由的基本权利的条款。联邦党人则针锋相对，认为代议制政府可以调和各利益群体的矛盾，有助于实现民主；联邦制有助于国家安全、军事尤其是海军、商业、税收、政府经济等方面的发展；联邦制下的公民权利在宪法框架内可以得到保障；原有的邦联宪法无法完成对外防御、对内发展的任务。最终经美国公众和各州代表的妥协，选择了联邦制，联邦主义成为在宪法和公民权利的框架内合理划分州权和联邦权的基础，对于达成美利坚两百余年的繁荣功不可没。

取得独立后的美国并非一开始就发展出其独特的司法审查制度，但是 19 世纪初的党争为联邦最高法院提供了难得的树立司法权威的机会。在联邦宪法和最高法院那里，体现了建国之父们及其后的司法力量对三权分立制的政体设计，理论上政府的权力分解为三权鼎立：国会为代表的最高立法权、总统为代表的最高行政权以及联邦最高法院为代表的司法权，三者彼此制约与平衡。宪法文本赋予了立法和行政权力互相制约机制，如总统对于议会法案拥有最终否决权，议会得弹劾总统，等等；但对司法权力，虽坚持司法权的独立，但秉承"司法权力是三者中最不重要"的"共识"，没有涉及司法权对其他两种权力如何制衡。司法权威是最高法院的法官们通过对一系列案件的判决一步步树立的。其中，初步确立这一权威的案件就是著名的马伯里诉麦迪逊案，此案围绕总统竞选前后对政府官员任命的争议，在 1803 年由最高院终审裁决。马歇尔大法官通过对宪法的扩展解释，在此案中陈述了对后世具有关键影响的原则："宪法构成国家的根本大法和最高的法律"，"违反宪法的法律是无效的"，"断定什么是（合宪的）法律是司法部门的职权和责任"。这个原则的意义在于：国会虽然掌握立法权，但是其立法权要受到来自司法的制约，司法部门有权判定国会通过的法律是否违宪。马歇尔通过对此案件的裁决，使最高法院确立了司法审查权，并在一定意义上确立了对一切国会立法的"违宪审查"。该判决落实了最高法院的司法权，使得司法权与国会的立法权、总统的行政权在实践层面上实现了三足鼎立、互相制衡的局面，提高并确立了最高法院的司法审查权在美国政治生活中的强势地位。

2. 殖民与法律传统

普通法的传播首先依赖那些所谓的五月花清教徒们——或者说早期的北美殖民者，普通法随人口的输入而继受是最自然不过的事情。英国向这片土地大规模地输出人口进行殖民始于 16 世纪末、17 世纪初，在日后三百年殖民地的政治与经济发展进程中，普通法成为此区域法律制度的主流应用。

但是，普通法的传统在一开始就有意地被殖民地人民区别适用。对于大多数殖民者民众和治理者来说，普通法传统是他们所了解的唯一法律机制，传承和适用是最自然、最方便的选择。但是，在涉及自身权益和公共管理模式的时候，尤其是对他们力图逃避的繁琐程序、封建政体乃至政府模式来说，古老的普通法不是他们的最优选。英格兰普通法规则无论在公法还是在私法中都从来没有不经修改、原封不动地应用到各个殖民地中。某些学者也看到殖民地法与母国法的巨大差异，例如早期的马萨诸塞湾殖民地的法律自成一体。究其原因，由于殖民地的地域广袤，却互相隔离，加上强制适用英国法的外来力量并不严格，13 个殖民地俨然 13 个独立的法律体系。英格兰的司法体制同样为殖民地公众选择性适用，在这里，英国司法体制中比较典型的内容，如关于普通律师与出庭律师的区分、法官人选只能从出庭律师中选取的传统，以及从事实务的法律职业界对法律教育的垄断独占等，这些原本属于英格兰职业法律生涯限制条件的个别制度安排也没有能在这片新世界里保留下来。正是这样一种法律和自治体制上，尤其是公法上的独立性和多样性部分地促成了独立战争。

然而，英格兰法律体系中那些一般性与本质性的特征，尤其是普通法的方法论传统，自然而然地随着殖民后裔的制度惯性被保留下来。判例适用时的区分技术作为判例原则的核心，在具体案件判决及其案例史的发展过程中被延续下来；普通法全部的专业词汇和概念原则也在英国殖民地保留了下来；在司法程序与权利格局上有关普通法与衡平法的二元区分以及普通法院与衡平法院的二元体制也在很长时间内继续适用；陪审制依然在殖民地的自治政府中被沿袭下来；在衡平法法院中不使用陪审团而在适用民事与刑事法律的法院中陪审团继续扮演着中心角色。

美国法制对普通法系乃至世界的贡献来自公法尤其是宪政领域。由于殖民地时期的公众沿袭并发展了高度自治（self-government）的行政体制，自由主义的宪政设计在这里获得了最合适的实验场所。保皇党人、革命者、茶党等派别都发动宣传，极力说服公众接受自己的政治主张。而一旦独立成为主流，尤其是在第二次大陆会议于 1776 年 7 月 4 日通过了《独立宣言》后，联邦主义和反联邦党人又围绕联邦抑或邦联、公民权利和自由、代议制等问题展开论辩，公众和建国之父们逐渐就联邦主义、代议制政府、总统制、司法独立等取得共识，从而使美国宪政的独特制度不仅成为一国独立的成果，也成为大西洋两岸资产阶级革命的共同主张和政治口号。

在私法领域，殖民地最大限度地利用了新世界的优势，发展了与财产有关的制度，对普通法中的财产法律实践作出一定的突破与革新。传统英格兰法的某些制度，比如封建地产、身份等级、单身女性无法享有财产权利、长子继承权（primogeniture）等旧制，并没有在这个极具平等性的社区和由拓荒者组成的开放空间中幸存下来。[1] 土地制度在普通法那里是财富和身份的基础；在殖民地时期，土地不像英国本土那样稀缺，也无需接受领主与封臣、国王与骑士那样的封建等级和义务的束缚，所以在财产权利的格局上与英国普通法的纽带变得较为松散，法官、法律家以及立法者使用继受的英国法作为基础的时候，能够以比母国更为独立、更具创新的方式发展普通法的原则。至 1650 年，大体上封建体制在北美殖民地就荡然无存了，封建义务在殖民地更无法扎根；而且，由于清教徒在社区治理方面的创新，一些新的产权机制被运用，例如普利茅斯殖民地的共有土地制度；而"反向占有"（adverse possession）在空旷的殖民地也史无前例地被广泛应用，这些都反映了殖民地在经济、政治和社会相关的法律制度与法律原则的独创性。

这一时期的法制还因大量成文法的制定而区别于传统普通法。由于殖民地在创立时是在一系列相对宽泛的特许状制度的基础上建立起来的，故而在新世界行政管理和政府组织，操作空间相对自由。再加上殖民地人民在情感上对宗

---

〔1〕 L. M. Friedman, *A History of American Law*, Introduction, 3rd Edition, Touchstone, 2005, pp. 5–7.

主国王权体制的疏离，以及对新生活的向往，各殖民地都采用了更能体现公众意志的成文法形式，规范本区域的自治结构与个人权利，实行高度的自治，如《马萨诸塞自由政体法案》（Massachusetts Body of Liberties 1641）、《马萨诸塞法律和自由法》（Laws and Liberties of Massachusetts 1648）等，尤其是后者，自1648 年颁行以来，一直沿用至 18 世纪，成为殖民地民法、刑法乃至宪法的基础。

可以说，美国法律从一开始就决计走上一条不同于宗主国传统的发展之路。无论从宪政体制、公权力设计，还是从土地制度、财产规则，都在这片全新的大陆上播撒别样的种子。

3. 普通法在美国：法律帝国

19 世纪以来，大工业生产方式席卷美国城市甚至乡村，这不仅改变了公众的生产和生活方式，对于美国社会的冲击更具震撼力。尤其是 19 世纪 60 年代内战后至 20 世纪初这段时间，经济高速发展，财富繁花似锦，但繁荣背后暴露出来的社会矛盾促使马克·吐温发明"镀金时代"这一名词。在镀金时代，政客们拜倒在金钱势力下，经济繁荣成为唯一的发展标准。但是，社会矛盾丛生，底层大众在不合理的经济竞争中无法维持生存，还遭受社会达尔文主义者的鄙弃；机器化生产带来效率和财富，也带来对工人的伤害事故，但在所谓的自由主义环境下，无人承担责任；放任的竞争也带来无序的市场环境，产品质量和安全乏人问津。繁荣背后是公众的不安和不满，但是司法和立法机构对此呼应得较为缓慢。

在传统财产法领域，财产权利是对土地的绝对支配，这种绝对权利的概念无疑会约束其他人利用土地的权利。但在工业化时代，土地不再是农业生产的承载者，经济活动的多样化要求放松土地权利的绝对趋势。从 19 世纪以来，受到经济活动和产业发展的影响，财产权利的观念从强调绝对所有权，转向对土地生产利用和开发价值的承认和保障，在用水权益、反向占有（adverse possession）、财产浪费（waste）等方面都作出不同于以往的变化。

在契约法领域，一方面，法院固守传统的契约自由原则，鼓励私人竞争，为镀金时代有产者的权利甚至特权提供保护，这方面典型的例子如 *Lochner v. New York*，198 U. S. 45（1905）：纽约州的立法规定了面包房工人的最长工作时间，原告的面包作坊因违反这一规定而被罚款。联邦最高法院确认面包房和个人的"契约自由"的原则，违背这一原则的立法被判无效。另一方面，契约法也为新型交易类型、保证自由贸易而不断进化：实际履行被广为应用，承认股票合同的契约属性，绝对的责任自负原则得以校正，这些都在一定程度了促进了商业和交易的安全。

在侵权领域，19 世纪全面确认了过失责任的适用。传统普通法领域强调财产所有人对财产的合理使用，如果在使用中对他人的财产造成损害，不论有无过失，均需承担责任。在 19 世纪初，有过失才承担赔偿责任的原则被法院确立，并在整个 19 世纪全面适用，司法保护的是对财产的充分利用，而公正补偿的原则退居其后。但是，频仍的工业事故伴随着大工业的铺开屡见不鲜，并在司法诉讼中体现出来，事故诉讼案件的数量在 1870 年后急剧攀升，其中大量的是人身伤害侵权诉讼。19 世纪后期的法律改革者们，如霍尔姆斯、沃顿等，不遗余力地抨击严格因果关系造成的不公，但直至 20 世纪，初过错责任和严格因果关系在司法上才得以松动。

同时，社会改革者不断反思和批判大工业以来的弊端，引发了以进步主义为主的社会潮流。进步主义者针对大工业时代不受约束的自由经济激发的诸多社会问题和不公平、不合理现象，试图通过调控消除社会弊病。进步主义的思潮进入法律界，首先要对冷漠的侵权法作出改革。1910 年，纽约州劳工补偿法获得通过，要求为危险行业中的雇员提供强制性工伤补偿。此外，很多州还制定了雇主责任法，废止同事过失规则，修正原告过失规则，限制自担风险原则的使用。美国的侵权法缓慢地走出自由市场的原始困境，由过错责任原则转向无过错的严格责任原则，向现代侵权法迈进。

如同镀金时代的社会矛盾招致知识分子的批判，法律界对于不公平的司法原则也呼吁变革。不同于以往法院创造新规则的旧有作法，在变革时代，立法越来越成为得力而方便的工具，公众的意见促成了大量全国性和地方性的社会、政治、经济立法。社会转型期大量社会、政治、经济的矛盾主要是通过法律规范而不是法院判例来纠正的，虽然历史上，立法进程一般滞后于社会发展进程，但面对现代工业社会和市场经济环境带来的不公正局面，司法机关无法做出更加迅捷有效的回应，于是保障救济和权利、调节社会政治经济运行秩序最有效的途径莫过于立法了。

第二节　普通法的司法制度

普通法从 12 世纪由英格兰的王室法官在长期司法实践中发展而来，有着浓郁的诺曼历史气息，也有着一些独特的制度（如令状制度、陪审制等），在初期还有严格的形式主义特征等。而且，正如很多人都知道的那样，这里的普通（common）其实并非真正的平凡、普通的含义，而是共同的意思。其原因也正在于，是这些王室法官通过长期的巡回审判，将各地纷繁复杂的习惯法统一起来，形成了适用于整个英格兰的共同的法律。在这个意义上，它和衡平法、制定法相并列，统称为英国法的三大渊源。

需要指出的是，英国法中的三大渊源更多的是指它的历史渊源，即由于历史原因分别由普通法法官、衡平法法官和议会（包括国王及其谘议会）发展而来的上述三种法律。英国的三大渊源可以说是处于同等并列的地位，分别调整不同的法律领域，比如普通法更多停留在契约、侵权等领域，而衡平法则占据信托领域，制定法的内容则要看议会对什么有兴趣了。而且法典化的趋势也使很多传统的普通法规则，都被吸收到了制定法中（比如美国许多方面的法律重述的努力），这样，原来的普通法规则就变成了制定法。尽管如此，普通法还是占据了许多传统的领域，而制定法关注更多的仍是那些新型的领域和新型的问题。[1] 法官和法院所创造的普通法仍然是英美法基本的和主要的法律渊源。因此，与大陆法对议会立法和大学传授的实质依赖不同，英国普通法传统的形成主要是司法运作的结果。于是，便有学者将普通法的这种以司法救济为出发点而设计运行的一套法律体系称为"普通法的司法中心主义"，从而与大陆法的"立法中心主义"特征相比较。[2]

一、英国的法院与法官

今天的英国的司法制度是在 19 世纪末通过对其司法组织系统进行较大规模改革后形成的。英国分为英格兰、威尔士、苏格兰和北爱尔兰四个地区。英格兰和威尔士地区的司法制度为一体，苏格兰和北爱尔兰则与之有较大区别。本节所指的英国司法制度仅指英格兰和威尔士地区，主要从法院与法官制度、律师制度和法学教育三个方面阐述。

（一）英国法院体系

17 世纪的英国革命未触及司法制度，原封不动地保留了中世纪的法院组织。然而伴随着工业革命和现代工业社会的到来，旧有的法院制度不再适应时代发

---

〔1〕 李红海：《法系、渊源与普通法》，载《人民法院报》2004 年 8 月 18 日。

〔2〕 李红海：《司法地解读普通法》，载［英］R. C. 范·卡内冈：《英国普通法的诞生》（第 2 版），李红海译，中国政法大学出版社 2003 年版，译者序第 18 页。当然，也有论者将基于普通法生成要素上的特殊性描述为：它在很大程度上是由律师学院的成员，也即在范围有限的实际诉讼中作业的出庭律师和法官们创造的。因此，它所带有的独特标志，并不具备像法典那样由一批经合理制定的规则构成的属性，而是具有逐渐创造的"法律"属性，即它是由审判庭中的律师和法官在受制于单个案件的事实和在场的无法预测的外行陪审团的情况下，零零碎碎地创造的。因此，它形成了自己的独特风格、法律拟制以及各种使那些不懂诉讼程序和令状制度奥妙的人极难理解的东西。［美］卡尔文·伍达德：《威廉·布莱克斯通与英美法理学》，张志铭译，载《南京大学法律评论》1996 年第 2 期。

展需求，英国于 19 世纪进行了全面的司法体制改革，一套现代法院制度也由此逐渐形成。英国当前的法院体系依级别可分为地方法院系统和中央法院系统，此外还有部分特别法院（如专门法院等）。

1. 地方法院系统

在英国，基层基本上将民事和刑事案件分开管辖。因此，按照受理案件的性质，设立了郡法院、治安法院和刑事法院。

（1）郡法院。郡法院是根据 1846《郡法院法》设立的基层法院，专门负责处理数额较小的民事案件。全英现有二百八十余个郡法院。虽然名为郡法院，但它的管辖区域并非与郡的行政区划完全吻合。[1]

郡法院最初只能管辖《郡法院法》规定范围内的民事案件，只能受理诉讼标的额不超过 5000 英镑的合同或侵权案件，后来其管辖范围通过立法不断扩大，如今能受理诉讼标的额为 30 000 英镑的衡平法律案件。具体来说，郡法院的管辖权包括受理诉讼标的额不超过 1000 英镑的地产收回案件、契约纠纷案件、侵权赔偿案件。如果标的额超过此限，若原告主动放弃超过部分的诉讼请求，也可在郡法院审理；诉讼标的额在 5000 英镑以下的涉及信托、抵押和合伙的衡平法案件；如经当事人双方同意，金额在 4000 英镑以下的房地产案件以及伦敦以外地区的破产案件，金额在 1000 英镑以下的海事案件和金额在 3500 英镑以下的海事救助案件等，也可由郡法院审理。超过以上金额的案件，则由高等法院审理。不过，在司法实践中，这种分工并不是绝对的。某些本应属于高等法院审理的案件，在当事人双方同意的情况下，也可由郡法院审理。另外，进入 20 世纪以后，有关收养、遗嘱、未成年人监护权、消费者权益保护等方面的案件，都划入了郡法院的管辖范围。因此，每年郡法院受理的案件都数以万计。[2]

郡法院的诉讼程序相对简单，一律采用简易程序独任审判，不用令状而用传票，一般不召集陪审团（只有海事、欺诈案和一些较大的案件经当事人申请后才使用陪审团）。审判过程中通常也没有法庭辩护，法官可单独决定法律和事实两方面的所有问题，直接依据当事人陈述和证人证词等证据作出判决。若被告未出庭，法官可以缺席判决。当事人就法律适用和事实认定对郡法院裁判不服，在取得郡法院的书面上诉许可后[3]，可上诉至高等法院相关法庭，还可以

---

〔1〕　郑先红、徐前、凌瑾：《英国司法制度概述及启示》，载《中国司法》（域外司法版块）2011年第 12 期。

〔2〕　程汉大：《现代英国法院制度的历史变迁》，载中南财经政法大学历史研究所编：《中西法律传统》（第 5 卷），中国政法大学出版社 2006 年版。

〔3〕　在英国，如不服一审法院作出的民事判决，只有在获得该法院的许可后，才有权利提起上诉。

进一步上诉到上诉法院。近年来，有的郡法院向当事人提供网络诉讼服务，当事人可以通过互联网起诉、应诉、交换证据和开庭审判等，既节约了诉讼成本，又提高了诉讼效率。

（2）治安法院。治安法院是根据1952年《治安法院法》设立的英国基层刑事法院。除刑事初审权外，治安法院还拥有部分民事案件的管辖权：如债务、夫妻分居、收养、抚养、亲子确认、对未成年人的监护等家庭纠纷案件，以及有关房主与房客关系的诉讼等。治安法院由内政部打破行政区划单独设置，内政部将英国划分为900多个司法小管区，每个小管区设一个治安法院。

英国刑法把刑事犯罪分为两大类，一类是性质较为严重的可诉罪，另一类是比较轻微的不可诉罪。治安法院的刑事司法权也因此分为两种形式：一是采用简易程序审判的不可诉罪案件，如酒后驾驶罪、交通肇事罪、轻度伤害罪等。对这类犯罪，治安法院可处以最多不超过6个月的监禁，或不超过2000英镑的罚款。二是须通过正式起诉程序，采用陪审制审判的可诉罪，如纵火罪、伪证罪、伪造罪、贩卖毒品罪等。这类案件在正式起诉前须先经治安法院预审，即治安法院根据起诉书对案件事实进行审查。如果证据充分，决定起诉，治安法院便将案件提交给刑事法院进行审判，已由治安法院定罪的，移交刑事法院进行刑罚判处；若罪行较轻，可采用简易程序审判的，治安法院便自行审决。此外，治安法院还设有由专业（经过专门培训）治安法官负责审判的少年法庭，处理青少年犯罪案件。综上可知，治安法院拥有对轻微刑事案件及青少年犯罪案件的审判权，同时可对性质较为严重的刑事案件进行预审以确定其最终管辖法院。治安法院是英国最主要的刑事初审法院，96%以上的刑事案件由其审理。除少数侵犯儿童和谋杀案件直接由刑事法院初审外，绝大多数轻微刑事案件均由其管辖审理。

治安法院的审判组织形式比较多样：可以由专业治安法官1人单独开庭审案，也可以由1名专业治安法官和1名非专业治安法官组成合议庭进行审判，还可以由至少3名非专业治安法官组成的合议庭进行审判。不设陪审团，治安法官可就事实和法律方面的所有问题独立作出判决。判决以参审法官的多数票为准，若票数相等，则另组合议庭重审。当事人对治安法院的刑事判决不服，可上诉至刑事法院；而对治安法院作出的民事判决不服，基本上可上诉至高等法院家事分庭、上诉法院或最高法院受理。

（3）刑事法院。刑事法院位于治安法院之上，为地方法院系统中的高级刑事司法机关，主要受理经治安法院预审后决定起诉的案件、已由治安法院定罪但尚未判处刑罚的案件和不服治安法院刑事判决的上诉案件。

　　根据 1971 年《法院法》规定，英国划分为 6 个巡回审判区，[1] 每个巡回审判区设有三个不同层次的审判等级中心。第一审判等级中心设置在全国 24 个较大的城市里，由高等法院的法官主持、巡回法官协助审判重大刑事案件，可判处最严重的刑罚。第二审判等级中心设置在十几个较小的城市里，审理重大案件以外的可诉罪案件，主要由巡回法官和首席司法官主持审判。第三审判等级中心设置在其他 46 个城镇里，审理那些可正式起诉也可采用简易程序审理的刑事案，如伤害罪、盗窃罪等。高等法院的法官不出席，具体案件的审理由巡回法官或刑事法院的非专业治安法官主持。

　　刑事法院在审理可诉罪案件时必须召集陪审团，是当今英国继续采用陪审制的最主要的法院。法院庭审程序严格规范，气氛庄严，传统特色浓厚。不服刑事法院的判决，被告可就法律问题向上诉法院刑事法庭提出上诉。

　　2. 中央法院系统

　　近代初期，英国中央法院制度的弊端（组织混乱、程序繁琐、效率低下、诉讼费昂贵等）凸显，到 19 世纪上半叶，随着工业社会的到来，这些弊端暴露得愈发淋漓尽致。特别是普通法法院和衡平法院两套法院系统各自为政，矛盾百出，几乎到了令人难以容忍的地步。针对传统法院制度暴露出的种种问题，英国政府从 19 世纪初便试图改革。经过一个多世纪的努力，最终根本改造了传统的二元司法体制，建立了合理、高效的现代法院体系结构。英国当前的中央法院体系依层级可分为高等法院、上诉法院及最高法院。

　　（1）高等法院。英国高等法院建立于 1873 年，其法律依据为 1873 年的《司法法》，该法规定：自本法案颁布之日起，下面提到的各法院将被合并，在本法案有关条款的规定下，组成英国最高法院（名为最高，但事实上并非权力及审级上的最高，其上还有上议院）。这些法院是大法官法院、王座法院、普通诉讼法院、财政法院、海事法院、遗嘱检验法院、离婚法院和伦敦破产法院，上面所说的最高法院将包括以下两个常设法院：一个是女王陛下的高等法院；另一个是女王陛下的上诉法院。[2] 高等法院由衡平法院等多种法院合并而成，下设王座庭、大法官庭和家事庭三庭。高等法院的管辖权非常广泛：就管辖范围而言，它的权力覆盖了整个英格兰和威尔士；从审级上看，它既有初审权，又有复审权，而且其初审权没有标的额限制。高等法院的三个分庭都有权审判

---

　　[1]　这 6 个巡回区为中部及牛津巡回区（总部设在伯明翰）、东北巡回区（里兹）、北部巡回区（曼彻斯特）、东南巡回区（伦敦）、威尔士及切斯特巡回区（加的夫）、西部巡回区（布里斯托尔）。

　　[2]　程汉大：《现代英国法院制度的历史变迁》，载中南财经政法大学历史研究所编：《中西法律传统》（第 5 卷），中国政法大学出版社 2016 年版。

各类别诉讼，但每个法庭通常只审理某一类案件。在实际工作中，高等法院根据诉讼的不同性质，将案件分给不同的分庭。高等法院各庭由高等法院法官和记录法官开庭审判。对高等法院判决不服的，可以上诉至上诉法院和最高法院。

第一，王座庭。王座庭的管辖范围在高等法院中是最为广泛的，同时也是最主要、最繁忙的。它既受理民事案件又受理刑事案件，其中民事案件为主要任务；既负责初审又受理上诉案件。另外还行使司法监督权，负责核发人身保护状和各种特权令，进行审判监督。为提高司法效率，王座法庭内设立了许多专门分庭（如海事合议庭和商事合议庭），分别由具备专业知识的法官主持。1971 年的《法院法》实施后，王座法庭的刑事司法权移交给了新成立的刑事法院。

第二，大法官庭。大法官庭主要负责审理民事案件，它无权处理刑事纠纷。大法官庭名义上由大法官主持，但由于大法官既是内阁成员，又是上议院院长，事务繁忙，难以亲自主持该庭审判事务，因而通常由一名副职大法官和其他普通法官负责审理案件。大法官法庭对某些案件拥有专属管辖权，如公司、税务、信托、财经、遗嘱、托管执行、监护、专利、抵押物拍卖、不动产、破产衡平案等，对另外一些案件则与王座法庭拥有共享管辖权。同时，大法官法庭还拥有对自郡法院上诉的破产案上诉的管辖权。

第三，家事庭。家事庭主要审理家庭事务领域内有关家庭、监护、婚姻等的重大纠纷及其上诉案件。如遗产、离婚、法律分居、宣布婚姻无效、恢复夫妇同居权以及发布婚生宣告等。

高等法院的三个法庭虽然都有权受理来自郡法院的上诉案件，但由于高等法院于 1875 年设立了专门的上诉法院，为当事人提供了更为简便直接的上诉渠道，因此高等法院各法庭的上诉权在实践中已名存实亡。

（2）上诉法院。早期英国没有上诉理念和上诉制度，任何案件的一审判决都被视为终审判决，不允许复审，因而也不存在上诉法院。英国那时仅有错案纠正制度，即如果诉讼判决中存在明显的法律错误，那么当事人可以申请上级法院予以纠正。直到 19 世纪司法改革后，英国才出现上诉制度。

英国上诉法院建立于 1966 年，由原来的刑事上诉法院和专理民事上诉的上诉法院合并而成，分两个上诉庭，即民事上诉庭和刑事上诉庭。民事上诉庭受理不服高等法院各法庭和郡法院的一切民事上诉案件，没有初审权；刑事上诉庭审理不服刑事法院判决的上诉案件。上诉法院由上诉法官、高等法院法官以及全国 4 名最高级的司法官员开庭审理。对上诉法院的判决不服，还可再上诉至最高法院，但再次上诉的案件受理必须经上诉法院或者最高法院的批准，程序比较严格，所以对绝大多数的案件来说，上诉法院判决实际上为终审判决。

（3）上议院——其司法职能已由英国最高法院接收。在 2009 年英国最高法院设立之前，上议院为英国国内（除去欧洲司法法院和欧洲人权法院）的最高审级，只负责审理内容涉及具有普遍意义的重大法律问题的上诉案件。随着《2005 年宪制改革法案》的实施，上议院的司法职能于 2009 年 7 月 30 日终止，并于同年 10 月 1 日转移到联合王国最高法院，因此上议院已不再肩负司法职能。不过为了更好地了解英国法院制度，本书依旧对上议院的司法职能予以简略介绍。

上议院的司法管辖权于民事及刑事上及于英格兰、威尔士、北爱尔兰各法院之上诉案件。而对于苏格兰，其管辖权仅及于民事案件，苏格兰高等法院为刑事最高上诉法院。根据 1954 年《司法管理法》，凡是向上议院上诉的案件，必须得到上诉法院或上议院的准许，因为只有涉及重大法律问题的案件才能上诉到上议院，所以其实际审理的案件很少，绝大多数的案件都涉及对议会制定法的修正。上议院司法权由常设上诉议员行使，审理上诉案件时不阅案卷，无需当事人和证人出席，仅根据初审法院提交的审判记录和双方律师的口头陈述进行法律论证和判决，判决根据少数服从多数的原则以上议院决议形式作出，不同意见允许保留，附在判决书后。

（4）最高法院。受历史因素影响，英国的行政、立法及司法并未实现明确分权，昔日上议院集立法权及司法权于一身，使得司法审判存在潜在的不公平因素，与《欧洲人权公约》规定相悖。英国最高法院基于这种背景产生，英国最高法院设立的法律依据为《2005 年宪制改革法案》第三章，于 2009 年 10 月 1 日起开始运作，主要由上议院的上诉委员会演变而来，因而其司法权力主要继承自上议院。关于英国最高法院扮演的角色以及与其他机关的关系大致表现如下[1]：

第一，与英国议会的关系。首先，英国最高法院与美国及其他国家不同，不能推翻议会的立法；其次，它可以通过判例法解释国内法律和法令；再次，当国内法涉及《欧洲人权公约》保护的权利时，它有权按照《欧洲人权公约》解释国内法，当这种努力不能达到预期效果时可做出"不一致宣告"；最后，只有议会才有权处理法律间相互矛盾的问题。

第二，与欧洲法院的关系。根据 1972 年《欧共体法》第 3 款规定，当英国法与欧盟法发生冲突时，英国法院包括终审法院，有义务执行欧洲法院确定的法律原则。同时，依据《关于欧盟之运作条约》第 267 条的规定，当遇到欧洲法含糊不清但对诉讼裁决至关重要时，最高法院必须向位于卢森堡的欧洲法院申请裁决。从这个意义上讲，英国最高法院虽是最高上诉法院，但当案件适用

---

〔1〕 程雪阳：《英国最高法院掠影》，载《清华法治论衡》2011 年第 1 期。

法律涉及欧洲法时，欧洲法院才是地位最高的法院。

第三，最高法院是英国民事案件的最高上诉机关，也是英格兰、威尔士和北爱尔兰地区刑事案件的终审机关，苏格兰高等法院对苏格兰地区的刑事案件保留了终审权。另外，尽管枢密院司法委员会已经将教会法庭、五港同盟海军法庭等法庭的判决上诉受理权转交给最高法院，但其依然对一小部分案件（比如来自毛里求斯等地的案件）具有终审权。

3. 特别法院

除了常规的民事、刑事、上诉法院外，现代英国还有若干管辖范围较窄但十分具体明确的特别法院，主要包括行政法院和专门法院两大类型。

（1）行政法院[1]。行政法院在英国称作行政裁判所，它们是为满足现代社会对规范行政管理行为的需要而建立起来的。英国普通法原本没有明显的公法与私法之分，英国亦没有独立的行政法部门，更没有独立的行政法院。以前涉及公民和政府间的纠纷，也由普通法及普通法法院管辖。然而自20世纪以来，随着城市规划、住房建设、交通运输、卫生保健、商标专利等各种社会事务的发展，特别是福利国家的兴起，政府社会调控范围的扩大和力度的加强，行政立法和行政诉讼急剧增加，行政法一种成为必不可少的法律部门，行政法院也应时运而生。

在英国，以下七种行政裁判所作用最突出：

第一，社会保障与福利裁判所：主要审理包括失业、养老、疾病、死亡、妇产等福利保障方面的案件。

第二，财政裁判所：主要审理涉及所得税、增值税、关税等一切税务争议的案件。

第三，土地裁判所：主要审查有关地方当局的土地税率评定、土地征用与买卖、地价评估等类案件。土地法庭的成员包括专业律师、地主和鉴定人等。

第四，就业裁判所：根据1975年的《反性别歧视法》、1976年的《种族关系法》和1975年、1978年的《就业保障法》，该裁判所主要审理因就业歧视或不公平的解雇所引起的纠纷案件。

第五，交通裁判所：主要审理有关过路费、运费收取事项的争议案件。它由5人组成，其中1人是法律专业人员，另外4人是熟悉交通运输业务的人员。

第六，职业行为裁判所：通常采用委员会的形式，按行业设立，主要受理行业内部成员的违规违纪案件，如全国医药总会可以将违反职业道德的医生除

---

〔1〕 参见程汉大：《现代英国法院制度的历史变迁》，载中南财经政法大学历史研究所编：《中西法律传统》（第5卷），中国政法大学出版社2006年版。

名或给予其他形式的惩罚。

第七，精神健康复审裁判所：根据 1983 年《精神健康法案》设立，由医学专家组成，主要审理有关精神病鉴定以及治疗行为方面的纠纷事宜。

（2）专门法院。英国专门法院独立于民事和刑事法院之外，主要有验尸官法院、军事法院和青少年法院等。

第一，验尸官法院。验尸官法院属于地方习惯法院，1988 年《验尸官法》规定：当在自己的管辖范围内发现无名尸体，并有充分理由怀疑死者是暴力所致或非自然死亡，验尸官有责任对尸体进行勘验，以查明死者是谁，何时、何地、因何致死，杀人者是谁等有关详情细节。[1] 由此可见，验尸官法院专门负责对死因不明、怀疑为暴力他杀或其他非自然死亡的尸体进行勘验，并完成初步侦查和预审，以查明死者身份、确定死因和性质，并有权将案件直接移送到刑事法院正式起诉，验尸官法院没有判决权。因此，验尸官法院实际上并不是常规意义上拥有司法审判权的法院。

第二，军事法院。军事法院是负责审理军职罪和军职人员所犯普通刑事罪的专门法院。军事法院对军职罪有专属管辖权；对于军职人员所犯的普通刑事罪，军事法院与普通法法院享有共同管辖权。如果军事法院的审判在前，不妨碍普通法法院再次审判，但普通法法院应当考虑军事法院已给予的刑事处罚；若普通法法院先行审理的话，军事法院不得就同一罪行再予追究。军事法院按军种设立，军事法院都不用陪审团，采用合议庭形式。陆军和空军军事法院由 3~7 名军官组成，海军军事法院由 5~9 名海军军官组成。

第三，青少年法院。英国青少年法院最初建立于 1908 年，当时叫未成年人法院，负责受理 16 岁以下的青少年犯罪案件。1992 年新成立青少年法院，专门审判 10~17 岁的青少年犯罪案件。青少年法院由 3 名经过专门培训的法官组成，其中至少有 1 名男法官和 1 名女法官。青少年法院采用陪审团制，陪审团由来自当地社区的 2 名成员和 1 名主管当地青少年犯罪工作的专业人员组成。出于保护青少年的需要，开庭时不允许公众旁听，新闻记者虽然可以获准进入法庭采访，但在报道中不准透露当事青少年的名字和其他任何身份信息。涉嫌杀人罪或其他情节严重的青少年犯罪案件，须移交给治安法院审理。如果青少年和其他成年人共同犯罪，当事青少年则和当事成年人一起出席治安法院受审，但当事青少年可以送回青少年法院宣判。[2]

---

〔1〕　王德志、徐进：《西方司法制度》，山东大学出版社 1995 年版，第 70 页。
〔2〕　赵勇：《英国青少年司法体系的改革及启示》，载《中国青年政治学院学报》2003 年第 5 期。

（二）英国的法官制度

英国对法官的职业素养和个人品质有较高要求，以保证法官队伍的质量，更好地适用法律，维护公平公正。首先，要求法官必须具有法律知识、经验及技能。主要包括：相当水准的法律知识、司法经验和职业成就；思维分析能力；良好的判决、决断能力；与各种人员进行有效沟通的能力；保持法院权威、维持法院尊严的能力。同时对法官任职的人品素质有明确的要求。包括：诚实正直，公正与公平，对民众和社会的理解，良好的个人品行，礼貌与仁慈，司法的适当、有效及公共服务职责。

1. 英国法官的分类及选任[1]

英国的法官分类依据法院的等级从高到低有以下几类：最高法院法官、大法官（已废除）、上诉法官、高等法院法官、巡回法官和记录法官、治安法官。英国的法官绝大多数都是从优秀的律师中选拔。

（1）最高法院法官。最高法院 12 席法官席位中，其中 10 席由原来的上议院常任上诉法官出任，第 11 席由卷宗主事官（Master of the Rolls）克拉克勋爵（Lord Clarke）出任，他成为首位未担任过常任上诉法官，而直接出任最高法院法官的人。克拉克勋爵遗下的卷宗主事官一位，则由原上议院常任上诉法官廖柏嘉勋爵接替，因此廖柏嘉勋爵未有到最高法院供职。至于首任最高法院院长一职，由原上议院首席常任上诉法官菲利普斯勋爵出任。

（2）大法官——其司法职能已被移除。昔日，英国大法官的地位十分显要，同时兼任上议院议长、内阁成员、最高法院院长，拥有立法、行政、司法三方面的职权。但自《2005 年宪制改革法案》生效后，大法官的司法职能已被大幅移除。现在，英国已废除掉大法官制度。

（3）上诉法官。上诉法官是英国上诉法院的专职法官，主要审理不服治安法院、刑事法院判决的上诉案件，通常由 3 名法官组成合议庭进行审理。由首相在与大法官协商后提名，国王任命。通常从高等法院法官中产生，偶尔也从出庭律师中产生。担任上诉法院法官须有 15 年以上出庭律师或者 2 年以上高等法院法官的资历。

（4）高等法院法官。高等法院法官是英国职业法官中最重要的一种，主要负责审理初审法院以报核方式提出的上诉案件。高等法院法官包括大法官分庭的大法官（庭长）和副大法官、后座法庭的首席大法官（庭长）和副大法官、

---

〔1〕 该部分主要参见董倩倩：《英国法官制度》，载《今日南国》（中旬刊）2010 年第 6 期，以及王琦：《国外法官遴选制度的考察与借鉴——以美、英、德、法、日五国法官遴选制度为中心》，载《法学论坛》2010 年第 5 期。

家事法庭的庭长、高级法官以及一定数量的普通法官。普通法官的人数不超过106人，但可以根据议会的有关命令予以增加。高等法院法官由大法官提名，国王任命，或直接由大法官任命。担任高等法院法官须有10年以上出庭律师资历或至少2年巡回法官经历，而且年龄在50岁以上。

（5）巡回法官和记录法官。巡回法官是英国专业法官的一种，主要在刑事法院审理较为严重的刑事案件和在郡法院审理一般的民事案件。记录法官是一种业余法官，其主要任务是帮助巡回法官处理刑事和民事案件，每年担任法官的时间为4周，其他时间仍以原有的律师身份执业。担任巡回法官通常须有不少于7年的出庭律师资历，由大法官提名，国王任命，或直接由大法官任命。

（6）治安法官。在治安法院从事审判工作的法官称为治安法官。治安法官有两类：领薪治安法官和不领薪的兼任治安法官。领薪治安法官是经过训练的专职法官，可以独立审理简易案件，伦敦领薪治安法官还有权裁决引渡要求。兼任治安法官无须经过正规法律教育，也没有任何报酬，只有少量差旅费和生活津贴；兼任治安法官必须是执业7年以上的律师，享有固定薪俸。专业治安法官可以一人单独开庭审案；也可以由一名专业治安法官和一名业余治安法官组成合议庭进行审判；如果只有业余治安法官出席，则至少需3人才能组成合议庭。治安法官从社区的非法律专业人员中选拔，由当地咨询委员会提名，大法官任命。

2. 英国法官的培训及保障制度

英国的法官几乎都直接从出庭律师中选拔，且只有那些出类拔萃的出庭律师才能有机会被任命为法官。获得任命时，他们不仅对法官的专业知识有精准的把握，而且也有长期的法庭实践经验。因此，从出庭律师荣升为法官是一个漫长过程，在英国，40岁以前被任命为法官极为罕见。

英国对法官的培训与其他欧洲国家相比非常少。英国以前没有专门培养法官的教育，法官的职业教育在律师公会中完成，被称为行会式教育模式。这种教育模式高度集中和垄断，注重职业教育和技能训练、情事理论和学术训练。直到1979年建立了司法研究委员会，由这个组织专门负责初任法官的培训和现任法官的进修。司法研究委员会由高级法官主持和指导，由地方治安法官、律师和行政人员及大学教师组成。其主要活动有三项：讲授新上任法官标准就职课程和专职与兼职法官定期进修班课程；对某些特别专题的培训；法律书籍和指导材料的出版。现在司法研究委员会由法律大臣部拨付资金，已成为独立的自治组织，扩大了培训范围，有权自行决定培训的内容和性质。

英国法官实行高薪制。法官的工资只能增加，不得减少。他们的工资从一个固定的基金中支付，不需经过议会投票表决。除非严重失职或行为不端，否则高级法官的任期实行终身制，法官罢免程序严格，只有上下议院一致通过其才能被罢免。

二、美国的法院与法官

美国与英国同属普通法系，美国法在继承英国法的过程中发展起来。独立前，原 13 个殖民地基本沿袭英国的法律传统，又根据各自需要自立法令，各殖民地自成司法体系，未形成统一的司法制度。独立后，1789 年美国国会颁布的《司法条例》规定了联邦法院的组织、管辖权和诉讼程序，逐步形成了现有的司法制度。本节主要从美国的法院制度、法官制度及法学教育三个方面来描述美国司法制度。美国的法院和法官制度为独具特色的联邦与州的二元化体系，联邦和州的法院和法官制度自成体系。而法学教育则在早期即形成了以法学院教育为主的教育模式，后经过以兰戴尔为代表的法学界前辈的变革创新，逐渐实现了美国法律教育的现代化。

（一）二元法院体系

美国不存在单一的司法系统，美国的法院也不存在于单一的司法体制当中。美国法院组织属于比较有特色的二元分立模式——联邦法院和州法院，这种区分的根源来自于美国的联邦宪法。两大法院体系分别适用各自的宪法和法律，管辖不同的案件和地域。这种二元分立的法院组织体系使得美国司法制度的结构相对复杂。因此，有学者指出："在人类为管理自己而设计的全部有效制度中，美国的司法结构可能是最复杂的司法结构。"[1]

1. 联邦法院组织

联邦法院分为依照宪法设置的普通法院和根据法律规定设置的专门法院。曾经很长一段时期内，美国联邦法院的规模并不大。但自 1960 年起，联邦法院的案件数量巨幅增长，联邦法院体系、法官及从属工作人员队伍随之迅速扩大。

（1）联邦普通法院。联邦普通法院系统有三级法院：联邦地区法院、联邦巡回法院和联邦最高法院。它们都是根据《宪法》第 3 条设立的，因此被称为"宪法性法院"，又称"宪法第三条法院"，但它们都属于一般管辖权的法院。另外，还有国会设立的特别宪法性法院，如合众国国际贸易法院、合众国索赔法院。此外，还有一类不是根据《宪法》第 3 条设立而是由国会为某些特别的目的而设立的法院，或者说是由国会为行使《宪法》第 1 条所赋予的立法权而设立的法院，被称为"立法性法院"，或者"《宪法》第 1 条法院"。立法性法院的法官一般由国会规定了明确的任期，并被授予非司法的职能，其挑选和任命

---

〔1〕〔德〕K. 茨威格特、H. 克茨：《比较法总论》，潘汉典等译，法律出版社 2003 年版，第 365 页。

程序也与宪法性法院的法官不同。如合众国军事上诉法院审判案件应用军事法，由 3 名文职法官组成，由总统经参议院同意任命，但任期为 15 年；破产法院专门审理有关破产的案件，法官由联邦上诉法院任命，作为联邦地区法院的附属机构。

①联邦地区法院。联邦地区法院是联邦法院系统中的基层法院，联邦地区法院的管辖区域除法律另有规定之外，只限于本司法区范围之内，负责审理联邦管辖的普通民事、刑事、商事案件，还可以复审某些联邦行政机关的决定。联邦地区法院有 94 个，全国 50 个州共设有 89 个地区法院，另外哥伦比亚特区和波多黎各领地各有 1 个地区法院，3 个海外托管地均设有地区法院。每个州至少设有 1 个联邦地区法院，较大的州可能设有 2~4 个地区法院，如加利福尼亚州、纽约州和德克萨斯州各有 4 个地区法院。联邦地区法院的审理组织因案件性质的不同而有所区别。一般采用独任制，实行陪审制；涉及违宪等特殊案件时，由 3 位法官组成合议庭审理；对于特别重大的案件，由司法区内的全体法官审理。对一般案件的裁决不服，可向联邦上诉法院提起上诉，涉及法律违宪的案件，可跳过联邦上诉法院直接上诉至向联邦最高法院。[1] ②联邦巡回法院。美国全国 50 个州划分为 11 个司法巡回区，此外，首都华盛顿哥伦比亚特区作为一个巡回区，每个巡回区设立一个联邦上诉法院，共 12 个上诉法院。每个巡回区所管辖的范围大小不同，如第二巡回区只辖纽约和康涅狄格两州，第九巡回区则辖加利福尼亚等太平洋沿岸及夏威夷、阿拉斯加 9 个州并加上关岛、北马里亚纳群岛。另外还有一个特别的"联邦巡回区"，其上诉法院称为联邦巡回上诉法院，是第 13 个联邦巡回法院。由 12 名总统提名经参议院同意任命的法官组成，办公地点也设在哥伦比亚特区。该上诉法院与其他 12 个上诉法院地位相同，但其管辖的地理范围涉及全国，而管辖的案件限于审理由各联邦地区法院及有关联邦独立管理机构转来的涉及专利、商标、版权、合同、国内税收的案件，以及索赔法院和国际贸易法院的判决。因此，在哥伦比亚特区有 2 个上诉法院，一个为哥伦比亚特区上诉法院，一个为联邦巡回上诉法院，两者是不同的。每个联邦上诉法院有 6~28 名法官，也都是由总统提名，经参议院同意后任命，皆为终身职。上诉法院审理案件，一般由 3 名法官组成法庭，但特别重要和有争议的案件要求全体法官出席。上诉法院只有上诉管辖权，受理经辖区内联邦地区法院判决的案件的上诉，也审查联邦贸易委员会之类的独立管理机构的行动。③联邦最高法院。联邦最高法院依据合众国宪法设立，是唯一直接在联邦宪法中明确规定的法院。联邦最高法院是联邦的终审法院，拥有违宪审查

---

〔1〕　蒋飞飞：《浅析美国联邦法院系统》，载《山东省农业管理干部学院学报》2009 年第 6 期。

权，也是联邦法院体系中唯一兼具原始管辖权和复审权的法院。其一，原始管辖权。根据联邦宪法的规定，最高法院关于以州为当事人和涉及外国外交人员（外国派驻美国的公使、领事等）的案件拥有原始管辖权。这类案件只占联邦最高法院案件的极少部分。其二，复审权。最高法院通过以下两种途径行使复审权：一是上诉。当事人对联邦上诉法院或州终审法院就涉及联邦问题的判决不服，可向联邦最高法院提出上诉。二是申请调卷令，指最高法院对当事人的复审申请审查同意后，以颁发调卷令的形式（即调取诉讼卷宗的令状）对已由联邦上诉法院、各州最高法院、联邦权利申诉法院或联邦关税和专利上诉法院判决的案件进行复审。最高法院有权自由裁量是否颁发调卷令，通常仅在案件涉及重要的联邦问题时，才许可颁发调卷令。其三，司法审查权。美国联邦最高法院有权通过审理有关案件解释宪法，审查联邦和州的立法及行政措施是否符合联邦宪法的规定，违反联邦宪法的法律和行政措施为无效。

联邦最高法院全体法官共同出庭审理案件。审理期间先由法官阅读案件文本和诉状摘要，再进行庭审、辩论和评议表决。由首席法官指定一名持多数意见的法官制作多数判决书，每个法官都可以公开宣布个人意见并记录在判决书中。

（2）联邦专门法院。联邦专门法院是出于减轻普通法院负担和应对案件增长的现实而设置的法院。专门法院之所以从联邦综合法院体系中分立出来主要有以下三个原因：①专门法院能简单、迅速处理没有争议的一般性行政事务（如破产法院）；②专门法院在一些涉及特殊群体的案件中运用有效的方式（更多的关心、理解及专家意见）解决问题（如青少年与家庭法院）；③专门法院在技术性非常高的领域有一批专业法官（如税收和经济管理）。[1]

当前美国比较典型的专门法院主要有：一是联邦税收法院，1969 年设于华盛顿，在全国各地开庭，专门负责审理涉及联邦税收的案件；二是联邦关税法院，1926 年 5 月建于纽约，专门审理涉及联邦关税的案件；三是联邦索赔法院，专门负责审理公民个人或社会团体联邦宪法、法律、行政机关制定的规则等造成损害要求赔偿的案件；四是国际贸易法院，专门审理与关税和贸易协议有关的民事纠纷；五是军事上诉法院，专门负责处理军事法院有关高级军职人员和判处死刑的上诉案件；六是破产法院，专门审理破产案件。[2] 值得注意的是，并不是各州都普遍设立专门法院，有的专门法院只在个别州设立。

---

〔1〕 参见最高人民法院司法改革小组编、韩苏琳编译：《美英德法四国司法制度概况》，人民法院出版社 2002 年版，第 38 页。

〔2〕 齐树洁主编：《美国司法制度》，厦门大学出版社 2006 年版，第 7 页。

2. 州法院组织[1]

美国州法院的构建及其人员配置则由各州依据各自的宪法和议会的意见决定。州法院不同于联邦法院，因为每个州都有相应的自主权，所以各州法院系统极不统一，各州在法院之体系及名称的设计上都有自己的特色。因此，对美国的州法院而言，不能简单地根据名称来判断法院的级别或比较不同州的法院体系。美国大多数州的法院由三级法院构成，也有的州仅为两级。各州法院的名称往往较为复杂，没有统一的称谓，由各州宪法和法律加以规定。此外，州法院一般设有刑事、民事、家事、行政等专业审判庭。

（1）初审法院。美国大部分州保留了多种初审法院体制，少至 2 种，多至 10 种以上。根据法院审理的案件性质不同可将其分为两大类：高级初审法院和低级初审法院。

①高级初审法院。有的地区初审法院被称为地区法院、巡回法院、高级法院，而在纽约州则被称为最高法院。州初审法院通常负责审理严重的刑事案件（即重罪而不是轻罪）以及涉及大额钱财的民事案件。大多数州的高级初审法院具有上诉职能，负责审理对初级初审法院审理的某些案件提出的上诉。主要的州级初审法院在地域上比较分散，一些州的每个县都设有县级法院，在另一些州则由多个县组成巡回区。②低级初审法院。低级初审法院位于高级初审法院之下，负责审理次要的民事和刑事案件，并对专门案件（如青少年犯罪等）拥有司法管辖权。大部分州的低级初审法院处理的案件数量比高级法院的数量多，但多数是违反交通和停车规则案，在长期的审案过程中形成了特殊的运行程序，案件经常由行政人员而不是法院。即使有法官介入，也采用便捷的程序快速高效地结案。

（2）中级上诉法院。设三级法院的州中间层次为中级法院，就是上诉审法庭，有的称上诉法院。各州上诉法院的结构有所区别，有的州只设一个中级上诉法院，另一些州在不同地区设立中级上诉法院。少数几个州分设民事和刑事上诉法院。各州中级上诉法院对于自高级初审法院上诉的案件拥有管辖权（当然这类案件有些可以直接上诉至州最高法院）。在某些州，上诉法院同时管辖自低级初审法院上诉的案件。关于审判组织模式，各州也有所区别，有些选择全体法官集合审判，有些则采合议庭制度。

（3）州最高法院。州的司法终审法院是州最高法院，但名称并不一致：如康涅狄格州称再审法院，马萨诸塞州是最高司法法院，纽约州则称上诉法院等。

---

[1]　参见最高人民法院中国应用法学研究所编、韩苏琳编译：《美英德法四国司法制度概况》，人民法院出版社 2008 年版，第 24~28 页。

在存在中级上诉法院的州，州最高法院审理的大部分案件源自上诉法院，且州最高法院有权自由裁量是否受理这些案件。对于未设立中级上诉法院的州，州最高法院对大部分来自初审法院的案件都必须受理。各州的最高法院设有 5~9 名大法官，采用全体法官集合办案的审判模式。

（二）联邦与州法院的权限[1]

联邦法院与州法院之间没有上下隶属的审级关系，两者在组织上完全分离。两大法院系统彼此独立，互不隶属，在案件管辖范围上有明确的划分。

美国司法制度中的管辖权，是指确定案件由联邦法院还是州法院受理和审理的权限分工。州法院是否对其所辖区域内的案件拥有普遍管辖权，由各州宪法规定。联邦法院的管辖权属限定管辖权，受联邦宪法和联邦国会制定的法律的限制，只对联邦宪法、联邦法律以及联邦最高法院以判例形式限定的范围内的案件行使管辖权。

1. 联邦法院的司法管辖权

《联邦宪法》第十修正案明确规定：凡本宪法所未授予合众国或未禁止各州行使的权力，由各州或人民保留。联邦法院有权审理涉及美国宪法、联邦法律、国际关系、联邦商务以及由联邦宪法所规定的刑事案件和不同州籍之居民间的争议。

（1）联邦问题管辖权。联邦法院受理的绝大多数案件属于联邦问题案件，因为相对于州法院，联邦法院能够对联邦法律作出相对更一贯、更符合本意的解释。但是，州法院仍保留对联邦问题案件的管辖权，因此如果当事人愿意在州法院审理，州法院仍具有管辖权。一般而言，联邦问题管辖权只存在于原告在诉状中明确提出的诉讼请求是基于联邦法律的案件之中，即联邦问题是其诉因产生之根源。因此，如果联邦法律问题只是作为州法诉讼请求的一部分，那么对于此类案件则不存在联邦问题管辖权。常诉诸联邦问题管辖权的问题有：违反联邦刑法、破产法、证券交易法、劳工法，对专利权及著利权的侵害等。

（2）州籍不同管辖权。根据《联邦宪法》第 3 条规定，联邦法院对不同州公民之间产生的争议或一州公民与外国公民之间产生的争议拥有管辖权，即州籍不同案件的管辖权。《美国法典》第 28 编第 1332 条对此作了规定：联邦地区法院对争议标的额达到 75 000 美元以上的州籍不同案件拥有管辖权。对于属不同州的当事人之间的民商事案件，当事人所在州的州法院和联邦法院均有管辖权。当事人拥有选择权。

州籍不同管辖权必须具备以下两个条件：一是所有当事人（原告和被告）

---

[1] 该部分来源于齐树洁主编：《美国司法制度》，厦门大学出版社 2006 年版。

的州籍完全不同（州籍的确定依据是公民的住所地）；二是双方讼争的诉讼标的额达到法定标准（现在的标准是 75 000 美元）。这两个条件必须同时具备，缺一不可。

（3）联邦法院专属管辖权。对于大部分联邦案件而言，联邦法院并不具有专属管辖权，州法院一般也有管辖权，即联邦法院和州法院之间存在并存管辖权。但是，对于刑事案件、反托拉斯案件、破产案件、专利案件、版权案件以及合众国为被告的案件、一定数量的海事案件，联邦法院具有专属管辖权。

（4）补充管辖权。补充管辖权是指如果联邦法院对双方当事人间的联邦问题诉讼请求具有管辖权，该法院可基于此对相同当事人之间的州法诉讼请求一并受理，即使该州法诉讼请求不能单独在联邦法院提起。因此当当事人双方不具备州籍不同的要件时，原告可将其州法诉讼请求附加于联邦诉讼请求之上而获得联邦法院管辖权，只要这两个诉讼请求联系紧密足以使其符合关联管辖权的要求。

然而即便联邦法院拥有补充管辖权，联邦法院也不是必须受理该诉讼请求。联邦法院有四种"弃权"理由：①该诉讼请求提出了一个全新的或极为复杂的州法上的问题；②该诉讼请求实质上胜过了（地区法院）具有最初管辖权的那个（些）诉求；③地区法院已驳回了所有其具有最初管辖权的诉讼请求；④在特殊情况下具有其他充分理由而拒绝行使管辖权。

2. 州法院的司法管辖权

与联邦法院受限制的管辖权不同，州法院一般对案件拥有普遍管辖权，除联邦法院有权审理外的其他所有案件，州法院都拥有管辖权，在有些案件中，州法院甚至与联邦法院拥有并存管辖权。因此，州法院的审案任务相较于联邦法院重很多，几乎 90% 以上都是由州法院审理。普通的商事和合同案件、家事案件、离婚或者儿童监护案件、刑事案件以及人身损害赔偿案件，几乎都由州法院审理和裁决。

（三）美国的法官制度

司法是正义的最后一道保护屏障，而如何维护正义则取决于执行法律的法官素质如何。故无论司法制度如何健全，如果不能任用有能力的正直之士为法官，以不偏不倚的态度来判断案件，则终难收到实效。[1] 由此可见法官在一国司法制度中的重要作用。下文将着重对美国的法官制度进行论述，美国的法官体系与法院结构一样也是联邦与州的二元体系。

---

[1] 陆润康：《美国联邦宪法论》，书海出版社 2003 年版，第 158 页。

1. 法官准入制度

美国对法官的选任十分严格。在美国大部分地区须获得法学院 J. D. 学位，经过严格的律师资格考试并合格，并有多年的法律实践经验后，才有机会成为法官。他们的法律实践经验可以是当私人律师、检察官或者是公众辩护人，也可以是作为从事法学教学科研工作的学者或者担任政法部门法律顾问的官员。美国的律师被任命为法官同样有一个漫长的过程，因而美国法官的年龄都偏大。虽然美国对法官的要求非常高，但美国并没有法律明文规定法官的任职资格，只是在司法实践中形成了联邦法院和州法院不同的法官任职标准。

（1）联邦法官。对于联邦法官，虽无任何宪法上的要求，但实际上，法官主要从律师中遴选，注重其法律教育经历、品行操守、司法业务能力。联邦法官实行终身制任职，不得被撤职，也不得被迫退休，只能因被弹劾而离任。

联邦法院法官的候选人须被提交到美国律师协会的"联邦法官评审常委会"进行考核，合格之后才能被总统任命为法官。联邦法官评审常委会会考虑以下诸多因素：其一，是美国公民；其二，具有无可争议的正直品行；其三，在美国大学法学院毕业并获得 J. D. 学位以保证具备相当的法律知识和能力；其四，通过律师资格考试，并从事律师工作若干年，从而有法律职业资格和经验；其五，具备一种司法品行，包括基本常识的判断力、同情心、决断力、坚定性、谦进的开放兼容性、耐心、机智和理解力；其六，勤勉；其七，健康；其八，在财务上负责任，具有自我约束力和承受可能会影响司法独立、司法公正的压力的能力；其九，从事公益事业等。[1]

（2）州法院法官。在州法院体系，法官的资格条件要比联邦法院法官低一些，但仍将法律专业知识、法律职业经验和职业伦理作为法官遴选的最重要考核指标，各州法官具体任职资格不同。例如，加州法官资格是法学院毕业并通过本州的律师资格考试，有些州规定 35 岁以后才有资格任法官，新泽西州规定担任法官需要具有 10 年律师经历。[2] 除了少数州外，大部分的州法院法官要求必须有相当的法律知识背景，大多数法官都拥有法学学位。只有少数州因为地区偏远、相对落后而放宽了任职条件，当选的法官有的没有法律背景也没有当过律师，任职资格要求比联邦法院法官的任职资格要求要宽松得多。

2. 法官选任程序

（1）联邦法官的选任程序。在美国，联邦法官实行总统任命制，任命主体层次很高。根据《联邦宪法》第 2 条规定，所有的联邦法院法官均由总统提名，

---

[1] 关毅：《法官遴选制度比较》（中），载《法律适用》2002 年第 5 期。
[2] 黄伟东：《美国法院的管理》，载于《山东审判》2011 年第 6 期。

经参议院的咨询和同意，再由美国总统正式任命。事实上，总统大都委托司法部长物色绝大多数法官的人选，总统本人往往只对最高法院大法官的人选给予较多的注意。相应地，参议院对于绝大多数总统提名的法官人选只起形式上的作用，总统和参议院对法官候选人的争议主要是对大法官候选人的争议。

当法官职位出现空缺时，由总统提名候选人，经参议院投票表决后以简单多数通过即可任命，这种情况一般是指联邦最高法院法官及各巡回区上诉法院法官的职位。美国总统对联邦最高法院法官的提名，必须召开听证会，以得到参议院司法委员会的审查和参议院全体参议员的建议与同意。而联邦较低级法院（地区法院等）法官的提名人选名单通常由美国总统会与司法部长及其他顾问协商拟定，提名的决定会受到许多因素的影响。

（2）州法院法官的选任方式。州法院系统的法官与联邦法官的任命方式不同，美国州法院法官产生方式均由各州自己规定，没有一套统一的程序，目前最主要的方式有选举制和任命制，有两个州的方案目前被越来越多的州借鉴，即加利福尼亚方案和密苏里计划。加州方案规定，由州长向司法委员会提名法官候选人，由司法委员会任命，一直到下一届大选；大选时，法官必须面对选民，如能被选上，他的任期是法定的 12 年，或 12 年任期中所剩余的任期。密苏里计划则规定，每当法院出现空缺时，由律师界选出的 3 名律师、州长提名的 3 位公民和州最高法院首席法官组成特别提名委员会，在对有可能担任法官的人的经历和声望进行认真调查后，向州长提交列有 3 名律师的名单，由州长从中任命一人补充缺额，任期不少于 1 年。法官上任 1 年后必须经过大选，与其他候选人竞争，由选民决定其是否可以连任法官。如未获认可，则按同一程序另选他人。密苏里计划较加州方案更受其他州的青睐，是被各州采用最多的方案，目前有 33 个州使用这一方案选举法官。

3. 法官保障制度

美国法官享有尊荣的地位，他们被称作世界上最有权力的法官，是受到人们尊重的特殊人物[1]。他们的职业也拥有强大的配套保障措施，特别是联邦法院法官的保障制度更为完善，下文以联邦法官的保障制度为例。

（1）职务保障。美国联邦宪法规定：最高法院与下级法院法官在忠于职守期间得终身任职，且在任职期间其报酬不得减少。美国对联邦法官的职务保障主要有以下三个特点：其一，终身任职[2]。所有美国联邦法院的法官一经任

---

〔1〕 李昌道、董茂云：《比较司法制度》，上海人民出版社 2004 年版，第 18 页。
〔2〕 州法院的法官的任期与联邦法官有所不同，一般都有限制，任期长短各州规定不一，短的 4~6 年，长的 12~15 年。但也有少数州规定法官的任期为终身制。

命，终身任职，除因腐败等原因并经国会弹劾，否则不得罢免。其二，免职原因、程序法定化。联邦法院的法官只有犯弹劾之罪（叛国罪、贿赂罪或其他罪行），经参、众两院通过，才能撤销其法官职务。其三，职务豁免制。美国的法官享有几乎绝对不受质疑的职务行为豁免权。法官在其司法责任范围内的行为完全免除民事责任，并享有不受诉讼、不出庭作证的权利。

（2）物质待遇保障。2011 年，美国联邦最高法院首席大法官的年薪是 223 500 美元，和众议院议长相同。最高院其他 8 位大法官的年薪是 213 900 美元，高于国会各大领袖。联邦上诉法院法官年薪为 184 500 美元，低于议会几大领袖，但高于一般议员。联邦地区法院法官的年薪为 174 000 美元，和广大参众议员的工资相同。联邦最高法院大法官共 9 人，联邦上诉法庭大法官共有 179 人。联邦地区法院法官共有 687 人，年薪 16.93 万美元。联邦法院的人事任免、司法业务及薪酬福利完全与地方政府无关，联邦地方法院的法官工资标准更与地方经济发展状况无关，全国执行同一标准。联邦法官可兼职教学，但法律规定此项年收入不得超过 2.1 万元。

（3）退休保障。美国实行法官选择退休制。法律没有明文规定法官的法定退休年龄。根据惯例，美国联邦法官年满 65 周岁，任法官 15 年；或者年满 70 周岁，任法官 10 年，可以自主决定是否带全薪退休。对于资深法官，退休后若本人愿意，经批准，可以在除联邦最高法院外的其他联邦法院继续担任法官职务，享受法官的一切权利和福利待遇，且只需完成 1/3 的工作量。

4. 法官绝对的独立自主权

美国实行绝对的"三权分立"，司法权属于法院。美国司法制度经过长期的发展完善，法官在审判过程中拥有完全的独立自主权，不受任何行政和公众压力的干扰，只服从法律。

美国法官之所以能够如此独立自主，主要基于以下原因：首先，美国法官一般是从律师中选任的，且这些律师必须具有一定期限的从业经验，这样保证了法官的经验和独立性比较强。其次，美国的法官职位获取条件及程序严苛，凡被任命为法官的人都清楚地知道法官资格的获取来之不易，他们很少有自我批评精神，具有强烈的独立意识。再次，美国法律明确规定了法官拥有办案的自由裁量权，这样在法律上确保了他们的独立自主权，摆脱了对于行政机构、立法权力机关的依赖，确保了司法独立与公正。最后，美国联邦法官实行职务终身制，只有在法官自身行为不当或有违法犯罪行为并经法定程序弹劾才能免职，这样就免除了他们办案的后顾之忧，在很大程度上保障了美国司法的独立性。

第三节　普通法系的法律渊源与法律方法

从比较法的视野进行透视，我们会发现两大法系在法律渊源与法律方法的议题上既有联系又有区别。

就法律渊源而言，两大法系的法律渊源的类别形式大同小异，都包括制定法和判例法，其根本的区别在于这些不同类别的渊源在两大法系中的地位是不一样的。比如说，成文法在大陆法系国家占据着主导性的地位，判例充其量只是一种辅助性的法律渊源——当然，个别国家（比如德国）赋予部分判例以正式法律渊源之地位除外。而在普通法系国家，判例则构成正式且主要的法律渊源，制定法也是正式法律渊源的一个重要类别。从最近几十年的发展来看，两大法系在法律渊源方面有不断融合的趋势，这表现在大陆法系越来越注重判例的地位和作用；普通法系也开始加快成文立法的速度、增加成文立法的数量，甚至赋予成文法以更高的法律效力。

在法律方法方面，两大法系在主要的方法类型方面基本类似，法律实践中都会用到演绎推理和类比推理的方法。其不同之处在于，大陆法系国家的法官更习惯或主要使用演绎推理，这是由成文法法律体系自身的内在特点和结构所决定的，法律条文往往构成法官思考的出发点，通过一般性的法律规范，结合个案中所提取的案件事实，从而推导出判决结论。普通法系国家中的情形则有所不同，法官通常并不是从抽象的法律条文入手，而是从具体的个案切入，从既往判决的先例个案中抽取出具有一般化表现形式的法律规则，进而将该规则适用到眼前类似案件中，这是一种从"特殊到一般再到特殊"的归纳式思维。故而，可以说类比推理在普通法系国家中是一种主导性的法律方法。

一、法律渊源的种类

（一）制定法

顾名思义，是通过专属立法以成文的形式表现出来的规范性文件。制定法的制定、修改和废止的过程，也被称为"立法"。纵观普通法系，制定法的形式主要包括以下几种：

1. 宪法及宪法性法律

美国有成文宪法，美国联邦宪法由立宪会议制定和通过，1789 年 3 月 4 日生效的美国联邦宪法，是世界上最早的成文宪法，由序言和 7 条正文组成。它确立了三权分立与制衡、人民主权、限权政府、联邦和州的分权等原则。迄今为止，已先后通过了 27 条宪法修正案。英国奉行议会至上原则，虽然并无一部统一的成文宪法，但是它有一些非常重要的成文的宪法性文件，比如 1679 年的《人身保护法》、1689 年的《权利法案》、1700 年的《王位继承法》、1911 年的《议会法》、1918 年的《国民参政法》、1928 年的《国民参政（男女平等）法》、1948 年的《人民代表法》以及 1931 年的《威斯敏斯特条例》等。

2. 法规

法规是由享有立法权的联邦政府、州政府或地方政府依照法定程序所制定的法律。提议的法规一般称为"草案"（bill），必须经专门立法委员会的审查和行政首长的同意，才能成为法规。联邦法规的合辑称为联邦法典，而州法规的合辑称为州法汇编或州法规。[1]

3. 国际条约

国际条约，是指国际法主体间缔结的相互权利义务关系的书面协议。广义的条约除以"条约"为名的协议外，还包括公约、宪章、盟约、规约、协定、议定书等。狭义的条约仅指重要的以条约为名的国际协议，如同盟条约、边界条约、通商航海条约等。国际条约在英国一律需由国会的立法履行，因此，条约在英国法上并无直接的效力，所有并不能成为法源。但在美国法上，则可区分为自动履行与非自动履行的条约，前者无需等待美国国会立法便可在美国境内生效，因此可以成为法源的一种。[2]

（二）判例法

判例（case）是普通法领域中的一个核心概念，是指已经生效的判决，法院在判决类似案件时可以援引为先例，这种被援引的先例即判例。先例（precedent）一般是指可以用来作为后来事件或案件范例或规则的先前事例，或者可以用来支持或证明某些相似情况或行为的先前事例，简单说就是，在后来案件中作为法律渊源的先前的司法判决。判例与先例非常接近，判例主要侧重于对整个案件的叙述和报告，包括作出该判决的法官对该法律问题的意见；先例主要是指可以作为判例的先例判决中所包含的法律原则，能够对今后审理同样或类似的案件起到指导作用。[3]在普通法中，判决与判例是一种包含关系，判例是从既有判决中产生的，但并非所有的判决都能成为判例，只有刊载在判例集上并被后案法官援引的判决才能成为先例。

---

〔1〕　参见 William Burnham：《英美法导论》，林利芝译，中国政法大学出版社 2003 年版，第 35～36 页。

〔2〕　参见王泽鉴主编：《英美法导论》，北京大学出版社 2012 年版，第 123 页。

〔3〕　参见奚晓明等编著：《两大法系判例制度比较研究》，北京交通大学出版社 2009 年版，第 1～10 页。

普通法体系正是在遵循先例的实践中逐步发展起来的，"先例原则"或"遵循先例原则"——照字面意思来说就是"遵从先例，切勿破坏已有定论"（*stare decisis et non quieta movere*）或者说是"遵守先例，且不要扰乱已经确立的要点"（to adhere to decided cases and not unsettle established things），所表达的基本上是同一个意思。就普通法法系来说，判例法一般是指高级法院的判决，确切地说，是指一个判决中所含有的法律原则或规则，对其他法院（或者甚至对本法院）以后的审判具有约束力（binding effect）或者说服力（persuasive effect）。所谓"约束力"是指必须遵守，即法官在审理案件时应考虑上级法院甚至本级法院在以前类似案件判决中所确立的法律原则和规则；"说服力"是指某种影响力，仅仅具有说服性或参考性，不具有要求法律适用主体强制参照的效力，这种影响的程度取决于多种因素，比如：作出判决的法院的地位、法官本人的声望、作为先例的那一原则或规则自身的表达、先例与待决案件的相似性程度等。

二、主导性的法律方法：类比推理

（一）普通法系国家基于先例原则的类比推理

如上所述，普通法系国家的法律渊源主要有两种，一是司法机关所创制的判例法，二是立法机关所制定的成文法。遵循先例原则要求某一问题如若被先前的某个判决所裁决的话，那么此后法院在类似案件进行处理时不应对其加以重新考虑，除非情况的变化足以证明改变法律是正当的。也就是说，从既往判例中所揭示出来的法律规则或原则必须得到遵守，除非能够证明对之偏离的正当性，以致可以推翻、抛弃或重新创制一个新的判例。

遵循先例原则背后的理论基础在于"类似案件应予类似处理"的形式正义原则，它要求"法官们按照类推的方式进行推理，同案必须同判要求对前一个判例中的判决进行类推扩展。也必须要注意相反的规则，即不同的案件必须有不同的判决。"[1]这种从案例到案例的推理思维要求法官们要像古罗马门神杰纳斯一样，一面要向后回望过去的先例判决和政治决定，另一面要向前展望新的案件事实与情况，以最大限度地发展和融贯判例法体系。由于事实上很难或几乎不可能存在两个完全一致的案件，因此也就给类比推理留下了巨大的空间。

（二）判例的双重结构

在普通法国家，一个完整的判例是由判例标题、案件事实、判决理由和附带意见所组成的。以亚当斯诉新泽西轮船公司案（*Adams v. New Jersey Steamboat Co.*）为例，该案事实大致如下：亚当斯所携带的个人财物在新泽西轮船公司所

---

〔1〕 参见［英］鲁伯特·克罗斯、［英］J. W. 哈里斯：《英国法中的先例》（第4版），苗文龙译，北京大学出版社2011年版，第32页。

经营的轮船包舱中被窃，而恰巧轮船门窗当时都是紧闭的，因此无法证明轮船公司对此存在过失，原告亚当斯一纸诉状将被告新泽西轮船公司诉至法院，要求被告承担赔偿责任。[1]该案的判决理由是：轮船公司的责任类似于普通法中旅店经营者的责任，因此无需证明轮船公司方面的过失，被告应对原告在轮船包舱中所丢失的财物承担责任。我们借助这个案件来剖析一下判例的双重结构。

1. 判例的内部结构

内部结构主要是由案件事实和判决理由两部分构成。其中案件事实是对于判决案件事实的一个摘要性说明，是一种对案件发生的背景、经过及争议的描述，这也类似于我国判决书中的案件事实部分。案件事实的意义在于揭示案件的核心争议和属性，对其归纳是否准确将直接影响到先例原则的适用范围。判例内部结构的第二部分是判决理由（ratio decidendi），它是相对于附带意见（obiter dictum）而言的，是指构成判例规范的那一部分，今后的法官在审判时应予以遵守。通过这样一种内部结构的划分，可以看到判例在内部构造上存在着两个层次：第一个层次是案件事实，第二个层次是判决理由。案件事实部分将会成为争议案件或待决案件据以比较的基点，由此才能展开"区分技术"和"判断相似性"；判决理由将成为类比推理的起点和核心，以后的法官首先需要从先例的判决理由中抽出一条规则或原则，然后通过比较作出是否将其适用到争议案件中去的决定。

2. 判例的外部结构

从外部视角来看，由于当今普通法法律体系并非判例法独大，而是由判例法和制定法共同组成，并且制定法日益成为一种重要的正式法律渊源，根据"等级形式性"的规则，制定法不仅可以修改和废止判例法，而且在判例法和制定法发生冲突之时优先选择适用制定法。那么，在这样一个融贯的法律体系内，我们不能忽视判例与制定法规则以及与其他先例原则的关系。尤其是在它们之间发生冲突时，如何处理这种冲突将直接关系和影响到类比推理的结构模式和效果。

我们可以从两个具体的方面来探讨：其一，先例原则有可能会与制定法规则发生冲突，由于先例原则是一种权衡性理由，所以作为排他性理由的制定法规则总是处于优先的适用位置。假如新西泽州有"只有证明运输公司的经营者存在过失的情形下才能要求其对顾客财物的损失承担赔偿责任"这么一条成文法规定的话，那么显然与"公共服务的提供者基于有偿合同关系应对其顾客的财物和人身安全尽高度的注意和保护义务，否则将承担损害赔偿的严格责任"

---

[1] See *Adams v. New Jersey Steamboat Co.*, 151 N. Y. 163 (1896).

的先例原则相抵牾，此种情形下，成文法规则可以排除先例原则的适用。其二，先例原则可能会与其他先例原则或另一更高的正义原则存在冲突，由于先例原则和正义原则均为一种权衡性理由，而原则具有规则所没有的深度，亦即分量和重要性，当两个原则相互交叉时，要解决这一冲突，就必须衡量（weighing）有关原则分量的强弱。由此，从判例的外部结构出发情形就更加复杂了，需要针对两种具体的情况来区别对待，一刀切的思维方式在这里根本行不通。

（三）两种"区分技术"

找到了一个先例案件或基点案件只是完成了类比推理的第一步，接下来法官便需要从先例中归纳或抽象出一个规则或原则，也即通常所说的判决理由或先例理由，这涉及第一种区分技术，即区分"判决理由"和"附带意见"。一旦判决理由被从附带意见中区分开来，为了决定是否将其适用于眼前的争议案件，同时也就涉及第二种区分技术，即区分先例案件与争议案件的相似点与不同点。这两种区分技术的使用共同服务于类比推理，甚至在某种程度上构成了类比推理成败与否的关键，因此需加以认真对待。

1. 区分判决理由与附带意见

对判决理由和附随意见的区分，在英国有着非常古老的传统。判决理由被认为是必要的部分，当然没有理由的判决只是少数例外；相反，附带意见仅仅是一种说明性的或陈述性的司法意见，它对判决来说是可有可无的。区分先例中判决理由与附带意见的原因在于，判决理由具有约束力，以后的法官在审理同类案件时不得对其加以重新考虑，除非有证据证明对该先例原则的偏离是正当的。与此不同，附带意见作为一种判决说明，仅仅具有说服力，因而后来的法官既可以遵守也可以不遵守，但是一旦在后来的案件中被作为裁判的依据，它就可以发展成为一个新的判决理由。这种区分技术也构成了英国和欧陆法律方法的一个根本不同，温伯在 19 世纪提出了判定某一给出的法律争点是否是判决理由的倒置检验标准，古德哈特则在 20 世纪提出了通过查明法官认为属于实质的事实来确定判决理由的方法。

通常来说，法官并不在判决中明确指出"决定的理由"是什么，这将留待以后由另一名法官在研究这个判决对他所面临的争议案件是否适用时加以确定。在决定一个先例的判决理由时，必须根据对重要事实的分析、对这一判决以及对这一意见书的理解等，才能做出决定。在卷帙浩繁的案例海洋中确定出适合于当下案件的判决理由显然是十分困难的，用柯克大法官的话说这是一项"高超的技艺理性"。因此研究判例法的学者指出，在先前判例被认为是潜在的判决理由之前，它们必须依据与当下案件是否相似来加以寻找。法律家们所据以构建的论证是以相似性与差异性为基础的，故而他们要在对各种情形进行比较、对照和特殊化这些工作上花费大量的时间,以此循着从规则的一般性向具体情形的特殊性方向展开推理。

至此不难看出,区分判决理由和附带意见是一项十分复杂的工作,试图为确定判决理由创造一个公式化的标准不仅是困难的而且也是不可能的,因而在具体的实践操作中,目光要集中停驻于案件事实之上,同样运用价值判断来判断某条规则或原则对于先例案件的主要事实及法律争点的裁判是否绝对必要,以此来决定其是否可以构成先例的判决理由。

2. 区分相似点与不同点

类比推理最为核心的步骤在于区分先例与当前争议案件之间的相似性与不同点,这里需要注意大多数学者只是对案件事实作了一个相似性与不同点的简单二元划分,实际上他们忽略了一个更为细致的划分,亦即"相似性"还需进一步细分为"相关相似性"与"非相关相似性",注意到这一点是有意义的。由于非相关相似性对于判断两个案件在实质上是否相似并无助益,故而它并不阻碍类比推理的运用,就此而言在类比推理的过程中可以过滤掉这部分事实要素,从而减轻案件比较的负担,而可以把大量的精力投入对相关相似性的检索和比较中去。

所谓不同点,是指两个案件所彼此不为对方所共享的那些属性。对于不同点同样可以再细分为"正面不同点"和"负面不同点",其中后者在对案件的实质区分上同样无太大意义,因此类比推理过程中只需重点甄选正面不同点。因而类比推理的过程就可以进一步精细化为:其一,识别出进行推理的一个基点情况;其二,描述基点情况与问题情况之间的相似性和不同点;其三,判断这些事实上的相似点或不同点何者更为重要。对类比推理来说,是否能够准确地区分出先例案件与争议案件在事实上的相关相似点与不同点,在很大程度上决定着类比推理的方向,也关系到推理结论的妥当性。

(四)寻找相似性的方法

1. 类比推理的一般模式

由于世界上并不存在任何两个完全一致的事物,所以区分相似性就显得不仅必要而且更加有意义了。现有关于类比推理的模式有多种,为我们所熟悉的有:

(1)孙斯坦的五段论:

第一,某种事实模式 A(来源案件)有特征 X,Y 和 Z;

第二,事实模式 B(目标案件)有特征 X,Y 和 M,或者 X,Y,Z 和 M;

第三,A 在法律中是以某种方式处理的;

第四,在思考 A、B 及其相互关系的过程中建立或发现了一些能解释为何 A

那样处理的原则；

第五，因为 B 与 A 相似，所以 B 也应得到同样的处理。[1]

（2）伯顿的三部曲：

第一，识别一个权威的基点或判例；

第二，在判例和一个问题案件间识别事实上的相同点或不同点；

第三，判断是事实上的相同点还是不同点更为重要，并以此决定是区别先例还是依照判例。[2]

（3）布鲁尔的"A-W-R"模式：

第一，从所选择的先例中溯因推理出一个规则；

第二，通过反思均衡来确证或否证由类比保证的规则；

第三，将由类比保证的规则通过演绎适用到目标案件中去。[3]

仔细观察不难看出，上述三种类比推理的模式中，至关重要的一步就是判断先例案件与当前争议案件之间存在相似性，离开了这一步，整个推理就无法继续进行下去。

通过比较研究，我们可以提出类比推理的一般模式，大致包括三个步骤：

第一，寻找出一个合适的基点案件并从中提炼出一个规则或原则，一般而言对该规则或原则表述的愈是具体，其能够类推适用的盖然性也就愈高，反之亦然；

第二，通过区分技术寻找先例案件与当前争议案件之间的相关相似性与不同点，并通过比较来判断前述相似性与不同点何者更为重要，这是类比推理的核心；

第三，根据同等对待的原则，将第一步中抽取的规则或原则类推适用到当前争议案件中。

2. 寻找相似性

如何才能找到两个案件在实质方面的相似性，一直是困扰着学者们的一个难题。类比推理绝不是简单的逻辑演绎，而是一种实践理性指引下的思维活动，逻辑、经验与想象在其中发挥了重要的作用。寻找相似性实际上是一种"去粗取精、去伪存真、由此及彼、由表及里"的过程，我们需要将两个案件进行层

---

〔1〕　参见［美］凯斯·R. 孙斯坦：《法律推理与政治冲突》，金朝武、胡爱平、高建勋译，法律出版社 2004 年版，第 77 页。

〔2〕　参见［美］史蒂文·J. 伯顿：《法律和法律推理导论》，张志铭、解兴权译，中国政法大学出版社 1998 年版，第 49 页。

〔3〕　See Scott Brewer, "Exemplary Reasoning: Semantics, Pragmatics, and the Rational Force of Legal Argument by Analogy", 109 *Harvard Law Review*, 5 (1996): 923-1028.

层剥离，首先将案件要素在相似性与不同点两个维度上进行区分，紧接着再将不相关相似性与负面不同点从比较的范围内过滤掉，剩下的也就是相关相似性和正面不同点了。正如日常生活中所见，任何两个事物在某些方面是相似的，但在另一些方面又是不同的。主张它们相似的论者可以提出一系列的主张来证明二者相似，同时主张它们不同的论者又通过列举二者间的若干差异来证成自己的观点。那么，到底如何来界定相似性与不同点呢？

问题似乎又回到了什么是相似性上面来了。由于相似性是一个很不确定、模糊和宽泛的概念，这就制约着我们很难提供一个相对精确的定义。这并不代表我们对此无能为力，事实上我们仍然可以借助于一定的标准或影响因素来确定何者相似、何者不同。我国台湾地区学者黄建辉介绍了三种关于判断"相似性"的学说：其一，构成要件类似说，这是目前学界的通说，系以构成要件之比较作为相似性之架构基础；其二，实质一致说，主张相似性之认定应视系争法律规定之法定案型与待决案件事实间是否具有实质一致性；其三，同一思想基础说，此说基于系争案件事实与法定案型事实间之思想基础而认为，如果二者具有"同一利益状态"，即可认定二者间具有相似性。[1]

以上三种判准各有优劣、不一而足，笔者认为判断先例案件与争议案件之间是否相似，要深入到判例的内部结构：

首先，需要在事实层次上进行比较。以前述亚当斯诉新西泽州轮船公司案为例，我们可以找到两个与之类似的先例，一个是火车卧铺车厢案，另一个是旅馆案。考虑到当前争议案件的争点在于"在无法证明轮船公司存在过失的情况下是否需要对顾客的财物损失承担责任"，故而与此相关的相似点有：①顾客的财物在享受服务的过程中受到损失。②轮船包厢、旅店以及火车卧铺车厢均是为旅客提供服务，而且此种服务是有偿的。③公共服务的经营者基于契约和信任关系需要对顾客负担安全保障的义务。对比和区分之下，两案的不同点在于：①服务的提供主体不尽相同。②提供的具体服务有明显差异。③服务的价格有较大悬殊。

其次，紧紧围绕判决理由，可以避免一些不必要、不相关相似点和负面不同点进入我们的区分和比较视野。尽管如此，判断相似性依然是一个开放性问题，不存在一个"放之四海而皆准"的判断方法，我们要时刻提醒自己将目光来回往返于事实与判决理由两个层面来综合比较和考量。

---

〔1〕 参见黄建辉：《以案例和民法为中心探讨：法律漏洞和类推适用》，蔚理法律出版社 1988 年版，第 110~112 页。

3. 判断重要程度

一个好的类比推理应当同时具备两个条件：一是要尽可能多地列举符合条件的相关相似性特征；二是在比较的过程中能够以绝对的优势有效地压倒不同点。[1]这里的"压倒性优势"实质上就是判断重要程度的问题。如果经过比较和分析，认为相似性对于两个案件在实质上而言更为重要，那么就作出将先例规则类推适用于争议案件的决定；相反，如果认为不同点对于两个案件在实质上更为重要，就要作出放弃将先例规则类推适用于争议案件的决定。

判断重要程度仍然是一项十分艰难而棘手的工作，在亚当斯诉新西泽州轮船公司案中，我们已区分出了相关相似点和正面不同点，接下来的工作便是判断何者更为重要。由于火车卧铺案的判决理由是"火车经营者只对开放式卧铺车厢乘客的财物损失承担过错赔偿责任"，旅馆案的判决理由是"旅馆经营者要对顾客的财物损失承担严格赔偿责任"，两个先例判决理由的最大区别在于是否需要以经营者的过失为必要要件，因此亚当斯案的关键就变成了轮船包舱更像是旅馆包房还是火车开放式卧铺车厢。

从提供的服务来看，轮船和火车更加接近，因为它们都是一种交通运输工具，都是将顾客从一个地点运送到另一个地点，但是这并不构成类比推理的理由，不要忘记亚当斯案的核心争点在于在无法证明轮船公司存在过失的情况下是否判令其承担赔偿义务。以此来再次审视争议案件与两个先例案件的相似点和不同点，法官们发现亚当斯案和旅馆案更加相似，因为轮船包舱和旅馆包房不仅在构造上类似，同时由于这是一种不同于一般服务的高档服务，基于特殊的信任关系，经营者负有一种高度注意义务，因此要对顾客的损失承担一种严格的责任。基于这种判断和考量，法院认为"应当依据旅馆案的判决理由来类推裁决本案，唯独一个受损的事实足以判令被告对原告的损失承担赔偿责任"。

通过上述分析，可以得出结论在判断重要程度时，我们需要遵循"判决理由和案件事实"双管齐下的原则。判断重要程度就是挑选出那些足以将该案置于某一法律类别下的事实，这是一个需要仅仅立足于案件事实构成，尤其是先例判决中所涉及的重要和相关事实的描述，同时要以判决理由来检视先例案件与争议案件在事实上的相似性与不同点，最终通过价值判断和目的考量得出是事实上的相似性更为重要还是不同点更为重要的结论，以决定遵循先例还是区分先例。

---

[1]　参见陈景辉：《规则的扩张：类比推理的结构与正当化》，载郑永流主编：《法哲学与法社会学论丛》，北京大学出版社 2010 年版，第 172 页。

三、普通法中的形式与实质

我们对于普通法系与大陆法之间的差异已经熟知，然而对于英美法内部的差异，事实上缺乏深入的了解和研究。这一方面是由于资料的匮乏，另一方面则受到外部视角的限制。站在英美法的内部，以一种内在视角来审视英国法和美国法，我们会发现一个很有意思的结论，即英国法律人在法律推理方面更加注重形式而美国法律人在法律推理方面更加注重实质。英国长期占统治地位的法实证主义传统也加剧了英国法的形式性色彩，美国的新自然法理论、实用主义法理论、法律经济学及现实主义法学共同导致了美国法的实质主义取向。

法律推理有着两种相异的进路，一种是形式性进路，旨在通过对规则的服从、程序的强调、逻辑的遵守和概念的重视，而对结果的公正与否不作过多的价值评判，因此本质上拒绝或排斥实质性依据在推理中的运用；另一种是实质性进路，注重实质性依据在推理中的运用，更关注法律背后的立法目的、价值观念和推理结果的正当性。英国法律体系倾向于使用形式性依据，而美国法律体系更加倾向于使用实质性依据。或者说，英国法官和律师的推理更加具有形式性，而美国法官和律师的推理更加具有实质性。

这种现象的产生，主要由于以下四种原因：

（一）法律观念不同

所谓法律的观念，是指人们所持的对于法律之概念的观点或观念。德沃金区分了概念（concept）与观念（conception），比如说，尊敬提供了礼仪的概念，而对尊敬实际上要求什么的各种相竞争立场，则是对于礼仪概念的一种观念。他进而指出，法律的观念是一种关于法律根据的理论，它并没有要求我们接受关于"公民应该如何行为"或"法官应该如何裁判"的任何特定或具体主张。[1]换句话说，不同群体或个人对于法律可以拥有不同的看法和评价。就此而言，我们来审视英、美两国法律人对待法概念上的异同。

受法实证主义传统的影响，英国法律人长期沉迷于一种形式化的概念认识中，认为法律就是某个机关或主体通过一定程序创制出来的东西，只要相关主体权限和程序合格，那么作为这一行动之造物的东西就是法律，这是一种"谱系性"的合法性判准，奥斯丁的独立政治社会中的"主权"、凯尔森所预设的"基础规范"以及哈特所构造的"承认规则"，都是一类帝王式的基准，顺其而下定能找到法律和规则，在英国议会扮演的就是这般角色。而在美国，由于长期受到自然法理论以及实用主义思潮的影响，他们对于法律之判准更多的是一种实质主义的取向，某规则之所以能够成为法律规则不仅是因为符合形式标准，

---

〔1〕 参见〔美〕德沃金：《法律帝国》，李冠宜译，时英出版社 2002 年版，第 75、120 页。

而且在于它要承载或符合某些更为重要的东西。

在英国，由于法律规则出自于一种严格的程序，因而具有较高的形式性，这种规则是一种刚性规则，它要求推理者尽可能地进行严格的形式推理。而在美国，法律规则相对是一种富有弹性的标准，它要求法官在使用时进行自由裁量和灵活解释。如果说英国的裁判图景可以被界定为"规则裁判论"的话，那么美国的司法裁判图景则可以被界定为一种"原则裁判论"，那些能够在美国司法和宪政发展史上产生深远影响的伟大判决，无不是以原则裁判所著称。

（二）制定法的解释

相较于普通法而言，制定法必然展现出了更高的形式性。如果把本文比较的对象转换为大陆法的话，那么基本论断也会随之改变，亦即英美法更加具有实质性，而大陆法更加具有形式性。但是由于今天无论是在英国法还在美国法中，制定法都是两国法律体系中不可或缺的一项重要内容，那么在这种背景之下比较英美两国法的特点就显得更加具有意义了。为什么说英国的法律制度比美国而言更加具有形式性？下文将从两个角度来思考：

首先，从制定法本身所具有一系列特质来论证英国法的形式性。与判例法相比，制定法具有较强的等级形式性、内容形式性、强制形式性、解释形式性以及渊源形式性五个方面的特质。即便如此，我们仍然无法得出英国法比美国法更具有形式性的结论。对此必须提供证据证明，制定法在英国法中发挥了更加重要的作用。这种判断必须要基于"量的优势"与"质的优势"这两个维度，二者缺一都无法有效地证立上述结论。我们认为试图通过数据来对比英美法中制定法的比重大小，虽然难度很大但并不意味着完全不可能。另外，可以通过研究制定法的立法技术和规范类型，来发现它们二者之间的"刚性"与"柔性"，"原则"与"具体"之别。再者，从英国议会至上的原则以及长期立法的传统，也可以推断英国法官在法律适应中的克制性，这更多的是一种"质的优势"。据此可以得出一个基本判断：如果英国法果真比美国法更加形式化的话，那么充其量也不过是一种"弱的形式化"而已。

其次，从制定法的解释来证立英国法的形式化结论。在制定法出现语义模糊或冲突的情形时，便产生了对其解释的必要，无论在任何国家的任何司法实践中，这都是一种必然的要求和选择，个中原委可能是纷繁复杂的，但并不是本部分所关注的内容。与前一点紧密相连，制定法的适用不可避免地会带来解释，这种解释可以有不同的态度和方法，与此处论证的主旨相关的主要是文义解释和目的解释。如果能够证明，英国的法官在解释成文法时更多地使用文义解释的方法，而美国的同行们更多地在使用目的解释，那么上述关于英国法之形式性的结论也就得以成立了。阿蒂亚和萨默斯给出了三点理由：其一，英国法官一般远比美国同行更强调制定法言词的重要性；其二，除非制定法所使用的言词没有确定的通常含义，从而不具有清晰的字面意义，否则法院不得去探寻立法者的目的；其三，英国法官在考虑目的证据时，一般都会将范围严格地限定在制定法本身、同一制定法的其他部分、先前的普通法或制定法的言词所构成的界限之内。[1]

除此之外，还可以再补充两点理由——当然它们并不是最不重要的：一点理由是英国议会至上的立法传统，强调法官的分内职责就是依法裁判，至于法律出现了问题，那是立法机关的事情，因而在法官对法律解释的形式和限度上进行了很大的限制。尽管他们事实上也在从事大量的成文法解释工作，但出于"政治正确"的心理障碍，会习惯性地"撒谎"。另外，由于长期在两国占据主导之势的法学思潮对于政治及法律实践的影响，英国法官对待规则、法律解释、法律推理及司法立法更为敏感和保守，相比而言，他们的美国同行走了一条截然相反的道路。因而，上述四点理由基本上可以证立英国人在法律解释过程中对文义的过度依赖而不敢越雷池半步，最终这也就证立了英国法律解释的形式性。

（三）法院与审判程序

同英国的法院相比，美国的法院在重新构造 19 世纪的法律以适应工业化的需要方面，起到了更大的作用。美国的宪法使得许多的问题被当作法律问题来对待，甚至一切问题最终都可以上升至法律问题；而在英国，这些问题绝大多数是被当作政治问题来解决的。这部分是因为英国的法官习惯于尊重英国的立法机关（议会至上），部分原因在于他们认为用立法方法进行改革更为高明。就审判方法而言，美国的法官更为能动和灵活，英国的法官则相对消极和保守。在判例法的适用上，"遵循先例原则"的运行在美国受到了诸多的限制，因而实际操作起来更为灵活，整体上属于一种比较宽松意义的遵循先例观；而在英国，当下流行的遵循原则观虽然没有以前那么严格了，但较之于美国的标准仍然是属于比较严格的版本。遵循先例的原则在一个法律体系中的运作受到的限制愈多，该法律体系的形式化就愈低。正因此，也凸显了英美法中形式与实质的差异。

（四）法官职能与司法角色

与大陆法系法官略有不同的是，英美法系的法官除了在适用法律之外，还

---

[1] 参见［美］P.S. 阿蒂亚、［美］R.S. 萨默斯：《英美法中的形式与实质——法律推理、法律理论和法律制度的比较研究》，金敏、陈林林、王笑红译，中国政法大学出版社 2005 年版，第 85~88 页。

会在某种程度发挥着创造法律的功能。美国法学家艾森伯格从三个方面分析了法官造法的原因：首先，立法机构制定法律的能力是有限的，而其大部分能力都被配置于制定与政府事务有关的法律制度；其次，立法机构在某种意义上并没有人员可以让它们行使全面立法职能以管制私人部门的行为；最后，在许多领域里，司法规则的灵活形式比立法规则的规范形式更可取。故而，社会要求法院发挥作用以充实法律规则的供给。相对于大陆法系的法官来看，英美两国的法官在造法方面的作用也有明显的差异，他们在造法上的权限或能动性的大小，与遵循先例的严格度是紧密联系在一起的，前文对此已经多多少少介绍过了。总的来说，就是前者更为积极而后者更为消极一些。这一差异不仅源自于长期英美两国殊异的司法传统、法律文化及政治结构，此外一个很重要的原因还在于，美国的法院及法官除了审判职能外，还会扮演着政策（有时或很多时候是重大政策）制定者的角色。

达玛什卡教授对司法程序和权力组织的"科层理想型"和"协作理想型"的分类，对此处理解英美法官在造法角色方面的差异也很有帮助，它们并非一一对应于民法法系和英美法系国家的司法程序，只不过民法法系国家司法程序的影子在"科层理想型"中更浓厚一点罢了。事实上，现今英国的司法程序位于二者之间，是一种"协作式官僚理想型"，"常规的上诉法院在20世纪初的时候开始设立起来，因此为更加严格的科层关系的发展创造了空间。主要在20世纪逐渐展开的一系列改革简化了法院系统，使它更接近于欧陆模式。"[1]而美国的司法程序和权利组织是一种更加典型的协作理想型，达玛什卡认为美国的这种特征源自于以下三个方面的原因：其一，从一开始就严重依赖陪审团，并且将陪审团的重要地位在宪法中予以固化，认为真理和正确存在于民众的常识和知识中；其二，认为法院内部的专业分工是一种缺陷而非优点，故而一直对官僚机构和科层组织保持着反感的态度；其三，即使是从英国的角度来观察，行使权力的强烈个性化风格一直是美国司法机构的标志性特征。这样一种风格的对比下，"异议更多地出现在美国法院而不是英国法院作出的判决中"。

此外，美国法官不仅在撰写判决文书，他们还很大程度上在书写着美国的法律历史。比如，在1916年美国产品责任法诞生之前，由产品引发的案件只能按照合同责任来解决，后来卡多佐大法官在"麦克佛森诉别克汽车公司案"的判决中，推翻了长期支配美国法院的"契约当事人关系"原则，确立了制造商对其有缺陷的产品承担过错责任的原则，至此开创了美国法制史的新时代。另

---

〔1〕　参见［美］米尔伊安·R.达玛什卡：《司法和国家权力的多种面孔——比较视野中的法律程序》，郑戈译，中国政法大学出版社2004年版，第66页。

外，沃伦法院通过灵活的司法解释而孜孜于正义的追求，也在美国的法律史上树立了一座丰碑。总结起来，美国法官在遵循先例、推翻先例、解释法律和创制法律方面比之于他们的英国同行更加积极、开放和能动。

【思考题】

1. 普通法的历史起源有何特点？

2. 普通法的近代化历程有哪些独特之处？

3. 美国法律实践对普通法的发展有哪些贡献？

4. 普通法在世界范围内是如何传播的？请举例说明。

5. 普通法系的法律渊源的种类有哪些？两大法系在法律渊源方面有什么相同点和不同点？

6. 普通法系中遵循先例原则有什么重要价值？法官在司法实践中如何贯彻与落实遵循先例的方法？

【参考文献】

1. ［英］R. C. 范·卡内冈：《英国普通法的诞生》（第2版），李红海译，中国政法大学出版社2003年版。

2. L. M. Friedman, *A History of American Law*, 3rd Edition, Touchstone, 2005.

3. ［美］P. S. 阿蒂亚、［美］R. S. 萨默斯：《英美法中的形式与实质——法律推理、法律理论和法律制度的比较研究》，金敏、陈林林、王笑红译，中国政法大学出版社2005年版。

4. ［美］H. W. 埃尔曼：《比较法律文化》，贺卫方、高鸿钧译，清华大学出版社2002年版。

5. Stefan Vogenauer, "Sources of Law and Legal Method in Comparative Law", in Mathias Reimann and R. Zimmermann（eds.）, *The Oxford Handbook of Comparative Law*, Oxford University Press, 2006, pp. 869–899.

第六章
伊斯兰法系

【本章导读】公元 7 世纪兴起于阿拉伯半岛的伊斯兰教，在当今世界影响力既深且巨。与伊斯兰教同步产生、始终相伴的伊斯兰法，是伊斯兰宗教信仰、伦理道德、生活方式、价值观念和社会理想的核心。本章重点介绍了伊斯兰法的主要渊源、基本内容及其特征，阐述了伊斯兰法与伊斯兰教的密切联系，分析了伊斯兰法学家及其法学理论在伊斯兰法的发展过程中所起的重要作用。力求引导读者全面深入地了解和认识伊斯兰法，不溢美、不隐恶，为进一步学习和研究伊斯兰法奠定基础。19 世纪，西方列强入侵伊斯兰国家，西方现代法律逐渐移植到多个伊斯兰国家。但第二次世界大战之后，伊斯兰复兴运动兴起，伊斯兰法呈现出触底反弹之势，西方国家穆斯林移民的快速增长带来伊斯兰法和世俗法的激烈冲突。本章描述了近代以来伊斯兰法的衰落，伊斯兰国家逐步引进西方法律的过程；以及 20 世纪 70 年代后伊斯兰法复兴的动因及其表现。本章重点介绍了伊斯兰金融法和伊斯兰宪政的最新动态；分析了当前西方国家世俗法与伊斯兰法的冲突，最后对伊斯兰法的未来发展作出展望。

第一节　伊斯兰法的历史和渊源

一、伊斯兰教的创立和传播

伊斯兰教是当代世界三大主要宗教之一，为公元 7 世纪阿拉伯先知穆罕默德所开创。在三大世界性宗教中，伊斯兰教出现时间最晚，但在 21 世纪信徒人数迅猛增长。今天的伊斯兰教约有 16 亿信众，仅次于基督教，是世界第二大宗教。

在伊斯兰教产生之前，阿拉伯民族处于从奴隶社会向封建社会的转型时期。为了能把分散的、相互冲突的各个部落联合起来，建立一个强大而统一的民族国家，首先需要一个能统一民众思想的一神教。此时，基督教已经在强大的罗马帝国及周边地区获得广泛传播，对于巩固罗马帝国统治和维护社会秩序起到至关重要的作用。于是阿拉伯社会新兴封建领主和商业贵族阶级利益的代表人物穆罕默德，在学习了基督教和犹太教思想的基础上，创立了尊奉一神的伊斯兰教。

穆罕默德采用神示的方式，通过历次"接受真主启示"的神秘活动，以"安拉的使者"自命，奉"安拉"为独一无二的"真主"。穆罕默德不拘一格，将《旧约》的历史也就是犹太教的历史接受为新宗教的历史，尊犹太人亚伯拉罕（阿拉伯语译为易卜拉辛）为祖先。新宗教宣扬"一切顺从安拉"，即"伊斯兰"教，信教者称为"穆斯林"（意为"顺从真主者"）。伊斯兰教的兴起，实际上是一场宗教、政治和社会的变革，是阿拉伯历史上的重大转折点。因为伊斯兰教反对多神崇拜，信仰唯一的安拉，主张一个政体，实现民族统一。[1]

新的伊斯兰教提出的禁止高利贷，施舍济贫、和平安宁等主张，反映了当时社会广大中、下层民众的要求，所以伊斯兰教很快获得下层民众和新兴商业贵族阶级的欢迎而广为接受，却受到信奉多神教的奴隶主阶层的坚决反对。相较于中东地区盛行的碎片化部落认同，伊斯兰教扮演了更为关键的团结统一力量。加拿大麦吉尔大学教授强调："在乌玛（穆斯林社群）中，伊斯兰教比起部落组织能够起到更好的社会整合功能。"[2]

经过多次包括战争在内的冲突和融合，代表先进思想的新宗教终于赢得了胜利。穆罕默德用宗教的力量使一盘散沙的阿拉伯各部落获得了初步的统一，成为阿拉伯国家的政治和宗教首领。此后，四大正统"哈里发"（真主使者的继承人），又在二三十年中彻底统一了阿拉伯半岛，征服了叙利亚、埃及、波斯等大片土地，使伊斯兰教由一个沙漠游牧民族的宗教向世界性宗教转化。到伍麦叶王朝中期，阿拉伯帝国的版图又扩展到整个北非、西班牙、小亚细亚、外高加索、中亚乃至印度河流域，伊斯兰教在亚、欧、非三大洲都造成了深远的影响。[3]

今天伊斯兰教在世界各地拥有广泛的信徒，穆斯林社区在西方各国日益发展壮大。埃及等多国在宪法中明确规定以伊斯兰教作为国教，伊斯兰法是最高的法律渊源。《古兰经》的经义不仅规范穆斯林的宗教生活，而且也规范国民的全部社会生活。广大伊斯兰国家的宗教和政治，教会和国家，宗教生活和世俗生活，历来无法截然分开。

---

〔1〕 纳忠：《阿拉伯通史》（上卷），商务印书馆 2005 年版，第 121 页。

〔2〕 Philip Salzman，"Arab Culture and Postcolonial Theory"，*Israel Affairs* 13，no. 4，October 2007，p. 840.

〔3〕 Matthew Gordon，*The Rise of Islam*，Greenwood Press，2005，pp. 10-20.

　　伊斯兰教是世界上少数从建立起就实行"政教合一"体制的宗教，创始人先知穆罕默德既是伊斯兰教的宗教领袖，又是穆斯林社团的政治领袖。[1] 传统伊斯兰教的宗教领袖，往往同时身兼伊斯兰国家的政治领袖，政教合一体制在沙特和伊朗等国延续至今。

二、伊斯兰法的概念

　　伊斯兰法，泛指以伊斯兰教义为基础的法律。阿拉伯语中称沙里亚（Sharia），原意是指"通向水泉的路径"，后引申为"真主安拉指引的道路"。[2] 伊斯兰法并非由国家颁布的规范全体公民的一部法典，而是与伊斯兰教义密切相关的适用于全体穆斯林的宗教法规范的总称，是穆斯林社会必须努力实现的理想。[3] 我国清代穆斯林学者刘智用"礼法"作为伊斯兰法的译名，表明他对伊斯兰法的深刻理解。[4] 伊斯兰法属于宗教、道德和法律的复合体，与古代中国"礼法合一"传统有一定程度上的相似。

　　就其性质而言，伊斯兰法是一种宗教法。因此，它与伊斯兰教义存在密切关系。一个传统穆斯林，在日常生活里同时受到教义和教法的指导和约束，这二者好比一对兄弟，既相似又有不同。教义是教法的理论基础，而教法则是教义的外在形式；教义侧重思想信仰，教法强调举止言行；教义控制信徒的内心世界，教法约束信徒的外在行为；教义没有强制性，教法则有约束力和强制性。由于伊斯兰法的宗教性，所以它不同于伊斯兰国家法概念。前者仅指宗教法，不包括伊斯兰国家的世俗法在内；而后者除了宗教法之外，还涵盖伊斯兰国家政府的行政命令和地方习惯法。

　　比较法学所称的伊斯兰法，包括《古兰经》、圣训、教法学和阿拉伯原有习惯。《古兰经》中有许多内容涉及法律，是伊斯兰法的基本渊源。圣训是对《古兰经》的解释和补充，是仅次于《古兰经》的伊斯兰法的基本渊源。教法学是著名伊斯兰法学家对《古兰经》和圣训中的伊斯兰法原理的解释和发展，实质上也就是为疆域扩展和社会生活复杂化的需要而进行的法律创制活动。阿拉伯原有习惯是伊斯兰教创立前阿拉伯人的古老观念和处理民商事纠纷等方面的习

---

　　〔1〕　［美］菲利浦·希提：《阿拉伯通史》（第10版），马坚译，新世界出版社2015年版，第107页。

　　〔2〕　吴云贵：《当代伊斯兰教法》，中国社会科学出版社2003年版，第23页。

　　〔3〕　［美］伯纳德·刘易斯：《历史上的阿拉伯人》，马肇椿、马贤译，华文出版社2015年版，第126页。

　　〔4〕　刘智（约1669—1774年），南京人，谙熟儒家经典，精通阿拉伯语、波斯语，为清代最具代表性的伊斯兰学者。在翻译伊斯兰法学著作时，刘智多用"礼法"一词，诸如《礼法考源》《礼法正宗》《礼法明灯》。

惯。在这些习惯中，只有与伊斯兰教义不相抵触或被穆罕默德改造、吸收到伊斯兰教义中的才继续有效。

伊斯兰法系是伊斯兰法长期传播扩散的结果，通过武力征服与宗教传播，阿拉伯帝国势力范围内诸多国家和地区的民众转而信奉伊斯兰教。其遵循的法律都是以《古兰经》和圣训为主要渊源和基础发展起来，具有明显的亲缘特征，历史联系极其紧密，进而合称为伊斯兰法系。它至今仍然深刻影响着伊斯兰国家，甚至对西方穆斯林也有着强大的影响力，其生命力之顽强可见一斑。

比较法学界公认：伊斯兰法系作为历史形成的"法律传统"或"法律家族"，是当代世界三大主要法系之一。

三、伊斯兰法的渊源

（一）《古兰经》

《古兰经》是伊斯兰法的最重要渊源，是穆罕默德在 23 年传教过程中，以真主"启示"的名义陆续发表的言论汇编，共 30 卷，114 章，6211 节，内容涵盖教徒基本义务、伦理规范、习惯、传说和谚语等，分《麦加篇章》和《麦地那篇章》。前者占全部经文的 2/3，内容多与信仰有关；后者占 1/3，大多针对具体问题而论。其中涉及法律的大部分集中在《麦地那篇章》中，特别是《黄牛章》和《妇女章》。其他伊斯兰法律规范，均不得与《古兰经》内容相抵触。

发布《古兰经》，是为了解决当时的社会问题，人们有了争执，就去请穆罕默德排解，然后便会有一段经文降示。据载，有一位叔父代他的孤侄管理遗产，侄子长大成人后要求自己管理家产，叔父拒绝交出。二人请求穆罕默德裁断，穆罕默德于是以安拉的口吻表示："你们应当把孤儿的财产交还他们，不要以你们恶劣的财产，换取他们佳美的财产；也不要把他们的财产并入你们的财产，而加以侵蚀。这确是大罪。"这就是《古兰经》第四章第二节经文的来历。

《古兰经》由穆罕默德口授，在场的弟子记录或默记，并未编纂成册。第一任哈里发（阿拉伯帝国元首）伯克尔下令搜集整理经文，第三任哈里发奥斯曼完成了经文的统一汇编，这是全世界穆斯林公认的《古兰经》标准本，称奥氏本。

与其他宗教或世俗的古代立法相比，《古兰经》不是严格意义上的法典，其大部分内容是关于宗教道德等的规定，关于法律规定的经文分散在各章之中，如穆斯林不得贿赂法官、不得饮酒、禁止进行高利贷和赌博等，仅占全部经文的 1/10 左右。大部分戒律内容涉及穆斯林、非穆斯林及奴隶的法律地位、继承、婚姻家庭，民商事行为及犯罪惩罚等，但内容规定并不详细，也没有具体规定相应的惩罚措施，或者虽规定了惩罚但却是来世的惩罚，在很大程度上其实是宗教劝诫。[1]

值得一提的是，诵读《古兰经》使世界各地的穆斯林书同文、字同音，《古兰经》起到语言教科书的作用，成为联系各国穆斯林的纽带。[2]《古兰经》不仅是了解、研究伊斯兰社会和伊斯兰法律的宝贵文献，而且依然是全世界十几亿穆斯林的行动指南。

（二）圣训

圣训是阿拉伯文"哈迪斯"（Hadith）和"逊奈"（Sunna）两词的中文意译，意思是先知的言行及默示，是仅次于《古兰经》的伊斯兰法基本渊源。[3]换言之，也就是穆罕默德本人而非以真主名义所宣告的内容。圣训可分为言语的圣训、行为的圣训和默示的圣训，凡是被引用作为处理案件根据的穆罕默德的言行及默示就是圣训。圣训不出自真主，但出自真主的使者穆罕默德，所以其地位仅次于《古兰经》，成为伊斯兰法的基本渊源。因为圣训其中大量涉及法律问题，所以伊斯兰法学家将其视为重要的法律渊源。

有关这些训示和行为的传述，体现了穆罕默德关于生活和正义的哲学。作为部落的领袖，穆罕默德终身充当着调停人民纷争的法官。早期的阿拉伯人生活中，清真寺犹如古罗马的广场，成为部落的政治集会地；现在的清真寺布道坛，一度也是法官的席位。

穆罕默德对于法律有着深邃的领悟。下面这则审判实例足以验证：一妇人被发现有行窃之罪，她的亲属请求穆罕默德喜欢的乌莎曼为其说情，释放她。先知说："乌莎曼，你到我这里说情，是否意味着你要违背真主制定的法律？"接着，先知召集了一次会议，并向他们训示："先于你们的民族之所以从大地上灭绝，唯一的原因就是他们对穷人施以惩罚，而对富人放纵不管。我对着真主发誓，如果我的女儿法提玛被发现有行窃之罪，我必砍断其手。"[4]

穆罕默德一句有记载的训示是这样的："在同魔鬼做斗争时，一个法学家要比一千个只知祈祷却缺乏教育的人更有力量。"另一则穆罕默德的训示是："当真主想要施恩于他的臣民时，就派他去学习法律，逐字逐句地使他成为一位法学家。"

两个原因使得圣训成为伊斯兰法的重要渊源。一则，《古兰经》涉及法律方

〔1〕 Mohammad Hashim Kamali, *Principles of Islamic Jurisprudence*, Pelanduk Publications, 1989, pp. 24-25.

〔2〕 纳忠：《阿拉伯通史》（上卷），商务印书馆 2005 年版，第 177 页。

〔3〕 ［英］诺·库尔森：《伊斯兰教法律史》，吴云贵译，中国社会科学出版社 1986 年版，第 44 页。

〔4〕 ［美］约翰·H. 威格摩尔：《世界法系概览》（下），何勤华等译，上海人民出版社 2004 年版，第 449 页。

面的规定失之笼统，如不加以具体化便难以执行；二则，穆罕默德去世后，阿拉伯社会各种状况发生了天翻地覆的变化，出现大量在《古兰经》里找不到答案的新问题。后世哈里发正好求助于圣训的权威，依靠先知穆罕默德的先例来办理，从而弥补了《古兰经》的不足。第一任哈里发伯克尔统治期间，一位老妇人向他请求对亡孙遗产的继承权，伯克尔就说："我在《古兰经》里没看到这种规定，圣训里也没这种说法。"于是他就问在场的学者，一位学者证明穆罕默德曾准许祖母继承1/6的遗产。伯克尔又问："还有谁听见？"另一位学者站起来证实此事，于是伯克尔同意照此办理。埃及著名学者爱敏指出："《古兰经》笼统指示的地方，圣训分析它；泛指的地方，圣训限制它；圣训还增加若干《古兰经》没有规定的东西。"

阿拔斯统治前期，圣训的作用得到前所未有的增强，圣训的传述成为创制教法的重要途径，有些学派还把穆罕默德的直传弟子和再传弟子的言行归为圣训，还有人把一些宗教学者和法学家的言行也奉为圣训。

目前流传于世的许多所谓"圣训"，大多是流行于阿拉伯各地的习惯、学者的主张甚至传说，大量法律判决也是假托为穆罕默德生前所审理。学者为了使这些判决获得宗教的权威性，将它们附会于先知身上。伪造圣训的原因，或是满足于社会的需要，以解决新的法律问题；或是为了攻击其他学派的学说而为自己寻找依据。

根据史料记载，布哈里对他搜集的60万则圣训进行审核，结果发现其中真实可靠的只有7000则。通过圣训的传述，使得流行的世俗性法律因宗教化而获得合法地位，结果大量附会为圣训的世俗性法律便成为伊斯兰法的组成部分，客观上解决了《古兰经》和严格的圣训所未涉及的法律问题，同时也为法学家研讨法学提供了丰富的资料。

逊尼派与什叶派互不承认对方传述的圣训，在逊尼派的汇编中，最有权威的是公元10世纪完成的《布哈里圣训实录》（包含7000则穆罕默德的训示）、《穆斯林圣训实录》等六大圣训集——前两本被誉为"两真本"。在什叶派中，则有5部圣训集受到推崇，被称为"五圣书"。

圣训内容涉及个人、家庭、政治、经济、军事、国际关系等各个社会生活领域，与《古兰经》共同奠定了伊斯兰法的理论基础，确立了伊斯兰法的独特体系。更为重要的是，它为后来伊斯兰法学家解释、扩展和完善伊斯兰法学提供了充分详实的渊源和依据，在政教合一的阿拉伯哈里发帝国时代，发挥了巨大的社会作用。

（三）教法学

教法学音译"菲格海"，是研究伊斯兰教教法的学科。[1]　其使命是研究《古兰经》和圣训的基本精神，发现、解释体现在其中的教法原则的含义，从而推导出新的法律，使伊斯兰法能适应阿拉伯国家和穆斯林社会的不断发展变化。教法学也是一种创制法律的方式，不是假借神意而是由人来创制的。虽然是在《古兰经》和圣训的基础上发展出来，但后来却成为提供法律规范的主要源泉，在数量上最多。教法学家创制法律的主要方法除注释《古兰经》和传述、编纂圣训以外，主要包括了以下数类。

1. 类比

音译格亚斯，意思是对所遇到的新问题按《古兰经》和圣训中的相似规则处断，类似于类推原则。伊斯兰法学家和法官在处理具体案件时，将关于某个问题的原判例所适用的法律原则运用于相似问题上，以求得新的结论，形成新的判例。类比必须以经训的明文规定为依据，所得出的结论不得违反经训，否则无效。

第二任哈里发欧麦尔统治期间，有人被继母伙同情人杀害，此事告到欧麦尔那里，哈里发拿不定主意，是判一人还是二人偿命，于是就问在场的教法学家。后来成为第四任哈里发的阿里对他说："你看，假使几个人合伙偷了一只羊，每人各分了一块，你是否将他们都判处断手？"欧麦尔回答："是的。"阿里说："那么合某杀人，也是一样，应该二人抵罪。"欧麦尔采纳了这个建议。于是，一项合伙杀人者应共同抵命的新法律就被创制出来。

伊斯兰法学家频频运用类比法填补《古兰经》和圣训所留下的法律空白。作为一种理性的、严密的法律推理活动，类比与法律中的类推原则颇为相似；所不同的是，它不仅只是简单的推理方法，或者一项法律原则，它所得出的结论构成伊斯兰法的重要渊源。对类比的运用极大地拓宽了伊斯兰法的领域，使得伊斯兰法能够更为灵活地适应现实社会的发展变化。

2. 公议

音译伊制马议，最初指伊斯兰社会全体一致的意见，后来成为法学家对《古兰经》和圣训中没有规定的问题的解决取得一致意见、创制法律的一种方法。[2]　公议原为阿拉伯民族原始部落的遗风，部落内部遇到重大问题，必经全体成员一起商议方才有效。随着穆罕默德的去世，伊斯兰社会出现许多亟待解

---

〔1〕　吴云贵：《当代伊斯兰教法》，中国社会科学出版社 2003 年版，第 23 页。

〔2〕　Ali Khan, "The Second Era of Islamic Creativity", *University of St. Thomas Law Journal*, vol. 1 (2003), p. 341.

决的问题，而经训又无明文规定，权威法学家遂沿用古风采取集体创制的方式予以解决，意在共担职责，以避免个人决定之偏颇和误差。

穆罕默德逝世后，由于临终未留下遗嘱以确定继承人，法学家便通过公议方式决定由伯克尔担任哈里发。此后，公议逐渐为法学家广泛采用。公议作为伊斯兰法源的有效性依据是源于圣训的一条规定："我的民众永远不会一道赞同一项谬误。"另外一则圣训是："穆斯林认为公正的，在真主面前也是公正的。"因此当社会上出现新的法律问题，而在《古兰经》和圣训中又无现成答案可供援引时，权威法学家便依据《古兰经》和圣训的原则和精神，通过公议方式创制出新的法律规则来。

公议有效防止了个人推理判断易犯错误，具有实际应用方面的特殊重要性。[1] 由于阿拉伯地域广大，各地情形的差异和各派学说的不同，要在全体伊斯兰世界真正取得一致意见几乎是不可能的，所以公议具有地域性和派别性。

公元 8 世纪中期至 9 世纪是教法学的繁盛时期，形成了逊尼派的四大教法学派即哈乃斐派、马立克派、沙菲仪派和罕百里派。哈乃斐派盛行于土耳其、巴基斯坦、叙利亚和西阿拉伯半岛，以及印度部分地区；马立克派流传于地中海和中非地区；沙菲仪派通行于下埃及、南阿拉伯半岛、中亚等国；罕百里派主要影响中阿拉伯半岛。各个派别均有自成一体的法律著述。

伊斯兰法学家论述第一种风格是大部头法学著作，公元 1360 年成书的马立克派权威学者哈利尔论著《穆克塔沙》，历经 25 年写作完成。哈利尔详尽说明破产和合伙等内容，而当时的英国法尚未发展出这两项重要制度。《穆克塔沙》表述简洁像一部法典，包含 10 万条清晰明确的法律主张。在随后的六个世纪中，其他作者写出 70 多部注释它的书籍。

伊斯兰法学家论述的第二种风格是对现有的案例提出法律意见，它们经常被卡迪（伊斯兰法官）用作参考书。法律顾问或法学家在伊斯兰法系中的地位，与古罗马和罗马法复兴时期那些为私人服务的法学家地位极为相似。著名的法律意见选集《阿来穆基瑞福他瓦》，成书于公元 1650 年左右。这本书在印度广为流传，英国殖民时期仍被使用。

伊斯兰法学家论述的第三种风格是对原理的分析性探讨。公元 1200 年阿里撰写的《海达雅》，代表了盛行于印度和土耳其的哈乃斐派的学术风格。在第 15 卷《信托》中，作者以极度抽象的风格论述信托的类型、效力和法律后果。美国法学家威格摩尔指出："这一时期，正值罗马法复兴运动在 3000 英里外的意大利处于萌芽阶段，日耳曼法尽管已有 700 年的成文化历程，但当时仍未能超

---

〔1〕 〔法〕勒内·达维德：《当代主要法律体系》，漆竹生译，上海译文出版社 1984 年版，428 页。

越粗糙原始的《萨克森明镜》。如果一个人能记起这些，就会对伊斯兰教法体系非凡的早熟与独创留下更深的印象。"[1]

（四）其他法律渊源

其他法律渊源包括哈里发政府的行政法令、习惯法和外来法律。在管理阿拉伯国家的过程中，拥有最高行政权和审判权的历任哈里发，都在不违背经训原则的前提下，颁布过相当规模的行政命令，以处理经训中没有明文规定而实践中急需解决的法律问题。政府的行政命令主要集中在税法和刑法等公法领域。哈里发伯克尔就将天课改为强制性的税收；政府通过行政命令，规定大量"酌定刑"犯罪。

同时，阿拉伯人原有的传统习惯，在伊斯兰教产生后，仍顽强地起作用。阿拉伯游牧民族季节性狩猎集会的习惯，被改造成为朝觐制度。宣誓作为证据，证据以口头而非书面形式来表现。教法学家的著作也往往吸收一些习惯法规范作为补充性的法律依据。如哈乃斐派提倡的公正舆论，马立克派主张的公共利益原则，沙菲仪派推行的法律事实的推定原则等，但阿拉伯人原有的习惯必须服从伊斯兰教义，不得与教义相抵触，而且是先知穆罕默德加以保留或默许的才能继续有效。

伊斯兰法在其形成和发展过程中，大量吸收外来非伊斯兰法律，包括犹太教法、基督教教会法、罗马法的某些概念和原则，如禁食、禁止利息以及某些宗教仪式。伊斯兰法学家依据伊斯兰的价值观和经训精神，对外来法律加以鉴别，或予以淘汰，或加以吸收，后者从而成为伊斯兰法的有机组成部分，获得合法地位，历史学家称之为法律的"伊斯兰化"。

总之，伊斯兰法的渊源——法律表现形式为《古兰经》、圣训、公议和类比，此外还包括现存习惯和外来法律等。

四、伊斯兰法的宗教义务

伊斯兰法主要是一个义务体系，其内容大部分用来规定穆斯林的义务。

传统伊斯兰法学理论将穆斯林行为分为五种：一是必须履行的行为，不履行者受罚；二是可嘉奖的行为，行为者受奖，不行为者不受罚；三是准许的行为，行为者既不受奖也不受罚；四是应谴责的行为，行为者受谴责但不受罚；五是禁止的行为，行为者受罚。从这种分类方法可以看出，伊斯兰法关注的重点是穆斯林的义务而非权利。其中，只有第一类和第五类属于严格意义的法律行为，按照现代世俗法律的标准衡量，其他三类行为既包含属于法律领域的行

---

〔1〕〔美〕约翰·H. 威格摩尔：《世界法系概览》（下），何勤华等译，上海人民出版社 2004 年版，第 464 页。

为，也包含属于道德范畴的行为。由此可知，与古印度法、天主教教会法等宗教法一样，在伊斯兰法中，法律和道德规范都汇入宗教体系的庞大框架中，彼此浑然一体，难以区分。

伊斯兰法在对穆斯林的宗教信仰作出规定的同时，还对穆斯林的宗教礼仪作出更为具体的安排。而构成宗教礼仪基石的则是五项基本功课（"五功"）。如果说信仰是宗教的内核，那么礼仪是宗教的外显。传统伊斯兰法学著作都把有关宗教礼仪的规定放在最前面。

"五功"是伊斯兰法的基础，"功"是阿拉伯文 Rukun 的意译，原意是基础、柱石，属于穆斯林必须履行，不履行者会受到惩罚的行为中最重要的义务。为了从内心（信仰的内悟）和行动（信仰的表白）上证明对信仰的真诚，每一个穆斯林都必须严格履行五功。[1]

第一，念功。即口诵"万物非主，唯有真主，穆罕默德，安拉使者"。穆斯林在一切重要场合都必须念诵这句经文。死者在临终前必须亲自念诵，如无法念则可请人代为念诵。伊斯兰教并无其他宗教严格繁琐的入门式，当众念诵这句话，便可即刻皈依成为伊斯兰教信徒。

第二，拜功。即做礼拜。它是伊斯兰教的柱石，每天向麦加神庙方向礼拜五次，星期五做公共礼拜。礼拜时，信徒的身体、衣服及礼拜场所必须清洁。在穆斯林看来，礼拜是穆斯林因安拉赐予生命而表达感恩和赞美之情，也是自己与安拉建立联系的最佳途径。

第三，斋功。即斋戒，每年伊斯兰历九月自日出至日落实行斋戒禁食，并禁止性行为。除年老体弱者和旅行者，可以延缓行斋或以施舍代替外，全体穆斯林必须准时斋戒，否则将受处罚。斋戒强调人的自我约束和对神的依赖，使得自己检行节欲，诚心静意，赎罪悔过，体贫恤弱，以示对安拉的敬畏。

第四，课功。即法定施舍，也就是"天课"。每个身心健全，拥有财产的穆斯林都必须按其财产的一定比例进行施舍，其比例一般为 10%，繁重劳动所得为 5%。伊斯兰教认为，施舍可以使财产洁净，可以给财产所有者带来吉祥和善果。该项制度初为富人向穷人的自愿施舍，旨在限制富人聚敛资产，贪婪自私，以缓和贫富悬殊造成的阶级对立。后来，课功演变为向穆斯林征收的赋税，以发展宗教和公共慈善事业。

第五，朝功。即到沙特麦加克尔白神庙（天房）朝圣。凡能旅行到麦加的穆斯林都有朝见天房的义务，每人一生中至少应朝圣一次。朝圣实际上是全世

---

[1] Moojan Momen, *An Introduction to Shiʾi Islam： The History and Doctrines of Twelver Shiʾism*, Yale University Press, 1987, p. 178.

界穆斯林的一次聚会，大家穿上同样的服饰，不分种族、民族、阶级、身份，平等地跪在神的面前。这种朝功，为各国穆斯林在政治、经济、文化上的交流起到了良好的作用。前面四种义务属于必须履行的义务，违背者将受到处罚。朝功只是一种嘉奖的行为，履行者受到称赞，不为者不受处罚。

除五功外，穆斯林还必须履行其他一些宗教义务，如圣战，这是每个身心健康的穆斯林男子的义务。《古兰经》认为，有两种战争是正义的：一是自卫；二是保卫传教，如果敌人阻止传教，即可对其进行圣战。穆斯林还要遵守许多清规戒律，如禁止食用猪肉、血液、自死物，因为《古兰经》宣布它们是不洁的；禁止塑造和绘制人物画像，因为《古兰经》禁止偶像崇拜。

宗教义务在伊斯兰法中占首要地位，基本义务是独信真主，绝不崇拜其他神灵。只有认真履行五种义务，才能在内心和行动上证明自己是合格的穆斯林，即信仰真主、服从先知的人。

第二节　伊斯兰法的特征和内容

一、伊斯兰法的基本特征

（一）教法合一

众多伊斯兰教规同时也是法规，违反宗教义务往往也是违法行为，而不服从法律也构成宗教上的罪恶，要受到宗教惩罚。凡不承认教法者就不是穆斯林，而是一个异教徒。[1]

从法律与宗教的关系角度看，伊斯兰法是典型的宗教法。像所有宗教法一样，它在理论上有明确坚持的立场：作为安拉旨意的法律具有绝对的普适性，超越时间与空间，万世不移，永恒不变，因为伊斯兰教中的安拉被奉为绝对真理的化身，无所不知，无所不在，无所不能。因此，如果认为这种全能的真主为世人制定的法律会受到尘世变化的影响，那无疑等于认为神圣法律存在局限性，实际上意味着万能真主自身存在局限性。

相比之下，基督教经典的法律理论虽然也主张神法享有至高权威，但它同时承认以理性为基础的人法；相对于作为“神的自然法”的永恒法而言，作为“神的实在法”的神法并不拒斥具体的人世法律变通。

---

〔1〕　Abdullahi Ahmed An-Na'im, "Religious Minorities under Islamic Law and the Limits of Cultural Relativism", *Human Rights Quarterly* 9（Feb. 1987），p. 1.

实际上，天主教教会法除了把作为上帝命令的《圣经》及其注解作为法律渊源，还将宗教会议决议、教皇教令乃至皇帝的诏令作为法律渊源。然而，伊斯兰法理论始终坚持认为，制定法律之权属于安拉的特权，任何个人都无此权能，一切个人在法律领域所能做的只是理解和诠释"神启"的法律，而不能制定或更改这种神圣的法律。

同时，伊斯兰教中没有类似天主教那样的教皇权威和自成一体的层级式教阶体制，而是实行政教合一的制度，即国家首脑兼为宗教领袖。在这种体制下，国家首脑并不享有制定法律的权力，以哈里发为首的伊斯兰政府所颁布的强制性规则只能称作"行政命令"，不具有法律的名分和权威。

由此可见，伊斯兰法理论只承认一种法律即作为宗教法的伊斯兰法，并主张这种神圣的法律适应一切时代和一切场合，万古不变。按照伊斯兰法理论，在法律与社会的关系上，不是社会塑造法律，而是法律塑造社会。

（二）教法学家发挥重大作用

阿拉伯国家的政教首脑没有立法权，决定了伊斯兰法不能由立法机关颁布法律而成，只能通过研究体现在《古兰经》和圣训中的神启法律，并将其运用到社会实际中去。这种任务通常由教法学家担当，其地位尊崇，受到信徒的普遍敬重。[1]

公元 10 世纪，伊斯兰职业的伊斯兰法学家阶层诞生，精致的伊斯兰法理论全面建立起来。伊斯兰法学家要对教法进行全方位、透彻的研究，准确判断合理演绎，阐明同一事件的不同层面，得出正确的结论，必须具备以下条件：

（1）具备古兰经知识。

（2）熟知先知生平及圣训。

（3）通晓四大哈里发时期的各项决议和针对当时发生事件作出的判决，以及他们对那些事件制定的一些《古兰经》和圣训中没有的律例，同时还要精通圣门弟子通过的一致性决议和这些决议的原因与不同的意见及其理由。

（4）懂得教法记录时间，教法形式、发展及传述渊源、等级、非确凿的、可接受的、拒绝接受的以及传述者阶层、级别，他们对传述接受与否的方法。

（5）了解伊斯兰国家史、清楚执政者是哈里发、伊玛目（穆斯林宗教领袖）还是法官。

（6）具有法学家的智慧，能鉴别伊斯兰教法发展特征、原则，要整体比较、切中事理，正确推断、合理演绎。

---

〔1〕 Werner Menski, *Comparative Law in a Global Context：The Legal Systems of Asia and Africa*, Cambridge University Press, 2006, p. 290.

法学家对伊斯兰法的发展贡献突出，历来人所共知，在这方面，伊斯兰法学家与罗马法学者最为相似。早期伊斯兰法学家广泛运用意见、推理、类比判断和公议等方法，结合当地习惯对《古兰经》中的法律原理进行阐释，并充分发掘、广泛收集穆罕默德的逊奈，使圣训成为重要的法律渊源。阿巴斯王朝确立了一个原则：哈里发是法律的仆人，而非主人；法律权威属于法学家，而不属于政治统治者。

伊斯兰法律史上出现了许多学派，它们在法的基本原则与根本精神上是一致的，但在法律创制模式、技术等方面则互有异同，自成体系。其中以哈奈斐派、马立克派、沙斐仪派和罕伯里派影响最大，传播最为广泛，世界上绝大多数穆斯林尊奉这四大学派。四派观点纷纭，莫衷一是，对此穆斯林引用穆罕默德的话加以美化。一条圣训如是说："在我们的共同体里，意见分歧是真主慈悲的标志。"这种多样性被看作寓于统一性当中的各不相同而又不可分割的各个方面，是根本上统一于神法的，由神授意的不同表现罢了。[1]

四大法学派形成之后，法学家们更多地参与司法实践，根据社会的需要对经训的精神加以阐释和发展。经过法学家们的努力，伊斯兰法终于发展成为一个庞大的宗教法律体系。因此，有人将伊斯兰法称为"法学家法"。[2]

伊斯兰教强调穆罕默德作为真主的最后一位使者，降示《古兰经》及伊斯兰法学家从中创制出的伊斯兰法律，包容了穆斯林社会信仰、道德、法律等问题的最终、最完美的解答。这种在安拉主权论基础上形成的先知权威论，确定了时代权威法学家的地位与作用，因为他们是先知的继承人，发展和实践法律的任务历史性地落在了他们的肩上。他们在有关信仰、道德和法律事务方面是社会的代言人，他们创制的法律是对经训内容准确无误的表达，构成伊斯兰法的基本内容。权威法学家可以根据伊斯兰法的原则与精神，运用伊斯兰法的创制原则、模式与技术，创制出无经训明文可依的法律规则，这就从根本上解决了伊斯兰政府在致力于实施伊斯兰法过程中面临的现有伊斯兰法律规则和制度无法包容、涵盖现实生活中一切问题的难题。

不同流派的伊斯兰法学家，在伊斯兰法学内部进行比较研究，对不同学派的法律理论、法律观点、创制模式、创制依据等予以比较研究，阐明它们彼此间的异同点，并在对共同点加以融合和对不同点予以调和的基础上总结出较为正确、符合时代条件的观点和主张，作为法律适用的根据。

---

〔1〕［英］诺·库尔森：《伊斯兰教法律史》，吴云贵译，中国社会科学出版社 1986 年版，第 47 页。

〔2〕　高鸿钧：《伊斯兰法：传统与现代化》（修订版），清华大学出版社 2004 年版，第 92 页。

有学者认为，伊斯兰法甚至对英国法产生重大影响。[1] 英国法中的债务之诉、新近侵占之诉、陪审制、信托制、律师公会等制度都可能溯源至中世纪的伊斯兰法，而诺曼人治下的西西里王国以及商贸、宗教的人员往来等则是这些制度传播的渠道。

（三）严格性和灵活性兼具

伊斯兰法的神启性质决定了它的严格性，但这种严格性和刻板性只停留在原则上，在实践中却表现出相当的灵活性。教法规则在很大程度上是根据不同的情况来运用的。这种实践中的灵活性使得伊斯兰法具有广泛的适应性。

历史上阿拉伯各地经济、政治、文化传统存在很大差异，造成伊斯兰法分散不统一，只有《古兰经》是统一的。圣训多如牛毛，法学学派林立，圣训和法学歧义丛生，各派有自己的圣训汇编和法学著作，择善固执，相持不下。[2] 一般而言，各派所主张的法律原则和具体制度都能得到不同程度的承认，共同构成伊斯兰法这一海纳百川的庞大体系。[3]

（四）属人法特征突出

伊斯兰国家在婚姻、家庭、继承、宗教礼仪等"属人法"领域，坚持穆斯林适用伊斯兰法。当代生活在西方国家的穆斯林，也支持在宗教和家庭法领域遵循伊斯兰法。但是把伊斯兰法适用于非穆斯林则较为罕见。历史上，伊斯兰国家并不强迫被征服地的人民皈依伊斯兰教。只要他们愿意交纳一定数目的人丁税，便可以得到庇护。生活在伊斯兰教国家中的犹太教徒和基督教徒，作为"有经者"（《旧约》和《新约》），在宗教和生活方式上享有一定的自由。

非伊斯兰国家中，印度、以色列、非洲各国承认本国穆斯林少数群体适用伊斯兰家庭法。[4] 1937 年印度通过《穆斯林身份法》，允许穆斯林在婚姻、继承、慈善领域适用伊斯兰法。1948 年以色列建国后并未制定统一的家庭法，允许犹太教、伊斯兰教、基督教信徒在结婚和离婚方面采用宗教法，以色列最高法院对其享有司法审查权。近一百年来，希腊允许信奉伊斯兰教的少数民族在家庭法领域适用伊斯兰法，在欧洲国家为唯一的特例。[5] 2018 年希腊议会修

---

〔1〕 John Makdisi, "The Islamic origins of the common law", *North Carolina LawReview* 1998-1999, 7 (5), pp. 1635-1740.

〔2〕 G. H. A. Juynboll, *Studies on the Origins and Uses of Islamic Hadith*, Variorum, 1996, p. 23.

〔3〕 Aisha Y. Musa, *Hadith As Scripture*: *Discussions on the Authority of Prophetic Traditions in Islam*, Palgrave Macmillan, 2008, pp. 1-5.

〔4〕 https: //en. wikipedia. org/wiki/Application_of_Islamic_law_by_country.

〔5〕 Muslims in Greece, Ruled by Sharia Law for Almost 100 Years, Can Now Go to Secular Courts https: //www. newsweek. com/greece-muslims-sharia-law-secular-778434.

法，允许本国穆斯林在世俗法院解决家庭法问题。

二、伊斯兰法与天主教教会法的比较

伊斯兰法与天主教教会法，同属宗教法。有众多相似之处，但二者存在显著差异。

第一，伊斯兰法从一开始就与伊斯兰教义紧密联系，发展出政教合一体制。按照教义生活，也就是遵循伊斯兰国家的法规。但伊斯兰法律并不排斥一切世俗法规，相反，它包含着众多世俗的法律。天主教教会法形成之前，欧洲早有较完善的世俗法律，主要是罗马法。教会法影响到日耳曼人时，日耳曼人也有了自己的部族法。因而教会法发展出的是政教分离体制。天主教会势力最盛的中世纪，教会法也只是在一定范围内适用，且必须有世俗统治者的认可。

第二，在土地财产方面，伊斯兰法宣布全部土地属于真主，实际上为国家所有，普通人只享有占有权；教会法则只能处理属于教会的土地。

第三，在司法制度上，伊斯兰法普遍建立卡迪法院，一切纠纷的裁判以教义为准则，诉讼程序灵活。教会法则建立了一整套的司法等级机构，管辖权区别分明，与世俗司法有明确界限，还一度建立所谓的特别刑事法院即"宗教裁判所"。

第四，影响不同。伊斯兰法至今仍然起着重要的社会作用，对全球穆斯林社会生活影响显著。教会法则基本丧失作为法律的作用，仅仅作为一个宗教组织的内部规则，被全社会视为一种道德准则。

三、伊斯兰法分布国家

伊斯兰法在当今世界上的分布范围极其广泛，大体上可以分成三大类。

第一类是阿尔巴尼亚和苏联五个加盟共和国：哈萨克斯坦、土库曼斯坦、乌兹别克斯坦、塔吉克斯坦和吉尔吉斯斯坦。这些国家曾经是社会主义国家，当时伊斯兰法仅由信徒运用，在正式法律上并无效力。

第二类是接受现代法律思想较少，较多地实施伊斯兰法，特别是习惯法的国家，包括伊朗、苏丹、阿拉伯半岛国家（沙特阿拉伯、阿拉伯也门共和国、阿曼）以及阿富汗和巴基斯坦。

第三类是在属人法等领域实行伊斯兰法和习惯法，新的社会关系方面采用现代法律。它们所采用的现代法律又可分为普通法系模式（如印度、孟加拉、马来西亚、尼日利亚等）、大陆法系模式（如非洲法语国家、除苏丹以外的阿拉伯语国家和伊朗）或荷兰法模式（印尼）。

如果从时间维度看，当代原先属于伊斯兰法系的国家与伊斯兰法的关系，可大体分为以下三类：

第一类国家是伊斯兰法系的"继承人"。这类国家是指至今仍把伊斯兰法作为基本法律制度的国家。在这类国家中，法律制度虽然进行了某些改革，但并没有从根本上动摇传统的法律制度。因此，它们是当今伊斯兰法系的核心成员。属于这类国家的主要有沙特阿拉伯、阿曼、巴林、阿拉伯联合酋长国。

第二类国家是伊斯兰法系的"过继子"。这类国家虽然历史上曾经长时间奉行伊斯兰法，但在近代以来的改革中已经彻底放弃了伊斯兰法，而代之以从其他法系引进的法律制度。属于这类国家的主要是印度和土耳其，前者加入了普通法法系的行列，后者已经变成了大陆法系的成员。

第三类国家是伊斯兰法系与其他法系的"混血儿"。这类国家介于前述两者之间，数量最多。在近代以来的现代化进程中，它们的法律制度发生了较大的变化，除了宗教、婚姻家庭和继承事务之外，其他法律领域中占主导地位的是从西方引进的法律。[1]

四、伊斯兰法基本内容

（一）家庭法

在伊斯兰国家中，家庭是社会的基本单位，家长在家庭中居于统治地位。妇女的地位受到压制，人格受到贬损。伊斯兰早期的妇女观集中地体现和反映在《古兰经》中。[2]

第一，夫妻人格的不平等。在中世纪伊斯兰社会中，妇女无独立的人格，荣辱寄于丈夫。《古兰经》曰："你们的妻子好比是你们的田地，你们可以随意地耕种。"（古兰经 2：223）"男人的权利，比她们高一级。"（古兰经 2：228）由此可知，在家庭中，丈夫凌驾于妻子之上，妻子附属于丈夫，丈夫可以在法律规定的范围内任意地处置妻子，而妇女也必须履行法定义务——服从。

第二，夫妻贞操义务的不平等。在以男性为中心的中世纪伊斯兰社会中，男性因具有延续血统的权利，所以在性行为上有相较于妇女更大的自由权；女性穆斯林则有保护血统纯洁的义务，在性行为上绝对不允许越轨。伊斯兰法明确规定男子可以娶多妻（一夫四妻），前提是男性公平地对待她们。伊斯兰法又规定，男人娶的妇女必须是纯洁的，而不在乎男性在贞操方面的纯洁性；丈夫享有对不贞妻子的单方处分权。

第三，妇女有限的财产权利。中世纪伊斯兰家庭中，丈夫为当然的家长，拥有财产的大部分支配权；妻子在人格上依附于丈夫，在家庭财产问题上只有使用权和有限的处分权。伊斯兰法规定，男子在娶女子之前，必须在婚前或婚后赠与新娘财礼作为聘礼；但若离婚系由女子提出，则要放弃或归还部分或全

---

〔1〕 高鸿钧：《伊斯兰法：传统与现代化》（修订版），清华大学出版社 2004 年版，第 391~292 页。

〔2〕 John L. Esposito, *Women in Muslim Family Law*, Syracuse University Press, 1982, p. 1.

部聘礼，这说明聘礼的另一半实际是由丈夫支配。

第四，离婚权利的不平等。伊斯兰法允许丈夫可以有众多的正当理由提出离婚，甚至是无理由地休妻。只要不愿与妻子共同生活，丈夫可以在两个证人在场的情况下，连说三声"我休了你"（Talaq）或者以严厉的话语辱骂妻子，即可休妻。

值得注意的是，《古兰经》引入了"待婚期"的概念，妻子被休后，不得即刻离去，应等到妻子三次经期结束之后。3 个月的待婚期，一方面为了确定妻子是否怀孕，以免未来难以确认亲子关系；另一方面也给丈夫留下了冷静考虑的余地，丈夫在此期间若回心转意，希望重修旧好，可以撤销休妻决定。等待期内，妻子有权住在家中，并由丈夫提供生活资源。倘若离婚时产有婴儿，丈夫应提供资金帮助妻子哺育婴儿至两岁止。

婚姻家庭法是伊斯兰国家私法的重中之重。"家庭法是（伊斯兰法）重塑的核心。"[1] 近百年来，绝大多数伊斯兰国家在民事及婚姻家庭法领域，都先后制定和颁布了婚姻家庭和继承方面的法典、条例和法令，对童婚、妻子无权离婚的法律作了局部调整。

不少伊斯兰国家在立法中规定了传统伊斯兰法中缺失的结婚登记制度、男女享有平等的继承权、代位继承制，限制丈夫单方休妻，禁止童婚制。但由于改革的力度、范围不同，使得这一领域的伊斯兰法律失去了统一规范，也使伊斯兰婚姻家庭法的发展趋势总体上更倾向于本土化而不是普世化。

以伊斯兰教一夫四妻制为例，尽管《古兰经》鼓励实行一夫一妻制，但经文毕竟允许一个男子可以娶四房妻子，只是要求该男子必须公正无私地对待所有妻子。由于有经文为据，使得伊斯兰国家彻底废除一夫多妻、实行专偶制变得异常艰难。

从 1917 年《奥斯曼家庭权利法》颁布，经过百年时间，如今在伊斯兰世界只有土耳其和突尼斯两国明确宣布实行专偶制，其他伊斯兰国家则因保守势力的阻挠反对，还只能做到提倡一夫一妻，对一夫多妻的行为予以限制，包括实行罚款、短期监禁等惩罚。相较现代法律提倡男女平等、尊重和保护妇女权利，差距极大。伊斯兰国家要真正实行专偶制，还需要付出更为艰苦的努力。

（二）刑法

伊斯兰刑法大致可分为三类：经定刑、抵偿刑与酌定刑。

1. 经定刑

《古兰经》规定了固定刑罚的犯罪。包括通奸、诬告通奸、酗酒、偷盗、抢

---

[1]　Chibli Mallat, Jane Connors, *Islamic Family Law*, Brill, 1990, p. 6.

劫与叛教，构成反宗教道德罪。经定刑属于真主神权的制裁范围，乃不赦之罪，法官只能依律而断，不能法外开恩。所适用的法度刑分为三级：死刑（石块击毙、绞刑与斩首）、断手与削足、鞭刑。偷盗罪，初犯断其右手，再犯削其左足。抢劫罪，未伤人者断右手削左足；抢劫时杀人者，即便财物未被劫走，仍斩首或绞刑。通奸罪，未婚男女各鞭100；已婚男女则先各鞭100，而后用乱石砸死。诬告通奸罪，鞭80，且永不信其证词。酗酒罪，鞭80。[1]

2. 抵偿刑

适用于杀人、故意伤害罪的同态复仇与血金赔偿。伊斯兰刑法认为故意伤害致死、致伤，受害人及其亲属有权要求依照惯例实施同态复仇。《古兰经》规定："以命偿命，以眼偿眼，以鼻偿鼻，以耳偿耳，以手偿手；一切创伤，都要抵偿。"如果加害人获得受害人或者其亲属的宽恕，则必须支付赎罪金，实现和解。赎罪金的数额依据伤害的部位和程度、被害人的身份和地位而有区别。例如，杀人致死或者伤害单一存在的器官如鼻子、舌头，原则上应支付完全赎罪金；伤害成对存在的器官如眼耳手足，应支付一半赎罪金；奴隶的完全赎罪金是其卖价，自由人女性的完全赎罪金是男子的一半。

3. 酌定刑

为《古兰经》与圣训无明确规定，而由伊斯兰法官自由裁量的刑罚，也是对法度刑的调节与补充。多为对某些违反宗教道德的劣行恶迹与民事侵权行为的处罚，例如毁约、吃禁食之物、侵吞孤儿财产、欺诈、私人民宅。酌定刑的犯罪种类较经定刑为多，刑法较经定刑为轻。

现代法学家从人权保护角度出发，历来对伊斯兰刑法的残酷与落后大加抨击。其实，伊斯兰刑法认定盗窃罪需有本人招供或2名证人举证；小偷小摸并不构成偷盗罪，赃物价值至少10枚银币以上；当场抓获的偷盗者不以此罪论处；饥荒之年盗窃或抢劫财物，可以保留手足。当代伊斯兰各国，实践当中断手刑并不普遍。[2]

伊斯兰刑法也规定，对通奸罪必须排除胁迫因素；奴隶犯下私通罪，仅处以鞭刑，不适用死刑。且伊斯兰刑法对私通罪定罪格外慎重，必须有4名目击该行为的见证人举证，罪名方能成立。告发者若无法举出4名证人，则构成诬告通奸罪。诬告通奸罪，明显是一种维护妇女正当权益的保护性法律规范。如果丈夫立誓不承认妻子所生的子女，则是变相指控妻子通奸。妻子可以盟誓4

[1] Luqman Zakariyah, *Legal Maxims in Islamic Criminal Law: Theory and Applications*, Brill, 2015, p. 7.
[2] 哈宝玉：《伊斯兰教法：经典传统与现代诠释》，中国社会科学出版社2011年版，第94页。

次，否认丈夫的指控，以此通过法庭判决离婚。

对于酗酒罪，伊斯兰刑法规定法庭只受理1个月以内，2名证人告发，且有证据表明被告醉得不省人事，结果往往难以定罪惩罚。至于所谓叛教罪，伊斯兰刑法也给予叛教者忏悔期，不予忏悔者才以叛教罪论处。

刑法以保护社会利益为己任，其民族性与地方性较强。在残酷肉刑的外表之下，伊斯兰法对程序法要求高，证据规则严格，客观上缓和了酷刑的负面效应。

对于杀人与伤害罪，伊斯兰刑法一贯主张，由被害人及其亲属决定是提出起诉，还是寻求赎罪金赔偿，国家只作为监督者，不应横加干涉。[1] 这一方面，与欧洲中世纪刑法也大体相似。近代民族国家兴起后，西方各国政府才逐渐垄断刑事公诉的主导权。

受到西方现代化和理性化的影响，西式刑法典日益取代传统伊斯兰刑法。法无明文规定不为罪，法无明文规定不处罚，法律面前人人平等，检察机关行使犯罪公诉权，正当程序原则，一事不再审判原则，逐渐为阿拉伯国家所继受。

19世纪西方国家入侵中东地区，伊斯兰刑法从此退出历史舞台，只有沙特、卡特尔与也门等极少数国家予以保留。埃及、叙利亚、苏丹、突尼斯、阿尔及利亚、乍得、尼日尔等大部分伊斯兰国家，转而移植西方刑法制度。

（三）卡迪司法

历史上伊斯兰教国家司法机关统称沙里亚法院，于8世纪上半叶产生于伍麦叶王朝末期，阿拔斯王朝前半期其机构建制日趋完善，后为历代伊斯兰王朝所沿用，为主要的执法机关。近代以来，特别是二次世界大战以来，在多数伊斯兰国家被世俗法院所代替，部分伊斯兰国家则予以保留。相传穆罕默德委任穆阿兹到也门做卡迪，送别时他们之间有过一段对话。穆罕默德问："发生问题的时候，你怎样做决定？"穆阿兹答："依照古兰经。"穆罕默德问："倘若在古兰经里什么也找不到，怎么办？"穆阿兹答："依照圣训。"穆罕默德问："倘若在圣训里什么也找不到，怎么办？"穆阿兹答："我就应用我的推理。"[2]

中世纪伊斯兰国家的沙里亚法院是唯一的司法机关，审理穆斯林当事人间的民事、商事、刑事诉讼。法院一般由一名司法官（即卡迪），外加两名助手组成。其司法审判权因时代而异。伍麦叶王朝时，卡迪由地方总督指定，还兼管

---

〔1〕 Rudolph Peters, *Crime and Punishment in Islamic Law*： *theory and practice from the sixteenth to the twenty - first century*, Cambridge University Press, 2005, p. 186.

〔2〕 ［美］菲利浦·希提：《阿拉伯通史》（第10版），马坚译，新世界出版社2015年版，第359页。

部分行政工作。但其权限较大，有独立审判权，总督通常不过问宗教法律事务。

阿拔斯王朝时，为加强中央集权制，从中央到地方建立了完善的沙里亚法院制度，任命熟悉经训的教法学家为卡迪和大卡迪。最初卡迪由哈里发亲自任命，后来哈里发设立具有最高权限的"上诉法院"，首席大臣和地方总督有权任免卡迪。

卡迪执行的是"安拉的法律"，唯有学识渊博、精通经训和教法、品格高尚、廉洁奉公、主持正义、理智健全、信仰虔诚的伊斯兰学者才有资格充任此职。卡迪职权涵盖判决诉讼、调解民事纠纷、治理"瓦克夫"（伊斯兰信托）、保护孤儿财产、担任无行为能力者的监护人、惩办违犯教律者、任命地方司法代表等。

第一任哈里发对第一任卡迪指示道："审判是你的天职，公正是你的必行之道。你要仔细聆听当事人的诉请，否则怎能明辨是非？你在一切行为和判决中，都要公平对待所有的人，以使地位高贵的人不会指望你的恩惠，地位低下的人也不会失去获得公正的希望。如果你今日作出的判决不同于昨日，你要毫不犹豫遵照你亲眼所见的真理；因为真理是永恒的，判决正确要比坚持错误好。"伊斯兰社会中，法官倍受尊崇，流传大量睿智法官的精彩故事。[1]

卡迪的司法权主要有两类：一是无限审判权，即有权以合法的方式（保护一切合法权益，制止一切非法行为），受理教法范围内的一切诉讼，或通过仲裁调解纠纷，或通过判决明确责任；二是有限审判权，即仅有权受理某一领域（如婚姻家庭或遗产继承）或某一辖区内的案件。此外，卡迪只能按所属教法学派的司法传统办案。

沙里亚法院有一套诉讼审判程序和证据制度。审判席设在宽敞的大厅，听审时需有证人和法律顾问在场。如事实清楚，当即作出判决；如情况不明，则需先查明案情，再行判决。基本程序是原告举证，被告盟誓。卡迪听取原告诉词后，如认为理由充足，即要求被告就所诉事实作出解释。被告如表示承认，则作支持原告的判决；被告否认所诉事实，则要求原告举证。如原告提不出证据，则要求被告盟誓否认，然后宣布被告胜诉。

传统伊斯兰国家沙里亚法庭中，当事人不需要律师代理；没有陪审团；没有审前证据开示程序，证人无需面对交叉询问。与英美法系相比，卡迪法官的判决没有判例法的效力。与大陆法系相比，卡迪法官无成文法典可以援引，只能对个案作出判决。除债务诉讼外，法院一般不接受书面证据，而以证人证词

〔1〕 ［美］约翰·H. 威格摩尔：《世界法系概览》（下），何勤华等译，上海人民出版社 2004 年版，第 475 页。

为主要证据。法院只接受成年穆斯林自由人的证词，奴隶或非穆斯林无权作证，民事诉讼中两名女证人相当一名男证人。

沙里亚法院受到三方面限制，难以充分发挥作用。一是伊斯兰法注重私法，限于个人对真主的义务，公法领域存在盲点和缺失。二是宗教法庭依赖举证、盟誓，刻板的、拘泥于形式的司法审判程序和证据规定脱离实际，效率不高。三是行政与司法大权掌握在哈里发手中，卡迪没有终审权，统治者个人审判成为伊斯兰国家的典型特征。[1] 这也使得穆斯林的刑事司法五花八门；由于地域不同，呈现出各种各样的地方特色。

审判时，卡迪针对当事人的不同身份和地位，作出不同的判决。例如拾得遗失物，如拾得者为穷人，可以使用该财物；如拾得者为富人，则应作为宗教公产而捐献出来；如拾得者有贫穷的父母子女，他可以将财物转赠给他们。这种法律思维方式，不同于大陆法由个别到一般，再由一般到个别的思维传统；也不同于普通法从个别到个别的思维传统。它是将某一具体规则为基点，然后进行发散性思维，通过联想而形成规则的网络系统；法官通过联想之网，将生活中有关的问题囊括无遗。

德国学者韦伯批判卡迪就事论事，完全不考虑规则，充满不确定性，属于典型的实质非理性的法律。在韦伯看来，伊斯兰法不具备一般性的抽象规则，决策标准也外在于法律，受到宗教、伦理和情感等因素的制约，审判结果往往是无法预测的。他指出，中国古代县令司法与卡迪司法极为相似，英国法中陪审团制度、太平绅士参与地方司法管理，乃至对罗马法继受的抗拒，都是"卡迪司法"的遗迹。

传统卡迪只能由男性担任，今天埃及、约旦、马来西亚、巴勒斯坦、突尼斯、苏丹和阿联酋都出现了女性卡迪。2009 年，巴勒斯坦政府任命两名女性卡迪[2]；次年，马来西亚政府任命 2 名女性卡迪，负责处理监护、赡养费与财产等问题。[3] 印度尼西亚全国有近 100 名女卡迪。2017 年，以色列出现第一位女性卡迪。[4]

---

〔1〕　〔美〕约翰·H. 威格摩尔：《世界法系概览》（下），何勤华等译，上海人民出版社 2004 年版，第 511 页。

〔2〕　https://www.csmonitor.com/World/Middle-East/2009/0513/p06s20-wome.html.

〔3〕　https://www.onfaith.co/onfaith/2010/08/07/malaysia-appoints-first-female-sharia-judges/290.

〔4〕　http://english.alarabiya.net/en/features/2017/04/25/Israel-appoints-country-s-first-female-Sharia-judge-Hana-Khatib.html.

第三节　伊斯兰法的衰落与复兴

一、伊斯兰法的衰落

伊斯兰法学经历数百年的发展和繁荣之后，进入"塔格利德"时期，盲目遵循传统，对前人学说不敢越雷池半步，也不再运用人的推理创制和发展法律，关闭"伊智提哈德（创制）之门"。法学家从此不得再对《古兰经》和《圣训》做出新的解释，无权根据经训精神创制法律。至此，伊斯兰法的发展基本处于停滞，这一局面一直延续到 19 世纪中叶的近现代法律改革才告结束。[1]

称雄三大洲的奥斯曼帝国走向全面衰落，更成为伊斯兰法式微的直接原因。当欧洲列强走出黑暗中世纪，相继出现文艺复兴、宗教改革以及思想启蒙运动，确立自由、民主、平等和理性的价值理念，快步进入工业革命之时，恰值伊斯兰世界陷入政治和思想上的僵化停滞时期。西方列强瓜分阴影下的奥斯曼帝国，被称为"近东病夫"，国运每况愈下，所有这一切都拖累伊斯兰法陷入绝境。

面对千年未有之巨变，舍变法维新无他途！内外交困之下，奥斯曼帝国 19 世纪中叶启动名为"坦志麦特"的大规模改革运动。1839 年新苏丹颁布政令，宣布法律面前人人平等原则，声明保护帝国境内臣民的生命、财产和尊严。

1850 年，奥斯曼帝国以《法国商法典》为继受对象，公布《商法典》。1858 年颁布《刑法典》，除保留叛教者处以死刑的传统规定外，其他伊斯兰刑法原则和具体规定统统被抛弃，代之以法国的犯罪概念和刑罚制度，与伊斯兰传统一刀两断。[2] 1861 年和 1863 年，奥斯曼帝国参照法国制度，又分别颁布《商事程序法典》和《海商法典》。1876 年，奥斯曼帝国首次制定宪法。该宪法以比利时宪法为基础，宣布伊斯兰教为国教，确立了两院制和君主立宪政体。伊斯兰教国家第一部成文宪法，于焉产生。"至少在理论上标志着奥斯曼帝国从独裁君主制转变为立宪君主制。在奥斯曼帝国 600 年的历史上，苏丹不再享有绝对的权力，民众分享的政府权力得到承认，尽管这样的权力可能受到种种的限制。"[3]

第一次世界大战以后，伊斯兰国家民商法进一步发展。作为伊斯兰法衰落

〔1〕 Noah Feldman, *The Fall and Rise of the Islamic State*, Princeton University Press, 2008, p. 58.

〔2〕 Binnaz Toprak, *Islam and Political Development in Turkey*, Brill, 1981, p. 30.

〔3〕 哈全安：《中东史：610—2000》（上），天津人民出版社 2010 年版，第 361 页。

标志的凯末尔改革，发生于第一次世界大战之后，这次改革是以西方法律全面取代本国固有法律的典型。土耳其是在奥斯曼帝国的废墟上建立起来的，开国之父凯末尔始终认为，尽可能地西方化、全面移植西方法律来取代土耳其的固有法律，是土耳其对抗西方的唯一道路。

在这种思想的指导下，凯末尔在土耳其掀起了一场全面而彻底的改革，奥斯曼帝国和伊斯兰的几乎全部法律遗产都遭废弃：1924 年哈里发职位被废除。并将奥斯曼王室全部成员驱逐出境。[1] 埃及和印度的穆斯林极力反对，却未能挽救哈里发制度。[2] 同年 4 月，议会通过一部新宪法，宣布法律与宗教分离，曾是伊斯兰法最重要的司法机关和整个"法律制度的中枢——卡迪法庭"也被废除。

与此同时，西方法文化中的许多制度和观念被移植到土耳其；1926 年全面效仿瑞士民法的《民法典》获得通过，首次以西方国家婚姻家庭法取代传统的伊斯兰婚姻家庭法；同年，又颁布了一部以意大利刑法为蓝本的《刑法》。通过凯末尔改革，土耳其基本放弃了伊斯兰法的传统，取而代之的则是源自西方的世俗主义法律。

在这一改革过程中，通过对西方法的移植，引入了大量与传统伊斯兰法截然不同的新的法律元素，处于僵化的伊斯兰法获得了一次变迁的机会，从而迈出了伊斯兰法现代化的第一步。

1948 年埃及通过《民法典》，将传统伊斯兰法基本内容与现代西方法治精神结合起来。法典明确宣布伊斯兰法是法律渊源之一，在缺乏成文法和习惯法时，可以适用伊斯兰法；同时广泛借鉴法国、德国、意大利和日本民法典的成功经验。为了适应新型商业贸易关系的需要，法典又突破传统伊斯兰法的禁定，承认带有固定利息的投资和贷款的合法性。

中东国家如叙利亚、利比亚、伊拉克和约旦，在第二次世界大战之后推行法制改革，基本采用埃及模式继受西方法律，即在保留伊斯兰法基本原则和制度的前提下，通过移植引进西方法律，来补充固有伊斯兰法之不足。沙特阿拉伯也在 1937 年颁布《商务条例》，20 世纪 70 年代后成立商务委员会负责实施《商务条例》，准许银行以"佣金"形式收取贷款利息。沙特对此的解释是：《古兰经》禁止收取利息的规定只针对自然人，而不针对法人或组织机构。[3]

---

〔1〕 吴云贵：《当代伊斯兰教法》，中国社会科学出版社 2003 年版，第 135 页。

〔2〕 ［美］小阿瑟·戈尔德施密特、劳伦斯·戴维森：《中东史》，哈全安、刘志华译，东方出版社中心 2010 年版，第 237 页。

〔3〕 高鸿钧：《伊斯兰法：传统与现代化》（修订版），清华大学出版社 2004 年版，第 224 页。

此外，沙特后来还承认海商保险制度。按照古代伊斯兰法，任何标的物不确定的交易都是非法的，保险明显在受禁止之列。石油业巨头阿美石油公司成立后，按照国际惯例和美国法律订立的合同也不断出现，其中许多合同都是传统法律所禁止的。

刑法领域，除沙特等少数保守国家，绝大多数伊斯兰国家都进行了较为彻底的变革。从根本上放弃了犯罪是触犯真主安拉的传统观念，接受西方国家的犯罪概念；抛弃传统刑法划分，将犯罪分为三类：重罪、轻罪和违警罪。

采纳西方国家的刑罚种类和方法，伊斯兰国家将监禁列为主要刑罚方式，而不再视为补充方式。杀人和伤害行为被纳入国家予以惩罚的犯罪类别，不允许通过同态复仇或缴纳赎罪金私下解决。同时伊斯兰国家效仿西方，陆续颁布程序法和证据法。

至于司法体制，奥斯曼帝国 19 世纪 50 年代大量颁布新法典的同时，就建立了适用新型法典的世俗法院，在后来的发展过程中，其管辖范围逐步扩大。1875 年埃及成立混合法庭，后又建立世俗法院，实施新颁布的法典。1955 年埃及彻底废除残余的沙里亚法院，从而实现全国司法制度的一体化和世俗化。突尼斯和摩洛哥也于 20 世纪 50 年代废除沙里亚法院。

第二次世界大战前，改组法院工作主要是在西方法律制度的影响下，由西方殖民统治当局自上而下强制进行的。基本趋势是通过颁布行政立法、诉讼程序法和新的实体法来限制沙里亚法院的权限，属人法以外的民事、商事、刑事诉讼不再由沙里亚法院受理，而转归各国新设立的民事法院。此外，一些国家还通过了新的证据法和审判程序法，作为卡迪的审判依据。

第二次世界大战后，伊斯兰国家在现代法制改革过程中，对传统司法体制加以大幅度的修改和调整。大致有三种类型：①撤销沙里亚法院，代之以世俗法院的国家（如土耳其、埃及、叙利亚、突尼斯、利比亚等）；②仍以伊斯兰法为基本法，设有由多名卡迪组成的多级沙里亚法院和上诉制度的国家（如沙特阿拉伯和海湾国家）；③大部分伊斯兰国家则把沙里亚法院纳入全国统一的司法体系，作为辅助性的第一审法院，以调解民事纠纷为主。

二、从衰落到复兴

自 19 世纪后期开始，随着欧洲列强对伊斯兰国家影响的增加，西方学者强调伊斯兰法势必踏上改革不归路。第二次世界大战后，伊斯兰国家法律改革的势头也不断加强。但在 1979 年伊朗伊斯兰革命后，伊斯兰法的复兴成为不争的事实。[1]

摆脱百年来的颓势，伊斯兰法以始料未及的速度重新崛起，引起世界各国的密切关注。

达维德曾将伊斯兰法在 19—20 世纪的发展概括为三个特征："第一个是在许多事项上法律的西方化。第二个是在那些尚未西方化的事项上实行法典化。第三个和最新的特征是在有些国家中清除以前负责适用穆斯林法的特别法院。"[2]

如果说在 1979 年以前，这三个特征基本上是评价到位的。但就许多伊斯兰国家法律而言，近四十年的变化证明相关评价不尽准确。昔日伊斯兰国家法律改革的方向，主要是法律的西方化、法典化和清除伊斯兰宗教法庭的残余影响，而现在也不乏逐渐削弱西方法律影响，强调回归伊斯兰教义和宗教法庭的趋势。

伊斯兰法复兴，是伊斯兰复兴运动的重要一环。自 20 世纪 60 年代末，中东战争升级，阿拉伯世界与西方国家关系高度紧张。阿拉伯民族主义情绪空前高涨，在宗教激进主义的大力倡导下，阿拉伯世界兴起一场轰轰烈烈的伊斯兰复兴运动。在这一波伊斯兰复兴运动中，宗教激进主义快速传播，甚至促成一些国家爆发革命。

在伊斯兰法复兴进程中，幕后推手之一的宗教激进主义，是伴随着伊斯兰国家的普遍现代化和某些伊斯兰国家的全面西方化，反而不断滋生成长的一股宗教和社会思潮。其基本宗旨是要求恢复伊斯兰教的正统教义，主张把《古兰经》当作超越时空的、永恒的、绝对的真理，排斥对经典作种种自由的或现代主义的解释，反对现代主义、自由主义和世俗主义。[3]

随着伊斯兰世界的现代化尤其是少数伊斯兰国家的全面西方化，穆斯林文化认同感逐渐趋于弱化，民众文化认同感丧失的一个必然结果就是重新寻找认同，而寻找的方向通常会是人们以往的历程，寻找的结果也往往就是从前的认同纽带——很显然，穆斯林昔日的认同纽带就是伊斯兰传统。[4] 恢复伊斯兰法俨然成为文化和民族寻根的不二法门。

从 20 世纪 70 年代开始，伊斯兰复兴运动兴起，波及多个国家。这场回归运

---

[1]　Misagh Parsa, *Social Origins of the Iranian Revolution*, Rutgers University Press, 1989, pp. 299–300.

[2]　Rene' David and John Brierley, *Major Legal Systems in the World Today*, The Free Press, 1968, p. 475.

[3]　William Shepard, "What is Islamic fundamentalism?", *Studies in Religion* 17 (1988).

[4]　黄金兰：《法律移植与法律文化变迁——以伊斯兰法文化变迁为例》，载《比较法研究》2007 年第 5 期，第 21 页。

动，在部分国家成为意识形态的主流。伊斯兰复兴运动的最终结果，导致 30 多个阿拉伯国家和许多伊斯兰国家的"政治伊斯兰化"或"伊斯兰政治化"。有的国家法律规定国家元首和政府首脑必须是"虔诚的穆斯林"；有的国家重申伊斯兰教是"国教"；有的国家宣布伊斯兰法是国家的"法律渊源和立法基础"。

1971 年利比亚率先宣布"伊斯兰法是一个最主要法源的规定"，1973 年苏丹宪法第 9 条规定："伊斯兰法和伊斯兰惯例是最主要法律渊源。"1980 年埃及通过全民公决，修改旧宪法中伊斯兰法是埃及法律的一个主要渊源，新条款宣布伊斯兰法是埃及的"主要渊源"。更为突出伊斯兰法的指导地位。1979 年伊朗《宪法》第 4 条规定，什叶派伊斯兰法为主要渊源，地位不仅高于其他法律渊源，而且高于国际法。因为按照宗教领袖霍梅尼的理论，伊斯兰革命争取的正是伊斯兰法在全世界的胜利。1988 年巴基斯坦《沙里亚实施法》第 3 节规定："沙里亚是巴基斯坦的最高法律渊源和指导国家决策的综合性规范。"

1969 年卡扎菲在利比亚上台后，立即发布禁酒令，规定绝对禁止饮用、运输、销售酒类饮料，违者将受刑事制裁。巴基斯坦与伊朗都有类似规定。

20 世纪 70 年代以来，从利比亚到伊朗，近十个伊斯兰国家纷纷恢复伊斯兰刑法，引起国际社会高度关注。1972 年卡扎菲领导的利比亚革命指挥委员会颁布第一道法令，恢复伊斯兰刑法对偷窃行为的肉刑惩罚；同时规定断手刑在法律指定的医院实施，以减少受刑者的痛苦。

巴基斯坦在齐亚·哈克将军执政期间，也在地方恢复伊斯兰法院体系，在联邦成立最高法院伊斯兰刑法法庭。哈克将军承认恢复传统宗教刑罚绝非治本之道，他感慨："如果不解决人民所关注的经济问题，人们只会将伊斯兰教想象成主张鞭刑，用石块将人砸死而已。"[1] 地方宗教法庭实施经定刑，须经省级高等法院审核批准，方能予以执行。总体上讲，利比亚和巴基斯坦虽采用伊斯兰刑法，但实施上较为克制，宣传意义更强。

1979 年伊朗爆发伊斯兰革命，霍梅尼推行法律伊斯兰化，查封美容院、舞厅、夜总会、赌场和妓院，接待外国游客的酒店不得提供含有酒精的饮料，违者处以鞭刑，屡犯者甚至判处死刑。霍梅尼设立宪法监督委员会，负责监督议会立法，有权宣布违背伊斯兰法的法律无效。1982 年 8 月，伊朗宣布废除一切世俗法律，代之以伊斯兰教法，伊斯兰刑法成为重中之重。

发动政变上台的苏丹总统尼迈里，为巩固威权统治，1983 年恢复伊斯兰刑法，通奸者处以乱石砸死，叛教者处死，酗酒者处以鞭刑，对盗窃者处以断手刑。此举引起南苏丹信奉基督教黑人部族的强烈反弹，为后来的达尔富尔问题

〔1〕 Anwar Moazzam, *Islam and Contemporary Muslim World*, Light and Life Publishers, 1981, p. 79.

埋下祸根。为了炫耀个人对伊斯兰教法的虔诚，尼迈里不惜将价值 1100 万美元的美酒倒入尼罗河，对夜总会老板处以鞭刑。苏丹动辄对罪犯使用鞭刑与断手刑，国际舆论评价负面，连一直坚持伊斯兰刑法的沙特也指责苏丹政府严重败坏伊斯兰法的形象。1985 年尼迈里被政变军人推翻下台。

伊斯兰刑法的复活，细究原委，出于抗衡西方强权与争取民心的动机，伊斯兰国家领导人宣布恢复伊斯兰刑法，以强化本国政府的政治正当性。伊斯兰刑法不啻为凝聚民族认同的象征，大部分穆斯林民众对其念念难忘。在协调国际人权法与伊斯兰刑法的冲突，提升普通穆斯林民众的人权意识上，伊斯兰国家长途漫漫。

在家庭法领域，近年部分伊斯兰国家有所倒退。2009 年阿富汗政府公布新《什叶派家庭法》，受到阿富汗女性与国际社会的强烈批评。《什叶派家庭法》规定：

（1）妇女不得拒绝丈夫的性要求。丈夫只要没有外出，就有权与妻子每 4 天行房一次。妻子除非生病或者患有任何有可能因房事而加重的疾病，否则必须对丈夫的性要求给予积极回应。

（2）夫妻不得超过 4 个月不行房。

（3）除非发生紧急情况，妻子外出必须征得丈夫的同意。

（4）妻子外出工作或上学要得到丈夫明示的准许。

（5）如果丈夫要求妻子打扮，后者不得拒绝。

（6）如果夫妻离婚，妻子不能要求得到子女的监护权。

（7）妻子无权继承丈夫遗留下来的房子和土地，但丈夫有权继承妻子的各种遗产。

联合国人权事务高级专员纳瓦内泰姆·皮莱指出：“尊重妇女的权益以及尊重所有人权，是阿富汗未来安全和发展的最重要方面；这样的法案在 2009 年还能得到通过，应受到指责，这一法案令人不由得想起 20 世纪 90 年代塔利班通过的法令；这不仅是向错误方向走了一大步，而且什叶派家庭法明显违反了阿富汗宪法；同时，由于《什叶派家庭法》违反了联合国《消除对妇女一切形式歧视公约》，违背国际法，因此呼吁阿富汗撤销《什叶派家庭法》。”[1]

历史包袱沉重，伊斯兰家庭法的变革举步维艰。女性受到歧视与压迫的现状未得到根本改变。伊斯兰国家有识之士大声疾呼：广大穆斯林女性无法获得平等的发展权利与社会地位，人性尊严遭受践踏，女性聪明才智倍受压抑，损失最大的依然是伊斯兰国家。

---

〔1〕　https：//www.bbc.co.uk/news/world-asia-24127096.

必须指出的是，这场伊斯兰法复兴运动，多集中在刑法、家事法领域，且缺乏对法律适用的社会后果的考虑。这不仅给外界造成倒退保守复古的负面印象，而且易被各国当政者操纵利用。[1]

根据传统伊斯兰理论，法律是安拉的命令，政府没有正式立法权。不过，在轰轰烈烈的伊斯兰法复兴运动中，这项神圣原则被打破。伊斯兰各国政府通常采取政府立法的方式，即以违背法律传统的立法方式恢复伊斯兰法。

客观而言，全盘恢复伊斯兰传统法律的国家，其实只占伊斯兰国家的少数。大多数伊斯兰国家态度谨慎，仍然维持原来的法律改革成果，并继续进行改革，只是在宣传口号上有所变化，或者在个别法律部门加以微调，恢复了部分传统规则。

三、转型中的伊斯兰金融与伊斯兰宪法

（一）异军突起的伊斯兰金融

在伊斯兰法禁止利息的阴影下，伊斯兰金融法异军突起，堪称一大亮点。如今，伊斯兰银行的数量每年以 15% 的速度递增。当今世界上开展伊斯兰金融业务的大银行已经超过了三百家，其中包括花旗银行、汇丰银行和德意志银行。伊斯兰金融业务不局限在伊斯兰世界，而努力向全世界扩张，世界金融进入新发展阶段。

现在伊斯兰金融业务经营的范围不断扩大，过去许多金融服务曾被伊斯兰定为不合法的行为，如今都有了符合伊斯兰沙里亚原则的新规则，例如，股票、保险、房贷、信用卡。

《古兰经》和伊斯兰法严禁在经济交往中收取利息。伊斯兰学者为此提出过种种伦理道德和经济理由：放贷者稳获利息而把全部经营风险都让借贷者承担是不合理的；借贷者往往是穷人，放贷者往往是富人，利息有利于后者而不利于前者，会导致社会收入分化和社会财富的分配不均，不符合社会公正的道德观念；利息会提高生产成本，从而提高产品价格，加重消费者的负担；利息不利于那些对社会有益而盈利不大的项目投资；不通过劳动而通过放贷获取利息收入在道德上是可耻的寄生行为；利息鼓励储蓄，可以导致消费不足和生产成本上升，进而会导致失业和有效需求不足，妨碍经济发展等。传统伊斯兰教法一向强调：

（1）严禁利息原则，禁止不当取利。安拉"准许买卖而禁止重利"（《古兰经》2：275）的原则是伊斯兰金融的基本原则。而利息则被界定为一切非生产性或不含有价值创造、生成过程的收益或资本增值。违反此原则的一切收益，为

---

〔1〕 马明贤：《当代伊斯兰法的复兴与改革》，载《西亚非洲》2005 年第 1 期，第 50 页。

被禁止的不当取利。

（2）反对视利息为货币的市场价格的西方流行观点。认为唯有劳动创造的产品才有使用价值、商品价值和价格，货币资本不属商品，没有价值、价格，更不能以利率形式作为价格机制。

（3）主张借贷双方共担风险、共分利润。认为目前世界上通行的借贷关系，明显有利于贷方而有损于借方，借方不论经营效果优劣，必须按期偿还本息；而贷方不但风险，一本万利。故公平的借贷关系应使银行与客户成为合伙关系，双方合资经营，共担亏损、共分红利。投资利润为劳动所得，属正当收益。

（4）提倡储蓄，反对囤积财富。认为储蓄是为了满足未来的消费需求，保障生活需要，但为利息而储蓄则为不当行为。界限在于一个人选择消费还是储蓄应顺其自然，即根据本人或家庭的收支状况而定，而无需以利息刺激储蓄，以免因贪欲把正当储蓄变为追逐利息、垄断财富的手段。

（5）以伊斯兰银行等方式来代替目前通行的借贷关系。伊斯兰银行为"无息"银行：银行对活期储蓄不付利息；对定期储蓄，付予银行与客户（即企业）投资经营所得利益的一部分，以此代替传统的存款制度。对传统的放款制度，则以两种方式代替：银行可向企业（即客户）投资并承担风险，按合同分红，如亏损则全部由银行承担，银行一方亦可以资金、技术、人力与企业（客户）合营，盈利按合同分红，亏损按出资比例分担。此外，还有以代购转销合同、租赁合同等便通原则，以合法的买卖关系、租赁关系代替传统的有息借贷关系。[1]

20世纪50年代巴基斯坦有人提出建立伊斯兰银行的思想，试图在金融领域中找到以利润代替利息的方法。这种思想很快传播到阿拉伯地区。1963年埃及出现的加姆斯储蓄银行可以说是伊斯兰银行的最早尝试。但直到20世纪70年代中期石油美元大量出现以后，伊斯兰银行才开始大规模发展，特别是在石油美元最为集中、伊斯兰势力也最强大的海湾国家。

简言之，伊斯兰金融思想作为现代伊斯兰教经济学说的组成部分。是以伊斯兰传统经济思想为依据，结合当代经济发展的新形势而提出的一系列金融理论和原则。20世纪70年代以来，伊斯兰国家在发展国民经济过程中，各国法学家著书立说、提出对策，并多次举行学术研讨会，逐渐形成较系统的伊斯兰金融理论和实践。

20世纪80年代伊斯兰银行进一步发展，土耳其、印度尼西亚、马来西亚、英国、瑞士、美国、印度、菲律宾、巴哈马等伊斯兰和非伊斯兰国家设立分支

---

〔1〕　Muhammad Ayub, *Understanding Islamic Finance*, John Wiley & Sons, 2007, pp. 64-70.

机构，开展跨国金融业务。[1] 目前西方主要银行集团都在从事伊斯兰金融业务，大量吸引石油资本。

根据伊斯兰法，伊斯兰银行禁止一切利用金融危害社会和人类健康的经济活动。伊斯兰的金融思想是以保护人民的利益为宗旨，例如禁止高利贷性质的剥削，禁止向有害人类健康的行业投资——如酒精饮料生产、赌博业、色情业、烟草业、武器生产和猪肉产品，这些都是伊斯兰法所禁止教徒投资的行业。

伊斯兰金融业务宣称：银行与客户协商合作，公平交易，共担风险，一切公开，没有暗箱作业，双方结成合作伙伴关系。广大客户对伊斯兰金融制度的理解是：比普通银行体制透明度更高、更合理、更尊重客户。

简单将伊斯兰金融体系描述为"无息"，并不能全面准确地反映该体系的真实面貌。在伊斯兰金融体系中，金融的基本功能得以拓展，"利润共享与风险分担"原则在市场参与者之间得到了充分的体现。具体而言，对于风险分担，伊斯兰金融提出了金融领域中的交易风险分担工具，从而加强了交易的公平与公正性。当代伊斯兰金融制度主要采取以下四种形式：[2]

（1）穆达拉巴制（盈亏分摊制）。这种制度提倡银行与顾客（储户）结为伙伴关系，类似合伙制度，双方分担经营的盈亏。顾客在银行存款时，便根据其资金数额和存款条件与银行达成盈亏分摊协议，也就是说，银行经营的利润由两者分享，经营时出现的亏损也由两者分担。同时，银行向外发放贷款时也实行盈亏分摊，银行贷款的收益也直接与借款人用该笔款项进行经营的状况相联系。

（2）穆拉巴哈制（成本加成制）。即银行在资助贸易时，从标高价格中获取收入。例如，顾客需要银行出资为他买下他所需要的东西，之后顾客或是按期限一次性向银行偿还债款，或是分期向银行付款，或是双方达成某种协议。无论哪一种情况，经过一段时间后，顾客付给银行的钱都要高于原先物品的价格，这其中的差额就是银行的收益。穆拉巴哈制业务占伊斯兰金融的 70% ~ 80%。

（3）穆沙拉卡制（股份参与制）。股份参与是伊斯兰银行以参与股份的方式与对方合作，共同实施发展项目。双方缴纳合作项目所需的资本，根据双方事先议定的比例共享利润，共担风险。股份参与在运营中分为永久参与、临时参与和递减参与三种方式。

（4）瓦卡拉制（手续费制）。许多伊斯兰银行在禁止利息的同时，允许在贷

---

[1] A. L. M. Abdul Gafoor, *Interest - free Commercial Banking*, Apptec Publications, 1995, p. 86.

[2] [马来西亚] 苏丁·哈伦、万·纳索非泽·万·阿兹米：《伊斯兰金融和银行体系——理论、原则和实践》，刚健华译，中国人民大学出版社 2012 年版，第 73~78 页。

款时收取一定的手续费。手续费是对银行职员在经办贷款业务中花费的劳动的报酬。手续费是固定的。凡汇款、信用证、中长期贷款、外贸贷款等均按款额和期限，由银行收取 2%~4%的手续费，用以支付银行的管理费和通货膨胀的差额。

伊斯兰金融体系具有两个明显的特点：其一，对利息的禁止促使债务在该体系中消失，并最终消除杠杆化；其二，通过以"利润共享"为基础而设计的交易模式，使金融体系体现出了风险分担原则的优势。由于伊斯兰金融体系本身所具有的风险分担性质，股票市场就起到了至关重要的作用，并有望成为该金融市场的主体。

（二）艰难探索的伊斯兰宪法

伊斯兰教信徒坚信：伊斯兰法在伊斯兰国家享有宪法的地位，在制度上确保法律符合伊斯兰教义。这种观点与主张政教分离的西方宪政主义南辕北辙。[1]

伊斯兰法主张主权属于真主，而非属于政府。政府要有足够的权力有效地行使职能，又要有足够的自由使公民完成他们的美德。鼓励政府增进社会共同体的福利；给予人民充分的自由；理性和美德又被规定为个人自由和社会自治的前提与基础，所有这些都由伊斯兰法来加以规定。

第一次世界大战结束后，奥斯曼帝国解体，亚非国家相继获得独立；第二次世界大战后，大批伊斯兰国家赢得独立解放，这些新独立的国家先后颁布宪法。纵观伊斯兰国家的宪法，大致具有如下特点：

首先，确认国家主权和民族独立原则。1973 年叙利亚在其《宪法》前言部分，宣布叙利亚是一个"主权的、民主的、人民的和社会主义的"国家；1974年北也门《宪法》第 1 条规定："阿拉伯也门共和国是一个阿拉伯的、伊斯兰的和独立的国家。"其他伊斯兰国家多有类似的规定。

其次，确立分权的政治原则。独立之后，大多数伊斯兰国家仿效欧洲大陆国家的宪法模式，确立分权原则。1923 年埃及《宪法》、1924 年土耳其《宪法》和 1925 年伊拉克《宪法》等，都建立了代议制机构，规定代议机关制定法律，司法机构负责法律的实施。1971 年卡塔尔《宪法》、1971 年埃及《宪法》和1973 年叙利亚《宪法》中都宣布了司法独立原则。

再次，保护公民的权利与自由。传统伊斯兰法认为，一切权利属于安拉，信徒只能对安拉尽义务。独立后，多数伊斯兰国家宪法转而承认公民享有权利

---

[1]　Mark Gould, "Islam, The Law, and the Sovereignty of God: Accommodating Qur'anic principles to the civil religion", *Policy Review*, No. 149, June & July 2008.

和自由。1973 年叙利亚《宪法》有关人权一节，明确法律面前人人平等，保护个人权利和自由，禁止酷刑。1982 年土耳其《宪法》和其他国家宪法也有类似条款。1978 年也门《宪法》宣布保障信仰自由，保护妇女权利，实行男女平等的进步条款。

最后，强调伊斯兰教的指导原则。大多数伊斯兰国家的宪法明确载有伊斯兰教为国教，伊斯兰法是法律渊源。其中又以 1979 年伊朗《宪法》和 1982 年巴基斯坦《宪法》最有代表性。唯一的例外是，1928 年，土耳其大国民议会决定将"伊斯兰教是土耳其国教"一语从宪法中删除，并在 1982 年《宪法》中宣告"土耳其是一个民主的、世俗的共和国"。

单从理论与文本上来看，伊斯兰在宪政思想上，不乏值得称道之处。布雷特在《伊斯兰——基督教文明研究》一书中强调："唯一能约束统治者不像暴君一样作为的，就是伊斯兰法——沙里亚。由于伊斯兰法的基础是神圣的、而不是人类的法则，因此没有统治者可以改变它来为自己的利益服务。"[1]

理论上，伊斯兰法作为"高级法"，对世俗法起到宪法审查作用。但是，当今伊斯兰各国宪政体制上差别极大，总体表现不尽如人意。从坚持政教分离、坚持世俗主义原则的土耳其，到缺乏成文宪法典、奉《古兰经》为宪法的沙特阿拉伯，再到伊斯兰革命后采用神权民主制的伊朗，伊斯兰国家宪政道路艰难曲折。[2]

1979 年伊斯兰革命后，伊朗新《宪法》第 1 条规定"政体为伊斯兰共和国"，第 11 条明确"什叶派伊斯兰教为国教"。在承认真主主权的前提下，国家实行立法、行政、司法三权分立原则，同时成立类似国外宪法审查机构的宪法监护委员会，监督政府运作。由于伊朗坚持宗教立国，最高宗教领袖即国家领袖，民选总统权力有限，因此伊斯兰革命四十年，付出极大政治和社会代价，无法融入主流世界的伊朗，为摆脱孤立状态而苦苦奋斗。

凯末尔发动民族解放运动创立的土耳其，近百年来在民主体制与军人政变中不断摆荡。通过全民选举上台的宗教极端主义政党，屡屡被宪法法院以违反宪法之名解散。土耳其军人更以维护世俗主义政治体制的民主守护者自居，发动政变，逼迫宗教政党交权下台。美国学者亨廷顿将土耳其称为"被撕裂的国家"，少数城市西化世俗精英与多数乡村传统信教民众难有共同语言。多年来土

---

〔1〕　〔美〕约翰·L. 埃斯波西托、〔美〕达丽亚·莫格海德：《谁为伊斯兰讲话？——十几亿穆斯林的真实想法》，晏琼英、王宇澍、李维建译，中国社会科学出版社 2010 年版，第 135 页。

〔2〕　https：//www.lawliberty.org/liberty-forum/islam-and-constitutionalism/.

耳其致力于加入欧盟，久久不得其门而入，在东西方世界间定位不清，角色尴尬。[1]

作为伊斯兰世界领袖的埃及与沙特，在宪政体制上乏善可陈。埃及《宪法》中明确树立主权在民的民主原则，实施多党竞争下的半总统制，但于 1980 年修改《宪法》第 2 条，肯定伊斯兰法作为最高法源，不得违反。最高宪法法院对于 1948 年民法典中贷款利息条款是否违宪失效问题，以法不溯及既往原则判决新宪法修正案无溯及力，民法典相关条款继续生效。此后由于触怒穆巴拉克总统，埃及最高宪法法院连遭整肃。2005 年议会选举围绕世俗国家与宗教国家的争论此起彼伏。阿拉伯之春后，制宪大会自由派与宗教人士，围绕伊斯兰法是否为埃及《宪法》最高法律渊源，相持不下。2012 年底埃及新《宪法》通过后，很快军方发动政变，罢免民选总统，禁止穆斯林兄弟会，阿拉伯之春沦为阿拉伯之冬。

沙特阿拉伯遵循保守的瓦哈比教派，从未制定宪法，1982 年颁布《基本法》反复强调绝非宪法，《古兰经》作为最高法源足矣。长期坚持政教合一，国王集五权于一身（统治家族族长、最高宗教领袖、国家元首、政府首脑和军队总司令）。从本·拉登所领导的基地组织中大部分领导成员来自沙特的现象，不难看出沙特隐忧不少。2018 年沙特记者卡舒吉在伊斯坦布尔领事馆被杀，国际社会对沙特批评不断。

2004 年通过的阿富汗新《宪法》规定：法律不得违反伊斯兰教义，在宪法无明文规定的情况下，法院得适用传统的伊斯兰习俗。但同时宪法又规定男女权利平等；国家将遵守阿富汗签署的联合国宪章、国际公约、世界人权宣言。2006 年伊拉克新《宪法》宣布伊斯兰教是伊拉克官方宗教，是伊拉克立法主要依据之一；任何法律不得与伊斯兰教义相抵触，不得与民主原则及本宪法提及的其他基本权利和自由相抵触。在恐怖主义的阴影下，美国民主输出——强制改造阿富汗与伊拉克难言成功。

四十年来，伊斯兰各国先后涌现多种宪法审查模式——伊朗宪法监护委员会、埃及最高宪法法院，印尼宪法法院与马来西亚最高法院，对于其表现，学术界见仁见智。[2] 作为伊斯兰法嬗变的风向标，转型中的伊斯兰宪法，可以提供一窥伊斯兰国家和社会变迁的难得视角。

---

〔1〕　Abdullahi Ahmed An-Naʻim, *Islam and the Secular State*：Negotiating the Future of Shariʻa, Harvard University Press, 2008, p. 182.

〔2〕　Rainer Groze, Tilmann J. Röder, *Constitutionalism in Islamic Countries*：*Between Upheaval and Continuity*, Oxford University Press, 2012.

第四节 西方国家遭遇伊斯兰法

一、欧美穆斯林社区勃兴

20世纪50年代之前，欧洲许多国家基本上没有穆斯林，老牌殖民主义国家，如英国、法国和意大利，穆斯林人口也屈指可数。第二次世界大战后，欧洲国家百废待兴，亟需大量廉价劳动力，开始从伊斯兰国家积极引进劳工，掀起穆斯林移民潮。

英国早期穆斯林多数来自印度次大陆；法国从海外领土进口劳工，如阿尔及利亚；西班牙从摩洛哥，荷兰从前殖民地苏里南，意大利从利比亚，德国从土耳其大量引进移民。欧洲各国穆斯林人口从无到有，形成众多穆斯林社区。

半个世纪里，数千万穆斯林告别故乡，移居到社会和语言迥然不同的西方基督教国度。今天的穆斯林在多数西方国家形成了日益壮大的社会力量，实力与影响与日俱增，伦敦、巴黎、慕尼黑出现了宏伟壮观的清真寺。

最新人口统计研究显示，欧洲穆斯林移民人口为两千多万，美国穆斯林人数为六百万。法国大城市马赛的穆斯林比例为25%，不少欧洲国家最常见的新生儿名字为穆罕默德。欧洲穆斯林移民的生育率远远高于本地人，伦敦和鹿特丹等城市选举出穆斯林市长。

在法国，清真寺的兴建速度远比天主教堂快。据法国伊斯兰教协会估计，150所新的清真寺正在各地兴建。相反，过去10年，法国天主教会只兴建了20所新教堂，关闭了60多所，其中不少已改为清真寺。

西方国家接受穆斯林移民，把宗教活动看成个人信仰自由，把伊斯兰文化特征理解为传统。欧美各国阿拉伯组织领袖对伊斯兰教信仰和文化特征绝不让步。在政教分离的西方国家，两千万穆斯林致力于保持伊斯兰身份，积极要求法制自治，成立沙里亚法庭，根据伊斯兰法原则，审理穆斯林家庭和民事纠纷。

根据一项全国性调查，40%的英国穆斯林支持用伊斯兰法代替英国法。2008年英国圣公会坎特伯雷大主教，公开呼吁在英国穆斯林社区允许实施伊斯兰法，引发国民强烈反弹。[1] 此一事件体现出英国社会对于伊斯兰法的疑虑。实际上，穆斯林仲裁委员会在英国已经存在30多年以上，众多穆斯林通过其认可，

---

〔1〕 https：//www.telegraph.co.uk/news/uknews/1578017/Adopt-sharia-law-in-Britain-says-the-Archbishop-of-Canterbury-Dr-Rowan-Williams.html.

缔结婚姻。2014 年英国全国有 85 个伊斯兰教理事会和穆斯林仲裁委员会（非官方）专门负责处理穆斯林婚姻、遗嘱和遗产分配问题。

2014 年 3 月，英国律师协会提出关于制定符合伊斯兰教法遗嘱的律师指南。这是英国官方法律机构首次赞同伊斯兰法的继承和多妻婚姻。女性继承权只相当于男性的一半；非婚生子女不被视为合法继承人。最后这份律师指南被撤销。[1]

在没有检察官和律师参与的情况下，伊玛目（宗教领袖）作为仲裁者，介入德国穆斯林群体内部的刑事案件。2011 年德国学者瓦格纳在《无视法律的法官：伊斯兰平行司法危及我们的宪政国家》一书中提醒：伊斯兰沙里亚"法庭"正在德国大城市悄悄运作。依据伊斯兰刑法，穆斯林加害人支付巨额赔款给穆斯林受害人，换取庭外和解逃脱刑事制裁。[2]

德国联邦社会法院支持一名穆斯林男性死者的第二个妻子赢得丈夫的养老金，法官判决两位妻子平分养老金。联邦行政法院也判决一名伊拉克男子的第二个妻子有权在德国居留。2007 年法兰克福市家事法庭女法官援引《古兰经》中认可丈夫殴打不顺服的妻子的原文，判决不准摩洛哥裔妻子离婚。2011 年德国联邦劳动法院判决：超市的穆斯林雇员有权以宗教信仰为由拒绝搬运酒品，雇主无权将其开除。

二、宗教法与世俗法的冲突

"911 事件"、一系列欧洲恐怖主义袭击、极端主义暴行，导致在欧美各国"伊斯兰恐惧症"盛行，加之各国移民犯罪率居高不下，社会融合困难，主流社会将批判矛头指向伊斯兰法。西方学者认为伊斯兰法不宽容，唯我独尊，崇尚暴力。媒体报道自杀式恐怖袭击、斩首人质、侵犯女性权利，强化了西方民众对伊斯兰法的负面看法。意大利总理贝卢斯科尼公开嘲笑伊斯兰教不尊重人权，认为唯有尊重人权的西方文明最优秀。

2003 年欧洲人权法院在福利党起诉土耳其的判决中，认为伊斯兰法与民主不相容。[3] 欧洲人权法院认为，基于伊斯兰法的法律制度与欧洲人权公约的价值相违背，特别是刑法与刑事诉讼法之部分，其依照宗教戒律所制定的法律将干涉妇女在公共领域和私人领域中的地位及权利，违背了欧洲人权公约中所建立的人权价值。

在穆斯林穿戴宗教服饰方面，欧洲人权法院允许各国政府制定法律来约束

---

〔1〕　https：//www.americanthinker.com/articles/2018/08/britain_confronts_the_problem_of_sharia_law.html.

〔2〕　https：//www.gatestoneinstitute.org/2397/islamic-sharia-law-germany.

〔3〕　https：//minorityrights.org/wp-content/uploads/old-site-downloads/download-384-Refah-Partisi-v.-Turkey.pdf.

穆斯林的穿着。2001 年的 Dahlab 诉瑞士案中[1]，欧洲人权法院认为瑞士政府有权要求一名穆斯林老师摘下头巾，因为头巾属于伊斯兰教的"强烈外部象征"，可能影响年轻的学生；瑞士政府并未违反欧洲人权公约中的宗教自由及平等原则。2008 年的"Dogru 诉法国案"和"Kevanci 诉法国案"，[2] 两名 12 岁穆斯林女孩拒绝在体育课时拿掉头巾，遭到学校开除。欧洲人权法院认定法国政府并未违反《欧洲人权公约》中公民的宗教信仰自由。

2016 年德国宪法法院判决，穆斯林女生必须与男生共上游泳课。本案中 11 岁的穆斯林女生认为穿着布基尼（把身体裹起来的泳衣）违背伊斯兰法，拒绝上游泳课，遭到学校处分。[3] 2017 年欧洲人权法院作出裁定，维持瑞士法院的原判——穆斯林家长出于宗教理由提出的女孩子免修游泳课请求遭到拒绝。[4]

本着世俗主义的原则，法国、丹麦、瑞士等欧洲多国，近年来通过法律，禁止本国穆斯林在公众场合穿戴蒙面罩袍；瑞士不许可建造清真寺[5]；丹麦、瑞士、瑞典、挪威和冰岛禁止清真屠宰方式。对于伊斯兰法中一夫四妻、女性继承权为男子一半、丈夫可以单方面休妻等规定，西方国家谴责为侵犯人权，禁止在本国适用。

美国亚拉巴马州、亚利桑那州、堪萨斯州、路易斯安纳州、北卡罗来纳州、南达科塔州、田纳西州等 11 州禁止本州法院参引外国法、国际法或宗教法。相关立法主要目的是禁止在本州适用伊斯兰法。[6] 2005 年加拿大魁北克省议会以全票表决通过法案，禁止适用伊斯兰法；安大略省宣布家庭法领域只适用本省世俗法。

三、伊斯兰法路在何方

在人权领域，一些伊斯兰人士认为《世界人权宣言》是在西方国家操纵下制定的，体现的是西方文化价值观，并不代表普遍的人权价值。1990 年伊斯兰合作组织在开罗通过了一部《伊斯兰人权宣言》与《世界人权宣言》抗衡。[7]

西方学者指出：《伊斯兰人权宣言》缺失一系列重要条款：选举权、宗教自由、结社自由、新闻自由、平等权以及法律面前人人平等。《伊斯兰人权宣言》

---

〔1〕 https：//minorityrights. org/wp-content/uploads/old-site-downloads/download-185-Dahlab-v.-Switzerland-full-case. pdf.

〔2〕 https：//hudoc. echr. coe. int/eng#｛"itemid"：［"001-90039"］｝. https：//hudoc. echr. coe. int/eng#｛"itemid"：［"002-1794"］｝.

〔3〕 https：//www. rt. com/news/369633-muslim-girls-swimming-germany/.

〔4〕 https：//hudoc. echr. coe. int/eng-press#｛"itemid"：［"003-5592122-7062572"］｝.

〔5〕 https：//www. theguardian. com/world/2009/nov/29/switzerland-bans-mosque-minarets.

〔6〕 http：//www. ncsl. org/research/civil-and-criminal-justice/-state-resources-on-the-prohibition-of-the-use-of-foreign-law-in-state-courts. aspx.

〔7〕 Morsink Johannes, *Islam and Human Rights*, Westview Press, 2007, p. 30.

第 24 条宣布："本宣言所有权利和自由不得违反伊斯兰法。"2015 年难民危机爆发，富裕的海湾阿拉伯国家拒绝签署 1951 年《国际难民公约》，不愿接受难民。数百万穆斯林移民纷纷向信奉基督教的欧洲各国申请难民身份。

亨廷顿在《文明的冲突》中预言，未来西方国家与伊斯兰国家之间爆发冲突在所难免。在他看来，伊斯兰法同西方文明的基石——法治——南辕北辙，西方国家为捍卫西方文明可能会不惜与其他文明诉诸一战。

西方民众眼中，伊斯兰法是较落后的代名词；而对于广大伊斯兰教信徒而言，伊斯兰不仅是安身立命的一种信仰体系和社会制度，同时也是须臾不可离的一种生活方式，一种寄托自己情感的文明和文化，伊斯兰法作为其中的重要组成部分，地位可想而知。

马克思有名言："宗教是被压迫的生灵的叹息，是无情世界的心境，正像它是无精神活力的制度的精神一样。"宗教是一种社会历史现象，有其演化的客观规律，不以人们的主观意志为转移。简单地否定伊斯兰法，只会适得其反。

德国学者夏赫精辟阐述伊斯兰法的独特地位："伊斯兰法是伊斯兰学说的缩影，是伊斯兰生活方式最典型体现，是伊斯兰教的精髓和核心。"[1] 伊斯兰法学家哈拉克强调："今天伊斯兰世界之所以恐怖主义盛行，其深层原因正是历史的断裂，与过去历史制度与传统突然决裂才是问题的本质所在。"[2]

殷鉴不远，巴列维国王统治时期，伊朗严厉打击伊斯兰教保守势力，推行现代化的白色革命。经济迅猛增长，工业化速度惊人，但社会道德每况愈下，政治腐败不堪，引起普通民众强烈反对。霍梅尼领导的伊斯兰革命，全面恢复伊斯兰法的历史，向人们揭示一个简单的道理：一个处在现代化过程中的传统社会，无法与其宗教根基一刀两断，否则必然付出高昂代价。

殖民主义、世俗化与奥斯曼帝国解体、以色列屡屡击败阿拉伯国家、伊斯兰世界四分五裂、冲突不断、腐败盛行与道德堕落，无不让普通穆斯林痛心疾首，民族感情遭受巨大创伤，其对堪称伊斯兰教核心的伊斯兰法怀恋不已。

其实伊斯兰法自身的进化能力与灵活性不容低估。《古兰经》允许蓄养奴隶，但今天，即使在伊斯兰教的发源地——沙特，法律也禁止奴隶制。伊斯兰法限制对死刑的适用范围，强调赦免与宽恕的价值。当今穆斯林妇女的地位缓慢提升，2018 年全球唯一禁止女性驾车的沙特宣布解除禁令可作例证。

早在 1956 年，北非突尼斯率先废除一夫多妻制，从开明的伊斯兰法解释中获得理论支持。大部分温和伊斯兰学者支持国家现代化。2000 年埃及、2004 年

---

〔1〕 Jeseph Schacht, *An Introduction to Islamic Law*, Oxford University Press, 1959, p. 1.

〔2〕 Halaq, Wael., "Muslim rage and Islamic law", *Hastings Law Journal* 54, 6 (2003) p. 1719.

摩洛哥相继通过新家庭法，在 1961 年巴基斯坦与 1974 年印度尼西亚家庭法的基础上向前迈出一步。2008 年盖洛普民意调查显示，全球各国穆斯林绝大多数希望追求伊斯兰法，民主和妇女的平等权利。

近代以降，伊斯兰法在西方化、世俗化的冲击下，在制度层面不可避免地衰落，但在法律文化层面却出人意料地复活。[1] 在亿万穆斯林的日常生活中，伊斯兰法的影响难以抹杀。作为法律、宗教、伦理三者合一的教法，仍然主宰着穆斯林信众的心灵，发挥着独特的影响力。

与经历宗教改革、实现政教分离的西方国家法律相比，伊斯兰教至今未能划分公域与私域的界限，成为伊斯兰法现代化的沉重包袱。源于宗教的伊斯兰法，面临社会现实问题的严峻考验。法律现代化呼唤伊斯兰法吸取大陆法系与英美法系的养分，为己所用。百年来，各大法系之间的融合渐成趋势，浩浩荡荡，不可阻挡。

21 世纪全球化大背景下，伊斯兰法亟待在全部废弃与全盘恢复两大极端路线之间，寻找出第三条道路——学习他国经验，扬弃落后传统，与时俱进。

【思考题】

1. 伊斯兰法对于认识法律和宗教的关系有何启示？
2. 比较卡迪司法与中国古代县令审判之异同。
3. 如何评价伊斯兰法复兴的利弊得失？
4. 近年来，法国通过面纱禁令，瑞士公决禁止兴建伊斯兰教宣礼塔，英国主教则建议本国接纳伊斯兰法。如何理解伊斯兰法与西方法的冲击与互动？

【参考文献】

1. 高鸿钧：《伊斯兰法：传统与现代化》，社会科学文献出版社 1996 年版。
2. 吴云贵：《当代伊斯兰教法》，中国社会科学出版社 2003 年版。
3. Bernard Lewis, *Islam and the West*, Oxford University Press, 1993.
4. Muhammad Ayub, *Understanding Islamic Finance*, John Wiley & Sons, 2007.
5. Seyyed Vali Reza Nasr, *The Shia Revival: How Conflicts Within Islam Will Shape the Future*, Norton, 2006.
6. Rainer Grote, Tilmann Röder, *Constitutionalism in Islamic Countries: Between Upheaval and Continuity*, Oxford University Press, 2012.

[1] Chibli Mallat, *The Renewal of Islamic Law*, Cambridge University Press, 1993, p. 188.

第七章
比较视角下的中国法律传统

【本章导读】中华法系或者说中国法系的概念来自 19 世纪比较
法学者对来自中国的正统法律传统的鉴别，中华帝国的古老法律
与司法两千余年来被首度放置在世界法系的架构下被衡量和评
估，虽然那时它已近黄昏时光。今天看来，中华法系更多地具有
传统价值而非现实制度价值：起源于中原文明，脱胎于天命与保
民的原初治理思想，并先后经历先秦先贤、专制君主和循吏法掾
的改造，中华法系渐渐成为成熟的律令体系和礼制秩序的统一
体，并汇聚乡野之间的民间法和习惯，在较为稳定的小农社会中
赓续演进。中华法系在传统阶段不仅及于周边地域，而且也为东
亚诸国所仿效，成为世界法域中独具特色的法律体系之一。

第一节　中华法律传统的演进与嬗变

　　在世界法律家族的剧场中，中华法系更多地具有传统价值而非现实意义上
的制度价值。中华法系这一说法，一般认为源自日本启蒙学者穗积陈重。为了
阐述他的法律进化观，他提醒日本国民，如果法律制度不思进取，就会像中华
法系那样衰退消亡。这是中华法系在相沿两千年来被放置在世界法系的架构下
被衡量和评估，但却是它已近黄昏的时光。
　　19 世纪的中国启蒙者们也是第一次以比较的眼光，回望我们自身的法律传
统，认为中国固有法制在诸多方面足以构成统一的独立法系。并且以泰西先进
国家为参照，比较分析中国法律传统和当时的法制进展。如梁启超评价中国法
系的历史悠久、生生不息说："近世法学者称世界四法系，而吾国与居一焉，其
余诸法系，或发生晚于我，而久已中绝；或今方盛行，而导源甚近。然则我之
法系，其最足以自豪于世界也。夫深山大泽，龙蛇生焉，我以数万万神圣之国
民，建数千年绵延之帝国，其能有独立伟大之法系，宜也。"[1] 后世论者也多

---

　　〔1〕　梁庐超原著、范忠信选编：《梁启超法学文集》，中国政法大学出版社 2000 年版，第 69 页。

沿袭这一评价，对我们固有法律传统不乏溢美之词。如陈顾远等皆以为"中国固有法系为最古老法系之一，在世界各大法系之林中，其本身灿烂光明令人眩目之风格，独树一帜，与众不同。"[1]

20世纪以来，中华法系变成一个难以清晰界定的词，学者们通常都会采用各自界定的意义和预设的立场，在界定这个词语的内涵和态度时也各不相同：如杨鸿烈侧重于中国法律传统的思想和儒家化特征，陈顾远则强调礼书礼制也是中华法系主要部分，中华法系体系完备，博大精深，并面面俱到地总结了中华法系具有的八大特征：一是礼教中心；二是义务本位；三是家族观念；四是保育设施；五是崇尚仁恕；六是减轻讼累；七是灵活其法；八是审断有责。[2]日本学者浅井虎夫在1915年出版的《中国法典编纂沿革史》中，对中华法系的特点归结为：一是私法规定少而公法规定多；二是法典所规定者，非必现行法也；三是中国法多含道德的分子也。

而西方学者多从自己的经验出发，对东方法系或者中华法系作出不一样的批判，如断言东方民族缺乏法律精神："远东各国的人民与西方人不同，并不把维护社会秩序和公正的希望寄托于法律，他们固然也有法律，但法律只具次要的意义，只起次要的作用。"[3]他们认为社会关系最重要、最权威的调整规则是礼而不是法律，而礼被认为是道德领域内的约束。但从更广大的范围内看，中国传统社会的礼是自然经济、君主专制和宗法制度等诸因素综合影响的结合，其内容涉及社会生活的各个方面，大到国家政务，小到日常生活的细节，无不在礼制的统属之下。考虑到西方社会近距离接触中华法律是在18世纪以后，那种"亚洲的腐败"[4]论也就不奇怪了。近来海内外的学者多将中华法系的生命力下行至当今之世，认为法律传统在不断进化中，或者即将迎来所谓的伟大复兴，对中华法系命运的判断不一而足。各种表达的差异主要集中在中华法系存在的时空范围，例如探讨中华法系是否还有生命力？如果没有，那么其解体起讫于何时；中华法系的空间范围、本质与特征、积极与消极影响以及它的部门

〔1〕 陈顾远：《中国固有法系之简要造像》，载范忠信、尤陈俊、翟文喆编校：《中国文化与中国法系——陈顾远法律史论集》，中国政法大学出版社2006年，第38页。

〔2〕 范忠信、尤陈俊、翟文喆编校：《中国文化与中国法系——陈顾远法律史论集》，中国政法大学出版社2006年版，第26～32页。

〔3〕 ［法］勒内·达维德：《当代主要法律体系》，漆竹生译，上海译文出版社1984年版，第483页。

〔4〕 帕特里克·P.格伦将亚洲法律传统视为一个整体，儒家思想的演进"似乎产生出一些特殊形态的腐败"。参见［加］帕特里克·格伦：《世界法律传统：法律的持续多样性》，姚玲、黄英亮、李立红译，北京大学出版社2009年版，第372页。

体系、内容等方面。

后世的比较法学者吸收或发展了法系或者法圈、法律家族等的判定标准，如法典论、法律体系论、法律家论等，但无论就哪些要素、何种方面考察中国法律传统，都不能忽略中华法系植根于我们这块大陆环境下发育出的独特的价值体系、两千年法典编纂的高度技术化流程、民间社会发展出的约束体系和规则体系，以及这一法律传统在东亚文化圈中的影响。

一、传统中国规则与权威的源头

（一）敬天与保民

传统中华文明法源于农业耕作为主的生产环境，一家一姓的生息依赖土地与天时，故而在文明发展的早期即发展出天命观念：面朝黄土，"苍苍者天"，天命更多地昭示了初民社会中对于不可知的强大力量的敬畏，以及对兴衰规律的探究。与西方社会超自然的宗教力量不同，中国传统社会中对天命、天道的敬畏，更多的是对自然本身和自然力量的低顺，但在敬畏之余，力图探究天之道，探究的重点在如何顺应超自然的天神力量，在于自然的兴亡之道。我们的初民社会很早就脱离了鬼神信仰，不问鬼神而致苍生，所探究的是天之道，即"天之道，地之道，人之所以道也"。

早期的统治者也通过探究天道获得统治正当性与合理性的解读，崇尚上天，用占卜的方式力图接近或获取天意，是初民社会探究天道的蒙昧阶段。甲骨卜辞表明商人几乎无事不卜：从祭祀、征伐、立制，到行止、梦幻、疾病之类，皆求助于巫觋与他们的解释。甚至商纣王在周人大兵压境、存亡迫在眉睫的情况下依然说："我生不由命在天乎？"人对天的存在与威力毫无怀疑，人对天的绝对权威是俯首臣服的。

在周初统治者反思一贯宣称天命加持的商朝灭亡的经验，开始认识到天命与"保民"的和谐配置时，蒙昧的天命观便有了松动。人文特色的"保民"价值，成为社会治理合法性的又一基础。相对以往的"天"来说，人的地位有了显著的提高。早在西周之时，统治者就突破了夏商先民重鬼神的风气，"以德配天，敬天保民。皇天无亲，惟德是辅"成为治国主流理念，统治者不再安然享受上天的任命，而是以人为出发点，考量天人需求的一致性："天矜于民，民之所欲，天必从之。"（《周书》）统治者只有凭藉"德政"才能获取民心，并由此获得天命的保障。从天到民，权威的来源由此成为一个有机的整体。这可以说是"天人合一"观念在社会治理上的萌芽阶段。

以德行和保民配合的天命和天道，也成为初民社会中法律的终极权威和渊源，这类似于古典的自然法思想，对自然规律的敬重构成社会规则的基础，所谓"天垂象以制法"也可以理解为自然规律和社会规则的权威皆本于天道。而传说中周人辛甲为顺应自然、保养万物且为国家治理长远计而作的《虞箴》，"芒芒禹迹，画为九州，经启九道。民有寝庙，兽有茂草；各有攸处，德用不扰。"可谓自然主义与民本主义治世思想之体现。至孟子重述"天视自我民视，天听自我民听，天明威自我民明威"，那就更是将民心提升到跟天命一样的高度了。

春秋以来，诸子百家思想大解放，各家都以开放的心态，对天命和民心作出有利于己的解读。"天"在思想家和政论家那里不再是高高在上的概念，在学术上也是可以平视的分析工具。朴素的唯物思想家对天持敬而远之的态度，如孔子的态度，一方面是"五十知天命"的豁达和通透，显示了对天命的无奈遵从，遇到异常的天变，孔子一定作出恭敬的姿态来迎候，以期获得天的宽宥；另一方面是"子不语怪、力、乱、神"的智慧，对鬼神并不信任，孔子对鬼神的看法是"祭神如神在"。孔子也将天视为社会规则的最高权威，一旦"获罪于天，无所祷也"。

而道家以较为纯粹的自然主义，设想以天和自然为理想目标，老子认为"天之道"就是"自然之道"。自然的规律虽不受人事的影响，但人类社会若逆自然规律而动则必乱无疑，必亡无疑。天道于是成为一切社会规则的终极权威，自然之"道"不仅是万物之本，而且是人类必须尊奉的"大法"。

墨家坚称天地鬼神的存在无可怀疑，"兼相爱，交相利"的理想社会模式是为了实现天地鬼神的旨意。

对天意最迫切地寻求答案的莫过于五行家了。他们原本服务于王室贵族，自命"通天人之际"，是贵族宗室们的精神领袖。但是王室动荡，王位不长，有的阴阳五行家因宗法崩溃而"官失其守"，流落民间，以占卜为生，成为沟通天人的方士，解释天意的专家。为生活所迫，他们无法恪守以往的绝对天命观，多以占卜释天意或以自然释天意。司马迁说："夫阴阳四时、八位、十二度、二十四节各有教令，顺之者昌，逆之者不死则亡，未必然也，故曰，使人拘而多畏。夫春生夏长，秋收冬藏，此天道之大经也，弗顺则无以为天下纲纪，故曰，四时之大顺，不可失也。"

外在世界中的阴阳五行、四时时令的交替变化造就了自然界中的万象，昭示了自然秩序即天象的宏大力量。儒家思想者将天象作为圣人制礼的依据，也是统治者制定社会规则、治理民众的依据之一。儒家经典之一的《礼记·月令》篇中详细地记述了统治者在一年中应穿的服饰、带的佩物及应行之制。要求天子治民则应顺天所变，与春夏秋冬四时交替相协调。总体上统治者应体察上天的生养之德，天子应行仁政，别贵贱，多赏而薄刑。如刑罚实在无法避免，则选择和刑罚相适应的秋冬之季，秋季为阳气开始收敛、阴气上升之时，万物转入萧条。天子在此时举行田猎而教战阵之法，举兵征讨不义，修订法令，断刑决狱，以配合自然肃杀之气。

在儒家思想被钦定为主流意识形态后，司法时令说也占据了正统法律和司法指导思想的地位，并形成高度程式化的"司法时令"制。按照汉代大儒董仲舒的学说，一年之中有春、夏、秋、冬四季，"春暖以生，夏暑以养，秋清以杀，冬寒以藏。"与此相适应的统治者王也有四政：庆、赏、罚、刑，与四季之气相应——"以庆副暖而当春，以赏副暑而当夏，以罚副清而当秋，以刑副寒而当冬。"天人合一与顺天则时，用天意、天象解释了人间赏罚法令的来源、作用和必要性。同时也赋予了法律神圣性和合理性。同时，这种对自然的崇尚和效法造就了古代社会秋后处斩的制度性习惯，并延续千年不变。

（二）家族观念与亲属秩序

家族观念本质上是种"私"的关系，是通过个人与亲属之间的联系而建立起的私人社会的秩序，但是当家族观念被放大到社会体系中，并且起到决定性作用的时候，我们就不能仅仅以私的角度看待它。就像恩格斯说过的，"亲属关系在一切蒙昧民族和野蛮民族的社会制度中起着决定作用。"（《家庭、私有制和国家的起源》）无论是跟西方中世纪相比，还是跟我们今天的现实相比，亲属和家族制度在中世纪中国社会和法律秩序的价值显得尤其重要。

首先，这可以从传统法的渊源之一——习惯法方面寻求支持。中国民间习惯法在日常生活的秩序调整中占据相当大的分量，尤其在家庭、契约、轻微民事纠纷的处理等方面，家族观念因此而得以发扬光大。中国社会复杂，幅员广大，东西南北的社会民情千差万别，而在历来统治者未有涉足的地方，"向来是习惯把一切都安排好了"。传统社会有顽强的自我组织、自我保证的发展能力，乡土社会中发展出来的伦理规则，笼罩着法律之光照不到的各个角落，并且约束着人们的行为和思维习惯。而我们知道，这些伦理规则的基础是——家族制度和家族观念。

家族观念不仅见于习惯法，更经成文法的规定而得以强制化和法制化。先秦儒家探讨"修身、齐家"的发展之路时，有意无意地放大了"家"的统治作用。个人人格中讲求孝、悌，实践中甚至容忍"亲亲相为隐"的做法。至魏晋成文法乃纳入"五服之制"，把个人纳入经纬交错的亲属图中，服制的亲疏成为决定彼此间行为的准则和惩戒的依据。五服即是用丧服之五等级作为界定亲疏的依据：斩衰三年，齐衰服期分三年、一年、五月、三月，大功服期为九个月，小功五月殇，缌麻服期三月。自魏晋将此"五服"制度纳入法典之中，后世沿用不辍，将它作为判断是否构成犯罪及衡量罪行轻重的标准，此即"准五服以制罪"。五服制度不仅适用于亲属间相互侵犯、伤害的情形，也用于确定赡养、继承等民事权利义务关系。

同时，亲属的计算以父系为原则，父权是家族制度的核心。历代刑典多以"五服九族图"高悬典首，父族家长在服制图中是家族权威，握有家族中至高无上的权力。在家族的经济、祭祀中，家长是家族的代表，家族的社会荣誉如封祀、世袭封号等重要活动和礼仪，也由家长来承担或者代表（礼仪不仅是重要的身份象征，而且也是现实权力的代言）。当然，在传统法制框架下，家长也要负责家族成员的行为，子孙犯罪，家长也须受罚。子女的婚姻亦是家长方面的行为。

家长对内握有绝对的统治权，笞打扑责，皆可运用。从唐代开始，法律就规定了家长罚责笞打"违反教令"的子孙，即使打死了亦不会受到国法的严厉制裁。我们今天往往不会诧异于家长或父母打孩子的行为，而将之视为家常便饭，却拒绝考虑"孩子的权利"，其实这也算是我们传统积淀之表现。

子女同样在经济方面的自由度非常低，父母在，子孙不得别籍异财，这一规则自唐律通行以来，一直是传统社会中调整家族财产和身份制度的主调。任何有悖这一规则的皆为违法，家长可以请求司法救济或者自行训责。首先，《唐律·名例》将"别籍异财"规定在不孝罪下："谓告言诅詈祖父母父母；祖父母父母在别籍异财，供养有缺"，这算是比较重的罪名。其次，如仅存在"别籍异财"情况，如《唐律·户婚》规定的"诸祖父母父母在，而子孙别籍异财者，徒三年"；"诸居父母丧兄弟别籍异财者，徒一年"则算作较为轻微的犯罪。自唐以后直至近代，都不同程度地把子孙别籍异财视为犯罪行为，其处罚或有轻重不同。明律对别籍异财的惩罚较唐律稍轻。《明律·户役》规定："凡祖父母父母在，而子孙别立户籍分异财产者，杖一百"；"若居父母丧，而兄弟别立户籍分异财产者，杖八十"。清律与明律完全相同，只是在律后增注里说："或奉遗命，不在此律"；"其父母许令分异者，听"。家族共产制在习俗和法律层面都是财产制度的唯一形式，子孙在无法别籍异财的情况下，财产的自主权当然也在家长手中。

在传统法律和传统社会的框架下，子孙缺乏婚姻的自主权和独立的财产权，从而很难说能具有独立的人格——无论是法律上的独立人格（比如单独起诉、应诉的权利、签订契约的权利，这些行为都需要家长的出面和签名），还是我们今天熟知的生活中、心理上的独立人格。作为子孙，在行为、人身乃至婚姻、财力等方面都不自由。个人离开家族无法生存，无法获得他人的认同，更别说别人的尊重。社会只承认家族的统治性，只承认家长的权威，个人在人身安排和私有财产的占有方面，除求助于官方救济外，绝大部分来自家族势力的庇护。"在社会和法律都承认家长或族长这种权力的时代，家族实被认为政治、法律之基本单位"。

传统社会的制度安排确立了至高无上的家族观念，在社会一切领域，甚至国家势力渗透最深的刑事法和刑事程序中，都脱不掉家族主义的底色。侵犯人身和财产案件的主体，一旦卷入诉讼，那么审判官首先要明确的问题是"有服无服"。清代档案中大量的案件都是服制案件，一方面，说明服制犯罪容易引起重视；另一方面，则说明在古代封闭的环境中，打交道最多的是亲属——他们的尊卑关系，自有繁杂的服制图梳理。以尊卑服制的尺度衡量，以卑犯尊，较凡人加等处罚，反之则较凡人减等。服制成为定罪判刑重要的考量标准。

由上我们可知，家族制度和家族观念在古代中国不仅统摄了私法，而且渗透入公法（如刑）的范畴，在刑事、行政与经济等类型的法律关系中，其精神无所不在。世界上从未有一个社会像中世纪中国那样顽强又那样漫长地认同亲属关系和亲属等级，以及这种等级下的个人身份制度。其中的原因也许在于：自耕小农创造出与此相适应的社会单位——家族，是最有利于社会和国家管理的一种形式，是最有效的、成本最低的结构：家族承担着一部分社会职能，承担着基本的伦理、裁判（民事方面的争执，户婚田土之类的"细故"）、生产和交易的职能。个人在社会关系中的作用较家族的作用要有限得多。在传统修身齐家治国平天下的个人发展路径中，齐家是很重要的一环。而社会的全部关系就等于各种各样亲属关系的社会化总和。

家族制度在走向末路时引发了多少悲剧！孔雀东南飞、红楼梦魇，乃至20世纪的高老太爷，都足以证明家族制度一旦超越伦理、情感的界域，进入社会规范和法律的范畴并占据统治地位，便沦为统治阶级的工具和个人发展的枷锁。

（三）礼乐教化与人性善恶

在传统社会的统治思想中，以礼为主要内容的教化占据了社会治理的主要方面，而严刑峻法则填充了利乐教化所不及的"黑暗"区域。教化体现了统治者对民众的引导，正如孔子所说："安上治民，莫善于礼；移风易俗，莫善于乐。"礼乐具有强烈的工具价值，而非仅具有道德价值。良好的社会秩序是统治者教育、引导民众的结果，而不是自发产生的；同样，注重教化功能并成功实施教化的后具，也自然会营造和谐的社会氛围，取得良好的治理效果。

教化主要内容是建立在儒家思想上的道德指令。儒家学者们强调利乐教化相为表里，圣人制礼作乐，不是为了娱乐或者仪式，而是为了使万民归顺提供教育读本和行为规范，在礼乐中个人得以生成尊崇之心，安顺之态，有礼守礼，而且礼乐是一切社会规范的基础，即礼乐不兴则刑罚不中。

礼乐教化成为可能，是建立在人性可教的基础上的，对教化的推崇体现了对人性善恶的判断。先秦儒家坚持"性善论"，相信人性本善，完全可以教育得好，所以道德教化才能起到应有的作用，此即"礼治"派。

儒家先师孔子对人性的善恶基本持中性的态度，他认为人性原本相近，无所谓好恶，但是由于后天教化与环境的差异，使人性在发展中产生了高下之分，即所谓的"性相近也，习相远也"。所以，后天的教化远胜于先天的资质。孔子的继承者亚圣孟子明确提出了"人性善"的观点。孟子认为，人们如果看到一位孩童将跌落井中，都会"怵惕恻隐"。这种不自觉地唯恐孩童受到伤害的心情，便是"不忍之心"，由此"不忍人之心"产生了"恻隐之心""羞恶之心""辞让之心"与"是非之心"，以及仁、义、礼，智这四种美德人所具备的原生素质。由于这些先天向善、求道德的倾向，人类的礼治社会是可以实现的，而且在合适的治理者教化下应当能够实现。所以，统治者的任务就是对百姓进行道德教化、心灵熏陶和积极诱导："谨庠序之教，申之以孝悌之义"，统治的主要模式就是教育和感化，教化兼具外在强制性和内在道德感，而且儒家坚信，通过教化的社会治理是最主要的治理模式。

法家则是坚定的性恶论者，他们从日常经验中推断，人们都是趋利避害的小人，人人皆有自私自利的本性，"产男则相贺，产女则杀之"，正是人性本恶的常见证据。但是，对待"性恶"这一普世的难题如何实现社会治理，法家群体内部似乎有不同的见解。韩非认为，既然人们都趋利避害，那么要利用人性的这些方面，以利诱导之，此之谓赏；以刑威吓之，此即为罚，赏罚必须严明，具有高度标准化和透明度，使得人性对法家制度不能心存怀疑，也不多生幻想。这样的治理可以把人性发挥到最有利于君主的高度，也就达到理想中的治理模式了。

战国中期的思想家荀子，一般被认为是法家中的大儒，他对人性的判断与孟子截然不同："生之所以然者谓之性"，在《荀子·性恶》中的开篇说："人之性恶，其善者伪也。"表现出来的善并非本性流露，而是虚伪做作。荀子还托言舜的语录，感叹道："人性甚不美，又何问焉？妻子具而孝衰于亲，嗜欲得而信衰于友，爵禄盈而忠衰于君。人之情乎，人之情乎。"说的是人一旦有了妻子儿女，便会减少对父母的孝敬之心；为了自己的利益便会失信于朋友；官爵越高、俸禄越厚，对君主就越不尊敬，这就是人的本来性情哪！要治理这样的丑恶本性，脉脉温情绝对不行："从人之性，顺人之情，必出于争夺，合于犯分乱理而归于暴"，所以一定要采取强力手段。但是，荀子又特别重视教育，他以为人性虽恶，但完全可以教化向善，而且人性之恶，正是需要教育之处，通过教育和学习，"积善成德，而神明自得，圣心备焉"，从较为灰暗的人性起点出发，反而指向光明的终极理想。

荀子的学生、法家思想的集大成者韩非对自私丑恶的人性充满了绝望，对人心险恶的描述非常彻底。儒家倡导的人间脉脉温情在韩非等典型法家的学说中变成了伪饰和利害算计的关系。韩非与荀子同源自人性恶之论，但他们的社会设计却殊途两分。荀子认为人性虽恶，但通过教化是可以得到改造的，"崇礼而劝学"，这已是为什么荀子也会被归于儒家学派的原因所在。但荀子的礼治教化毕竟以性恶为基础，其教化礼治又有别于孔孟，即在强调礼对道德的弘扬同时，也强调刑罚的规范约束作用。荀子将礼比作权威、绳墨、规矩，显然具有鲜明的社会规范的效能，属于广义上的法。荀子也相信，对于那些教化不及的人或事，只能求助外界强力的约束，所以也不反对法治。礼治和刑罚，在荀子的设计中双管齐下，"不教而诛，则刑繁而邪不胜；教而不诛，则奸宄不惩。"隆礼兼重法，教化与刑罚并举是荀子奉献给统治者的治世良方，荀子也被誉为儒法合流的思想先驱。后世儒家被树立为主流统治思想之后，治理思想反而更接近于荀子的方案，混合折衷，无怪乎谭嗣同感叹："二千年来之学，荀学也，皆乡愿也！"

汉以后，随着中央集权的体制将儒学钦定为正统思想，儒法两家在治理模式和制度上的融合，不仅"乡愿"地混合了人性善恶学说，即正统法思想中的性三品之说，也兼顾了礼乐和刑罚的手段，以儒家礼治为表、法家法治为里的礼法并用、德主刑辅的法思想占据了主导地位。孔子的政治格言"导之以政，齐之以刑，民免而无耻；导之以德，齐之以礼，有耻且格"，表明严刑峻法充其量只能保证最基本的社会秩序，而礼乐教化则可以构建高度道德感的理想境界。

道德教化在后世的社会秩序格局中具有外在的强制性，这不同于西方世界对于中国法律传统道德化倾向的判断。礼乐教化在传统社会中，作为官方的主流意识形态，是由一定的外在程序和内心教化组合而成的，并非只具有软性约束力。礼乐教化不仅是意识的灌输、教育的推广，还有制度方面的指引和建设，并且往往由官方倡导，民间参与或承担。在汉代有选举制礼乐教化相配合，在宋代更达到登峰造极之势，正统论、旌表义门、禁谶纬之书等做法都强化礼乐教化的制度化，维系正统价值观和道德体制。

（四）"治道"下的"法""刑"观念

法家在人性恶的基础上、从强烈的富国强兵动机出发，构筑了一套以刑罚为中心的社会控制机制，并且教育统治者并用术与势这些权柄，以期达到治国和兼并的现实政治目标。他们在先秦诸子最晚出场，自称"法术之士""法士"或"耕战之士"。孟子对他们的唯利是图、崇拜强权非常反感，指斥他们是"率土地而食人肉"的"善战者""辟草莱任土地者"。

1. 作为工具的"法"治

作为一个学派，法家的标签是在后世史家那里才被首先提出的。司马谈、司马迁父子在《论六家要旨》中指称："建法立制，强国富人，是谓法家，管仲、商鞅是也。"司马氏之所以名为"法家"，是因为申、韩之学的核心词汇是"法"，法是治理国家、规范百姓的准则：

"法者，国之权衡也。"语出《商君书·修权》。

"法者，天下之程式也，万事之仪表也。"见《管子·明法解》。

"法者，天下之仪也，所以决疑而明是非也，百姓所悬命也。"见《管子·禁藏》。

法的权威至高无上，而在所有统治术中，法家也一再强调唯法独尊，即"尚法"，而其他的统治方案都不足以与此抗衡：

"事断于法，是国之大道也。"语出《慎子·佚文》。

"法令者，民之命也，为治之本也，所以备民也。"见《商君书·定分》。

法家倡导通过法实行社会控制，"法治"的目的当然不在法本身，实现霸业才是他们"法治"的主要目标，在儒家所谓"礼崩乐坏"的时代，法术之士们没有像儒者那样力图克己复礼，而是转向更为直接和有效率的铁血征伐和富国强兵，通过这些途径实现王国的成功争霸。在这样的治理秩序中，"法"超越礼乐教化和血缘家族的传统权威地位，成为最重要的统治手段和唯一的规范体系。要实现法治，最基础的步骤是统治者要发布明白清晰的赏罚规则，法令要成文，要公布，使人周知，如此方能谕令百姓一体遵行。法家强调破除法律神秘主义那种"刑不可知则威不可测"的旧制，如韩非子就一再强调法要公开：

"法者，编著之图籍，设之于官府，而布之于百姓者也。"见《韩非子·难三》。

"天下之吏民无不知法者"，"圣人为法，必使之明白易知。"见《定分》。

"境内卑贱莫不闻知也。"见《难三》。

而且，法作为唯一的规范来源，必须划一、整齐，不得逾越：

"万事皆归于一，百度皆准于法"（《尹文子》）。有些甚至还规划出制定和发布律令的详细步骤，如《管子·立政》详细描述了法律政令制定与颁布的具体过程："正月之朔，百吏在朝，君乃出令布宪于国，五乡之师、五属大夫皆受宪于太史。大朝之日，五乡之师、五属大夫皆身习宪于君前。太史既布宪，入籍于太府，宪籍分于君前。"

法令制定后如何实施，后人则将之总结为"壹赏""壹刑""壹教"，即规则的整齐和划一。法家认为政出多门是治乱之源，规则的一致不仅可以杜绝人情之扰，更可省心省力，效果鲜明。

但是，这些所谓的"法"治迥异于近代以来进入中国的西方法制传统，也不同于明清中国思想界对任法而治的反思。源于先秦以推行法律尤其是刑罚达到政治目的的法制,与现代"以法主治"的"法治"根本不同。在法家那里,法不过是兼并天下、以力服人最好用的工具,法固然为规矩、绳墨,为天下程式,但君主是这些规则的权力来源,是君权赋予法治以权威,而绝非法和公意本身。君权不在这程式的统辖下,而是凌驾于一切权力之上,并构成其他阶层权利(赏罚)的来源。与限制君权、保障民权的现代法治理念不同,在先秦法家那里,法自君出,无人能及的君权专制是才"法治"的目的。法家之所以被称为法术之士,"是因为他们提出了治理大国的法术,这些法术把权力高度集中于国君一人之手"[1],"法"在君主专制的格局下,不过是君主御用的工具而已,"法"与其说是法制秩序,不如说是管制的工具,"明主之国无书简之文,以法为教"。法家将"法"这一管制工具视为治理之道,韩非子说过:"赏罚可用,则禁令可立,而治道具矣",即法令、法治都是基于治理和管制的需要而设立的。在这里,法的工具主义特征是毫无疑问的。

2. 以严刑为核心的"法术"

基于人性恶的判断,法家可谓中国历史上将功利主义发展到政治和社会生活领域的先驱之一。法家认为人类都是好利恶害的,对个人和群体的功利趋向,法家一致有着深刻的认识,甚至认为、骨肉之间尚且"计算之心以相待也",儒家所谓的礼乐秩序要么是虚伪的表象,要么是人们趋利避害后投机的后果。人类社会没有可能实现温情脉脉的王道之治,民众的道德感低下而功利算计强,"民智之不可用,犹婴儿之心也"。相反,由于人皆有功利之心,明智的君主只须考虑利害对人性的影响即可,上下适用单一的好利恶害标准,君主可以设赏罚标准以统一人们的思想,引导人们的行为,按照利害取舍操纵人们按照君主的意愿行事,即"圣人权其轻重,出其大利,故用法之相忍,而仁人之相怜也"。耕战有利于治国,君主于是设赏以劝之。人们认识到努力耕战有赏可得,就会积极为君主效力。好逸恶劳和民众私斗有害统治秩序,君主于是以刑罚禁之。此即法家所谓"人性有好恶,故民可治也。"赏罚标准单一,易于操作,比礼乐教化简单明确,因而起效快,秩序治理立竿见影,而且更有利于长治久安,因而也更有利于社会功效的最大化,"法之为道,前苦而长利"。

基于对人性趋利避害的判断,法家为君主设计出"赏""罚"两种措施,即韩非子所谓的"二柄"。驱以赏,劫以刑,则无往而不胜。赏要厚赏,要公平,要严格执行。如此才能起到积极作用,让人们见利忘死,如奖励耕战异常丰厚,"民见战赏之多则忘死"(《商君书》)。赏的另一面是罚,刑罚要公平,更要严苛,而且是和赏配合适用的——只是后人多关注其严刑的一面,厚赏则被忽略

---

[1] 冯友兰:《中国哲学简史》,赵复三译,天津社会科学院出版社2007年版,第152页。

了。其实在法家设计的专制统治体系中，赏与罚是联系在一起的，如《商君书·说民》："民勇，则赏之以其所欲。民怯，则杀之以其所恶。故怯民使之以刑则勇，勇民使之以赏则死。怯民勇，勇民死，国无敌者必王。"

但在赏罚两端，法家多数侧重"严刑"。正是出于管制的目的，法家的"法治"也表现于严刑峻法，"罚薄不为慈，诛多不为戾"。法家认为人民皆服膺强力，以德服人是不可靠的，尤其是那些奸宄之民，"父母怒之弗为改，乡人谯之弗为动，师长教之弗为变"，只有严刑才能奏效。而一般的社会大众，也莫不崇拜强力，服从强力，"国之所以重，主之所以尊，力也"，为此，君主统治的取向当然是培养实力，坐大权力，"力多则人朝，力寡则朝于人，故明君务力"。在强力基础上建立起来的君主专制下的"法治"，在法家的一番衡量之后，认为是利国利民的，商鞅就鼓吹"夫利天下之民者，莫大于治"，而施行"治"最终有效的手段"莫深于严刑"。

为何刑罚一定要严苛？法家认为有两方面的原因：其一，只有严刑峻法，才能起到威慑作用，人们对"十仞之墙"不敢心存妄想，但如果法令平缓或者渐进，那么难保民众不越雷池。这自然也出自法家对法令的管制功能和震慑目的的基本价值判断。其二，重刑也是基于对人性计算利害的反应，"所谓重刑者，奸之所利者细，而上之所加焉者大也；民不以小利蒙大罪，故奸必止也。所谓轻刑者，奸之所利者大，而上之所加焉者小也；民慕其利而傲其罪，故奸不止也。"（《韩非子·六反》）重刑的终极目的在于"以刑去刑"，消灭犯罪的全部希望都寄托在重刑之上，故推行重刑轻罪。自商鞅至韩非，无不以重刑为御民之要务。

要言之，在赏罚基础上建立起的工具主义"法治"，其核心的原则是：一是缘法而赏罚，有功必赏，以利驱使百姓，用赏须厚，使其足以打动人心；有过一断于法，使法取信于民。二是用刑须重，使其足以震慑人心。如此法刑在所及范围内产生最大的社会效益。三是刑须多于赏。刑多使人不敢因恶小而为之；赏少使人竭尽所能效力国家。

3. 专制君主的"术"与"势"

通过"法"的社会控制是如何实现君主霸业的呢？法家几代人发展出一套精密的法术之学，足以供君主达成霸业：那就是作为工具的"法"配合以治民之"术"与驱民之"势"，组合成疏而不漏的君王南面之术。

作为法家最后的也是集大成者的理论家，韩非将"法"与"术"和"势"并列，使法家成为体系完备的学术和思想流派。在他以前，法家已经有三派，各有自己的主要思想路线。一派是与孟子同时的慎到，以"势"为政治和治术的最重要的因素。他所谓的"势"指的是君主的权力和权威的构建，他吸收了道家的思想，把道的理论与势、法结合在一起，给势、法以理论的论证。另一派则是强调"术"的申不害，兼论法、势。申子受道家的影响，体系化地发展了人君南面之术。第三派是法家最元老级的商鞅，又称商君，是他首先体系化地强调了"法"的重要性和实施方式。商鞅提倡耕战和以法治国，并强调重罚。

韩非将法家的治道理念综合融会成了一个法、术、势三要素紧密结合的有系统的思想整体。在韩非看来，法、术、势三者缺一不可，皆是帝王治国的工具。然而，韩非并非将三者简单地拼加在一起，而是在对前期法家进行批评驳正的基础上多有发挥，提出了诸多新的创见，从而将三者熔铸为一个更具说服力的思想整体。他昭示的理想境界是："明主之行制也天，其用人也鬼。天则不非，鬼则不困。势行教严逆而不违，……然后一行其法。"（《韩非子·八经》）明主在理想状态中像天，因为他依法行事，公正无私。在实体政治中，明主又像鬼，因为他有用人之术，用了人，人还不知道是怎么被驱使的，这是术的妙用。他还有权威、权力以加强他的命令的力量，这是势的作用。这三者"不可一无，皆帝王之具也"。（《韩非子·定法》）

可以说，韩非将君主专制主义理论发展到了顶峰。韩非所系统总结的君王之术中，多为君主单方面的阴谋，如装聋作哑、倒言反事、任用暗探特务乃至暗杀等，无所不用其极。法家之所以纵容君主的专制，缘于绝对尊君的趋向。他们认为君主的权威是绝对的，不容挑战，即便是暴君也须遵从。专制和"法治"就这样黏合在一起，萧公权评价为"盖先秦之法家思想，实专制思想之误称。其术阳重法而阴尊君"[1]。冯友兰先生也揭示了法家以"法治"推极权专制的实质："把法家思想与法律和审判联系起来，是错误的。用现代的术语说，法家所讲的是组织和领导的理论和方法。谁若想组织人民，充当领袖，谁就会发现法家的理论和实践仍然很有教益，很有用处，但是，有一条，就是他一定要愿意走极权主义的路线。"[2]

在中华法系的源头，君臣和百姓都发展出我们这块大陆特有的规则体系（礼乐或法刑、权威观念和自然秩序），并在后世两千年来恪守其内核，演进其表现，最终熔合锻造出独具民族性格的法律传统。

---

〔1〕　萧公权：《中国政治思想史》，辽宁教育出版社 1998 年版，第 247 页。
〔2〕　冯友兰：《中国哲学简史》，赵复三译，天津社会科学院出版社 2007 年版，第 142 页。

第二节　礼治社会与身份差序

秦汉以来的中国社会汇入君主专制为主导的历史长河，在漫长的中世纪，社会规范以礼制秩序与律令体系相为表里，丝丝入扣地嵌入传统中国的法律体系中。

一、礼制秩序和礼治社会

作为道德内容的礼和作为社会规范的礼有不同的表现形态。

（一）作为道德规范的仪礼

在文化上，礼的起源同样出于人性的推演。荀子说："礼起于何也？曰：人生而有欲，欲而不得，则不能无求，求而无度量分界，则不能不争。争则乱，乱则穷。先王恶其乱也，故制礼义以分之，以养人之欲，给人之求，使欲必不穷乎物，物必不屈于欲，两者相持而长，是礼之所起也。"（《荀子·礼论》）在社会生活中，人们必须按照社群关系来生活，为了共同生活而无争或少争，各人在满足自己的欲望方面必须接受一定的限制。礼的功能就是确定这种欲望上的限制。这样的限制来自道德规则，礼在其原初和后世都不能摆脱道德核心。

荀子有时被认为是儒法合流的思想家，他也从人本主义的角度论证礼之为道德约束的价值："人之所以为人者，非特以其二足而无毛也，以其有辨也。夫禽兽有父子而无父子之亲，有牝牡而无男女之别。故人道莫不有辨，辨莫大于分，分莫大于礼。"（《荀子·非相》）礼首先是人之所以为人的内心约束力，这样的约束使人类高尚而强大，使社会有序而美好。

礼从内心约束外化为人们的行为准则与价值标向，则和我们民族早期祖先崇拜和祭祀习惯密切相关。一般认为，"礼"是由早期氏族的祭祀风俗习惯演化而来的，礼的仪式最初源于祭祀祖先的活动。从文义上考察，大家一般认同《说文解字》的说法："礼，履也，所以事神致福也。"《史记·礼志》则沿用荀子之说："故礼，上事天，下事地，尊先祖而隆君师。"祭祀除了敬神外，更务实的是那些敬祖的内容。敬祖的目的在于维系血缘的亲情，团结部落成员。这表明了"礼"不仅仅是人与神沟通的媒介，而且它是人与祖先沟通的媒介，所以本质上是人与人的关系，因此，"礼"与亲属制度关系密切。

当礼冲出内心道德的边界，发展出与此密切联系的一整套制度和规则的时候，礼制秩序也逐渐形成。

（二）作为社会规范的礼制

在儒家学说中，礼不仅指礼节、礼仪，也指与此相关的社会行为准则。儒家发展出一套外在的礼制和礼仪，丧礼和祭礼（特别是祖宗祭）在礼中最为重要。丧礼、祭礼在一切初民社会中都有普遍流行的例子，多含有迷信或超自然的神话解释。但是儒家学者们对较为原始的祭礼作出新的解释，加入新的观念，并使之体系化、部门化、精细化，其内容多见于《周礼》《礼记》《仪礼》这"三礼"之中。《礼记》是儒家对诸种典礼所作的理念、程序等方面的解释，《仪礼》是当时所行的各种典礼程序实录。礼制当然不仅限于祭祀，而几乎扩展到社会生活的各方面，据说荀子还作了《乐论》，其中说："人不能不乐，乐则不能无形，形而不为道，则不能无乱。先王恶其乱也，故制《雅》《颂》之声以道之。使其声足以乐而不流，使其文足以辨而不諰，使其曲直、繁省、廉肉、节奏，足以感动人之善心，使夫邪污之气无由得接焉，是先王立乐之方也。"在儒家看来，音乐不但是道德教育的工具，更是行为规范的一部分，无怪乎孔子见"八佾舞于庭，是可忍孰不可忍"了。

作为社会规范的礼制，自产生之日起就有其体系化的尝试。《汉书·礼乐志》总结道："人性有男女之情，妒忌之别，为制婚姻之礼；有交接长幼之序，为制乡饮之礼；有哀思思远之志，为制哀祭之礼；有拳拳敬上之心，为制朝觐之礼。"礼制至此已经发展成为规范各种社会际关系的完备体系了。日常生活中的衣食住行，都可以从礼制中找到标准。贵族衣饰上的标志和禁忌自古迄清都是用以区别尊卑贵贱的重要标识。从帝王后妃、各级官吏到庶人百姓，在衣服的形式、颜色、花样图案及质料等方面都有严格的等级规定，不得逾越，以显示尊贵者的优越与贫贱者的低下。在居住方面，屋舍的大小、间数、式样、装饰，各有定制，不能随意乱用。皇宫王府一望便知，公侯品官宅第排场也不同于凡人。关于行的方面，不同的等级也各不相同。一般说来，士大夫可以乘车骑马，庶人及贱民通常只能步行，或只能乘用指定形式的交通工具。此外，不同等级的官吏所使压舟车的装饰、仪卫的差异也都有不同的规定。

看似如此繁琐的礼制，其要义在于籍此确立身份差等和君臣百姓的等级秩序："民之所由生，礼为大。非礼无以节事天地之神也，非礼无以辨君臣、上下、长幼之位也，非礼无以别男女、父子、兄弟之亲，婚姻、疏数之交也。君子以此之为尊敬然。"（《礼记·哀公问第二十七》）礼制的主要功能也就在于"别贵贱，序尊卑"，建立和保障精良的社会等级制度。强化社会政治的等级规范，是礼制的一个重要功能。

社会等级秩序源自礼制的核心内涵：宗族内部的亲属等级。服制制度的界限森严，已如前述。在亲属或宗族内部的等级秩序之外，是参照此模式建立起来的社会等级体系。可以说，中国古代社会的显著特征是礼制统辖下各种等级体系的顽强和牢不可破。礼制和习俗发展出来的等级系统复杂多样，依据不同的标准可以划分出不同的社会等级，而且每个等级内部又有不同等第。加上后世的统治者别出心裁地设计出的御民花样，传统中国社会的等级格局异常丰富，除宗法等级外，尚有贵族的爵秩等级，官僚士大夫的秩品阶位等级，民人的户等等级、职业等级、种族等级，等等，礼制的一般原则又固定化了这些等级观念的延续。在浩大的等级体系下，身份社会的规范和观念也一样畅行无阻。社会各阶层自发地维护着这一秩序，捍卫着它的格局。

（三）作为治国之术的礼治

作为治国之大端，礼治强调礼在国家政治层面的权威地位，礼治也就成为重要的社会控制工具了。在《牧民》篇中，管子把礼、义、廉、耻比作"国之四维"，具体阐述了"四维"的治国价值，并认为"四维"沦丧将导致国家灭亡："国有四维，一维绝则倾，二维绝则危，三维绝则覆，四维绝则灭。倾可正也，危可安也，覆可起也，灭不可复错也。何谓四维？一曰礼，二曰义，三曰廉，四曰耻。礼不逾节，义不自进，廉不蔽恶，耻不从枉。故不逾节，则上位安；不自进，则民无巧诈；不蔽恶，则行自全；不从枉，则邪事不生。"礼是国家的伦理规范，义是处理人际关系的价值标准，廉是政治实践的行为操守，耻是分辨善恶是非的道德良知。在这里，礼义教化被提升到一个相当高的地位，是治国不可缺少的手段。

在"礼"传递到"礼治"的过程中，"礼"对社会秩序，特别是家族伦理秩序的预设功能体现得更为明显。"礼"的作用被当时的人们视为"经国家，定社稷，序民人，利后嗣"（《左传·隐公十一年》），"定亲疏，决嫌疑，别异同，明是非"（《礼记·曲礼》）。这样，在国家出现后，"礼"或者称"礼制"，就为整个国家和社会的有效运转提供了制度基础，使无论是国家的政治活动还是百姓的社会生活，都被置于既定的秩序模式上。

到了董仲舒时代，他总结了先秦已经出现的纲常学说与等级观念，加上阴阳之说，"阴者阳之合，妻者夫之合，子者父之合，臣者君之合。物莫无合，而合各有阴阳"，把社会关系中的伦理规范概括为"三纲五常"："君臣父子夫妇之义，皆与诸阴阳之三纲，可求于天"。三纲之外，还有五常，为历代儒家所倡导的道德品行。"常"有亘古不变的寓意，五常即儒家推崇的五种高尚德性：仁、义、礼、智、信。五常是个人的德性，三纲是社会的伦理秩序。"三纲五常"既是道德规范，也是礼教原则。它把社会等级贵贱恒常化，并外化为人人必须遵守的道德准则和行为规范，也构成社会秩序的治理准则，天下生民皆须"齐之以礼"。

宋明以来，礼的内容重新充实，被演绎为理学。理学兴起以后，礼的核心价值被上升到天理的高度。程朱理学把天理完全等同于伦理纲常的准则。朱熹曾说："吾所谓道者，君臣父子夫妇兄弟朋友当然之实理也。"（《论语或问》）这样的礼，是人们必须遵守、服从的道德律令。理学家把天理与礼等同起来，其目的在于为封建伦常作形而上的论证，让人从内心觉得服从纲常是天理之自然。自此以后，递至明清，礼缓慢凝固为纲常名教之绳索尺度，其规范为维护封建社会的等级秩序起到非常重要的作用。

纵观千年礼治，以礼仪和礼制为治国规范，不仅及于百姓，而且也适用于君臣国体。无论贤与不肖，皆须接受礼治的约束。庙堂规矩与民间治理，都需要遵守礼治，对违反者则祭出"违礼"乃至"非礼"的标签，使得人人顺服，无不自觉守礼。社会治理的最美好境界不外君臣上下、父母妻子皆守礼，无怪乎史家称"中国自书契以来，以礼教治天下"，礼治无疑构成法律传统中的规范体系的重要内容。

二、礼治社会和身份格局

先秦政治家和知识分子确立了成熟的宗法制度，并使之成为礼制的内核。大家一致认同家族宗法结构与国家制度互相吻合，家庭结构中的等级秩序定型化，尊卑关系成为礼制的调整对象与不可或缺的内容。在以后礼制得到贯彻、强化的岁月里，尊卑身份关系和等级制度的观念也得以沿袭下来，所以学者以"身份社会"一词概括从先秦开始未曾动摇过的身份等级秩序。

对中国身份法史颇有研究的仁井田升先生认为："10 世纪 11 世纪间逐渐形成了农奴与雇佣人的法律的身份——身份是当时社会的法律基础。"[1]并认为到了明清，身份制度渐遭否定。他使用的"身份"概念类似于社会阶层或阶级，考察的对象也以"主仆之分"的界限划定奴隶制与封建制下的人群种类，奴隶或农奴等人群是"人格上的没有自由"[2]。梅因在其彪炳史册的《古代法》中则将身份限定于罗马法所说的家族的统治力，"在'人法'中所提到的一切形式的'身份'都起源于古代属于'家族'所有的权力和特权，并且在某种程度上，到现在（1861 年）仍旧带有这种色彩。"[3]故而，梅因把"'身份'这个名词用来仅仅表示一些人格状态"。

身份秩序下人身关系不限于家庭领域，但至少是围绕着家庭共同体而运行

---

〔1〕〔日〕仁井田陞：《中國法制史研究·卷三·奴隶農奴法·家族村落法》，東京大学出版會 1981 年版，第 172 页；也可参见〔日〕仁井田陞：《中国法制史》，牟发松译，上海古籍出版社 2011 年版。

〔2〕〔日〕仁井田陞：《中国法律史》，牟发松译，上海古籍出版社 2011 年版，"中国文摘要"。

〔3〕〔英〕梅因：《古代法》，沈景一译，商务印书馆 1959 年版，第 97 页。

的，亦即梅因所指的"古代属于家族所有的权力和特权"。在这特权或等级体系下生存的人们的状态与地位及人们之间的社会关系，无一不纳入礼制格局中。但是，随着中世纪法律的不断积累，对身份的强化将不仅详细规范了社会成员在家族内的关系，建立在伦常基础上的礼制规范也允许这种伦常在律令体制下变通发挥，甚至在伦常之光照不到的地方，社会成员之间也依据自发的身份秩序安排各自的命运。

在礼制规范和法律规范中，就身份而论，有家族或宗族内的服制关系、婚姻或准婚姻关系（如娶妾，其婚姻可视为"准婚姻"）、收继关系（立嗣的关系）或拟制亲子关系（义男、同子孙论的种种），服制之外的人群等级则有雇工人、奴婢乃至短期的雇工，其亲情逐级递减，权利义务关系也随之调整，法律适用更是如影随形。为规范以上种种身份关系，历代立法者无不巨细靡遗深文周纳，而民间社会也发展出自成体系的适用规则。

（一）服制体系下的身份等级

传统社会强调父系家族的血统，亲属和身份等级上以父宗为重。父系亲属范围包括自高祖以下的男系后裔及其配偶，即自高祖至玄孙的九个世代，通常称为本宗九族。在此范围内的亲属，包括直系亲属和旁系亲属，为有服亲属，死为服丧。亲者服重，疏者服轻，依次递减。《仪礼·丧服》章所载亲属间各种服制被后世奉为权威性的准则，为历代所遵行。

服制首先是政治地位和权力的投射。在先秦时代，管子就设计了与社会等级相匹配的外在行为标准："度爵而制服，量禄而用财。饮食有量，衣服有制，宫室有度，六畜人徒有数，舟车陈器有禁，修生则有轩冕、服位、谷禄、田宅之分，死则有棺椁、绞衾、圹垄之度。虽有贤身贵体，毋其爵，不敢服其服；虽有富家多资，毋其禄，不敢用其财。天子服文有章，而夫人不敢以燕以飨庙，将军大夫不敢以朝，官吏以命，士止于带缘，散民不敢服杂采，百工商贾不得服长鬈貂，刑余戮民不敢服丝，不敢畜连乘车。"（《管子·服制》）后世专制立法皆采用了这一精神，为君臣上下、庶民百姓的日用等级设立种种边界，违反这一原则的即为"违制"，要承担政治责任和刑事责任，自然就更属于不道德的范畴了。

服制也是调整亲属间民事法律关系的依据。无子立嗣习惯上是择立同宗有服近亲。清条例对于应继次序有明确的规定。民间习惯和历代法律都承认直系尊亲属对子女的主婚权。明令及清条例明文规定："嫁娶皆由祖父母、父母主婚，祖父母、父母俱无者，从余亲主婚。"由于直系尊亲属为当然主婚人，子女不得违抗他们的意志，而其余亲属则无绝对支配权。唐、宋、明、清律还禁娶同宗亲属的妻子，违者离异，并按服制定罪，关系愈亲则处分愈重，娶大功以上亲属的妻子便以奸论。

服制在刑罚适用方面更为直接和重要。在历代刑典中，服制关系或者五服图都被高悬于卷首，有服亲属间的侵犯、伤害行为，适用服制尊卑规则，处分较常人加重或减轻。量刑上比照一般条文，再配合以亲疏和尊卑长幼之序的调整，从而构成一系列服制规范的适用原则。如果尊长杀伤卑幼，关系愈亲则定罪愈按等减轻；反之，卑幼杀伤尊长，关系愈亲则处分愈加重。奸非罪事关伦理之大端，不论尊卑长幼，关系愈亲则处分愈重。亲属间的盗窃罪亦不同凡人，减等治罪，关系愈亲则罪刑愈轻，关系愈疏则罪刑愈重。治罪轻重既以亲疏尊卑长幼为准，服制就成为裁定罪刑的标准之一。

服制在历代律令立法中都具有举足轻重的地位。早在晋代即开"准五服之礼以制刑"的立法和司法先河，唐、宋、元、明、清各代法律皆沿用此原则，按祖父母、父母、子孙、期亲、大功亲、小功亲、缌麻亲种种不同身份，区别罪刑，详细规定于条文中。《元典章》收录有丧服图六。明、清两代将丧服图列入法典卷首，共八图：丧服总图、本宗九族五服正服图、妻为夫族服图、妾为家长族服图、出嫁女为本宗降服图、外亲服图、妻亲服图及三父八母服图。图后又有《服制》一卷，按五服分门别类，将持服的亲属一一列举，反映出法律极端重视服制。止外祖父母服止小功，但因服轻义重，在刑法上与本宗期亲尊长（伯叔父、姑）同论。唐、宋、明、清律：外孙詈骂、殴杀、谋杀外祖母，按侄犯伯叔父母、姑治罪；外祖父母殴杀外孙，则与伯叔父母、姑殴杀侄同罪。因外祖父母服止小功，所以上述有关期亲尊长各条条文内，都将"外祖父母"字样明确列出。

历千年多的浸淫，服制已经融入中国人日常生活的骨髓中，以至于在晚清修律时，很多习惯势力对于刑典不在卷首收录服制图之类的细微变动都如临大敌，誓死捍卫。无论服制确立的身份体系在民间功利和社会变迁中意义如何，它都是中国法律传统不可或缺也无法摆脱的部分。

（二）服制体系外的身份关系

传统中国在中古时期延续并发展了一个系统的、严格的、成熟的身份制度——良贱制度，良贱身份秩序和等级规范自"魏晋时期开始形成，南北朝时期逐步系统化、法典化，至隋唐时期趋于完善，唐宋之际渐趋衰落与瓦解"[1]。良贱上升为法律制度和身份秩序，并作为专门的法律用语，其实是出现在中古时期即魏晋以后，大量而集中的文本词汇则体现在唐律之中。在《唐律疏议》中，涉及良贱身份的律条比比皆是。据初步统计，《唐律疏议》中涉及良贱身份

---

[1]　李天石：《中国中古良贱身份制度研究》，南京师范大学出版社2004年版，第2页。

的律疏，近一百余条，约占唐律的1/5。唐宋以来的"部曲""佃客"可谓身份法史上值得关注的问题，传统上对他们的地位一直试图比照服制关系的等级制，但较之服制中的尊卑阶梯的繁杂，主奴之间的关系较为简便，对社会成员仅采用区分"良""贱"的二分法。

自明、清以来，雇工、奴婢的等级和界限逐渐分化，并且通过立法逐步明确化。据万历十六年（1588年）《新题例》[1]："官民之家，凡倩工作之人，立有文券，议有年限者，以雇工人论；止是短雇日月受值不多者，以凡论。其财买义男，如恩养年久配有室家者，照例同子孙论；如恩养未久不曾配合者，士庶之家依雇工人论，缙绅之家比照奴婢律论。"该例的精神为清代所沿用。清例明确了奴婢的范围包括：一为汉人家生奴仆；二为印契所买奴仆；三为雍正五年（1727年）以前白契所买及投靠养育年久，或婢女招配生有子息。（《大清律例卷二十八·刑律·斗殴下》）。主奴之间实际情况，大体可以将明清二代家内奴仆的身份等级按"同子孙—奴婢—雇工人—雇工—佃仆（这是适用于明清江南徽州的特殊制度）"[2]等的顺序划分，但大体上仍不出拟制的服制关系、主奴关系和常人关系三种类别。拟制的服制关系及"同子孙"适用上述的服制等级秩序，而主奴关系则是传统律令中的又一核心。

在法律地位上，奴婢在一定程度上符合"律比畜产"的说法。那些有权支配他人身份的父亲、伯叔、丈夫与主人，则把奴婢视为渔利的工具，通过让渡给主家被转让者的姓氏权、他的劳动力及独立的自由民的身份，确立了奴婢的身份和低下的地位。奴婢的劳作义务在公法（律令）中虽未明示，但在民间惯例和约定俗成的认知中、在民间契约中都得到体现。汉代王褒通过文券列举童仆的工作职责，不厌其烦，人们很称道他对付恶奴的办法。而一般的民间契约也列举仆役的职责，大体包括：听从使唤，子孙也是奴隶的，永远听从使唤，不得心生异变，不得背主逃走，不得偷盗物件，等等。一言以蔽之，奴婢的自由度很低。

良贱之分同样也波及更大范围的政治意义和社会地位的身份等级上，瞿同祖先生名之为"阶级"：他讨论中国古代社会"良贱间的不平等"，从法律角度对"良贱"进行了阐释，认为："中国历史上的社会阶级，如果贵贱是一种范畴，则良贱是另一种范畴。贵贱指示官吏与平民的不同社会地位（包括法律地

---

[1] 《明实录·神宗实录》卷一百九十四，万历十六年（1588年）正月庚戌。

[2] 参见栾成显：《明代黄册制度》，中国社会科学出版社1998年版，第436~441页，第十二章之二、佃仆阶层及其地位；[日]仁井田陞：《中國法制史研究·卷三·奴隸農奴法·家族村落法》，東京大學出版會1981年版，第九章明末徽州的庄仆制，第261~282页。

位在内），良贱则指示良民和贱民的不同社会地位，四民或称良民，或称齐民，字义的本身，即指出其齐一或平齐的身份，并有与贱相对的意识。贱民包括官私奴婢、倡优皂隶。以及某一时代地域的某种特殊人口，如清初山西陕西乐户、江南丐户、浙江惰民、广东蜑民等。"[1]

奴婢的身份危机更表现在魏晋以来的律令对"良贱"之间设置的诸种禁忌，如良贱不婚，贱民娶良人女为妻者，徒一年半。对良贱相殴的处罚也倾向良民阶层：自唐律始，良贱相殴、良贱相奸等行为都要依法对贱者加重治罪，如良民犯罪则相应减轻处罚。

传统社会中的身份等级不仅及于政治地位和律令刑罚，而且也在民间社会的习惯法和私权格局中表达出来。中世纪后期的民间社会，一面是士大夫奢谈礼教、义理；一面却是民间日常的生活及劳作中，辗转发展出不同于大人先生们倡导的民事法律制度及身份观念。在契约与身份的交汇点——身份契约上，充分体现了传统社会追求利益、发展畸形的所有权的一面，同时又印证了身份社会等级秩序的鸿沟。身份契约即那些以转让身份权利获取利益的契约文书，包括广义的"婚书"、卖人契与卖身契、后世的雇佣契约，承包、耕作、经理以及雇佣合约，等等。身份契约的现象不仅在制度上而且在人们的观念上给今天的中国留下难以颠覆的痼疾。近代西欧社会是通过契约完成人格的解放，完成自由身份的进程；而在传统中国，人们同样借助契约这一形式，达到出卖身份换取生存利益的目的，其结果却是奴化与人格不自由。而且，由于身份制度背后的社会结构长期稳定，契约制度无法生长出"自由"或"契约神圣"的精神因素，反而成为身份社会的附庸——甚至帮凶。身份作为契约的客体，人身作为契约的标的，传统契约不但没能解放自己，反而和身份制度相勾结，压制了自由因素的生长。传统中国的契约制度沉沦在宗法等级制的泥沼中，很难走向近代的契约自由。而一些特定的身份地位又通过契约的形式，附着在家族本位的十字架上，契约与身份相互为用又相互勾结，在家国同构的结构中，反而强化了礼制的束缚。

三、礼治与"法治"的共生关系

在传统社会中发展出的规范格局包括了儒家的礼治秩序，也包括了法家的法治理想。礼与法的关系可以分为两个层面：其一，二者在理念上都是实现社会良好治理的有效途径，它们的核心功用在于"为政"。在古人的眼中，礼治所维护和倡导的道德是做人之根本，是第一位的。而法治尤其是严刑为主的法治，

---

[1] 瞿同祖：《阶级（续）·良贱间的不平等》，载氏著：《瞿同祖法学论著集》，中国政法大学出版社1998年版，第241页。

则是一把双刃剑，它可以惩罚暴行，但也可能伤及无辜；它可以维护正义，也可能助纣为虐；它可以稳定社会秩序，也可以激化社会矛盾。遏止或减少法律负作用的途径是以礼的精神指导立法与司法，只有当法律与礼治的精神相一致时，法律才有价值。传统立法理念上强调的"一准乎礼"，在价值观念上将礼治放在首位，目的不仅是防止"恶法"的产生并尽力遏止法律负作用的扩大，更重要的是维护礼乐教化的理想取向。其二，在制度层面的礼制和法治同属于社会规范的范畴，同样起到今天"法制"的作用。这一点与将礼治视为道德范畴的西方判断不同。诚如严复所说："说者谓西文'法'字，于中文有'理''礼''法''制'之异译，不专指刑法一端。"[1] 他认识到西方人所说的"法"（laws，严译为"劳士"）可以涵摄我们的"理""礼"——这是指观念而言；还可以理解为中文的"法""制"——这是指制度而言。通过法治的社会控制和通过礼制的社会控制在制度价值上同等重要。

历代学者往往倾心于探究礼治和法治何者为先、何者为主的问题，在历史长河中很难有绝对的答案。礼治和法治自诞生之日起便是社会控制和社会规范中的共生姐妹，在不同的侧面其影响力互有消长，但这很难完满解答何者为先的问题，毋宁说在它所统摄的某一具体领域表现得更为突出。传统律学家热衷探讨法治与礼义冲突时如何适用律典的某些特定情形，例如以武犯禁的侠客、以文乱法的儒士、为亲复仇的孝子、以身试法的烈女，在律令格局下自然属于犯法行为，但在礼治体系内则是极力弘扬的道德楷模。在君主的德政思想下，这些行为有时可以逃避严刑的制裁，甚至还可以戏剧性地接受朝廷的嘉奖和官府的旌表。但依照常理，多数情况下是所谓的乱臣贼子当道，或者酷吏循吏守制，虽合于礼仍死于法者也不计其数。在两千年的理念和制度上，都很难总结出一以贯之的定论。

又如，汉初儒者积极倡导礼法融合，在法律上的努力主要体现在两个方面：一是立法以儒家提倡的伦理道德为指导；二是在司法实践中引经决狱，体现礼所提倡的精神。如董仲舒以"《春秋》之义，父为子隐"为由，认为养父包庇犯罪的养子而不当坐。汉宣帝时则明文规定"子首匿父母，妻匿夫，孙匿大父母"皆不为罪，后世遂为定律。自汉时起，礼法融合的进程始终没有停止。儒家的精神与法家的制度固然是中国传统法表现出的主要内容，但是，礼治的规范和法治的理念也同样体现在帝王为政的传统格局中。

逮至近世，礼刑之分日渐为学者重视，启蒙大师严复倡言法意，他自认明了"礼""刑"之分："西人所谓法者，实兼中国之礼典"，"故如吾国《周礼》

---

[1] ［法］孟德斯鸠：《孟德斯鸠法意》，严夏译，商务印书馆 1981 年版，第 3 页。

《通典》及《大清会典》《皇朝通典》诸书，正西人所谓劳士（laws）。若但取秋官所有律例当之，不相侔矣。"〔1〕但他更重中国自古未尝发达的"法意"，那些包含了法的价值、法的制度以及公法和私法的分类等内容的法律精神，所以他在我们民族的传统中挖掘出来理（礼义）、礼法（国家制度、社会制度、家族制度）、法（狭义之法）等固有表达，希冀能将法的精神在中国发芽开花。

回望中国固有的法律传统，我们认为，在规范体系的层面上，将礼治和法治一体对待，二者皆为社会规范的一部分；在理念上，吸纳礼治中的道德政治与自然秩序，以及法治中的制度价值与治理技术，如此才能将中华法律传统发扬光大。礼治和法治难以对立割裂，只应作为一个有机的整体来理解中国法律传统的不同侧面。

第三节　律令体系和法律体系：成文法

一、中华律令体系的法典典范：以唐律为例

唐律在中国法律发展史中占据极为重要的位置，《唐律疏议》标志着儒家礼法之学作为法律指导思想已在封建法典中全面落实，成为后世修律的蓝本，"集前代立法之大成，为后世立法之圭臬，并广泛地影响东亚地区，为中华法系的核心"。唐代是中华法系制度体系、价值取向、内在特质等要素的成熟时期，这是法史学界公认的事实。从任何方面说，唐律是中华法系发展之最，后代随时过境迁多为因袭或衰落之律令。

（一）律令格局与立法实践

先秦法家强调法的整齐划一，也自然致力于公布成文法。自李悝定《法经》以来，法和律就成为规范的文本，法家统治者也积极颁行法典，制定律法。"法律"一词可以说是中国的固有语言，在古代社会中多指国家颁行的"律典"。"律"字在东汉许慎的《说文解字》中被释为"均布"。原本含有统一划一的强制力和自然规律之义。从法的意义上言，"律"自战国始被作为法典的名称，汉以后律典逐渐被规范为刑典。在古代社会很长一个时期内，律专指国家颁行的刑法典。而法之所指则比律要宽泛。举凡制度层面上可以囊括一切规章制度，上至朝廷纲纪，下到乡规民约。在价值层面上，法在初起时有神判至上的观念。后来，法越来越注重制度层面的意义，成为一切制度的总称。受习惯的影响，

〔1〕［法］孟德斯鸠：《孟德斯鸠法意》，严夏译，商务印书馆1981年版，第7页。

"律"的涵容量在人们的观念中总有局限，它偏重"刑"的内容。而"法"则不然，虽然在古语中"法"亦偏重制度层面，但它在初起时强调"平之如水""去不直"，也反映社会的价值观。礼法合流后，律法的价值观也吸纳了"礼教"的原则，部分地体现了礼制规范的内容。

中国传统成文法可谓是较为突出的律令体系格局，即以律令为主体，包括众多的法形式和内容的法律体系[1]。律、令之间一般按照"律以正罪名，令以存事制"的标准区分。从著名法学家沈家本开始，以"律令"法的称呼涵盖中国法制发展的某一段历史时期，并以律令制度的概念作为此时期成文法的显著特征。律令法体系是一种基本由现代所说的公法构成的成文法体系。就时间序列来说，战国至唐代的成文法律体系见证了律令格局的缓慢进化，到隋唐时期律令体系可谓发展到高峰，后世渐趋式微。律令体系的成型，大体可推至继承北朝法律发展成果的隋朝，采用较为体系化的律令格式发展成一套完整的成文法律体系。唐朝在立法形式上对此体系加以沿袭，内容上加以充实改造，基本形成了当时世界上最为发达的"律令格式"法体系。

唐代法律特别是唐律具有许多制度上和编纂上的优点，但是，律令发展的高峰也是走向停滞和衰落的开始。我们注意到，在唐以前的隋朝，其《大业律》比《开皇律》还要轻简，却在实际执行中成为具文。律条文从唐以后常常被其他法律规范所取代，如唐中期发达起来的"敕"，到了宋代，甚至以"编敕"作为实际发挥作用的重要法律，显然，这与宋的君主专制集权制度的加强有关。有些不容忽视的迹象或许正是说明，律已经在某些方面失去了它最初产生和发展时期的权威性，开始在一定程度上变成统治阶级标榜自己宽政简刑的装饰品。如果说以律令为主的律令法体系由于受到其他形式的法律的冲击，在律的作用上有所削弱，那么，令的变化后来就更加明显。明初制定律令时，因为统治者的主要人物如朱元璋等对唐律的欣赏，使律的地位有所恢复；可是，令的地位已经无可挽回地下降了，条文减少到一百多条。到清代，令干脆就消失了。除了这时对法律的看法与早期中华帝国有所不同之外，大概律的发展已经让位给发达的律了，而令既然已经不像早期那样包含君主的意志并逐渐变成纯粹的行政制度，其被诸如会典一类的形式所取代也就是顺理成章的了。

就外在型制而言，《唐律疏议》和与此配套的令、格等成文法繁简得当，也堪为治世良典。唐朝统治者也认为立法是"禁暴惩奸，弘风阐化"的重要工具，"安民立政，莫此为先"（《旧唐书·刑法志》）。从唐高祖武德元年（618年）代隋建唐至唐宣宗大中七年（853年）颁行《大中刑律统类》的235年间，唐

---

[1] 张建国：《中国律令法体系概论》，载《北京大学学报》（哲学社会科学版）1998年第5期。

代先后进行了一系列的立法活动。就篇章条文而言，唐代律、令、格、式各自均有其完整的篇目与结构。《唐律》共计 12 篇、500 条，依次是名例、卫禁、职制、户婚、厩库、擅兴、贼盗、斗讼、诈伪、杂律、捕亡、断狱。这一编排也一再为后世所沿袭或鉴戒。《唐令》的篇目不太一致，唐代颁修最为频繁的《格》共有 24 篇，"皆以尚书省二十四司为篇名"（《旧唐书·刑法志》）。

成文法采用不同类型体现了社会治理的不同功能，唐代律、令、格、式之间有着明确的职能分工，《唐六典·刑部》"郎中员外郎"条说："凡律以正刑定罪，令以设范立制，格以禁违止邪，式以轨物程事。"《新唐书》卷五六《刑法志》也云："令者，尊卑贵贱之等数，国家之制度也；格者，百官有司之所常行之事也；式者，其所常守之法也。"虽然后期混乱的立法——如中唐以后大量制定和修改"格后敕"——冲淡了最初设定的立法理想，但在 7—9 世纪的世界法律体系中，如此精密而又有效的法律形式非常罕见。

从内容上看，《唐律》侧重于刑事制裁，如《名例律》是关于五刑、十恶、八议等刑法制度以及刑法适用原则的规定，相当于现代刑法的总则；《卫禁律》以下 11 篇虽然有的篇名（如职制、户婚、厩库、捕亡、断狱等）看上去似乎包含有非刑法的内容，但实际上都是有关各种犯罪及其如何处刑的规定，相当于现代刑法的分则。因此，唐代人自己也说，唐律制定的目的及作用是"正刑定罪"。作为承上启下的中世纪法典，《唐律》代表了中华律令格局中的刑事法律规范。

（二）经义决狱与礼治法典

传统社会狭义的立"法"活动专指国家颁行的刑律，故而立法多涉及判例适用原则。自汉代出现的"经义决狱"，即用儒家的经义对法律进行解读，奠定了汉代律学的基本特征，并开魏晋律学的先河，为中华法系的形成奠定了理论基础。因此，在这个意义上说，中华法系的主体指导思想就是经学。所谓"经义决狱"，并不仅限于《春秋》一经，《春秋》三传、三《礼》、《尚书》、《诗经》和《周易》，以及"五经"之外的《孝经》《尔雅》等经史之书，皆可以作为审判案件的理论依据，以补法律条文之不足，有时甚至其效力还高于法条。

隋唐立法，采取融经义于刑律之中的指导思想，经的义理已寓于法条之中，如《唐律》在开篇即对《名例律》本身进行释义，几乎全部运用儒家经典。至于刑罚原则，也以儒家礼治为纲。

以毁坏名教类为刑罚之首：《唐律疏议》关于"十恶"之疏议曰："五刑之中，十恶尤切，亏损名教，毁裂冠冕，特标篇首，以为明诫。其数甚恶者，事类有十，故称'十恶'。然汉制《九章》，虽并湮没，其'不道''不敬'之目见存，原夫厥初，盖起诸汉。案梁陈已往，略有其条。周齐虽具十条之名，而无'十恶'之目。开皇创制，始备此科，酌于旧章，数存于十。大业有造，复更刊除，十条之内，唯存其八。自武德以来，仍遵开皇，无所损益"。

而特权阶级或特殊身份者也以法外援情待之：自魏晋将《周礼》中的"八辟"，改为"八议"，作为法条，编入正文后，《唐六典》更阐释了立八议的目的和价值："以广亲亲，以明贤贤，以笃宾旧，以劝功勤。"

至于具体条文和科刑原则，更体现了德政、礼治和禁令的平衡。后人一再赞美《唐律》科条得当，刑罚适中，体系精良，适用恰当。《四库全书总目唐律疏议提要》也说："论者谓唐律一准乎礼，以为出入得古今之平，故宋世多采用之。元时断狱，亦每引为据。"将《唐律》推崇备至的评价标准就是"一准乎礼"，实为礼治下的立法典范。

二、法典编撰的中间形态：以《元典章》为例

《元典章》即《大元圣政国朝典章》，为元代政书类编。正集 60 卷，涵盖了中统（1260—1264 年）至延祐（1314—1321 年）年间的诏令条格、公牍。后附有新集，不分卷（后人有分为 12 卷者），补录至英宗至治二年（1322 年）诏令公文。全书分诏令、圣政、朝纲、台纲、吏部、户部、礼部、兵部、刑部、工部 10 类，81 门、423 目、2391 条。

关于《元典章》在法律编修史上的性质，学者们倾向于接受沈家本的论断："此书乃汇集之书，而非修纂之书"——由官府组织，将以备参考的法律与行政文书汇集成册，系元代典章法律的初步汇纂。书中将部分官文书依照"六部"编排的方式为后世继承和发展，可谓明清编律六部体的萌芽。所录文书不少具有元代官衙行文特色，如用语、"硬译"和层叠引用等文体语体特征，显示了元时的民族特色。

《元典章》可以说是中华律令体系中的另一代表：在法典编撰的过程中，由于王朝的动荡，国祚的有限，尚未来得及发展出精良的王朝法典的元代，只能给后世留下一部中间形态的规范汇编，但也给我们提供了制定法典的文本化石，我们可以窥见君主专政下的立法者们和行政官员们为完成一部法治规范所做的努力和他们的不足。

（一）法典编辑的工作模本：法律汇编

至元代仁宗时，立法工作提到迫切的日程上来："帝曰：'卿等何尝奉行朕旨！虽祖宗遗训，朝廷法令，皆不遵守。夫法者，所以辨上下，定民志，自古未有法不立而天下治者。使人君制法，宰相能守法，则民知畏避，免于刑戮；若法弛民慢，怨言并兴，求治难矣'。"[1] 管理一个庞大的帝国，君臣之间至少

---

〔1〕（清）吴乘权等编：《纲鉴易知录》。

有了共识，那就是要"人君制法，宰相守法"，不能光凭一时喜怒定罪，亦不得凭一时兴起催收。立法活动固然是一代开国之君臣的第一要务，但历代的经验也可以说明，立法不是一代就可完成，唐律、宋刑统几乎都在第三代领导时期趋于成熟，大抵都在开国后百年之期。用这样的标准套用元代，后者长期的散漫不遵似不为过，虽然相对于其短暂的国祚来说，法堪遵行的机会太仓促了。

元代中央政府正式完备的立法成于至治二年（1322年），大抵也是在开国后百年之期。《元史·刑法志》描述了这个过程："元兴，其初未有法守，百司断理狱讼，循用金律，颇伤严刻。及世祖平宋，疆理混一，由是简除繁苛，始定新律，颁之有司，号曰《至元新格》。仁宗之时，又以格例条画有关风纪者，类集成书，号曰《风宪宏纲》。至英宗，复命宰执儒臣取前书而加损易焉。书成号曰《大元通制》。"这三种法规的前二者，我们今天不能窥其全貌，固然也不能武断它们不起多大作用。但是，我们按照常理晓得，在王朝平宋后，显然没有能力足以发布其"新格"到基层政权。但是以蒙古人为主体的州县官吏们自有精通办案的一套办法，不仅习得有方，而且运用娴熟。其要义就在于公文汇编或者法律汇编。

在典章开卷纲目中，首附大德七年（1303年）中书省简节文："准江西奉使宣抚呈：乞照中统以至今日所定格例，编集成书，颁行天下。……"可见《典章》是地方政府力图治理繁杂的行政文件、编辑汇总的一项努力。沈家本重刻刊本时判断其为奉官刊布，不仅有法律家的眼光和思维，而且同样承载转折时期的立法者的使命，他更了解过程的重要价值，了解那些"未完稿"对典章制度的奠基作用。正因如此，20世纪后的海外学者多有认同他的看法者，如日本学者仁井田陞讨论《元典章》和《大德典章》的关系时，认可了《元典章》的官修性质[1]；浅井虎夫在其《中国法典编纂沿革史》中，更直指《元典章》为正式立法[2]。

（二）法典编撰技术上的"六部"体和断例

《元典章》前60卷为"前集"，分诏令、圣政、朝纲、台纲、吏部、户部、礼部、兵部、刑部、工部十大类。去除前面几类适应当时皇帝发布的文件，《元典章》开创了按照六部编排法律文书的体例，"六部"体为后世明、清律例所沿袭。法律编排体例对一代法制有着重要的影响。在中华法系那里，自《法经》

---

〔1〕　以上参见［日］仁井田陞：《〈元典章〉的完成與〈大德典章〉——附说〈成憲綱要〉》，载《中國法制史研究——法和習慣，法和道德》，東京大學出版會1964年版。他比较了《大德典章》一段遗文与《元典章》相关内容，认为《大德典章》为《元典章》的渊源。

〔2〕　［日］浅井虎夫：《中国法典编纂沿革史》，陈重民译，中国政法大学出版社2007年版，第206页以下。作者认为《元典章》系"有司撰"。

六篇始，至唐律的十二篇，可谓由简及繁，自此以后随着社会治理的需求，则在法典篇目上逐步确立以六篇为主文、前附名例等篇的编排体例和方式，这种趋势，又可谓由繁入简（仅就篇目而言，不涉及内容和条文）。

法典的编排体例其实代表了"通过法律实行社会控制"的技术。传统社会的官制设置有因袭，有变革，一朝代之官制，总是要影响到律法实施的效果；同时在实施律法的时候，各级官僚机构无不从方便行政权划的角度，设置社会控制的结构和部门。自唐以后，行政机构和行政权力的坐大，以及经历了宋代层层叠叠、互相牵制的行政结构的确立，虽在元一代有所削繁，然社会管理的千头万绪，又须对应的行政机构作出回应。于是，一种以行政权限为导向的社会控制体系逐步取代以事例为中心的认识和实施，"六部"体可以说是这种趋势的反映。

元朝的法制体系，主要由以条格和断例形式颁降单行法构成。对于元代法制，时人曾有"有例可援、无法可守"之说。即使在《至元新格》颁行后，"然帝临时裁决，往往以意出入增减，不尽用格例也。其后挟私用谲之吏，夤缘放效，鬻法自颛，是谓任意而不任法，非纵弛之过也"（《新元史·刑法志》）。所以即使有箓麻般的案牍之文，纸面上的法律和行动中的法律还是两回事。《元典章》中单项法令、个别指令和判例多，作为普遍定制的法律条文少，正反映这种法制特点。也许因为个别指令更能适应"任意而不任法"的目的。

《元典章》的价值体现了它在中华法制文明的中流阶段，提供了一个体例转型的试验，并且因后世的继承而获得开风气之先的地位——那就是它的"六部体"编纂方法和断例入刑的试验。我们不知道明律在多大程度上主动继承《元典章》，但可以推断，与《元典章》同期的《通制条格》尚未采用六部体例，虽我们今日不可考《典章》流传时日，但离明朝立国不会超过五十年。在明朝开国者那里，《元典章》属于可见世的政书，足以让一代循吏保持下来，其六部体的编纂无疑因其实用性而得以确认。

第四节　法在乡野之间：成文法之外

从文本和官方话语来看，传统社会王朝的成文立法是国家法的主要来源和表现形式，除此之外的其他一切社会调控机制都没有进入法的规制范畴。这种仅从官方层面出发，以实定法为中心的法律观自能反映中国法律传统中的表象部分，对实定法的体系化自有其合理之处，但在我们的法律传统中，以刑律为主的实定法在任何社会中都只是一部分人们的一部分法律生活，无论其作用多么重要，它们也只能描绘局部的法律传统。我们还需要民间法来充实法律传统。民间法寓于民众个人或群体日常生活、劳作之中，紧紧围绕人们的生产、生活中诸如户婚田土、婚丧嫁娶、节日喜庆、人情往来等日常事务，偏重于对财产、家庭、继承等具有私权利或人身色彩的社会关系以及各类民间纠纷的规范和调整。由于传统社会中相当多的私权利尤其是财产权利的内容不见于实定法，故而民间规则的内涵比今日更加宽泛。

在乡野之间，中国民众发展出独特的规则来确认自己的权利，保障自身的利益，并希望借助自力和利用官方的某些管制措施，扩大这些规则的适用。这些规则首先是涉及最切实的财产利益的，即为历代士大夫所不屑的"户婚田土"之类的"细故"。普通民众对拥有财产尤其是地产的渴望，在传统中国的广袤地缘之际似乎没有什么差异——中原汉族社会与边远乡土社会也许关注的生存资本不一而足，然而攫取财富以谋"身上衣裳口中食"的欲望并无二致。清代留存下大量的地契、分家乃至诉讼文书记载了其格式的高度一致性和内容的均质化，但涉及的地域范围却极为广泛，从东北诸省到西南之畴，乃至较为晚近的台、粤等地，均为某种统一的财产观念所笼罩。不能说没有各地之惯例，以及较为独特的表达或趋向，但总体上的一统格局是毋庸置疑的。

一、传统社会民间法的踪迹——户婚田土的价值与规则

在传统民间社会中，官府和民间如何界定财产权利，如何保障财产利益？在地政和财产制度的发展中，官方对此遵循旧有的分配思路与赋役策略，民间也以保有耕织桑麻的产业之邑为念。随着民间发展出财产格局的多元化，原始的财产权也占据了财产格局的不少空间。在传统中国的民间社会，财产交易并非缺乏，但交易具有不充分、不纯粹和不自由的特征。一块土地上会出现多个累加的所有者和土地的利用者，他们都对这块田地有利益主张，但却不必互相对抗。这现象到了晚近时期发展到极致，是前代未有或前代并不突出的现象。目前学者比较同意这部分地出自人口压力挤压的结果。

在传统中国，财产的这些特征和利用方式，无疑是具有民族特性的——东亚社会的耕作制度和生活方式，铸就了特殊的农耕文化和人际关系，它们在乡土环境下发展出的财产利用方式，经千百年的演化，再经由 17 世纪的财富积累，和人口翻番的催化，圆熟自洽地进入财产利用的近代方式。

在人们心目中尚无"物权"、尚无"民法"观念与说法的时代里，财产（或称"产业"）才是他们最关切的对象，这样的表达也应该是他们最认可的。在农民的产业群之中，土地具有可靠性，足以满足代代继承的遥远的期待，而且有了地产，就有恃无恐，取之不尽，用之不竭。农业社会对土地的信任和期待，作为绝对财产对象的土地可以说是日常生活乃至子孙繁衍的主要来源甚至是唯一来源。作为财富的保障和基础，土地是产业的标志和主要客体，在土地上发展出来的权利观念和土地一样古老。这种土地-财富一体的观念在我们灿烂的农业文明中是非常主流的，正如赛珍珠作品中的主人公那样信仰："土地令他们拥有了家庭，土地是他们的衣食父母，土地成了他们的上帝。土地中有财富与秘密，土地在他们的锄头下翻转。"他无法想象出卖土地，因为"你有土地就有生计，谁也不能夺走你的土地"![1]

同时，我们发现古人有一种泛物质化的表达倾向，即在日常的思维中会习惯于将特定含义的"权利"表述为某种较不抽象的物质概念。农业社会的成员缺乏抽象演绎的思维传统，但已具备归纳的能力，典型的例子是在租税计算中的"折"：即田亩数额并不一定按照实际的几何面积计算，而是按照土地出产的丰瘠，以一定的粮食数额折算地亩或者租税额度乃至地役价格。另外，各地的产业利用方式上发展出一些俗语，体现了归纳思维的特征，而尚未上升到高度抽象的权利类型：比如在一块田地上，种种土地的利用方式，农人会用有形的、外在化的物质名词来指代它，最典型的就是"田皮"和"田骨"，如同把一件物体逐层分割开来一样，他们会按照不同的利益安排，区分田地上的期待利益，将之赋形化并且细分之。这样分割的目的在于：①利益可操作，双方约定田皮价值若干，田骨价值若干，各承担租谷若干石，物物对应，不致生误；②利益藉此固定化，一桩利益不可混同于他桩利益，田皮的所有者异于田主，人人共知；③农人的认识论中没有抽象的概念，只有可见的物业，只有具体的三五斗利益，他们也不在乎争取特定权利的名分，而只在乎能得到何种实体利益。

财产的人格化，以及财产流转的人格化，这代表了传统中国财产法的一个主要侧面。财产的人格化反映在身份法上就是严格的身份烙印。"家财"成为主要的财产保有形式，个人的财产几乎是没有不牵涉家族因素的。这成为传统中国财产权的表征之一。

君主控制下的集权政权对所谓九重宫门内的控制可谓巨细靡遗，但同时，显见的权力核心对江湖之远涉及户婚田土的制度影响是有限的，部分原因固然出自民间自理，权力核心对此并不热衷。"地方守令亦惟于刑名、钱谷自顾考成，至以爱养百姓为心，留意于稼田桑麻，如古循吏所为者，益不可得。"[2]大凡田土之制皆有定主，各守其分自然波澜不惊，而争讼争产究非频繁，所以

---

〔1〕〔美〕赛珍珠：《大地》，王逢振、马传禧译，上海译文出版社2002年版，第2章第22页、第34章第241页。

〔2〕《清高宗实录》卷四七，乾隆二年（1737年）七月癸卯谕，中华书局1985年版。

官方律令在这一领域的影响反而有限。

以最具中国特色的永佃为例：租佃和永佃最大的区别是租佃期限的长短——不是以事实上发生的租佃时限累加计算，而是按照立契时双方的约定期限为依据。那些在立契时就注明"永远耕种""永远为业""只许佃户辞业户，不许业户辞佃户"等的字样，就可以算作典型的永佃契约。在传统的日用百科全书中很快就找到了标明所谓"永佃"的格式，明代万历年间的《翰府锦囊》所录的永佃契式两种，就是根据"永远耕种"等条件判断的"佃约"格式。内有："不限年月，佃人不愿耕种，将田退还业主，接取前银（佃户预付的赔银），两相交付，不至留难"，以及"永远耕种，如佃人不愿耕种，将田退还业主，不许自行转佃他人，任从业主召佃，不得执占"[1]。这里永佃的含义，一是永远耕种；二是不得转佃他人，私相授受，虽然实际上往往有佃户私自出让佃权的行为，业主对此的反应也不一样。

判断民间社会中永佃之成立与否，需要以签订契约前、履约后乃至违约后的实际情况来判断其性质，虽同样见于租佃契文，但其是否永佃往往是一个实际习惯发生的关系，并且是随时修正并确定的行为。立契之初往往并不言明永佃关系，除非出让一方自始就打算放弃永久的耕作权。实际中永佃户往往需要交纳额外的对价，用以取得土地的耕种权（"夺佃"），这也是业主不断压榨的结果。此外，永佃的法律概念和当时的地主经济也要求不得转佃他人，否则收回。但一个享有"永远耕种"权利的佃户当然有可能在力所不及的时候让别人代耕，用以保证其纳租的义务。临时性的转佃当然也不鲜见，如歙县汪氏公堂田的记录[2]。

目前学界比较明确的是，永佃不同于永佃权，也不等同于一田两主下的上层权利[3]。永佃，如果仅就传统社会的民人所认为的那样，不过是一种长租关系，是相对而言比较长久一些的利用土地的权利——就像他们在契文中约定的那样。

再以传统财产权利中的"一田两主"为例：财产权尤其是所有权分割的现象在中国各地都有，典型的是江南的田皮田骨和台湾地区的大小租。一般而言，

---

[1] 杨国桢：《明清土地契约文书研究》，人民出版社1988年版，第92页。

[2] 章有义：《明清徽州土地关系研究》，中国社会科学出版社1984年版，第267~275页。

[3] 对此区别得较为清晰的是梁治平在《清代习惯法：社会与国家》（中国政法大学出版社1996年版，第88~90页）中的分析："永佃权与'永佃'，虽仅一字之差，其渊源、内涵和意义等则相去甚远。'永佃'如同'世耕''永耕'，乃清代民间契约用语，它们直接反映某种租佃关系。永佃权则否，它是一个分析概念"，"误用'永佃权'的最典型的做法乃是把'永佃'与'一田两主'统置于永佃权中而不加区分。这种做法见于历史学家、社会学家和法学家"。

被分享了部分权利的业主对于田地的兴趣主要在于租额收益方面，因此，佃户若不想耕作，他们通常会同意将佃耕权利转让他人，换取他们先前开垦所投下的工本。稍后，由于大量农民涌进原有格局寻找佃作的机会，许多佃户乐于作地主，于是将多余的田块分租出去，藉此抽租取利。在江南地区，业户称为田骨的拥有者，被称为"骨主"；租主称为田皮的拥有者，称为"皮主"。民间将佃户向业主缴纳的租粟，称为"大租"；业主即"大租户"。相对的，原先的佃户称为"小租户"，其所收租粟为"小租"，一般约占佃农每年生产总数的半额。至于实际耕作的佃农，则称为"现耕佃人"。这种由业主和田主共同享有部分土地所有权的现象，就是所谓的"一田二主"的地权结构。

因为田底和田面都是独立的财产利益，在外人看来，田底可以独立地采用绝卖、活卖、出典乃至出质的方式进行交易是很令人诧异的现象。官方的态度是不甚欢迎一田两主的现象的——跟活卖、找贴等做法比起来，官方设置容忍并支持书面约定下的活卖和找赎。对于地主，是竭力要求全业，"买田务要租典全业，方为有权"；而对于佃户来说，占有、耕作着的土地，也是一种权利，甚或是某种产业。这些独特的权利格局和期待，构成了中国法律传统中最有生命力的部分。

二、民间规则的遵从与适用

田房契税，本来古已有之。但税与契合一，则始自元明，其时曾有创行契税之法。《明史·食货志》载："买卖田宅头匹必投（税），契本即别纳纸价。"契本指买卖田地、房屋、家畜的统一印行的那张纸——用自己的纸写的不算，而这张纸是要花钱买的。国家只要收到税银即可，完全不管土地是如何交易、交易的方式等问题，也无心规范各种形式的交易是否有规制上的区分。

因此，官府不遗余力地宣传、规劝并反复强调"置产投税"，并规定了对不税契者的处罚。同治朝《户部则例》：旗人置产"分赴左右两翼过税，该翼即以跟随红契为凭，办给执照"，投税的义务是强制性的。"倘逾一年余限仍不报税，及白契置买房地、并老典三五十年遗漏未经纳税者，一经查出，或被人首告，均追价治罪。"对于普通民人，也是一样的投税义务："凡民间置买田房，于立契之后限一年内呈明纳税，倘有逾限不报者，照例究追，令各督抚刊刻告示，饬发所属，遍贴城乡，使愚民咸知例禁"（《户部则例·卷十·田赋》）。而且我们也的确发现大老爷们不时晓谕，以巴县县衙为例：有清一代是不断地拟稿、布告县境居民投税，也不断督责胥吏毋得贪得无厌，在投税时勒索或者隐瞒税粮。如果没有经过官府的契尾证实和投税的手续，便是"私立文契"，"漏税私立文契者治罪"〔1〕。而且据说是"追契价一半入官"（《户部则例》），"不税契者笞五十，不过割者，一亩至五亩笞四十，每五亩加一等，罪止杖一百。其田入官"〔2〕。

契和税合一的本意，正如契尾行文中说到的，不仅在防民，也在防吏。于是官府的规范中也有处治违例官吏的规定："州县侵肥税银，止于契纸钤印、不黏给契尾者，严参治罪"（《户部则例》）。州县的治理尚在防范侵吞银两的阶段，可能的道德危险如此之低下，谈何保护积极产权？行政治理水平的低下必然导致产权保护的微弱。

整个有清一代只闻有税契，而不闻与契约相关的权利登记，所以法律传统必然承认民间既有的土地买卖习惯，将流传的土地契约当作唯一来源的合法文件。从土地契约所具有的这些法律效力，可以看出一项有趣的历史事实：它们尽管是民间私人的协议，却因为在日常生活中具有无可取代的功能，乃至现代化的政府亦无法抹杀它们作为财产权凭证的特性。

但我们需要注意的是，颁发土地产权证（执照）或者推广官契（契格），广泛使用契尾，其目的不外乎征收田赋和搜刮契税。官府（其实是官吏）只要能收到田赋契税，他们是不会关心产税脱节的。由于政府只在关心税收的前提下关心民间的田地亩数是否确实，以至于长久以来中国土地的官方统计数字只是"征税单位"，而与实际数字相差甚远。〔3〕官方的产权凭证，其证明效力有时的确更强，如相关调查"凡系争田地山塘，每视黄册库图为最有力之证据"。但是税契的成本呢？完全是由民人来承担，且不说一个离城 60 里的乡民如何跋涉山路和水路，来到县城（赴县投税），也不说有书吏或管理人员贪污舞弊、敲诈勒索现象无处不在，而且衙门并非天天接待他们。此外，为了维持人情，"而中间人等烟酒茶饭之资，粮房处收粮进户等费用尚未与焉。且逾限及匿报均有罚，消耗既重，于是人民相率隐匿逃避，书吏亦因缘为奸。政府虽严定比额，并责成官契纸发行所管理员，许其经纪田房买卖，酌取中资，实行推收官契纸，照章填簿报告，但徒有重税之名，无足额之实，反使人民作伪以逃税，如皆用白契典凭不税，以及短写契价之类，不一而足。"〔4〕

官方证实过的产权证明文书或许有更大的效力，但民人并不是非依赖它不可。连官府自己也明白投税的阻力不在小民，而在胥吏。

---

〔1〕 南开大学历史系编：《清实录经济资料辑录》，中华书局 1959 年版，第 136 页第 3 段。

〔2〕 席裕福等辑：《皇朝政典类纂·刑十二·户律田宅》。

〔3〕 何炳棣：《中国古今土地数字的考释和评价》，中国社会科学出版社 1988 年版。

〔4〕 转引自赵晓力：《中国近代农村土地交易中的契约、习惯与国家法》，载《北大法律评论》（第 1 卷·第 2 辑），法律出版社 1999 年版。

　　权利处于国家、官府和民间的利益冲突格局中的地位也有类似之处。权利是被默认的，而不是通过积极的张扬获得的。国家法律和官府老爷无意于保护民间的权利，所以真正近代民法意义是的权利是虚空的。"从近代民法的严格意义上而言，只能称之为'既得利益'。"[1] 人们永远不会认为私有财产拥有权是与生俱来、天经地义的，保护私有财产是政府和公民的神圣义务。在传统中国，私有财产权的观念受到如此多限制。农民渴望延伸并分享对土地等财富的占有和使用权，但他们不能自由拥有充分的权利。他们更不能指望公共机构的保护，一切都要看官府对本身利益的考量结果。在很大程度上，私有财产权还要由政府来赋予农民——而且总是通过确定义务的方式来追加权利确认状。

第五节　中华法系与东亚法律传统

　　依中国学者的见解，中华法系是指以中国法为母法发展起来的东亚法律体系，包括古代的中国法、朝鲜法、日本法、琉球法、安南法、暹罗法等。如果从时间和空间两方面来界定，在中国的秦汉至隋唐这段时间为中华法系的成型期，其范围包括东亚大陆、朝鲜半岛、日本列岛、琉球群岛和中南半岛部分地区。在中国的唐宋至清末这段时间为中华法系的延续和内部变化期，其范围还是包括上述地区，但在这段时间内，从中国继受去的法律已逐渐本土化或干脆为本土法所改造和取代。

　　中华法系有一些共同的特征。简单说，在法的历史渊源上，除中国自身外，中华法系各国（地区）法都是在继受中国法的基础上发展起来的，尽管各自的传统和习俗有所不同，但中国法是它们共同的母法。

　　东亚国家在接受中国成文法的影响方面，主要在法的精神与法律内容方面的移植和引进，当然也包括模仿与学习中国法的法律体系。具体来说，日本自大化改新之后，处处学习唐制，于天智天皇近江朝（668 年，唐高宗总章元年）首次颁行了由留学中国达 33 年的 高向玄理和僧旻等人制定的《近江令》22 卷。对此，日本现存的《令集解·官位令集解》云："上宫太子并近江朝廷唯制令不

---

　　〔1〕　这也符合我们说的"以利益为中心的权利格局"的说法。郭建：《中国古代民事法律文化基本特征概述》，载韩延龙主编：《法律史论集》（第 2 卷），法律出版社 1999 年版，第 57 页。

制律。"〔1〕可见，日本受唐代法律体系的影响最初是从"令"开始的。据日本学者泷川政次郎考证，《近江令》所依据之唐令，分别为《武德令》《贞观令》和《永徽令》，其篇目大抵沿袭《贞观令》，主要有官位令、职员令、户令、田令、赋役令、选叙令、考仕令、军防令、厩牧令等篇目。而且，与唐朝后期立法转向格和格后敕惊人相似的是，日本同期也转向了格、式的制定，先后有《弘仁格》10 卷、《弘仁式》40 卷，《贞观格》12 卷、《贞观式》20 卷，《延喜格》10 卷和《延喜式》50 卷，最终形成了日本古代律令格式法律体系。对于日本古代律令格式之间的关系，《大日本史》卷二百《刑法志》说："盖令者，尊卑贵贱之等数，国家之制度也；格者，百官有司所常行之事也；式者，其所常守之法也。凡邦国之政，必从事于此，其不能遵由，为恶而入于罪戾者，一断以律。"这种说法与《新唐书》卷五六《刑法志》对唐代律令格式关系的概括如出一辙，可见唐代法律体系在日本的影响力。

朝鲜由于地理上与中国接壤，其法律体系早在其三国（新罗、百济、高句丽）时代即受到中国律、令的影响（杨鸿烈，第 27 页）。唐朝灭亡百济与高句丽后，新罗统一了朝鲜半岛，其法制更是追摹唐朝。至高丽王建一代（918—1392 年），其法律体系仍然深受唐朝法律体系的影响。《高丽史》卷八四《刑法志》记载："高丽一代之制，大抵皆仿乎唐，至于刑法亦采唐律，参酌时宜而用之。"（杨鸿烈，第 34 页）。所谓"高丽一代之制，大抵皆仿乎唐"，应当就是模仿唐令，因为唐令就是规定国家基本制度的法典。可见高丽基本接受了唐朝以律、令为主的法律体系。

而越南则很早就接受中国文化。东汉时马援远征，越南遂成为中国领土的一部分，直到五代后晋高祖天福四年（939 年）独立，越南基本上适用中国历朝法律，其中包括直接适用唐朝的律令。独立后，李太尊明道元年（1042 年，宋仁宗庆历元年），因"天下狱讼烦扰，法吏拘律文，务为深刻，多至枉滥，帝悯之，乃命中书删定律、令"（杨鸿烈，第 419~420 页），仍然沿袭的是唐代以律、令为主的法律体系。由此可见唐代法律体系在整个中华法系中的地位和影响。正因为如此，日本学者在研究中国古代法和日本古代法时，才将这种以律、令为主导的法律体系称为"律令法系"或"律令制度"，把中日古代国家称为"律令国家"。

随着中华法系在近代的衰败，东亚各国也面临西方列强炮火下的殖民化的危机。从 19 世纪中期开始，西方法律文化在列强的武力和殖民政策支持下向东

---

〔1〕　杨鸿烈：《中国法律在东亚诸国之影响》，中国政法大学出版社 1999 年版，第 180 页。至于有无《近江律》，日本法律史学界有争论，但多数学者倾向于否定说。参见杨鸿烈书，第 180 页。

亚扩展和传播，传统的中华法系开始解体，东亚法进入近代的变革期。这个历史过程在中国学界被称为"西法东进"或"西法东渐"。西法东进同时也被视为东亚法近代变革的开端，中华法系从其子法开始解体。首先是日本于 1868 年实行"明治维新"，放弃源自中国的律令体制和固有法，大规模地移植西方法，建成以欧陆法为范本的近代法制。这一举动的后果及其意义，可以说是中华法系从它的子法开始趋于解体。朝鲜半岛自 19 世纪后半期，主要经过日本和中国的介绍开始接触西欧的法思想和法制度（开化思想），尽管朝鲜半岛人民自主地朝近代法制尽了努力，但随着日本的干涉和中国在甲午战争中的失败，朝鲜半岛成了日本的殖民地，琉球（现冲绳地区）也并入日本，"台湾"则被清政府割让给了日本。这样一来，这些中华法系原先的属地遂成为强加了西方欧陆法或日本殖民地法的管辖地。同样，中南半岛的越南在法国殖民者占领下也从中华法系中脱离出去。到公元 19 世纪末，严格意义上的中华法系实际上仅存作为母法的中国法而已。[1]

近来的一些东亚法学者从地缘角度出发，设想"东亚法系"在理论和实践上成立的可能性。如韩国崔钟库教授提出来的"东亚普通法"论、日本北海道大学铃木贤（Suzuki Ken）教授提出的"东亚法系"以及中国学者赫敏等。但是迄今为止，由于东亚地缘政治的复杂和发展的不均衡，东亚法系在现实中成立的可能性极为有限。在理念上，伴随近代以来以中华法系为母本的东亚各国法律实践的独立发展，东亚法系在形式渊源上迥异，尤其是当今东亚诸国法最初都移植于东亚以外的欧美和苏联。近代化初期，日本率先移植德国法，中国以日本为模范，韩国被迫推行日本法，越南被迫接受法国法，中国香港和澳门地区分别适用英国法和葡萄牙法；第二次世界大战后，日、韩和中国台湾地区开始受美国法影响，朝鲜、中国大陆和越南先后采用苏联模式的社会主义法制，中国香港和澳门地区继续适用英国法和葡萄牙法。如果从法律文化的大传统出发，欧美和苏联都可以统称为西方，这样我们可以说近代东亚诸国法都移植于西方。如果以法系为标准，同时兼顾意识形态和法的性质，那么东亚诸国法却是同中有异，分属于欧陆法系、社会主义法系和英美法系。若从现状来看，则东亚诸国法的成分更为复杂，混合有罗马日耳曼（欧陆、英美、社会主义和东亚各国自身的要素。一言以蔽之，东亚各国法律实践能上升为具有共同特征的"法系"为时尚早。

---

〔1〕 此处参见张中秋：《从中华法系到东亚法——东亚的法律传统与变革及其走向》，载《南京大学学报》（哲学·人文科学·社会科学版）2007 年第 1 期。

第六节　中华法系的近代化与转型

19 世纪中叶，中国法律历史同政治局面一样面临着前所未有的变局。国人对此刺激，反应也不一而足。但无论如何，中华法系的转型和变革还是浮现出来，并在近代世纪中随历史潮流和世界潮流奔涌而下，至今我们仍在探索和实践这一艰难的近代化转型。中国法律近代化的实质，就是在中国社会近代化的整体框架之内，中国固有法律传统与西方法律文化从对立走向融合，在当时中国社会现实的基础上，在兼顾合理性、适应性、符合治理需要三项基准点上寻求法律平衡，形成一种新的法律传统。从晚清朝廷，到北洋政府，再到南京国民政府，历届中国政府和社会精英均为此付出了相当的努力，并确立一个全新的"六法体系"，直至当代的社会主义法律体系。

一、中华法系近代化的观念准备

一般认为，近代中国社会的结构性变化肇端于西方文明的侵入，这种侵入不仅是指军事和经济上的欺凌侵犯，更关键的还在于西学东渐所引起的思想、文化上的一系列深刻变革。这些思想、文化上的深刻变革既导致了中国社会的重构，也引发了对传统学术思想的价值重估。但是，中国思想界对自身传统的反思，早在西方思潮到来前即已肇始，在铁板一块的礼教传统下，一些长期处于帝国政治边缘地带的叛逆思想渐渐为人所知，那种自发和自觉的天问尤其难能可贵。黄宗羲可谓此间的启蒙者。

黄宗羲在《明夷待访录》开宗明义："为天下之大害者，君而已矣！"空谷足音，足以令当时的读书人惊醒。他猛烈抨击君主专制，虽然在当时他无法也没有明确说彻底废除君主制，但是将"天下"为主、君为客的关系框架确定下来，孟子之后两千年来他是第一人。黄氏还重新发挥民间世人的价值，"必使治天下之具，皆出于学校"与"工商皆本"等思想都可以被视为发展强有力的民间社会的呼吁。而且黄宗羲早就提出了建立"民主君客"和"有治法而后有治人"的制度架构，并意识到扩大相权和知识分子的参政、议政权可以有效限制君权，甚至还希图在君臣之间保持一种同事的关系。这些思想在后世维新派和反清革命者看来简直就是寻到了宗师，因此康有为曾对黄氏大加赞赏："梨洲大发《明夷待访录》，本朝一人而已。""梨洲为本朝之宗。"本朝，可以说是中国启蒙思想者自己的王朝。

政治启蒙的接力者需要等到两个世纪后维新派才能出现。康有为、梁启超等接受了外来政治思想的激荡，力主变法，并和一干知识界先驱建立了自己的思想理论体系。《新学伪经考》《孔子改制考》《人类公理》和《大同书》是其思想体系的代表作。维新者们主要根植于中国传统的思想政治观点和爱国忧患意识，出于强烈的历史和社会责任感，呼吁变革旧制，实现当时世界上最先进的政治设计——君主立宪。不幸的是当权者无法认识到世界潮流，更无法割舍自己的特权，在葬送了自己之前葬送了变革，也葬送了中国政治转型的良机。

但是，政治转型的不成功无法阻挡法学近代化的步伐，在一代律学家的努力下，法律近代化的步子还是迈出去了。沈家本作为律学大家，在传统和转型之间积极倡言，力主变革，为中华法系的近代化立下不朽功劳。

沈家本（1840—1913）年，别号寄簃，长期主政刑部。作为传统律学训练下的学者，他遍览历代法制典章、刑狱档案，对中国古代法律资料进行了系统的整理和研究。自《刺字集》成书出版刊行后，沈家本又撰写了《秋谳须知》《律例偶笺》和《律例杂说》等十余部书稿，其学术方法都来自传统律学的路径。但在世纪之交，中西法律的冲突不断，出于使命感，沈家本自 1902 年与伍廷芳一起被任命为修律大臣以来，他主要的活动就是修订旧律、创制新律，并为修律培养人才，鼓吹变革。修订旧律，就是对《大清律例》的全面改造，改造成果不仅是对传统律令的治理，更需要吸纳世界各国的实践和文明理念，如《大清现行刑律》废止酷刑，删除了凌迟、枭首、戮尸、缘坐和刺字等残酷的刑罚，禁止刑讯和买卖人口，废弃了奴婢律例，统一了满汉刑律，皆对应了当时先进国家的普遍做法。此外，沈家本还主持制定了《大清民律》《大清商律草案》《刑事诉讼律草案》《民事诉讼律草案》等一系列法典。虽然这些新法典在有清一代未曾公布施行，但其制定本身就已经是中国法律史上的一大进步。

二、中华法系转型的路径与得失

自沈家本以降，法律近代化的转型皆集中于律令体系的转型：立法或者修律被认为是最便捷也最直接的近代化手段，在朝野间几成共识。朝廷令沈家本、伍廷芳等"按照交涉情形，参酌各国法律，悉心考订，妥为拟议，务期中外通行"，修订法律，借此收回领事裁判权，可以看出修律被认为是法律现代化即"中外通行"的主要手段。于是，以"务期中外通行"为宗旨，在不到十年时间，修律取得了文本上的巨大成就，初步建立了仿大陆法系的法律体系，先后颁布了宪法性大纲、行政法、民法、经济法、刑法、刑事诉讼法、民事诉讼法以及法院编制法等一百三十多部法律。尽管修订的法律公布实施的仅一部（《修律》），然而，以"务期中外通行"为宗旨的清末修律至少体现了中国法律由古代向近代转型的努力。

修律的途径最突出的是"参酌各国法律"，也就是以西方先进国家的法律实践为模板。但是，依照当时的认识水平和人才储备，能细致地参详各国法律似乎仅限于某些特定地域。再加上修律在风雨飘摇之际更像是急就章，而缺乏百年基业的长久考量与对中国现实的权衡，修律就难以达到朝廷的参酌期望了。

但是参酌的主要途径是通过留学生尤其是大量的留日学生。清政府向日本派遣官费留学生从 1896 年的不足百人，到 1906 年已达八千余人。日本较为自由的政治环境、较新式的法律院校以及语言的共通性，为中国留学生学习法律和政治创造了便利的条件。学习法律、政治、军事军警一类学生占全部留日学生一半以上，1904 年法政大学甚至专为中国学生开设了法政速成班，其中当然不乏速成的清朝吏员派训。由于日本在明治维新以后，积极移植西方近代法律制度和文化，并戏为日本法文化的主流，从而为中国学生学习西方法律提供了足够的资料。黄遵宪在驻日参赞任职期间编著的《日本国志》，不仅详细介绍了日本历史、政治制度、风土人情，更透露出希望清政府效法日本明治维新变革图强的愿望。

不仅学界，在朝廷要员那里，经过日本转运来的政治思想和法制理念也较为入耳。清末预备立宪活动开展以后，清政府派出五大臣出国考察宪政，以载泽为首。他们在考察过程中收集了大量日本、欧美法律资料，还与日本的伊藤博文畅谈，听取英美法学教授讲述英国宪政。五大臣回国后，通过梁启超代笔的出洋报告对比分析了西方各国的宪法，认为我国适宜君主立宪，不妨以德国为鉴，并揭示日本法亦主要效仿德国。刑部大臣沈家本主张修律仿行西方当以大陆法系为主，特别是要以日本为榜样。他不但礼聘日本学者冈田朝太郎协助编纂了《大清新刑律》，还把自己的门生——如董康——推荐到日本学习律政。袁世凯也聘请了日本法学家为中国编纂法律之顾问。

参酌途径的有限局限了"参酌"者的格局。以民法的修律和转型而言：修订法律馆制订的《大清民律草案》，无疑是中国民法近代化的开端。它是在参照具有资本主义性质的德国民法典和日本民法典的基础上制定出来的中国第一部民法法典文献。这一草案不仅在民国民法典颁行前得到了实际的施行，并成为此后中国民法典起草制定的基础。草案大量利用了欧洲国家和日本的法典成就。但由于我国固有传统的顽固，民律草案甫一公布，便成众矢之的。诸种理念冲突与公议争论，构成清末朝政著名的"礼法之争"。以沈家本为首的"法理派"虽有各国法律的参考，也有收回治外法权的现实需求，但是张之洞、劳乃宣等代表主流思想的"礼教派"似乎声音更大、人数更众，始终伴随着修律立法的进程，最终以"礼教派"的抵御而不了了之。究其原因，当时的社会大众似乎也未能准备好迎接这部非常具有现代意义的民律，社会转型成功前，法律的转型很难完成。

直至 1929 年，中华民国立法院设立民法起草委员会，开始编纂民法典。当时的知识储备、人才储备和社会结构似乎都很齐备，法案于 1930 年完成并予以公布，这就是《中华民国民法典》。《中华民国民法典》共 5 编 29 章 1225 条，不仅是中国历史上第一部颁布实施的民法典，而且它以西方先进国家的民法典为楷模，尤其是参酌了德国民法和瑞士民法，同时亦吸收了日本民法、法国民法以及苏俄民法的经验。《中华民国民法典》的颁布施行，标志着中国民法近代化的启程。从此，至少在成文法领域，中国新的法律制度逐渐走进以罗马法体系为基础的大陆法系的立法模式。

我们不能否认在变革之初对东邻法政的拿来主义给法律史带来的成就，没有便捷的日文译本，我们不可能短期内完成修律和变革的知识准备，也不可能承载起与此相适应的司法建设。但是由于在短期内出于急就章所迫，那时的法律转型无疑是被动的、匆忙的，缺乏整体规划和所谓的顶层设计，以致后世需要花费数倍的力量和资源重新努力。

【思考题】

1. 跟世界上其他地区的法律形态或法律传统相比，中华法系有何特征？在法律史的演化过程中，这些特征又是如何发展和变异的？

2. 你认为在当今世界法律发展进程中，中华法系的生命力何在？有何体现？

【参考文献】

1. 陈顾远：《中国文化与中国法系》，中国政法大学出版社 2006 年版。
2. ［日］仁井田陞：《中国法制史》，牟发松译，上海古籍出版社 2011 年版。
3. 瞿同祖：《中国法律与中国社会》，中华书局 2007 年版。
4. 杨鸿烈：《中国法律在东亚诸国之影响》，中国政法大学出版社 1999 年版。

第八章
法律全球化

【本章导读】全球化是当代世界发展不可阻挡的潮流和趋势，催生了法律全球化、全球法和国际私法统一运动。经济全球化是全球化的主要内容，催生了国际商事法律的统一和全球商法。在全球化的过程中，也出现了一些指标体系，包括各种指数、排行榜和标准等，这些指标体系虽然不是法律，但却对人们的经济生活和世界法治进程的发展发挥着重要影响，影响和改变着人们的行为，起着"软法"的作用。本章首先介绍了什么是全球法，及其与经济全球化、法律全球化、国际法和比较法等相关领域的关系；其次，介绍了国际私法统一运动、促进其发展的主要组织机构及其发展趋势；再次，讨论了全球商法的产生发展、国际商事公约、示范法、法律重述和国际贸易惯例等这些全球商法的主要形式，以及全球商法的发展趋势；最后，介绍了目前几个影响较大、虽然不是法律但影响经济生活与法治进程的"软法"指标体系。

第一节　全球法

一、全球法的概念与特征

随着全球化的发展，既有的以民族国家为中心形成的国内法和国际法体系已不能完全适应全球经济和社会交往之需，一种源于非国家的规范开始发挥法律的作用，学界称之为"全球法"（Global Law）。[1] 所谓"全球法"，"是基于国际法与比较法，在经济全球化过程中通过国际法律实践出现的一种多文化、多国、多学科的法律现象"，[2] 一般包括一些国际组织制定的公约、法学家对

---

〔1〕　Cf. Pierrick Le Goff, "Global Law: A Legal Phenomenon Emerging from the Process of Globalization", 14 *Ind. J. Global Legal Stud.* 119, 119 (2007).

〔2〕　Pierrick Le Goff, "Global Law: A Legal Phenomenon Emerging from the Process of Globalization", 14 *Ind. J. Global Legal Stud.* 119, 128 (2007).

世界统一法的探索、各种职业共同体所订立的职业规范，以及各种在实践中指导人们行为的规则，主要表现为公约、示范法、法律重述、国际惯例准等形式，体现的是全球范围的共同价值与普遍实践。[1] 简言之，与 19 世纪法治国家理念下形成的法律不同的是，全球法的产生和发展在很大程度上独立于国家，由跨国共同体、行业协会乃至私人机构制定和执行。具体讲，从目前情况看来，全球法具有如下主要特征：

第一，总体而言，全球法还处于雏形阶段，还只能说它是一种法律现象，并没有形成一个完整的法律体系，更不是一种结构性的法律制度。因此，目前既没有体现全球法的"全球法典"，也没有执行全球法的"全球法院"。但是，就像商法（*lex mercatoria*）一样，经过一定时间的实际运用和理论发展，全球法也不是没有可能克服其体系上的不足，逐步得到完善而被承认。[2]

第二，与传统法律相比，全球法的制定主体具有一定的特殊性。在传统法律的制定过程中，国家起主导作用，立法权是国家主权的具体表现形式之一。全球法则随着全球化而产生，其制定主体为国际组织——如国际商会（International Chamber of Commerce）、行业协会——如国际保理商联合会（Factors Chain International）乃至私人机构——如美国国际银行法律与实务研究院（Institute of International Banking Law & Practic）等活跃在国际舞台上的全球化参与者。但需要注意的是，在探讨全球法时，我们又不能脱离开国家。在全球法的发展过程中，国家仍然扮演着重要的角色。首先，许多国际组织的权力来自于国家权力的授予或转移，如果脱离开国家，这些国际组织本身就失去了意义。其次，许多国家在立法时会参考、借鉴全球法，将其部分转化为国内法，在司法过程中也会适用和援引全球法，为全球法的发展起到了积极的推进作用。[3]

第三，全球法在内容方面主要出现在全球高度贯通的领域，或者是某些人类大同的问题上，不可能涵盖所有的法律部门。鉴于全球法在很大程度上是经济全球化背景下的产物，因此在国际经济贸易领域涌现出了大量的统一性全球法规范，如国际商会制定的《跟单信用证统一惯例》（Uniform Customs and Practice for Documentary Credits）和联合国国际贸易法委员会（United Nations Commission on International Trade Law，简称 UNCITRAL）制定的联合国《国际货物销

---

〔1〕 *Cf*. Pierrick Le Goff, "Global Law: A Legal Phenomenon Emerging from the Process of Globalization", 14 *Ind. J. Global Legal Stud.* 119, 119 (2007).

〔2〕 *Cf*. Pierrick Le Goff, "Global Law: A Legal Phenomenon Emerging from the Process of Globalization", 14 *Ind. J. Global Legal Stud.* 119, 128 (2007).

〔3〕 朱景文：《全球化是去国家化吗？——兼论全球治理中的国际组织、非政府组织和国家》，载《法制与社会发展》2010 年第 6 期，第 98~100 页。

售合同公约》（United Nations Convention on Contracts for the International Sale of Goods）。除了国际经济贸易领域外，全球法还可以出现在其他专业领域，如在体育行业由国际体育组织创设的适用于全球体育运动的自治性规则。[1] 另外，全球法也会出现在一些世界范围能够达成共识的人类大同问题的领域，如在人权问题、国际环境问题、外层空间以及国际公认的国际犯罪等问题上。但是，在有些领域就很难出现全球法，例如，涉及一国经济政治体制的法律、涉及不同宗教风俗的法律等领域。这些领域都根植于各国文化之中，很难达成一致而形成共同规范。在这些领域，人们应当对彼此的文化与法律予以相互尊重。

第四，全球法并非强制性适用的法律，而是一种"软法"。有学者认为，软法不是独立的法律渊源，而是对承诺的一种表达，其本身没有法律拘束力。[2] 所以，对全球法的适用更多地源于各方自己的选择。全球法的优势在于，在特定的领域创立了统一的标准和规则，统一的标准可以大幅地提升效率，相同的规则可以规范各自的行为方式并且方便处理产生的纠纷。而且，即使是对承诺的表达，如果当事人选择了，就会而且应当得到遵守和执行，如在国际货物买卖合同中适用《国际货物销售合同公约》，那《国际货物销售合同公约》就是可以强制执行的法律了。

第五，全球法是多国利益的体现，而非一国法律的对外输出。在法律全球化的过程中，存在着"法律全球化就是西方法律全球化"的观点。诚然，各国的法律发展进程不一，西方发达国家的一些法律相比于发展中国家更为成熟，技术性更为领先，有更多的法学家和法律工作者在推进着法律全球化的进程，并在全球法的制定过程中做出贡献。但是全球法本身的性质决定了它是各方利益的均衡体现，否则也不会在全球范围内得到广泛的适用。

二、全球法与经济全球化

经济全球化是全球化进程中的核心内容，是指货物、服务、资本、信息和人员等的自由跨境流动，是通过调节人员、信息、资本和货物流动为身处各大洲的参与者创建联系的过程。经济全球化主要包括如下四个方面：

第一，生产全球化。在探讨全球化生产时，可以将企业对产品的设计、生产、营销、交付和支持视为一个完整的生产过程。随着经济全球化的发展，各国企业在生产过程中根据自己的竞争优势，完成价值链中的不同环节，由此降

---

〔1〕 参见吴义华：《全球法视野下的体育法："全球体育法"的生成》，载《天津体育学院学报》2016年第5期，第436页。

〔2〕 ［美］巴里·E. 卡特、艾伦·S. 韦纳：《国际法》（上），冯洁菡译，商务印书馆2015年版，第174页。

低了生产、物流、销售成本，提升了效率并最终达到提高产品国际竞争力的目标。跨国公司能更有效率地完成全球化的产业部署，也为发展中国家创造了就业，并带动其共同发展。[1] 例如，在生产运动鞋的过程中，美国的耐克公司负责产品的设计、研发和营销环节，而运动鞋的加工制造会交由中国、越南或印度尼西亚的厂商进行。

第二，贸易全球化。世界贸易组织（World Trade Organization）的报告显示：受世界各地进口需求上升的推动，2017年的贸易额增加至17.73万亿美元；商业服务贸易于2017年全面恢复，增长率达到8%，贸易额达到5.28万亿美元，各地区均实现增长。[2] 从这些数据可以看出，在经济全球化的背景下，国际贸易得到了蓬勃的发展。通过设立自由贸易区、签订多边贸易协定等，贸易不再以国家界线为限，而是在世界范围内进行。

第三，金融全球化。正如金融是现代经济的核心一样，金融全球化被认为是经济全球化的核心。随着各国金融自由化、国际化的发展，越来越多的国家采取了放宽对金融市场的限制，如减少或消除外汇管制、开放证券市场、扩大资金借贷、鼓励直接投资等措施。各国金融市场逐渐融为一体，成为国际金融市场的组成部分。随着资本流动自由化和国际化程度不断提高，资本流动在世界范围融会贯通，实现了资源的优化配置。另外，随着国际金融机构和组织的设立和发展，在实现对外直接投资增长的同时，也提升了各国基础设施的建设。

第四，科技全球化。科技的进步可以推动经济的发展，而经济的提升反过来会为科技的发展创造更有利的条件。拥有先进技术的国家，科技发展的速度往往会远高于技术落后的国家。在经济全球化的背景下，科技发达的国家向科技落后的国家进行技术转移。当发达国家的企业从经济全球化中获利时，也会带动发展中国家相关产业的共同发展。

经济全球化是一个全方位发展的过程，促进了法律全球化的运动。在这一过程中，需要有相应的法律为其提供保障，需要通过全球法创立统一、规范的规则，以降低成本，提高效率，促进发展。可以说，经济全球化是法律全球化与全球法产生的背景，为全球法的产生提供了生长的土壤，提出了发展的要求。

三、全球法与法律全球化

全球化是当代世界发展不可阻挡的潮流和趋势，使各国经济与社会联系普

---

〔1〕 关于"竞争优势"与"价值链"的深入探讨，参见［美］迈克尔·波特：《竞争优势》，陈丽芳译，中信出版社2014年版，第53~80页。
〔2〕 World Trade Organization：*World Trade Statistical Review* 2018, at https：//www.wto.org/english/res_e/statis_e/wts2018_e/wts2018_e.pdf.

遍化和紧密化，已成为当代国际社会的基本特征；其不仅深刻地触动和改变着世界经济和政治格局，而且向法律、文化、意识、思想等领域大规模扩散，成为人们观察世界、思考问题和制定规则的大背景。[1] 伴随着全球化的发展，越来越需要全球治理，越来越多的政府间国际组织、超国家组织和非政府组织介入国际社会的共同事务，使得全球性法律现象已成为世界法律发展中的前沿问题和关键问题，由此产生了法律全球化。

那么，何为法律全球化？这个概念由西方学者提出，沈宗灵教授将其总结为：法律全球化是指这种法律来自"不受任何国家控制的经济或政治势力"、是"超国家的法律"、是"独立于国家之外的立法过程"，即由"私政府"制定的。[2] 朱景文教授认为："法律全球化实际上是经济和社会生活其他领域正在进行的全球化的法律表现。"[3] 张文显教授认为：法律全球化趋势主要表现为法律的标准化、趋同化、一体化或世界化。法律全球化是一个进程、一个过程、一种趋势；法律全球化并不是所有法律的全球化，那些不具有涉外性、国际性的法律没有必要转化为全球性或世界性的法律；法律全球化并不意味着国家主权概念的过时或消失，而只是意味着主权概念的进步和丰富，各国之间的法律仍将呈现多样性、多元化。[4] 无论学者们的观点如何，应当肯定的是，"法律全球化是经济全球化和公共事务全球化的必然结果，是当今世界法律发展的主要趋势。"[5]

经济全球化的运动和法律全球化的发展对于现有法律体系和规则都提出了新的要求，在不断推进全球法律实践的变革与整合的过程中，促成了全球法的产生。当然，在全球法与法律全球化的发展过程中，也产生过一些争议。例如，沈宗灵教授认为："世界上不仅存在经济全球化的趋势，还同时存在政治多极化的趋势。世界上约有 200 个国家，无论是社会制度、价值观念和发展程度，还是历史文化传统、宗教信仰都存在差异，各国人民有权根据本国国情和自己意愿选择社会制度和发展道路。法律全球化是想从根本上否认世界政治多极化，

---

[1] 参见冯玉军：《法律与全球化一般理论评述》，载《中国法学》2002 年第 4 期，第 179 页。

[2] 沈宗灵：《评"法律全球化"的理论》，载陈安主编：《国际经济法论丛》（第 4 卷），法律出版社 2001 年版，第 3 页。

[3] 朱景文等：《"法律与全球化——实践背后的理论"研讨会纪要》，载《法学家》2002 年第 6 期，第 115 页。

[4] 参见朱景文等：《"法律与全球化——实践背后的理论"研讨会纪要》，载《法学家》2002 年第 6 期，第 117 页。

[5] 朱景文等：《"法律与全球化——实践背后的理论"研讨会纪要》，载《法学家》2002 年第 6 期，第 117 页。

企图建立清一色的一统天下。"[1] 法律是国家意志即国家主权的体现，但法律全球化理论所讲的法律，却是"不受任何国家控制的"、是"私政府制定的"，甚至是"没有国家的"。[2] 但是，我们认为法律全球化以及全球法的产生，并不要求所有的法律都突破国家的限制，不分领域和范围的全球统一，而是让全球法在产生了全球化需求的特定领域内发展，满足日益变化的经济环境需求，并在普世价值观中达成共识的某些特定领域形成统一标准。正如王贵国教授所说："法律全球化并不意味着法律的一体化，或者以哪一种法律制度为主导来统一全球的法律。法律全球化是一个过程，有着深刻的经济背景。"[3]

此外，我们应当警惕和防止少数或个别国家借助法律全球化的名义而推行政治霸权主义和法律帝国主义。全球法与法律全球化绝不是指霸权国家将其本国的法律进行全球化的输出。[4] 例如，美国在推行其经济制裁政策的过程时，因为其原有的单边初级制裁难以达到预期效果，而借助其国际霸主的权威与美元在国际贸易和金融领域的特殊地位，通过颁布各类法律法规在全球范围内实施次级制裁，迫使第三方国家的企业和个人也必须遵守美国的制裁政策。这样的法律虽然也在全球范围内产生了影响，但并不符合我们讨论的关于全球法的定义，是不应被提倡的，而是应当被抵制的。

四、全球法与国际法

从字面上理解，全球法是全世界的法，国际法是国家之间的法。二者虽有区别，但在一部分范围内又有重合。在此，简要讨论全球法与国际公法、国际私法和国际经济法这些概念之间的区别与联系。

传统的国际公法是指调整国家之间关系的有法律拘束力的原则、规则和制度的总称，[5] 其主题涵盖居民、领土、海洋、空间、外交和战争等问题，体现在政府间签订的条约与公约中。显然，国际公法与全球法所涵盖的主题有所重合，但国际公法在本质上处理的是国家之间的关系，而全球法在很大程度上则独立于国家，由跨国的共同体、行业协会乃至私人机构制定并执行，调整的范

---

〔1〕 沈宗灵：《评"法律全球化"的理论》，载陈安主编：《国际经济法论丛》（第4卷），法律出版社 2001 年版，第 5 页。

〔2〕 沈宗灵：《评"法律全球化"的理论》，载陈安主编：《国际经济法论丛》（第4卷），法律出版社 2001 年版，第 5 页。

〔3〕 朱景文等：《"法律与全球化——实践背后的理论"研讨会纪要》，载《法学家》2002 年第 6 期，第 116 页。

〔4〕 参见刘兆兴主编：《比较法学》，中国政法大学出版社 2013 年版，第 113~114 页。

〔5〕 参见王铁崖主编：《国际法》，法律出版社 1995 年版，第 1 页。

围也要比国际公法广。[1] 因此，二者虽有联系，但存在本质区别。

对于国际私法，不同学者有不同理解。有人认为，国际私法即冲突法，主要解决的是不同国家对于私人关系的不同法律规定所发生的法律适用冲突以及管辖权的冲突。[2] 有人认为，国际私法即实体法性质的国际民商法，其核心内容是全球商法。[3] 还有人认为，国际私法是个广义的概念，既包括冲突法，也包括实体法。[4] 显然，无论从哪个意义上讲，全球法所涉及的法律问题都超出了国际私法所涉及的范围。如果认为国际私法只包括冲突法，那么全球法主要是实体法。如果认为国际私法是国际民商法，那么全球法除了包括全球商法，还包括其他领域，如环境保护、人权保护。即使认为国际私法既包括冲突法，也包括国际民商法，那么因为全球法不仅涉及私法领域而且涉及公法领域，因此全球法所涉及的法律问题范围还是超出了国际私法所涉及的问题范围。

国际经济法是指规范国家政府、国际组织、私人公司和个人之间的相互经济交易和经济关系的法律原则、规则和制度的总称。[5] 国际经济法的研究范围包括与国际经济关系和交易相关的国际贸易法、国际投资法、国际货币金融法、国际税法、国际运输法、国际经济组织法等。显而易见，国际经济法中所涉及的领域与全球法中所涉及的领域高度重合，二者具有很大的相似性。但是，全球法所涵盖的领域又不局限于国际经济和贸易领域，例如前面提到，国际环境、外层空间等问题也均属于全球法所覆盖的领域，因此，虽然全球法与国际经济法存在许多相通之处，但是全球法所涵盖的范围要比国际经济法所涵盖的范围更加宽广。

五、全球法与比较法

比较法既是一种研究法律的方法，也是一门体系性的学科。茨威格特与克茨认为："比较法是指一方面以法律为其对象、另一方面以比较为其内容的思维活动。……是超越国家的，……是世界上各种不同的法律秩序的相互比较。"[6]

---

〔1〕　*Cf.* Pierrick Le Goff, "Global Law: A Legal Phenomenon Emerging from the Process of Globalization", 14 *Ind. J. Global Legal Stud.* 119, 122 (2007).

〔2〕　参见王铁崖主编：《国际法》，法律出版社 1995 年版，第 3 页。*Cf.* Pierrick Le Goff, "Global Law: A Legal Phenomenon Emerging from the Process of Globalization", 14 *Ind. J. Global Legal Stud.* 119, 123 (2007).

〔3〕　参见颜林：《论国际统一实体私法与国际私法的关系》，载《河北法学》2010 年第 9 期，第 109 页。

〔4〕　参见林雅：《国际私法的统一化刍议》，载《法制与社会发展》2003 年第 5 期，第 111 页。

〔5〕　王铁崖主编：《国际法》，法律出版社 1995 年版，第 353 页。

〔6〕　[德] K. 茨威格特、H. 克茨：《比较法总论》，潘汉典等译，法律出版社 2003 年版，第 3 页。关于比较法概念的详细讨论，见本书第二章。

在全球法的产生和发展过程中，通过比较不同地区、国家的法律规则和法律体系，认知各国的法律，更好地理解法律背后的社会和文化制度，发现和制定共同的规则。可见，在全球法的发展过程中，比较法的重要性不言而喻。与此同时，全球法的发展反过来扩展了比较法的研究范围，促进了比较法研究的多极化，改变了比较法研究的范式，促使比较法研究与其他学科的研究相结合，总体上推动了比较法学的发展。

此外，比较法在现代法学教育中发挥着深远的作用，为全球法的发展提供了人才保障。随着各类国际业务的开展、全球法的出现，对于新时期的法学教育也提出了更多的要求，仅仅了解一国的法律规则和法律制度是远远不够的。我们可以看到，世界各地的法律院校的全球法机构开设的课程基本上与比较法相关，[1] 开展了各类比较法学研讨会，设置了比较法学学位，并创办了访学、交换生和留学生项目，使得法学院的学生能够在完善的平台上亲身接触到不同国别的法律规则、法治理念和文化，不断地为全球法的应用与发展输送着新鲜血液。

第二节　国际私法统一运动

一、国际私法统一的含义

所谓国际私法统一，是指以促进世界不同国家和不同组织之间的私法规则的协调与统一为目标，制定能够被不同国家和不同组织所接受的私法统一规则的一种进程。前面提到，由于人们对国际私法的内涵理解不同，[2] 人们对国际私法统一的含义理解也不相同。与此相对应，可将国际私法统一分别理解为冲突法和程序法的国际统一，民商法实体法的国际统一，以及冲突法、程序法与民商法实体法的国际统一。一般而言，海牙国际私法会议（Hague Conference on Private International Law）是第一种意义上的国际私法统一的主要推动者，罗马国际私法统一协会（International Institute for the Unification of Private Laws）、联合国国际贸易法委员会与国际商会则主要是第二种意义上的从事国际私法统一运

---

〔1〕　*Cf.* Pierrick Le Goff, "Global Law: A Legal Phenomenon Emerging from the Process of Globalization", 14 *Ind. J. Global Legal Stud.* 119, 127 (2007).

〔2〕　对于国际私法的不同认识，见本章第一节有关全球法与国际法的讨论。

动的组织。应当讲，实体法尤其是国际商法的统一是国际私法统一的主要内容，[1] 程序法与实体法统一是国际私法统一的最高目标。

国际私法统一运动有力地推动了全球法尤其是全球商法的发展，其内在动力来自经济全球化。在经济全球化背景下，各国经济贸易交往越来越频繁，然而法律的国家化、民族化导致的法律差异阻碍了国际经贸的发展。也就是说，经济的全球化要求尽力消除各国法律尤其是处理国际商事关系时的法律冲突。尽管传统冲突法规则在一定程度上能够解决一些法律冲突问题，但毕竟冲突法是间接调整手段，而且其本质上并不消除法律差异，因此很难适应越来越复杂的国际经贸关系发展的需求，越来越难以满足经济全球化发展的要求。只有突破这种局限，进行实体法上的国际私法的统一，才能更加适应经济发展的需要。[2] 国际实体私法统一则通过构建共同的法律规范来实现当事人实体权利义务关系的明确化和可预见化，更注重对当事人自由意志的尊重和对法律实质正义的追求，因此更适合经济全球化发展的要求。[3]

二、国际私法统一运动的主要组织机构

（一）海牙国际私法会议

海牙国际私法会议是国际私法统一领域的政府间国际组织，于 1893 年在荷兰成立，旨在逐步统一国际私法规则，[4] 因会议地址设在荷兰海牙而得名。海牙国际私法会议目前有 83 个成员，其中包括 82 个国家和一个区域性国际组织，即欧盟。[5] 由于非成员也参加其活动，实际上参加海牙国际私法会议的成员有 150 个。[6]

海牙国际私法会议自成立以来，一共制定了公约、议定书和通则等 40 个文件。[7] 其中，民事诉讼程序方面的有：1954 年的《民事诉讼程序公约》（Convention on Civil Procedure），1965 年的《民商事司法和司法外文件国外送达和通知公约》（Convention on the Service Abroad of Judicial and Extrajudicial Documents

〔1〕 参见徐国建：《国际统一私法法源研究》，载《比较法研究》1993 年第 4 期，第 337 页；汪金兰：《统一国际私法走向及其对中国国际私法的影响》，载《政法论坛》1996 年第 1 期，第 86 页。

〔2〕 林雅：《国际私法的统一化刍议》，载《法制与社会发展》2003 年第 5 期，第 110 页。

〔3〕 颜林：《论国际统一实体法与国际私法的关系》，载《河北法学》2010 年第 9 期，第 113 页。

〔4〕 《海牙国际私法会议章程》（Statute of the Hague Conference on Private International Law）第 1 条。

〔5〕 见海牙国际私法会议网站：https：//www.hcch.net/en/states/hcch-members，最后访问时间：2018 年 12 月 24 日。

〔6〕 见海牙国际私法会议网站：https：//www.hcch.net/en/about，最后访问时间：2018 年 12 月 24 日。

〔7〕 见海牙国际私法会议网站：https：//www.hcch.net/en/instruments/conventions，最后访问时间：2018 年 12 月 24 日。

in Civil or Commercial Matters），1971 年的《民商事外国判决的承认和执行公约》（Convention on the Recognition and Enforcement of Foreign Judgments in Civil and Commercial Matters）等；国际贸易方面的有：1955 年的《国际货物买卖法律适用公约》（Convention on the Law Applicable to International Sales of Goods），1958 年的《国际货物买卖所有权移转法律适用公约》（Convention on the Law Governing Transfer of Title in International Sales of Goods），1958 年的《国际货物买卖管辖权选择公约》（Convention on the Jurisdiction of the Selected Forum in the Case of International Sales of Goods）等；儿童保护方面的有：1956 年的《儿童抚养义务法律适用公约》（Convention on the Law Applicable to Maintenance Obligations towards Children），1958 年《儿童抚养义务决定的承认和执行公约》（Convention Concerning the Recognition and Enforcement of Decisions Relating to Maintenance Obligations towards Children）等；婚姻及家庭方面的有：1970 年的《承认离婚和分居公约》（Convention on the Recognition of Divorces and Legal Separations），1978 年的《夫妻财产制法律适用公约》（Convention on the Law Applicable to Matrimonial Property Regimes）等；遗嘱及遗产方面的有：1961 年的《遗嘱形式法律冲突公约》（Convention on the Conflicts of Laws Relating to the Form of Testamentary Dispositions），1973 年的《遗产国际管理公约》（Convention Concerning the International Administration of the Estates of Deceased Persons）等；侵权行为的方面有：1971 年的《公路交通事故法律适用公约》（Convention on the Law Applicable to Traffic Accidents），1973 年的《产品责任法律适用公约》（Convention on the Law Applicable to Products Liability）等。可见，海牙国际私法会议涉及的法律事务领域很广，包括民事诉讼、国际贸易、婚姻家庭、遗产继承、产品责任等，但基本上是解决这些领域的法律冲突与适用问题的。

（二）国际统一私法协会

与海牙国际私法会议一样，国际统一私法协会（The International Institute for the Unification of Private Law，简称 UNIDROIT）也是政府间国际组织，成立于 1926 年，开始为国际联盟的下属辅助机构，在国际联盟解散后，于 1940 年根据"国际统一私法协会章程"重新设立。其宗旨在于探索各国与国家集团（groups of States）私法尤其是商法的现代化、协调化与一体化需求和途径，并起草制定有关统一私法文件以促进上述目标之实现。目前共有成员国 63 个。[1]

截至目前，国际统一私法协会一共进行了 70 多项的研究与起草项目，很多

---

［1］ 国际统一私法协会网站：https：//www.unidroit.org/about - unidroit/overview，最后访问时间：2018 年 12 月 24 日。

最终形成公约、示范法、通则和合同指南等形式的文件，成为国际私法统一的重要成果。[1] 其中，公约包括：1956 年的《国际公路货运合同公约》（Convention on the Contract for the International Carriage of Goods by Road），1964 年的《国际货物买卖统一法公约》（Convention Relating to a Uniform Law on the International Sale of Goods）和《国际货物买卖合同成立统一法公约》（Convention Relating to a Uniform Law on the Formation of Contracts for the International Sale of Goods），1970 年的《布鲁塞尔旅游合同国际公约》（International Convention on Travel Contracts），1973 年的《国际遗嘱形式统一法公约》（Convention Providing a Uniform Law on the Form of an International Will），1983 年的《国际货物销售代理公约》（Convention on Agency in the International Sale of Goods），1988 年的《国际融资租赁公约》（UNIDROIT Convention on International Financial Leasing）和《国际保理公约》（UNIDROIT Convention on International Factoring），1995 年的《被盗或者非法出口文物公约》（UNIDROIT Convention on Stolen or Illegally Exportedcultural Objects），2001 年的《移动设备国际利益公约》（Convention on International Interests in Mobile Equipment），以及 2009 年的《关于中介化证券的实体法公约》（UNIDROIT Convention On Substantive Rules for Intermediated Securities）。其他形式的包括：《国际商事合同通则》（Principles Of International Commercial Contracts，1994 年第一版，2016 年的为最新版本），2015 年的《订单农业合同指南》（Legal Guide on Contract Farming），《国际特许经营主协议指南》（Guide to International Master Franchise Arrangements，1998 年第一版，2007 年的为最新版本），2002 年的《特许经营信息披露示范法》（Model Franchise Disclosure Law），2008 年的《租赁示范法》（UNIDROIT Model Law on Leasing）等。

根据其章程，除非界限难以清晰划分，非得涉及公法，否则国际统一私法协会的工作主要集中在国际私法领域，而且主要在实体法领域。而且，虽然好像涉及的领域五花八门，包括合同、代理、特许经营、担保、融资租赁、遗嘱形式和文物保护，但除了遗嘱形式和文物保护，其余均在商法领域。其中，公约以 2001 年的《移动设备国际利益公约》最为成功，截至目前共有 77 个缔约国。[2] 其他形式的成果中，以《国际商事合同通则》最为成功。[3] 国际统一私法协会有的工作成果还成为了其他组织工作成果的基础，典型的是其 1964 年

---

〔1〕 国际统一私法协会网站：https：//www. unidroit. org/about‐unidroit/overview，最后访问时间：2018 年 12 月 24 日。

〔2〕 国际统一私法协会网站：https：//www. unidroit. org/status‐2001capetown，最后访问时间：2018 年 12 月 24 日。

〔3〕 对于《国际商事合同通则》的详细讨论，见本章第三节。

制定的《国际货物买卖统一法公约》和《国际货物买卖合同成立统一法公约》成为联合国贸易法委员会 1980 年所颁布的《联合国国际货物销售合同公约》的基础。

（三）联合国国际贸易法委员会

第二次世界大战后，随着国际经济贸易的进一步发展，世界各国经济的紧密程度进一步提高，联合国意识到制定更完善的统一的法律框架有助于促进国际贸易与投资的发展，故于 1966 年正式成立联合国贸易法委员会。联合国贸易法委员会的宗旨是"拟定并促进使用和采纳一些重要商法领域的立法和非立法文书，促进国际贸易法逐步统一和现代化"。[1]

国际贸易法委员会成立伊始，便选定如下九个领域作为其工作内容：国际货物销售、国际商事仲裁、运输、保险、国际支付、知识产权、消除影响国际贸易的法律歧视、代理、书证的公证证明。其中，国际货物销售、国际商事仲裁和国际支付属于优先处理事项。此后，随着国际贸易的进一步发展，国际贸易法委员会又添加诸如贸易融资合同、运输、电子商务、采购、国际商事调解、破产、担保权益、网上争议解决和小额金融等其他专题。[2]

经过五十多年的努力，国际贸易法委员会已经就上述领域起草颁布了广泛的公约、示范法等。例如，货物买卖领域有：1980 年制定、1988 年生效的《联合国国际货物销售合同公约》，1974 年制定、1980 年修订、1988 年生效的《国际货物买卖时效期公约》（Convention on the Limitation Period in the International Sale of Goods）；运输领域有：1978 年通过、1992 年生效的《联合国海上货物运输公约》（United Nations Convention on the Carriage of Goods by Sea，简称"汉堡规则"）；2008 年通过的《联合国全程或部分海上国际货物运输合同公约》（United Nations Convention on Contracts for the International Carriage of Goods Wholly or Partly by Sea，简称"鹿特丹规则"）；国际贸易支付领域有：1988 年制定的《联合国国际汇票与国际本票公约》（United Nations Convention on International Bills of Exchange and International Promissory Notes），1995 年的《联合国独立担保与备用信用证公约》（United Nations Convention on Independent Guarantees and Stand-by Letters of Credit），1992 年的《国际贸易法委员会国际贷记划拨示范法》（UNCITRAL Model Law on International Credit Transfers）；担保领域有：2001 年的

---

〔1〕 联合国国际贸易法委员会：《贸易法委员会指南：联合国国际贸易法委员会基本情况》，2013 年，第 1 页。

〔2〕 联合国国际贸易法委员会：《贸易法委员会指南：联合国国际贸易法委员会基本情况》，2013 年，第 11 页。

《联合国国际贸易应收款转让公约》（United Nations Convention on the Assignment of Receivables in International Trade），2016 年的《贸易法委员会担保交易示范法》（UNCITRAL Model Law on Secured Transactions）；破产领域有：1997 年《国际贸易法委员会跨国破产示范法》（UNCITRAL Model Law on Cross－Border Insolvency）；电子商务领域有：1996 年的《贸易法委员会电子商务示范法》（UNCITRAL Model Law on Electronic Commerce），2001 年的《贸易法委员会电子签名示范法》（UNCITRAL Model Law on Electronic Signatures），2017 年《贸易法委员会电子可转让记录示范法》（UNCITRAL Model Law on Electronic Transferable Records）以及 2005 年制定、2013 年生效的《联合国国际合同使用电子通讯公约》（United Nations Convention on the Use of Electronic Communications in International Contracts），等等。

国际贸易法委员会统一国际私法的方式主要包括公约、示范法、立法指南以及示范条款。[1] 其中，最为重要者为公约与示范法。一般认为，如果国际私法统一最终要达到的效果是"实现各参与国法律的高度协调，从而减少一个缔约国研究另一缔约国法律的必要性"，[2] 则往往采用公约的形式。"若预期各国希望或需要对示范案文加以调整，以适应各种制度下有所不同的当地要求，或者若严格的统一并不必要或并不可取，示范法就是国内法现代化和协调的合适手段。"[3]

（四）国际商会

国际商会是世界上最大的民间国际经济组织，于 1919 年在巴黎成立。其宗旨是促进国际贸易与投资的包容性增长与繁荣，解决国际交易中产生之争端与纠纷，并在贸易、银行、运输等商业领域制定相关规则与制度。国际商会现有会员六百多万，分布在世界一百多个国家和国际组织。[4]

与海牙国际私法会议、国际统一私法协会和国际贸易法委员会不同，国际商会不是政府间国际组织，也不是专门的国际私法统一机构。国际商会是世界上最大的促进国际贸易与投资繁荣发展的民间组织，是经济全球化的重要参与

---

〔1〕　联合国国际贸易法委员会：《贸易法委员会指南：联合国国际贸易法委员会基本情况》，2013 年，第 13 页。

〔2〕　联合国国际贸易法委员会：《贸易法委员会指南：联合国国际贸易法委员会基本情况》，2013 年，第 14 页。

〔3〕　联合国国际贸易法委员会：《贸易法委员会指南：联合国国际贸易法委员会基本情况》，2013 年，第 15 页。

〔4〕　国际商会网站：https：//iccwbo.org/about－us/who－we－are，最后访问时间：2018 年 12 月 24 日。

者，其目标和任务均比前三者宽广，不仅制定规则，而且通过国际商会仲裁院解决国际商事纠纷。因为国际商会不是政府间国际组织，故其所制定之规则并未采用公约等硬法形式，而是采用国际商事惯例、通则、指南、标准合同等软法形式。由于不是政府间国际组织，故它认为自己没有立法权，只能记录和编纂业已存在的实务规则。国际商会根据业务需要设立了若干专门政策委员会（policy commission），目前有争议解决、银行、商法与惯例、竞争、知识产权等12个委员会。[1] 这些委员会由来自世界各地的专家学者组成，基本上独立运作，根据需要制定各自领域内的规则。规则由专门政策委员会的专家起草完成后，以国际商会的名义发布。

国际商会自成立以来，编纂了大量的国际贸易、运输及银行等领域的规则，是国际私法统一的有力推动者和全球商法的重要制定者。比如，银行委员会编纂了一系列与银行业务有关的统一规则，包括《跟单信用证统一惯例》、《见索即付保函统一规则》（Uniform Rules for Demand Guarantees）、《银行付款责任统一规则》（Uniform Rules for Bank Payment Obligations），等等；商法与惯例委员会起草和编纂了一系列与国际商事合同有的规则，包括《国际贸易术语解释通则》（INCOTERMS）、《国际商会指南：运输业与〈国际贸易术语解释通则2010〉》（ICC Guide on Transportation and the ®2010 Rules）、《国际商会联合体示范协议》（ICC Model Consortium Agreement）、《国际商会国际销售示范合同》（ICC Model International Sale Contract），等等。其中，最有影响力的是《跟单信用证统一惯例》和《国际贸易术语解释通则》。

三、国际私法统一运动的发展趋势

从国际私法统一运动历史发展来看，其呈现以下发展趋势：

首先，从内容上来看，国际私法统一的范围不断拓宽。比如，联合国贸易法委员会最早的工作领域为国际货物销售、国际商事仲裁、运输、保险、国际支付、知识产权、消除影响国际贸易的法律歧视、代理、书证的公证证明等九个方面的内容，但随着国际贸易的发展，其工作领域逐步开展到电子商务、采购、国际商事调解、破产、担保权益、网上争议解决和小额金融等领域。再比如，国际商会的工作领域也从开始的贸易术语、信用证等开展到后来兴起的独立担保、银行付款责任等领域。

其次，推动国际私法统一化运动的组织机构不断壮大。从事国际私法统一运动的组织机构，除了上面提到的海牙国际私法会议、国际统一私法协会、国际贸易法委员会和国际商会外，还有于 1897 年就成立的在国际海商法统一运动

---

〔1〕 国际商会网站：https://iccwbo.org/leadership，最后访问时间：2018 年 12 月 24 日。

中成绩斐然的国际海事委员会（Comité Maritime International）、于 1987 年成立的国际保理商联合会（Factors Chain International）、于 1999 年为适应国际福费廷业务发展而成立的国际贸易与福费廷协会（The International Trade and Forfaiting Association）等。从国际私法统一化运动的发展历史与上述组织机构成立的背景来看，都是国际经济贸易的发展使然。因此可以预见，随着全球化的发展，为了适应全球经济与社会交往的需要，推动国际私法统一的组织机构会越来越多。

再次，国际统一私法的统一方式日益多样。除了传统的国际商事公约外，近年来各国际组织日益倾向于制定颁布不具有法律拘束力的示范法或国际商事惯例等软法。除此之外，联合国贸易法委员会和国际商会还制定了大量的立法指南与建议、示范条款等。如联合国贸易法委员会于 2000 年制定的《贸易法委员会私人融资基础设施项目立法指南》（UNCITRAL Legislative Guide on Privately Financed Infrastructure Projects）和 2007 制定的《贸易法委员会担保交易立法指南》（UNCITRAL Legislative Guide on Secured Transactions）等。

最后，各从事国际私法统一运动组织机构之间日益注重彼此之间的协调与配合，以避免彼此之间从事重复的国际私法统一项目。例如，国际商会一直都以观察员身份参与国际贸易法委员会有关国际私法统一会议的讨论；[1] 国际贸易法委员会 2010 年所制定的《贸易法委员会担保交易立法指南：知识产权担保权补编》获得了世界知识产权组织以及海牙国际私法会议等的配合；[2] 1995 年发布的《联合国独立担保与备用信用证公约》在制定时就充分注意与国际商会颁布的《跟单信用证统一惯例》和《见索即付保函统一规则》等惯例规则的协调，1997 年制定《贸易法委员会跨境破产示范法》时就注意与国际律师协会（International Bar Association）拟定的《国际破产合作示范法》（Model International Insolvency Cooperation Act）和《跨境破产协约》（Cross-Border Insolvency Concordat）的衔接问题。[3] 国际贸易法委员会与国际商会、国际统一私法协会等合作，核可一批这些机构制定的国际商事示范法与惯例规则，如国际商会 2018 年的《福费廷统一规则》（URF800），2010 年的《国际贸易术语解释通则》（INCOTERMS 2010），《见索即付保函统一规则》（URDG758），2007 年的《跟单信用证统一惯例》（UCP600），以及国际统一私法协会 2004 年修订的《国际

---

〔1〕　Michael Faure & André van der Walt ed. , *Globalization and Private Law: The Way Forward*, Edward Elgar, 2010, p. 115.

〔2〕　联合国国际贸易法委员会：《贸易法委员会担保交易立法指南：知识产权担保权补编》，2011 年，第 iii ~ iv 页。

〔3〕　联合国国际贸易法委员会：《贸易法委员会跨境破产示范法与颁布及解释指南》，2014 年，第 22 页。

商事合同通则》，都获得了国际贸易法委员会的核可。[1] 与此对应，国际商会等其他国际统一私法组织也核可了不少国际贸易法委员会的私法统一规则。例如，国际律师协会核准了国际贸易法委员会 2004 年的《贸易法委员会破产法法律指南》，国际商会核准了国际贸易法委员会 1995 年的《联合国独立担保和备用信用证公约》，等等。[2]

第三节　全球商法的发展

一、全球商法的产生

如上所述，经济全球化主要包括生产全球化、贸易全球化、金融全球化和科技全球化。在经济全球化过程中，无论哪个方面的发展，都离不开市场与交易，要让市场交易连续不断、反复顺利地进行，就不可能没有交易所必须之市场秩序，不可能没有规则的规范与保障。而规则的不统一，就会导致交易的不稳定和成本的增加，进而阻碍经济全球化的发展。因此，各国商界和法律界的有识之士日渐意识到国际商事法律统一的重要性，纷纷成立各种组织，促进国际商事法律规则的统一，于是就制定了一些统一的国际商事法律的规则，这些规则被称为全球商法。全球商法属于全球法的一部分，是国际私法统一运动的成果。例如，国际海事委员会早在 1924 年便制定了《统一提单的若干法律规则的国际公约》（International Convention for the Unification of Certain Rules of Law relating to Bills of Lading，简称"海牙规则"），国际联盟（League of Nations）于 1930 年制定了《统一汇票与本票法公约》（Convention Providing a Uniform Law for Bills of Exchange and Promissory Notes）与《统一支票法公约》（Convention Providing a Uniform Law of Cheques）。第二次世界大战后，随着经济与科技的进一步发展，国际贸易得以大幅度发展，经济全球化步伐加快，统一国际商事法律的需求进一步增强。为此，国际商会、联合国国际贸易法委员会、国际统一私法协会等颁布和修改了一系列与国际商事有关的公约、示范法、惯例、指南等，为经济全球化和全球法的发展做出了很大贡献。可以说，全球法是全球化的产

---

〔1〕　联合国国际贸易法委员会网站：http：//www.uncitral.org/uncitral/zh/other_organizations_texts.html，最后访问时间：2018 年 12 月 24 日。

〔2〕　见联合国国际贸易法委员会网站：http：//www.uncitral.org/uncitral/zh/tac/coordination.html，最后访问时间：2018 年 12 月 23 日。

物，而经济全球化是全球化的核心。经济全球化决定了国际商事规则的统一化要求，因此全球商法是全球法的核心内容。

二、全球商法的主要形式

（一）国际商事公约

所谓国际商事公约是指国家间缔结的规范缔约国当事人在国际商事交易中的权利与义务的规范性文件，如《联合国国际货物销售合同公约》。国际商事公约有如下优点：其一，内容明确。所谓内容明确，是指国际商事公约都是以书面形式颁布，经缔约国签署、批准等严格的法律程序，使当事人能够从条约文字上明确知悉具体规范的内容。其二，效力明确。国际商事公约一经缔约国签署、批准，就对该国及其当事人具有当然的法律拘束力，除非当事人根据公约规定排除其适用。其三，统一效果强。国际商事公约生效后，凡是公约之缔约国都共享相同之交易规则，而且，批准之国家越多，共享共同规则之国家也就越多，统一效果也就越强。

然而，以国际商事公约的形式统一国际私法存在如下缺陷：[1]

第一，内容不全面。为了顺利促使国际商事公约获得有关国家政府与立法机关签字批准，国际商事公约在起草制定时都会尽量将有争议的内容排除在外，由此导致公约的内容不全面，无法获得理想的效果。比如，在制定《国际货物销售合同公约》时，就不得不明确将合同效力、所有权移转、货物导致人身伤害责任以及船舶、航空器买卖等排除在外，由此导致《国际货物销售合同公约》不仅变成了部分国际货物买卖合同公约，而且对于部分国际货物买卖合同中的法律问题也只能涵盖一部分。

第二，生效难。公约一般需经一定数量国家签字、批准方能生效。例如，如今被广泛适用的《国际货物销售合同公约》在 1980 年 4 月通过后，由于其第99 条规定，该公约只有在第 10 个国家批准之日起 12 个月后才能生效，因此该公约直到 1988 年 1 月才生效。[2] 再如，联合国贸易法委员会的《鹿特丹规则》，于 2008 年 12 月 11 日就已经通过，由于其第 94 条规定，该公约需在第 20个国家批准或者加入 1 年后才能生效，所以虽已颁布 10 年，但因到目前只有 4个国家批准，该公约迟迟不能生效。[3]

第三，缔约国数量有限。由于种种原因，国际商事公约的缔约国往往达不

---

〔1〕 参见左海聪主编：《国际商法》，法律出版社 2008 年版，第 11~12 页。

〔2〕 见联合国国际贸易法委员会网站：http：// www. uncitral. org/uncitral/en/uncitral _texts/sale_goods/1980CISG. html. 最后访问时间：2018 年 12 月 23 日。

〔3〕 见联合国国际贸易法委员会网站：http：// www. uncitral. org/uncitral/en/uncitral_texts/transport_goods/rotterdam_status. html，最后访问时间：2018 年 12 月 23 日。

到理想的数量。这其中最主要的原因应当是国内法的规定与公约规定的协调问题。缔约国一旦批准加入公约，就会受其规定约束，而各国的法律本身在很多情况下与其并不一致。加入公约需要国内法与公约规定一致，以便公约义务可以得到顺利履行，但做到这点并不容易，有时需要修改国内既有法律，这就会影响顺利签字批准公约的国家数量。例如，即使全世界目前最成功的被接受最多的《承认及执行外国仲裁裁决公约》（Convention on the Recognition and Enforcement of Foreign Arbitral Awards，简称"纽约公约"），自 1958 年通过至今，成员也只有 159 个，以联合国网站的 193 个成员计算，仍然有 34 个国家没有加入。[1] 除此之外，国际商事公约最成功的就应当是《国际货物买卖销售合同公约》了，目前也只有 89 个国家加入，像英国、印度、葡萄牙、南非等这样重要的国家至今尚未加入。[2] 另外，由于有的公约太专业，涉及面较窄，虽然对一定的行业具有非常重要的意义，但很难被提到一个国家条约批准机关的繁忙的议事日程上。例如，《联合国独立担保与备用信用证公约》（United Nations Convention on Independent Guarantees and Stand-by Letters of Credit）于 1995 年 12 月 11 日联合国大会第 50/48 号决议通过，2000 年 1 月 1 日已经生效，但截至目前，生效的缔约国只有 8 个，而且没有一个是信用证与独立担保的使用大国。[3]

　　第四，修改困难。公约生效后，再试图对其修改，会面临很多问题。最主要的问题是让所有成员国重新协商，就新出现的问题达成一致，非常困难。即使由于时代变迁，公约中出现了不合时宜之规定使其得到修改，但后续执行也会面临很多问题。比如，有的国家批准了新公约，而有的国家没有批准新公约，继续适用旧公约，导致适用混乱，比较典型的例证是《海牙规则》。《海牙规则》颁布于 1924 年，第二次世界大战之后随着国际政治经济的变化和航海、造船技术的进步，其已显现出缺漏与不足，为此国际海事委员会于 1968 年对其进行了修改，修改后的规则被称为《修改统一提单若干法律规定的国际公约议定书》（Protocol to Amend the International Convention for the Unification of Certain Rules of Law Relating to Bills of Lading，简称"维斯比规则"）。《维斯比规则》出台后，

---

〔1〕　见联合国网站：http：//www. un. org/en/sections/member-states/growth-united-nations-membership-1945-present/index. html，最后访问时间：2018 年 12 月 23 日。

〔2〕　见联合国国际贸易法委员会网站：http：//www. uncitral. org/uncitral/en/uncitral_texts/sale_goods/1980CISG_status. html. 加纳与委内瑞拉虽已签字，但尚未生效，最后访问时间：2018 年 12 月 23 日。

〔3〕　见联合国国际贸易法委员会网站：https：//treaties. un. org/pages/ViewDetails. aspx？ src = IND&mtdsg_no=X-15&chapter = 10. 其中，美国仅签字而未经国会批准生效，最后访问时间：2018 年 12 月 23 日。

不是所有成员国都愿意接受。因此，自新公约《维斯比规则》出现以后，就出现了公约适用上的混乱局面：有的国家批准了《海牙规则》而未批准《维斯比规则》；有的国家批准了《维斯比规则》而退出了《海牙规则》；还有的国家根本未批准《海牙规则》而只批准了《维斯比规则》。

（二）示范法

示范法是由专家学者或专门组织机构拟定的、用以推荐给各国在进行相关立法时采纳或借鉴，以达到法律统一目的之法律文本。[1] 由于示范法之制定无需经各国政府与立法机关签字批准，并不试图严格统一各国相关立法，而是允许各国立法机关在拟定相关立法时自主决定是否采纳或借鉴，以及在何种程度上采纳或借鉴，因而使得示范法的制定成本比公约低。

联合国国际贸易法委员会先后制定和颁布了一系列示范法，如仲裁领域的《贸易法委员会国际商事仲裁示范法》（UNCITRAL Model Law on International Commercial Arbitration，简称《仲裁示范法》）、《贸易法委员会国际商事调解和调解所产生的国际和解协议示范法》（UNCITRAL Model Law on International Commercial Mediation and International Settlement Agreements Resulting from Mediation）、电子商务法领域的《贸易法委员会电子商务示范法》（UNCITRAL Model Law on Electronic Commerce，简称《电子商务示范法》）、《贸易法委员会电子签名示范法》（UNCITRAL Model Law on Electronic Signatures）、《贸易法委员会电子可转让记录示范法》UNCITRAL Model Law on Electronic Transferable Records）和担保法领域的《贸易法委员会担保交易示范法》（UNCITRAL Model Law on Secured Transactions）等。到目前为止，其中，最著名和成功的当属《仲裁示范法》和《电子商务示范法》。

《仲裁示范法》于1985年12月11日通过，2006年修订，旨在帮助世界各国在考虑国际商事仲裁的特点和需要的前提下对其仲裁法进行改革与现代化，内容涵盖仲裁程序的所有阶段，包括仲裁协议、仲裁庭的组成、管辖权，以及法院通过承认和执行仲裁裁决进行干预的程度，等等，反映了全世界所有国家和各种不同法律或经济制度所接受的在国际仲裁的关键问题上达成的共识。[2] 目前已经在80个国家的111个法域制定了以《仲裁示范法》为基础的仲裁法，包括中国。[3]

---

〔1〕　参见曾涛：《示范法比较研究》，人民法院出版社2007年版，第9页。

〔2〕　联合国国际贸易法委员会网站：https://uncitral.un.org/zh/texts/arbitration/modellaw/commercial_arbitration，最后访问时间：2018年12月23日。

〔3〕　联合国国际贸易法委员会网站：https://uncitral.un.org/zh/texts/arbitration/modellaw/commercial_arbitration/status，最后访问时间：2018年12月23日。

《电子商务示范法》于 1996 年 6 月 12 日通过，旨在为各国立法者提供一整套消除电子商务法律障碍、提高法律可预测性的国际公认的规则，促成和推进电子商务手段的运用。"特别是，《电子商务示范法》意在通过规定平等对待纸面信息和电子信息，克服无法通过合同改变的成文法规定所造成的障碍。这种平等对待是促成使用无纸化通信的基本条件，因而有助于提高国际贸易的效率。"[1] 截至目前，已在 72 个国家的 151 个法域通过了以《示范法》为基础或在其影响下形成的法律，包括中国。[2]

示范法具有国际商事公约所不具有的示范性、灵活性、开放性与补充性等优点，易于为各国所接受。[3] 上面提到的《仲裁示范法》和《电子商务示范法》就是活生生的例子。因此，茨威格特与克茨所认为："在我们从总的方面来看，非常认真细致地大力地运用比较法获得的'模范法'的做法是最有前途的。"[4] 然而，由于示范法在不被各国立法机关所认可时不具有法律拘束力，再加上即使因其权威性而被某一国制定相关法律时参考借鉴，由于各国可自行根据具体情况对相关规定予以删除修改，所以在法律统一程度上示范法不如国际商事公约。

（三）法律重述

国际商法视野下的法律重述是指由专门机构或专家学者通过比较法的方法，在研究各国商事法律的基础上，起草形成的能够为各国和各不同法系接受的没有强制约束力的，以达到法律统一目的之文本。法律重述最早源自于美国。在美国，为克服判例法的日益复杂性与不确定性缺点，美国法学会组织专家学者在全面搜集整理判例法的基础上，将判例法中所体现出来的最为合理的规则与原理抽象出来编纂成类似法典的文件。其本质是将判例系统化、条理化和简单化。[5] 这种国内统一法律的方法被国际统一私法协会在起草有关国际商事合同的统一法时借鉴了过来，起草了著名的《国际商事合同通则》。当然，《国际商事合同通则》所规定的并非判例所体现之规则，而是各国合同法文本当中所体

---

〔1〕 联合国国际贸易法委员会网站：https：//uncitral. un. org/zh/texts/ecommerce/modellaw/electronic_commerce，最后访问时间：2018 年 12 月 23 日。

〔2〕 联合国国际贸易法委员会网站：https：//uncitral. un. org/zh/texts/ecommerce/modellaw/electronic_commerce/status，最后访问时间：2018 年 12 月 23 日。

〔3〕 联合国国际贸易法委员会：《贸易法委员会跨境破产示范法与颁布及解释指南》，2014 年，第 15 页。

〔4〕 ［德］K. 茨威格特、H. 克茨：《比较法总论》，潘汉典等译，法律出版社 2003 年版，第 37 页。这里的"模范法"（model law）与我们所说的示范法同义，见该书第 36 页。

〔5〕 左海聪主编：《国际商法》，法律出版社 2008 年版，第 16 页。

现出来的一般法律原则。至今，《国际商事合同通则》是国际商法法律重述的典型代表。

《国际商事合同通则》的起草开始于 1971 年。当年，国际统一私法协会决定将国际商事合同统一项目列入工作计划，委托法国的达维德（René David）、英国的施米托夫（Clive M. Schmitthoff）和罗马尼亚的巴布斯库（Tudor Popescu）三位教授组成筹划委员会，分别代表大陆法系、普通法系和社会主义法系，并于 1980 年正式设立特别工作组负责通则各章条款的拟定。[1] 经过十多年的起草，1994 年正式颁布第一版《国际商事合同通则》，共 120 条。后于 2004 年、2010 年和 2016 年三次修订，目前的最新版本为 2016 年的第四版，共 211 条。

《国际商事合同通则》通过关注共同核心（common core）与最佳规则（better rule）方法，[2] 制定出了迄今最为成功的国际商事合同规则。其一经颁布，便获得巨大反响，对很多国家的相关立法产生影响，如荷兰新民法典、加拿大魁北克新民法典、德国债法修订、俄罗斯民法典制定、爱沙尼亚新债法、立陶宛民法典制定、捷克民法典制定、美国统一商法典买卖编的修订以及阿根廷民法典的制定都借鉴参考了通则的有关规定。[3]

《国际商事合同通则》对《中华人民共和国合同法》（简称《合同法》）的制定也产生了积极影响，至少体现在合同自始履行不能、缔约过失责任、先履行抗辩权、提前履行与部分履行、无过错责任原则以及强制履行等方面。而且，在《合同法》生效后，《国际商事合同通则》继续对其条款之解释产生积极影响，比如在无权处分、合同效力以及违约精神损害赔偿问题方面。[4]

鉴于在法律重述制定时，无需考虑各国法律传统的影响，而是在比较各国法律优劣基础上选择共同规则和最佳规则，可以克服国际商事公约存在的不易生效、内容不全、缔约国数量少，以及示范法统一性不彻底等方面的弊端，因此人们日益重视以法律重述、国际惯例汇编甚至制定标准合同条款之方式来实现国际私法的统一。[5]

---

〔1〕　Governing Council of UNIDROIT："Introduction to the 1994 Edition"，in UNIDROIT ed.，*UNIDROIT Principles of International Commercial Contracts*（2016），p. viii.

〔2〕　Michael J. Bonell，"Towards a Legislative Codification of the UNIDROIT Principles?"，in Camilla B. Andersen & Ulrich G. Schroeter eds.，*Sharing International Commercial Law across National Boundaries：Festschrift for Albert H. Kritzer on the Occasion of his Eightieth Birthday*，Wildy，Simmonds & Hill Publishing，2008，p. 63.

〔3〕　参见左海聪主编：《国际商法》，法律出版社 2008 年版，第 65 页。

〔4〕　参见韩世远：《〈国际商事合同通则〉与中国合同法的发展》，载《环球法律评论》2015 年第 6 期。

〔5〕　左海聪主编：《国际商法》，法律出版社 2008 年版，第 7 页。

(四) 国际贸易惯例

国际贸易惯例是由长期从事国际贸易的业内专家和学者对国际贸易特定领域中长期反复实践形成的习惯做法的规则性总结，旨在以规则形式明晰行业所涉各方利益关系，促进行业健康发展。因此，一套规则要成为国际贸易惯例，应具备两个基本条件：一是具有明确具体的内容；二是在业界众所周知，并被长期反复地采用。国际贸易惯例不是法律，无强制拘束力，原则上只有在国际商事合同或交易当事人基于意思自治明确选择了惯例时，该惯例才可对当事人产生法律约束力。在实践中，国际贸易惯例一旦被选择，就会被作为标准合同条款得到执行。但是，鉴于有的国际贸易惯例的权威性或普遍适用性，行业内几乎全部适用之，以至于很多国家在相关领域没有其他法律法规可以选择，有时即使有关商事合同并未明确选择适用该惯例，但法院或仲裁庭在审理案件时也会适用这些贸易惯例。[1] 国际商会组织行业内业务专家总结和编写了一系列国际惯例，其中，最著名和成功的是《跟单信用证统一惯例》和《国际贸易术语解释通则》（International Commercial Terms，简称 INCOTERMS）。

《跟单信用证统一惯例》是世界上普遍适用的信用证规则。信用证至少在中世纪的地中海贸易中便已存在，但真正获得广泛使用则是 19 世纪末的事情。[2] 然而，由于缺乏国际性的统一规范，实践中各国银行与商人所操作与理解之信用证存在一定差异，给国际贸易结算带来很多不便，为此国际商会一成立便着手研究统一信用证惯例问题，并于 1933 年颁布了《跟单信用证统一惯例》第 1 个版本，后经 1951 年、1962 年、1974 年、1983 年、1993 年和 2006 年多次修改。现在普遍适用的是 2006 年 10 月发布、2007 年 7 月起施行的《跟单信用证统一惯例》，通称"UCP600"。如今，几乎所有涉及国际货物贸易的商业信用证都并入了 UCP600。

《国际贸易术语解释通则》是另一个影响很大的国际贸易惯例，在国际货物买卖合同中被普遍使用。《国际贸易术语解释通则》用简短的三个英文字母的形式（如 CIF、FOB 等）说明国际货物买卖合同中买卖双方的义务、费用与风险划分，避免了双方无谓地耗费时间对费用、风险与义务进行逐项谈判，有效地简化了当事人交易磋商的过程和时间，节省了谈判的成本与费用，避免了不必要的遗漏。

---

〔1〕 参见 Xiang Gao, *The Fraud Rule in the Law of Letters of Credit*, Kluwer Law International, 2002, pp. 16–18.

〔2〕 参见 Peter E. Ellinger, *Documentary Letters of Credit: A Comparative Study*, University of Singapore Press, 1970, pp. 24–38.

　　在国际商会出版《国际贸易术语解释通则》之前，有的国际贸易术语如CIF、FOB 就已经存在，但各国或不同地区对它们的解释不完全相同，极易导致纷争与诉讼。[1] 为有效促进国际贸易发展，统一对这些术语的解释，国际商会于成立之初便着手对 13 个国家的 6 个常用国际贸易术语进行研究，并于 1923 年公布了其研究成果，重点指出了各国解释理解上的差异之处。1928 年，国际商会进一步扩大研究使用贸易术语的国家数量到 30 个。1936 年，国际商会在前述研究的基础上首度公布了《国际贸易术语解释通则》。此后，经历 1953 年、1967 年、1976 年、1980 年、1990 年、2000 年以及 2010 年多次修订，目前使用的是 INCOTERMS 2010。[2] 而且最新版本 INCOTERMS 2020 的修订已经完成，将于 2019 年公布。

三、国际商事仲裁与全球商法

　　所谓国际商事仲裁，是指商事纠纷的当事人根据他们之间签订的仲裁协议将国际商事争议提交第三方依据法律或公平原则审理并作出有拘束力之裁决的制度。国际商事仲裁具有灵活、专业、快速、保密、一裁终局和可强制执行等特点，具有其他争议解决方式无法比拟的优势，是国际商事纠纷争议解决的主要方法。

　　国际商事仲裁的特点，尤其是其专业性和灵活性，使得其在全球商法的形成中发挥着重要作用。国际商事仲裁的灵活性一般是指仲裁的时间、地点、仲裁员、仲裁适用的实体法与程序规则等都可以由当事人自己掌控。国际商事仲裁的专业性是指仲裁员一般都是涉案领域的法律与实务专家，在案件的审理和裁决过程中既懂法律又懂专业。比如，在建筑工程案件中，仲裁员不仅可以是法律专业人士，而且可能是建筑工程师。这样，在国际商事仲裁中，仲裁员有时会灵活适用法律。例如，2014 年版伦敦国际仲裁院仲裁规则第 22 条 3 款规定："若当事人未约定争议适用之实体法规则，则仲裁庭应适用其认为适当之法律或法律原则"。[3] 在实践中，国际商事仲裁的裁决依据在不少情况下是在全球商法中占重要地位的国际商事惯例与一般法律原则，[4] 这对全球法的发展具有重要的推动作用。

---

〔1〕 Emily O'Connor, *Incoterms* 2010 © *Q & A*, ICC Publication, no. 744E, 2013, p. 2.

〔2〕 国际商会网站：https://iccwbo.org/resources-for-business/incoterms-rules/incoterms-rules-history/，最后访问时间：2018 年 12 月 24 日。

〔3〕 伦敦国际仲裁院网站：http://www.lcia.org/dispute_resolution_services/lcia-arbitration-rules-2014.aspx. 其他仲裁规则中也有类似规定。参见《斯德哥尔摩商会仲裁院规则》第 24 条、《美国仲裁协会国际仲裁规则》第 28 条第 1 款。

〔4〕 徐国建：《国际统一私法法源研究》，载《比较法研究》1993 年第 4 期，第 368 页。

目前，世界上著名的国际商事仲裁机构包括：国际商会国际仲裁院（ICC International Court of Arbitration）、伦敦国际仲裁院（London Court of International Arbitration）、斯德哥尔摩商事仲裁院（Stockholm Chamber of Commerce）、美国仲裁协会（American Arbitration Association）和中国国际经济贸易仲裁委员会（China International Economic and Trade Arbitration Commission）等。这些机构审理了大量的国际商事案件。例如，国际商会仲裁院自 1923 年成立以来，一共受理了 23 300 多个国际商事案件，其中 2017 年为 810 件。[1] 国际商会仲裁院在具体的法律适用中，"基本上是倾向于赞成这种在国际交往中所逐渐形成的，到目前为止仍未完善的，以国际贸易惯例、一般法律原则和一般交易条件等形式体现出来的，独立于国际公约和国内法以外的、支配国际贸易合同中当事人的权利与义务的法律"，[2] 也即我们所谓之全球商法。这种态度有力地促进了全球商法的形成与发展。

第四节　影响经济生活与法治进程的指标体系

在全球化的过程中，世界上出现了不少组织和公司出版了一些指标体系，包括各种指数、排行榜和标准等。这些指标体系虽然不是法律，但却对人们的经济生活和世界法治进程的发展发挥着重要影响，影响和改变着人们的行为，起着"软法"的作用。本节将对其中影响较大的几个指数和金融领域的信用评级作一简要介绍。

一、营商环境指数

（一）世界银行营商环境指数

与人的生活离不开环境一样，企业生存也离不开环境。有一个健康的环境，企业就可以顺利经营，健康发展。所谓营商环境，就是指企业从开办、经营到终止所伴随的各种环境的总和。由于企业的经营环境主要是法治环境，因此营商环境主要是法治环境。全球目前最具影响力的营商环境指数当属世界银行的《营商环境报告》（Doing Business，通称《营商环境指数》）。《营商环境指数》的目的在于考察一个国家内部中小企业的法律监管环境，评估这些企业生命周期内的法规适用情况。《营商环境指数》通过收集、分析全面的定量数据，对各

---

〔1〕　*ICC Dispute Resolution Bulletin*, 2018, Issue 2, p. 52.

〔2〕　徐国建：《国际统一私法法源研究》，载《比较法研究》1993 年第 4 期，第 369 页。

经济体在一定时期的营商监管环境进行比较，旨在鼓励各个经济体通过竞争提高监管效率，为改革提供可衡量的基准指标，为学者、媒体、私营部门的研究者及其他关注各个经济体营商环境的人士提供研究素材，[1] 为了解和改善世界各国的营商监管环境提供客观的依据。

《营商环境指数》项目启动于 2002 年，首次发布于 2003 年，含 5 项指标和 133 个经济体。[2] 后来慢慢扩大到 11 项指标和 190 个经济体。[3] 大多数指标涉及各经济体中的一个最大的商业城市，但从 2013 年开始对 11 个人口超过 1 亿的经济体将数据采集范围扩大到第二大城市。这 11 个经济体的数据是对两个最大城市的人口的加权平均值。这些经济体是：孟加拉国、巴西、中国、印度、印度尼西亚、日本、墨西哥、尼日利亚、巴基斯坦、俄罗斯和美国。[4] 《营商环境指数》还提供详细的地方性报告，介绍一个国家不同城市和地区的营商监管和改革情况。地方性报告提供营商便捷度数据，对各个地区进行排名，提出对各指标领域提升绩效的改革建议。所选城市可以同本经济体内或本地区内其他城市进行营商规制方面的比较，也可以同列入《营商环境指数》排名榜的 190 个经济体进行比较。[5]

2018 年的《营商环境指数》是该年度报告的第 15 期，题目为《2018 营商环境：改革以创造就业》（Doing Business 2018 Reforming to Create Jobs，简称《2018 营商环境指数》），旨在考察监管法规是否有助于推动或者是会限制商业活动。《2018 营商环境指数》对影响一项商业经营的 11 个领域的法规进行考察，营商难易程度排名涵盖了 10 个领域：开办企业，办理施工许可证，获得电力，登记财产，获得信贷，保护中小投资者，纳税，跨境贸易，执行合同和办理破产。[6] 《2018 营商环境指数》的数据搜集期间为 2016 年 6 月至 2017 年 6 月，指数被应用于分析经济结果并且指出什么样的商业法规改革发生了作用，在什么地方以及为什么发生了作用，发现 2017 年 119 个经济体的创业者见证了当地监管框架的改进。《2018 营商环境指数》衡量全球范围内 190 个经济体，记录了

---

〔1〕 参见世界银行营商环境报告网站：http://www.doingbusiness.org/en/about-us，最后访问时间：2018 年 12 月 24 日。

〔2〕 参见世界银行营商环境报告网站：http://www.doingbusiness.org，最后访问时间：2018 年 12 月 24 日。

〔3〕《2018 营商环境指数》，第 iv 页。

〔4〕 参见世界银行营商环境报告网站：http://www.doingbusiness.org，最后访问时间：2018 年 12 月 24 日。

〔5〕 参见世界银行营商环境报告网站：http://www.doingbusiness.org，最后访问时间：2018 年 12 月 24 日。

〔6〕《2018 营商环境指数》，第Ⅲ页。

264 项商业改革，在 2016/2017 年度旨在减少监管过程的复杂性和成本的改革中，最普遍地发生于开办企业和获得信贷领域，其次是在跨境贸易领域。2016/2017 年度在《2018 营商环境指数》跟踪领域中改善最多的 10 个经济体是：文莱达鲁萨兰国、泰国、马拉维、科索沃、印度、乌兹别克斯坦、赞比亚、尼日利亚、吉布提和萨尔瓦多。这十大改善最多的经济体总共实施了 53 项提高营商便利度的监管改革。[1]

（二）世界银行营商环境指数对各国的影响

世界银行《营商环境指数》聚焦于特定案例，分析相关的具体规则。这些规则和案例分析用于说明营商监管环境，通过提供独特的数据分析，以更好地分析和理解商业监管在经济发展中的作用，引起了各国的重视。

过去十几年来，越来越多的国家政府认识到商业监管作为竞争力的驱动因素的重要性，使用世界银行营商环境指数作为观察世界范围内良好实践的客观数据来源。为确保各政府机构之间的协调，哥伦比亚、马来西亚和俄罗斯成立了监管改革委员会，这些委员会使用营商环境指数作为它们改进营商环境的参考。超过 60 个经济体也成立了类似的委员会，包括东亚和太平洋地区的文莱达鲁萨兰国、印度尼西亚、韩国、菲律宾、中国台湾、中国大陆、泰国，中东和北非地区的埃及、科威特、摩洛哥、沙特阿拉伯和阿拉伯联合酋长国，南亚的孟加拉、印度和巴基斯坦，欧洲和中亚的阿尔巴尼亚、克罗地亚、格鲁吉亚、哈萨克斯坦、科索沃、吉尔吉斯斯坦、前南斯拉夫的马其顿共和国、摩尔多瓦、黑山共和国、波兰、塔吉克斯坦、土耳其、乌克兰和乌兹别克，撒哈拉以南的非洲的贝宁、布隆迪、科摩罗伊斯兰联邦共和国、刚果民主共和国、刚果共和国、科特迪瓦、几内亚、几内亚比绍、肯尼亚、利比里亚、马拉维、马里、毛里求斯、尼日尔、尼日利亚、卢旺达、塞内加尔、塞拉利昂、苏丹、坦桑尼亚、多哥、赞比亚、津巴布韦、拉丁美洲和加勒比海地区的阿根廷、巴西、智利、哥斯达黎加、多米尼加、危地马拉、牙买加、墨西哥、尼加拉瓜、巴拿马、秘鲁、圣卢西亚。2003 年以来，各国政府报告了 3180 项监管改革，其中 920 项受到营商环境指数的影响。[2]

各经济体共享营商环境指数衡量领域相关的监管改革进程信息。这种信息共享最常见的形式是来自一个地区甚至全球的不同政府的官员们通过论坛会面讨论监管改革面临的挑战并分享经验。营商环境指数还被智库和其他研究机构

---

〔1〕《2018 营商环境指数》，第 6~7 页。
〔2〕《2018 营商环境指数》，第 18~19 页。

广泛使用，用来开发新的指数与撰写研究论文。[1]

二、法治指数

（一）法治指数概述

所谓"法治指数"（rule of law index），是指一种由多指标构成的描述和评价一个国家或地区的社会法治状况的数据量化工具，"是在法律全球化背景下一种全新的世界法律地图，是法律散播（diffusion of law）的一种新形式。"[2] 其具有如下基本特征：①将法治研究的要素数据化、指标化；②通过对指标数据的分析、评价和排名，勾画出所研究法域的法治状况概貌；③将比较法研究从传统的对原则与概念等的定性比较分析模式扩展到定量分析。

法治指数源于美国学者伊万（W. M. Evan）于 1968 年提出的法律指标体系，后被运用于美国国际开发署（United States Agency for International Development，简称 USAID）为对外援助项目创建的《民主与治理评估框架》（Democracy and Governance Assessment Framework）、非政府国际组织透明国际（Transparency International）开发的《腐败识别指数》（Corruption Perception Index）、世界银行的《全球治理指数》（World Governance Indicators）、世界正义工程（World Justice Project，简称 WJP）的《世界正义工程法治指数》（WJP Rule of Law Index）中。[3] 目前影响最大应为世界银行的《全球治理指数》和世界正义工程的《世界正义工程法治指数》。

1. 《全球治理指数》

《全球治理指数》由世界银行于 1996 年开始发布，2002 年之前每两年更新一次，2002 年之后每年更新一次，虽然内容不断发展和完善，但所有内容都是在 1996 年报告的基础上加以更新的，最新更新于 2018 年 9 月 21 日，资料截止到 2017 年。[4]

《全球治理指数》中的所谓治理（governance）泛指一个"国家权力运行的传统与实践体系"（the set of traditions and institutions），包括：①选择、监督和更换政府的过程；②政府有效制定和实施良好政策的能力；③对公民和管理经济与社会互动机构的尊重。《全球治理指数》的资料来源于广泛，收集（capturing）公共和私人领域以及非政府组织被调查对象的经验与看法，包括：①对家

---

〔1〕《2018 营商环境指数》，第 19 页。

〔2〕 鲁楠：《世界法治指数的缘起与流变》，载《环球法律评论》2014 年第 4 期，第 119 页。

〔3〕 参见汪全胜：《法治指数的中国引入：问题及可能进路》，载《政治与法律》2015 年第 5 期，第 3 页。

〔4〕 世界银行全球治理指数官网：http://info.worldbank.org/governance/wgi/index.aspx#reports，最后访问时间：2018 年 12 月 25 日。

庭和公司的调查，如盖洛普国际民意测验（Gallup World Poll）、世界竞争力国际调查（Global Competitiveness Report survey）；②非政府组织，如全球诚信组织（Global Integrity）、无国界记者组织（Reporters Without Borders）；③商业企业信息提供者，如经济学人信息组织（Economist Intelligence Unit）、环球透视预测机构（Global Insight）；④公共部门，如世界银行与地区性发展银行的国家政策与体制评估组织（CPIA assessments of World Bank and regional development banks）。[1]

《全球治理指数》2017 年的报告涵盖世界二百多个国家和地区，包括六个维度的问题（dimensions）。它们分别是：①言论自由与责任担当（Voice and Accountability），收集对一个国家公民能够参与选择政府的程度以及言论自由、结社自由和新闻自由的程度的看法；②政治稳定和消除暴力与恐怖（Political Stability and Absence of Violence/Terrorism），收集对政府的不稳定性和因政治原因导致的暴力（包括恐怖主义）的看法；③政府效能（Government Effectiveness），收集对公共服务质量、民政服务质量及其不受政治压力的程度、政策制定与实施的质量以及政府实施这些政策的可靠性的看法；④规制质量（Regulatory Quality），收集对政府制定与实施允许并鼓励私营部门的良好政策和法规能力的看法；⑤法治（Rule of Law），收集对社会参与者对规则的信任程度和遵守程度，尤其是合同执行质量、物权、警察与法院，以及犯罪与暴力的可能等的看法；⑥控制腐败（Control of Corruption），收集对为了私利而行使公权力（包括大小形式的腐败）以及精英与私利对国家的"捕获"（capture）的看法。[2]

2. 《世界正义工程法治指数》

《世界正义工程法治指数》由世界正义工程项目组出版。世界正义工程由时任美国律师协会（American Bar Association）主席的威廉·钮康姆（William H. Neukom）提议于 2006 年成立，后于 2009 年登记为独立的非常政府组织，在经济上得到苹果公司（Apple Inc.）、比尔和梅琳达盖茨基金会（Bill & Melinda Gates Foundation）、欧盟委员会（European Commission）、福特基金会（Ford Foundation）等的支持。[3]《世界正义工程法治指数》于 2008 年开始出版，有

---

〔1〕 世界银行全球治理指数官网：http：//info. worldbank. org/governance/WGI/#faq-2，最后访问时间：2018 年 12 月 25 日。参见 Daniel Kaufmann, Aart Kraay, Massimo Mastruzzi, "Policy Research Working Paper 5430: The Worldwide Governance Indicators-Methodology and Analytical Issues", pp. 2-6.

〔2〕 世界银行全球治理指数官网：http：//info. worldbank. org/governance/WGI/#faq-2，最后访问时间：2018 年 12 月 25 日。参见 Daniel Kaufmann, Aart Kraay, Massimo Mastruzzi, "Policy Research Working Paper 5430: The Worldwide Governance Indicators-Methodology and Analytical Issues", pp. 2-6.

〔3〕 2017-2018 World Justice Project Rule of Law Index, pp. 196-197.

时一年出一期，有时两年出一期，到 2018 年底一共出版了 9 期。[1]

《世界正义工程法治指数》是基于公众和所在国家和辖区专家的经验与看法对该国家或法域（jurisdiction）的法治进行衡量。该指数的设计者认为，加强法治是全世界公民、政府、捐赠者、企业和文明社会组织的主要目标。为了有效加强法治，法治之发展要求对法治之含义与基本特征进行清晰界定、适当衡量与评价；[2] 法治可以减少腐败、战胜贫穷与疾病、保护人民免受大大小小的非正义侵害，是和平、机会和平等的基石，是促进发展、建立负责任政府和使公民的基本权利受到尊重的保障；法治不仅是律师与法官的事，而且也是全体社会参与者的事。[3] 他们认为，法治应当包括下列四项基本原则：①责任担当（Accountability），即政府与私主体均得依法承担责任；②公正法律（Just Laws），即法律应当明确、公开、稳定、公正，且可以平等适用，可以保护人身、财产和核心基本人权等基本权利；③公开政府（Open Government），即立法、行政与执法过程公开、公平、有效；④公开公平的争议解决（Accessible & Impartial Dispute Resolution），即公平正义可以及时通过有能力、有道德、独立和中立的机构获得，而且这些机构既可接近又有适当资源，并且反映它们所服务社区人员与机构的构成。《世界正义工程法治指数》的研究方法和对法治的定义，是在广泛征询全球一百多个国家的 17 个领域的学者、实务工作者和社区领袖的基础上确定下来的。[4]

《世界正义工程法治指数》2017—2018 年的报告对世界 113 个国家和辖区的 11 万家庭和 3000 名专家进行了守法情况的调查分析，范围包括以下八个方面：对政府权力的约束（Constraints on Government Powers）、腐败消除（Absence of Corruption）、公开政府（Open Government）、基本权利（Fundamental Rights）、秩序与安全（Order and Security）、规范执行（Regulatory Enforcement）、民事司法（Civil Justice）和刑事司法（Criminal Justice）。上述的八个方面又被分解为 44 个分项。[5]

（二）法治指数对各国意义与影响

无论是世界银行的《全球治理指数》，还是世界正义工程组织的《世界正义

---

[1] 其中 2008 年、2009 年、2010 年、2011 年、2014 年、2015 年、2016 年每年一期，2012—2013 年和 2017—2018 年每两年一期。参见世界正义工程法治指数官网：https://worldjusticeproject.org/our-work/publications/rule-law-index-reports，最后访问时间：2018 年 12 月 25 日。

[2] 2017-2018 World Justice Project Rule of Law Index，p. 5.

[3] 2017-2018 World Justice Project Rule of Law Index，p. 10.

[4] 2017-2018 World Justice Project Rule of Law Index，p. 8.

[5] 2017-2018 World Justice Project Rule of Law Index，p. 12.

工程法治指数》，经过多年的发展，内容丰富，体系已经比较完整，为所涵盖国家的法治状况建立了基本的数据库，为比较研究这些国家的法治状况提供了一定标准，对这些国家之间法治状况进行了比较，对这些国家的法治发展进程进行了描述、评价和排名，"为世界各国在实践中坚守法治的程度提供了一个综合图景"，[1] 为各国加强法治建设提供了具体而丰富的参考依据。

二者涵盖的国家均在 100 个以上，虽然对其很多方面也有不少批评的声音，[2] 但均影响很大，引起各国的普遍重视。由于这些指数直接具体地反映了一个国家或地区的法治环境，而法治环境会直接影响一个国家和地区的投资和贸易环境。比如，一个国家或地区的法律是否完善，执法是否公正，政府是否稳定，腐败是否严重，合同是否可以执行，均会直接影响到贸易或投资者的决策。就《全球治理指数》而言，由于其发布单位是世界银行，与世界银行的职能相匹配，其在经济事务方面的要素考虑的权重更高，因此尤其对投资者在世界各国的投资与经营影响巨大。

三、信用评级

（一）信用评级概述

信用评级（Credit Rating），由英文翻译而来，又译为资信评级，是指"由独立的资信评级机构对影响评级对象的诸多信用风险因素进行分析研究，就其偿还债务的能力及其偿债意愿进行综合评价，并且用简单明了的符号表示出来。"[3] 信用评级的核心是通过对经济主体或金融工具的风险考量，以揭示经济主体的偿债能力。信用评级具有前瞻性，是包含对未来的判断，是对评级对象违约可能性的排序，而不是对评级对象具体违约概率的预测；是对评级对象信用风险的评价，而不是对其资产价值的度量，不能单独用作投资操作的依据。[4]

信用评级发源于美国。1909 年，穆迪投资服务公司（Moody's）发布了第一份评级报告。经过一百多年的发展，信用评级行业取得了迅速的发展。今天，信用评级机构的报告已被广泛应用于证券业、银行业、保险业，不仅是投资者，监管部门也将信用评级报告作为衡量资本市场安全性的重要依据。目前，国际

---

〔1〕 张保生、郑飞：《世界法治指数对中国法治评估的借鉴意义》，载《法制与社会发展》2013 年第 6 期，第 31 页。

〔2〕 参见鲁楠：《世界法治指数的缘起与流变》，载《环球法律评论》2014 年第 4 期，第 123～127 页。

〔3〕 中国人民银行：《中华人民共和国金融行业标准》（JR/T 0030.1—2006）：信贷市场和银行间债卷市场信用评级规范第 1 部分"信用评级主体规范"。

〔4〕 参见标准普尔公司官网：https://www.spratings.com/en_US/what-we-do，最后访问日期：2018 年 12 月 25 日。

评级行业虽然还有其他一些机构，如总部设在加拿大多伦多的多米尼债券评级服务公司（Dominion Bond Rating Service）、总部设在东京的日本信用评级公司（Japan Credit Rating Agency）、总部设在北京的大公国际资信评估有限公司，但业务基本上被美国的穆迪公司、标准普尔公司（Standard & Poor）和惠誉公司（Fitch）所垄断，这三家公司占全球信用评级业务的96.4%。[1]

依据不同标准可对信用评级进行不同分类：如依评级覆盖的期间长短，可将其分为短期信用评级和长期信用评级；如依评级对象，可分为债务人评级和债项评级。债务人评级的对象为证券或金融工具的发行主体，包括主权国家评级、地方政府评级、工商企业评级、金融机构评级等。

为了能够让投资者和监管机构较为准确地知悉评级对象的信用等级，如下表所示，世界主要评级机构都用一套简单的符号来表示不同程度的违约风险。通过这些符号，投资者可以具体了解某一种债券或其他金融工具的投资风险，进而做出适当的投资选择。以穆迪公司的长期债的等级符号为例，信用级别最高的为A，最低的为C，其中A表明债券的信用等级最好，投资风险最低；而C表明债券的信用等级最差，投资风险最高。

世界三大评级机构所用的信用等级符号[2]

穆迪		标准普尔		惠誉	
长期债	短期债	长期债	短期债	长期债	短期债
Aaa	P1	AAA	A−1	AAA	F−1
Aa	P2	AA	A−2	AA	F−2
A	P3	A	A−3	A	F−3
Baa	NP	BBB	B	BBB	B
Ba		BB	C	BB	C
B		B	D	B	D
Caa		CCC	N. R	CCC	
Ca		CC		CC	
C		C		C	
		D/SD/R		DDD	
		N. R		DD	
				D	

---

〔1〕 孔婷、刘莉：《美国 NRSRO 制度发展实践与思考》，载《征信》2018 年第 4 期，第 71 页。

〔2〕 该表根据 2018 年 12 月穆迪、标准普尔和惠誉网站说明制作。

（二）信用评级机构对世界各国的影响

信用评级最为重要的功能是能够最大限度地解决投资者和债券发行人的信息不对称问题。由于信息不对称的普遍存在，投资者需要通过信用评级了解和评估投资对象的风险状况。"信息失灵的后果必然是导致逆向选择。所谓逆向选择是指在信息不对称的状态下，市场的某一方如果能够利用多于另一方的信息使自己受益而使另一方受损，那么他就会倾向于与对方签订协议进行交易。具体到证券市场，由于投资者与发行人的信息不对称，投资者无法对发行人的资质及前景做出可靠的、明确的判断，从而无法对众多的发行人做出优劣比较。因此，投资者只能按照所有发行人的平均质量来决定其愿支付的价格。如此，则会鼓励资本流向资质低的企业而抑制高质企业的资本扩张需求。"[1] 在信用评级机构出现之前，投资者收集信息的能力有限。而对于金融产品的发行人而言，信用等级无论好坏，他都会把发行报告做得完美。信用评级机构出现之后，通过信用评级可以增加评估对象的透明度，使投资者增加信心，从而带动整体经济的增长。因此，信用评级机构在世界各国的金融市场上都有着十分重要的影响。以至于，美国参议员约瑟夫·利伯曼（Joseph Liberman）在 2002 年 3 月接受纽约时报采访时说："世界有两大强权，一是美国政府，二是穆迪评级公司……而两者到底又是谁更强大，真的很难说。"[2]

然而，有时信用评级机构的结论并不那么可靠。这是因为，一方面，信用评级机构要从评级对象那里收取费用，另一方面，要向投资者提供有关评级对象的信息咨询服务。在利益驱动下，信用评级公司有时难免为了从评级对象处收取高额费用而提高其信用等级，导致提供给投资者的信息并没有那么可靠。在 2008 年发生的美国"次贷危机"中，信用评级的可靠性被大量质疑，外界对评级机构的批评和要求加强监管的呼声与日俱增。

【思考题】

1. 如何看待比较法与法律全球化和全球法的关系？
2. 谈谈国际私法统一运动的成因与趋势。
3. 谈谈全球商法的内容、形式和发展趋势。
4. 谈谈法治指数对法治发展的影响。

---

〔1〕 李志君：《证券市场政府监管论》，吉林人民出版社 2005 年版，第 75~76 页。

〔2〕 Arthur R. Pinto, "Control and Responsibility of Credit Rating Agencies in the United States", 54 *Am. J. Comp. L.* (2006) 341, p. 341.

【参考书目】

1. 冯玉军：《法律与全球化一般理论评述》，载《中国法学》2002 年第 4 期。

2. 孔婷、刘莉：《美国 NRSRO 制度发展实践与思考》，载《征信》2018 年第 4 期。

3. 张保生、郑飞：《世界法治指数对中国法治评估的借鉴意义》，载《法制与社会发展》2013 年第 6 期。

4. 徐国建：《国际统一私法法源研究》，载《比较法研究》1993 年第 4 期。

5. 曾涛：《示范法比较研究》，人民法院出版社 2007 年版。

6. 朱景文等：《"法律与全球化——实践背后的理论"研讨会纪要》，载《法学家》2002 年第 6 期。

7. 林雅：《国际私法的统一化刍议》，载《法制与社会发展》2003 年第 5 期，第 111 页。

8. 汪全胜：《法治指数的中国引入：问题及可能进路》，载《政治与法律》2015 年第 5 期。

9. 沈宗灵：《评"法律全球化"的理论》，载陈安主编：《国际经济法论丛》（第 4 卷），法律出版社 2001 年版。

10. 韩世远：《〈国际商事合同通则〉与中国合同法的发展》，载《环球法律评论》2015 年第 6 期。

11. 鲁楠：《世界法治指数的缘起与流变》，载《环球法律评论》2014 年第 4 期。

12. Arthur R. Pinto, "Control and Responsibility of Credit Rating Agencies in the United States", 54 *Am. J. Comp. L.* （2006）341.

13. Pierrick Le Goff, "Global Law: A Legal Phenomenon Emerging from the Process of Globalization", 14 *Ind. J. Global Legal Stud.* 119（2007）.

14. Michael Faure & André van der Walt ed., *Globalization and Private Law: The Way Forward*, Edward Elgar, 2010.

第九章

法律区域化

【本章导读】法律的区域化是经济、政治区域化过程中不可或缺
一个必要环节，也为经济、政治的区域化提供了制度框架和制度
保障。目前世界范围内的法律区域化主要以欧盟为典型，欧盟法
经过几十年的发展，已经形成一个相当复杂和独特的法律体系，
其特征主要表现为区域共同体法的形成。近年来，随着东亚区域
经济合作的蓬勃发展，东亚也正在兴起一股越来越强烈的法律区
域主义潮流。本章在区域一体化的理论基础上，主要介绍法律区
域化在欧洲和亚洲的实践，重点阐释欧盟法的形成、特点、法律
渊源及其体系构成，描述东亚共同法的萌生和发展。在当前欧洲
一体化面临困境和东亚一体化停滞不前的背景下，分析法律区域
化所面临的挑战及其前景。

第一节　区域一体化中的法律区域化趋势

一、区域一体化的理论及其实践

（一）区域一体化的缘起

当前世界范围内的区域一体化，在北美有北美自由贸易区，东亚有东南亚
国家联盟，欧洲有欧洲联盟，亚太地区有亚太经合组织，等等。这些组织中，
欧盟是组织最完备、规模最大和一体化程度最高的区域性国际组织，无疑也是
一体化理论运用最为成功的区域性国际组织。

学界对"一体化"（Integration）的具体涵义界定一直存在差异。一体化从
文字本身的含义来理解，是使分散的部分融合为一体，这种融合不仅使部分之
间的联系加深，更强调部分之间的共生性。一体化的理论最早源于经济一体化。
经济一体化的概念最先是由西欧国家以及包括美国在内的一些学者在探索西欧
国家走联合之路的现象中提出来的。

20 世纪四五十年代，在西欧国家酝酿建立欧洲煤钢共同体的前后，便使用
了"经济一体化"这个词，并认为要达到欧洲的统一，必须以实现经济一体化

为基础。一些经济学家在研究欧洲经济一体化的过程中赋予了一体化多种定义，其中达成的共识是：各国经济之间的贸易融合到一个更大区域的过程。[1] 荷兰学者扬·丁伯根（Jan Tinbergen）首次从经济学的角度明确界定了一体化的概念，即一体化在于以区域为基础，提高区域内的市场要素流动，以达到资源的有效配置和利用。[2] 美国经济学家贝拉·巴拉萨（Bela Balassa）在其《经济一体化理论》一书中对经济一体化作了这样的解释："一体化既是一种进程，又是一种状态"，"经济一体化"就是指产品和生产要素的流动不受政府的任何限制。他同时对经济联盟进行了界定："是两个或两个以上的国家，不仅应允许生产要素和商品在它们之间自由流动，而且还必须就消除因各国的经济政策而可能存在的无形的歧视做出一定程度的政策协调"。[3] 因此，经济一体化通常是指两个或两个以上的国家在社会再生产领域内实行不同程度的经济联合和共同的经济调节，向结成一体的方向发展。

第二次世界大战后，欧洲一体化的实践极大地推动和丰富了一体化理论的发展。20 世纪 50 年代，随着欧洲煤钢共同体的建立，欧洲走上了一体化的道路。自那时起至 90 年代初，西方学者在如何认识和解释这一现象以及预测其未来走向上，形成了超国家主义和政府间主义两大理论流派。超国家主义认为决定因素来自各种超国家力量，归宿将是在联邦制度下实现欧洲联合。而政府间主义则提出，一体化的安排是由欧共体成员国政府确定的，把一定的责任与权力交给超国家机构并不意味放弃对国家主权的维护，欧共体的发展充其量不会超出邦联的性质。欧洲一体化早期，超国家主义盛行，进入 20 世纪 60—70 年代，政府间主义获得了广阔的发展空间。两者看似矛盾，实际上相辅相成，只有结合起来，才能对欧洲一体化动因和归宿做出较为圆满的解释。[4]

区域经济一体化的目的和动力是最大限度地维护成员国的共同利益，即提高成员国在国际竞争中的整体竞争力，实现比较利益和规模经济利益。所谓"区域"是指一个能够进行多边经济合作的地理范围，这一范围往往大于一个主权国家的地理范围。一般来说，区域化运动表现为位于特定地区内的若干国家为了追求共同的经济、政治、军事利益而建立起或松散或紧密的区域合作机制或组织的国际努力。因此，区域经济一体化被描述为一种多国经济区域的形成，在这个多国经济区域内，贸易壁垒被削弱或消除，生产要素趋于自由流动。区

---

〔1〕　兰天：《欧盟经济一体化模式》，中国社会科学出版社 2006 年版，第 1 页。

〔2〕　[英] 彼得·罗布森：《国际一体化经济学》，戴炳然等译，上海译文出版社 2001 年版，第一章导论第 2 页。

〔3〕　Bela Balassa, *The Theory & Economic Integration*,　Allen and Un win, p. 101.

〔4〕　刘华：《欧洲一体化理论研究》，载《国际关系学院学报》2004 年第 1 期，第 10 页。

域经济一体化组织具有特定的区域性、集团性、排他性甚至超国家性。[1] 现代意义上的区域一体化，是指"不同的社会、国家及经济体跨越了现存的国家、宪政和经济边界，以和平和自愿的方式形成的联合。"[2]

经济学对于区域一体化形式的分析，主要集中于经济一体化，而且最初主要是基于欧洲经济一体化的实践，即将经济一体化按照程度高低划分为自由贸易区、关税同盟、共同市场、经济同盟和完全经济一体化。[3] 随着世界各地区域一体化实践的不断发展，各种形式的区域一体化所涵盖的内容已逐步拓宽。综合国际经济学和国际政治学的分析，我们可以将区域一体化界定为：一种包括经济、政治、社会和文化各个领域的制度安排，不仅包括经济、政治、社会和文化的一体化进程，也涵盖不同领域的区域合作。

一体化的实践对传统的主权观提出了挑战。一体化的根本理念是在分立的国家和区域内形成共同的内在机制，制定共同的政策和制度规范，实现组织体系内超越国家的协调和管理。在欧洲一体化的过程中，一个非常重要的问题就是国家主权的让渡问题。现存民族国家具有主权、居民和地理疆界等主要特征，而社会化大生产无限扩展的趋势客观上要求克服国家属性下的一切束缚因素，从而要求主权国家的自我调整，以克服现存国家形式对生产力发展的羁绊和在调整生产关系方面的局限性。主权在现代国际关系中受到的制约在欧洲的一体化实践中得到了充分体现。各个成员国让渡主权之后，要保障其国家权益，就必须建立相应的组织机构，行使这部分主权。于是这部分机构就有了超国家权力的性质。人们对这种大规模一体化实践发生的原因曾给予诸多解释，其中历史上联邦主义理想的根基、战后特定政治环境的反应以及资本主义大生产对市场的需求和对资源合理配置的需求等，均可视为欧洲一体化发展的动力因素。但毋庸置疑的是，民族国家对以市场经济为基础的市民社会的约束并不是第二次世界大战后才发生的，只有在殖民扩张甚或世界性大战都无法解决这种约束时，人们才有可能或不得不转而寻求超越民族国家的一体化之路——让渡部分国家主权，进而获取最大的主权利益。[4] 欧洲一体化过程中，对国家主权的让渡的基本原则是"自觉自愿"，也就是始终坚持尊重各成员国自己的意愿。

---

〔1〕 兰天：《欧盟经济一体化模式》，中国社会科学出版社 2006 年版，第 4 页。

〔2〕 ［德］贝娅特·科勒-科赫、托马斯·康策尔曼、米歇勒·克诺特：《欧洲一体化与欧盟治理》，顾俊礼等译，中国社会科学出版社 2004 年版，第 15 页。

〔3〕 张彤等：《欧盟经贸法》，中国政法大学出版社 2014 年版，第 9～10 页。

〔4〕 刘文秀：《欧盟国家主权让渡的特点、影响及理论思考》，载《世界经济与政治》2003 年第 5 期，第 23～28 页。

（二）新区域主义理论的兴起

20 世纪 90 年代以来，随着经济全球化的迅速发展，各国间区域经济合作不断加强，不同类型的区域经济一体化组织纷纷建立，区域经济一体化已成为不可逆转的趋势。与经济全球化并进的新区域主义成为当代世界经济的重要特征之一。但是，20 世纪 80 年代以后，区域主义逐渐表现出与政治、经济、社会、文化发展的不适应性。区域主义日渐式微的主要原因是，国家之间签订的贸易优惠安排产生了贸易转移的后果，区域一体化产生的利益成本在国家间分配产生了很大的争执，导致不少协定最后名存实亡。[1] 因而，探索适应全球化发展需要的、处理区域问题的新理论、新方法，就成为前沿性的问题。以地区认同为基础的新区域主义正成为地区内各种行为体（包括国家、国际组织、跨国公司、民间团体以及个人等）应对全球化挑战的优先选择途径。新区域主义正是在这样的社会背景条件下产生、形成，并得到了越来越广泛的应用。[2]

20 世纪 90 年代以来，区域经济合作出现了一种新现象：在大国与小国签订的贸易协定中，小国对大国作出了更大的让步。这种情况体现在美国与加拿大、墨西哥在国内知识产权保护、能源政策等方面作出适应美国的调整。欧盟在吸收东欧成员之前，也要求它们在国内政策方面进行改革，并且根据这些国家改革的进度分批吸收成员。这种小国对大国作出单方面让步或额外支付的现象被称为新区域主义。新区域主义理论认为，在 WTO 及其前身 GATT 主导下，发达国家的关税已非常之低，非关税壁垒已大幅度减少，因此区域贸易协定倡导的"自由贸易"的意义已大为降低，这样一来，贸易创造和贸易转移的意义便下降，需要根据新环境提出新理论。[3]

20 世纪 90 年代以来，国外学者对新区域主义进行了大量的研究，[4] "新区域主义"的称谓最早是由美国宾州大学政治系名誉教授诺曼·D. 帕尔默在其《亚洲和太平洋地区的新区域主义》一书中提出的。[5] 目前学术界对于新区域主义这一概念的界定并不一致。奥斯陆大学海姆（Helge Hveem）教授认为："新区域主义是一系列观念的载体，它促使认同的地缘或社会空间向地区计划转

〔1〕 陈勇：《新区域主义评析》，载《财经论丛》2005 年第 6 期，第 53~55 页。

〔2〕 袁政：《新区域主义及其对我国的启示》，载《政治学研究》2011 年第 2 期，第 99 页。

〔3〕 陈勇：《新区域主义与东亚经济一体化》，社会科学文献出版社 2006 年版，第 31 页。

〔4〕 如萨丕尔（Sapir）发表了《区域主义与国际贸易新理论》，派诺里和华尔利（Perroni & Whalley）发表了《新区域主义：贸易自由化或保险》等论文。随着萨维奇（Savitch）的《新区域主义之路》以及威勒尔的（Wheeler）《新区域主义：新兴运动的主要特征》论文的发表，标志着新区域主义研究逐步走向成熟。

〔5〕 Norman D. Palmer, *The New Regionalism in Asia and the Pacific*, Lexington Books, 1991.

变，或是说它体现了一个特定地区认同的客观存在或有意识的构建。这通常和政策与战略相关，并导致制度的创建。"[1] 国内有学者把新区域主义定义为："同一地区内的各种行为体（包括政府、政府间组织、非政府组织、民间团体或个人等）基于共同利益而开展地区性合作的全部思想和实践活动的总称。"[2] 与区域主义不同，新区域主义的核心不局限于"政府间主义"，而着眼于各种类型的国家、市场和公民社会在内的各种行为主体之间的互相推动，以形成一个有独立权力的区域-泛组织。

因此，从理论源泉上追溯，新区域主义（new regionalism）产生于 20 世纪 90 年代，是相对区域主义而言的一种思潮、理念和解决区域冲突的路径。新区域主义理论主要是指研究世界经济、国际关系、国际政治、经济地理、区域规划等领域的学者对新区域主义的内涵、特征、产生原因、利益和影响等问题从不同角度给出解释。[3] 但实际上新区域主义与区域一体化的思想大体一致，强调一个开放和多维度的系统，在该系统中，多种参与者（政府和社会）能够参与区域项目（Regional Project）。

二、法律的区域化

如果把经济区域化、全球化作为当今世界最重要的发展趋势之一的话，那么，法律对它的适应就是法律现代化的内在体现。法律的区域化是经济、政治和军事区域化过程中不可或缺的要素。由于一体化的方向必然涉及成员国的主权让渡，而各国间存在着文化差异与认同的问题，这使得国家主权的让渡成为一个长期、渐进的过程，在这一过程中，制度化和法律化是实现一体化的基本前提和保障。之所以要讨论法律的区域化，一方面，在于法律的区域化本来就是区域化进程的一个必要环节；另一方面，将法律的区域化与经济、政治的区域化相结合，从而给法律区域化的路径选择提供正当性和可能性。

所谓法律的区域化以欧盟为例，其特征主要就表现为区域共同体法的形成，也就是区域内部法律的相互协调和统一，从而形成区域内部的共同法；另外一个特征与此特征相互呼应支撑，即区域共同体政治法律机构的建立，而法律机构的建立也是为了共同法的有效实施。

在欧洲，伴随着欧洲经济一体化而来的就是法律的一体化，也称为法律的

---

〔1〕 Helge Hveem, "Explaining the Regional Phenomenon in an Era of Globalization", in Richard Stubbs, Geoffrey R. D. Underhill, *Political Economy and the Changing Global Order*, Oxford University Press, 2000, pp. 70-81.

〔2〕 耿协峰：《新地区主义与亚太地区结构变动》，北京大学出版社 2003 年版，第 37、95 页。

〔3〕 路宇立：《APEC 合作的理论基础：新区域主义视角的分析》，载《国际贸易问题》2011 年第 4 期，第 48 页。

欧洲化。法律的欧洲化是法律区域化的突出表现，它有一些自己的特征：各成员国国内法和欧盟法之间是相互作用的：一方面，欧盟法对各国国内法的影响越来越大，保持国内法和欧盟法的协调统一非常必要且可行；另一方面，对国内法的研究能加深对共同存在的问题和解决途径差异的了解，而这又有利于创制、发展和解释欧盟法。

在过去的几十年间，法律的欧洲化在私法领域表现最为典型。如何协调和统一欧盟成员国之间的私法制度，是一个关系到欧盟各成员国之间在市场经济条件下市场要素，即人员、货物、服务和资本的跨国界自由流动的基本问题。对此，欧盟的做法是先通过条例或指令的方式建立各成员国私法的最低限度的共同标准，在此基础上试图向欧盟制定统一的民法典方向迈进。欧洲学者的主要精力在于致力于寻求一条迈向欧洲私法的可行道路，一条更能与各国法典化之前的共同法的历史发展相协调的道路，因而，共同法为欧洲私法的倡导者们所追捧。[1] 自 20 世纪 80 年代以来，欧洲学者以构建"欧洲共同私法"的理论框架为目标展开了形式多样的研究工作，并在此基础上尝试拟定统一的私法示范性规范，其中合同法一直处于领先和核心地位。从 90 年代末公布的《欧洲合同法原则》，到 2008 年初公布的《欧洲私法共同参考框架草案：原则、定义和示范性规则》，再到 2011 年 9 月欧盟委员会发布的《欧洲共同买卖法》条例的建议，反映了欧盟在私法、特别是在合同法领域统一立法的发展趋势。[2]

从欧洲的经验来看，法律区域化至少应当包括下列三个方面的内容和特征：

第一，区域共同体法的形成。法律区域化的基本标志是一个不同于各成员国法的区域共同体法的形成。经过几十年的发展，欧盟已经形成了一个相当复杂和独特的法律体系。欧盟法的主体部分和主要渊源是各成员国通过多边谈判、协商而签订的各项基础条约，如《欧洲煤钢共同体条约》、《欧洲经济共同体条约》、《欧洲原子能共同体条约》、《欧洲联盟条约》等。上述条约被称为宪法性条约，发挥着犹如国内宪法性法律的作用。欧盟法的另一组成部分和渊源是欧盟的主要机构根据基础条约所赋予的权限发布的各种规范性或非规范性的法律文件，主要包括条例（Regulation）、指令（Directive）、决定（Decision）、建议与意见（Recommendation and opinion）。区域共同体法的产生不可避免地带来了一个问题，即区域共同体法与成员国法的关系问题。欧盟在这个问题上的基本原则是，欧盟法在各成员国具有直接效力，并且优先于成员国法。这两条原则

---

〔1〕　Jan Smits, "A European Private Law as a Mixed Legal System", *Maastricht Journal of European and Comparative Law* 5（1998），pp. 328-329.

〔2〕　张彤：《欧洲私法的统一化研究》，中国政法大学出版社 2012 年版。

主要是由欧洲法院通过一系列判决确立起来的。因此，欧盟法作为一个崭新的法律体系，它的那些建立欧洲共同体/欧盟的基础条约、欧洲法院确立的一般法律原则、派生性法律规范以及在实践中发展的判例，都是欧洲一体化必不可少的法律保障。欧盟法在制定、适用和实施过程中均体现出超国家性，然而正是这种性质复杂的法律在调整着欧盟自身及与成员国之间的关系。

第二，区域共同体政治法律机构的建立。为了制定和适用区域共同体法、处理区域共同体层面上的法律事务，区域共同体必然要建立独立的政治法律机构。欧盟主要的政治法律机构有四个：欧盟理事会、欧盟委员会、欧洲议会和欧洲法院。这些政治法律机构对于推动欧盟法的不断发展和欧洲的一体化进程，发挥了至关重要的作用。特别是欧洲法院，它的判例和对欧盟法的解释，成为欧洲一体化的主要动力。像麦考密克所说的那样："法院的总体目标是建立一个平等地、公正地和持续地适用于所有成员国的欧盟普通法的共同体。"[1] 欧洲法院所确立的欧盟法优先原则、直接适用原则和先占原则，有力推动了欧盟法的发展和欧洲的一体化。

第三，法律在区域一体化过程中发挥重要作用。欧盟法律体系的制度设计及其在欧洲一体化中的重要作用，是欧洲一体化的一个重要特征，欧共体也由此逐渐发展成为一个法治的共同体。在欧洲一体化过程中，法律发挥的作用越来越大，但是这也引发了一些问题，如一体化法律体系的扩大与成员国法律的协调等。这也是欧盟不同于其他国际组织的一个重要方面，是欧盟长期以来朝着既定的目标前进从而形成一种整体力量的一个关键所在。随着欧盟法律对欧盟公民的影响日渐加大，欧盟法律体系面临的挑战也越来越多。在实现经济一体化并发展成为一个日益紧密的联盟这个目标上，欧盟法律体系的作用主要体现在以下几个方面：为共同体市场一体化提供了法律框架，为市场主体提供了行为准则；为欧盟机构的行动提供了合法性；消除成员国间贸易壁垒，促进共同市场的形成与发展；平衡市场发展与运行过程中的各种利益；解决市场中各类利益主体的冲突与纠纷。[2]

法律的欧洲化经过几十年的发展，为世界呈现出一种全新的、自成一类的法律：欧盟法。欧盟法作为一个动态的、不断演进和完善的法律体系，是一种既区别于国际法又区别于国内法的新型法律模式，无论其先进性还是其局限性都为法律的区域化提供了借鉴。

---

〔1〕 John Mccormick, *The European Union: Politics and Policies*, Westview Press, 1996, p. 175.

〔2〕 程卫东：《法律创新与欧洲一体化》，载米健主编：《欧盟法与欧洲一体化》，法律出版社 2009年版，第 20~22 页。

第二节 欧盟法的形成与特点

一、欧盟的建立及其特点

（一）欧洲一体化

欧洲一体化从广义上来说，是指迄今欧洲各国为实现和平、消除战争和发展经济而提出的欧洲联合、欧洲统一的思想及其进行的实践活动。欧洲一体化从狭义上来说，是指第二次世界大战结束后，由于经济重建的需要和冷战的爆发，西欧部分国家从建立欧洲经济合作组织开始到建立欧洲经济共同体、欧洲共同体和欧洲联盟的历史过程。它以成员国让渡部分国家主权，建立某些部门中的超国家机构为标志，使西欧经济上不断趋向联合，也带动欧洲社会与政治逐步地、有条件地走上联合之路。[1] 所以，欧洲一体化的发展并不是一种简单的经济一体化或政治一体化，而是经济政治一体化交织并进、相互作用的过程，经济一体化中包含政治一体化，政治一体化推动着经济一体化。[2]

从欧洲一体化的发展进程来看，我们可以大致将其划分为三个时期：欧共体时期，[3] 以 1952 年欧洲煤钢共同体和 1957 年欧洲经济共同体、欧洲原子能共同体成立为标志；欧盟时期，以 1993 年欧盟的成立为标志；欧盟制宪以及改革时期，以 2003 年《欧盟宪法条约》草案提交讨论和 2009 年 12 月 1 日《里斯本条约》的生效为标志。

1. 欧共体时期：欧洲一体化的启动和发展阶段

1951 年 4 月 8 日，在法国外长舒曼的倡议下，比利时、法国、联邦德国、意大利、卢森堡、荷兰等西欧六国在巴黎签订了《建立欧洲煤钢共同体条约》（也称《巴黎条约》或《欧洲煤钢共同体条约》），1952 年 7 月 25 日该条约正

---

〔1〕 李世安等：《欧洲一体化史》（第 2 版），河北人民出版社 2006 年版，第 1 页。

〔2〕 张茂明：《欧洲问题研究：新方法、新发展与新趋势——"欧洲问题研究的新趋势与新视野"国际研讨会综述》，载赵海峰、张小劲主编：《欧洲法通讯》（第 3 辑），法律出版社 2002 年版，第 215 页。

〔3〕 欧洲共同体（European Communities）的英文名称为复数，简称"欧共体"，是欧洲煤钢共同体（European Coal and Steel Community）、欧洲原子能共同体（European Atomic Energy Community）和欧洲经济共同体（European Economic Community）的总称。如欧共体以英文单数形式出现时，则有可能仅指欧洲经济共同体。在 1993 年 11 月 1 日生效的《欧洲联盟条约》之后，该条约第 G 条和修订后的《欧洲经济共同体条约》第 1 条将欧洲经济共同体的名称改为"欧洲共同体"。参见曾令良：《欧洲联盟法总论——以〈欧洲宪法条约〉为新视角》，武汉大学出版社 2007 年版，第 2~3 页。

式生效，成立了欧洲煤钢共同体（The European Coal and Steel Community，简称ECSC），旨在对煤炭与钢铁实行统一管理。

欧洲煤钢共同体的成立标志着欧洲一体化理论从观念走向了实践，表明欧洲一体化迈出了具有划时代意义的实质性第一步。它所完成的主要任务包括：其一，将六个主权国家用法律联结起来，确认了它们作为共同体成员国的地位，明晰了它们在共同体当中的权利义务。其二，建立了共同体的机构，在"煤钢共同体"中，这些机构是：大会（在以后的共同体中演变成议会，也就是今天的欧洲议会）、高级机关（后来的委员会）、部长理事会（理事会）和法院。这些机构构成了共同体的"上层建筑"。其三，创造性地设定了共同体自己的法律形式，主要包括：条例、指令、决定、意见和建议等，赋予了共同体机构在其日常活动中制定共同体法律的权力。

1957年3月25日，欧洲煤钢共同体六国在意大利首都签订了《建立欧洲原子能共同体条约》和《建立欧洲经济共同体条约》（上述两条约也统称为《罗马条约》）。1958年1月1日两个条约正式生效，欧洲经济共同体（The European Economic Community，EEC）和欧洲原子能共同体（The European Atomic Energy Community，EAEC）宣告成立。

《罗马条约》为经济共同体确定的主要活动内容包括：建立关税同盟；废除阻挠人员、劳务、资本自由流通的各种障碍；实施共同的农业政策；逐步协调经济和社会政策。同《巴黎条约》相比，《罗马条约》更具有自由市场原则的导向。欧洲经济共同体的最低目标是，通过建立一个共同市场和成员国经济的协调、稳步和平稳发展，提高人民的生活标准。同时，欧洲经济共同体希望各国进行经济、财政、货币政策和法律上的合作，实现最终的政治结合。《罗马条约》最重要的意义在于它开始进行对成员国超出特殊部门的整个经济的一体化。《罗马条约》使共同体内从交换领域到生产领域的经济环境发生了重大改变，为日后不断扩大的欧洲经济一体化发展奠定了基础。[1]

关税同盟是欧共体的基础和第一个一体化的目标。成员国间的关税同盟已于1968年7月1日正式建立，比《欧洲经济共同体条约》确立的时间表提前了18个月，这意味着自此欧共体成员国之间的贸易已完全取消了关税和非关税措施，并且对外实施了统一的关税制度。关税同盟建立以后，欧共体开始着手建设统一大市场。

2. 欧盟时期：欧洲一体化的实质发展阶段

20世纪90年代以来，欧共体在一体化进程中取得了令人瞩目的成就，在

---

[1] 兰天：《欧盟经济一体化模式》，中国社会科学出版社2006年版，第132页。

1989—1991 年两年多的时间里，终于把欧洲从最初的经济一体化推到了经济与货币一体化和政治一体化的全面联盟。1993 年 1 月 1 日正式成立的欧洲统一市场标志着欧洲经济一体化计划已进入到一个崭新的历史发展阶段。统一大市场的启动，标志着欧共体 12 个成员国的"经济边界"已不存在，降低了企业和国家间的交易成本，创造出了全新的经济环境，进而产生了强烈的"竞争"和"规模经济"效应，为欧元的建立及欧洲经济一体化的深入发展创造了条件。

1992 年 2 月 7 日，欧共体各成员国代表在马斯特里赫特签署了《马斯特里赫特条约》（简称《马约》）。《马约》的签订，标志着欧洲联盟（以下简称"欧盟"）的建立，进一步突出了欧洲政治、经济与社会一体化的特点，因此，《马约》又称为《欧洲联盟条约》（以下简称《欧盟条约》）。虽然《马约》在各国的批准经历了艰难和曲折，但其最终在所有成员国获得了通过，1993 年 11 月 1 日《马约》正式生效。

《马约》由《欧洲经济与货币联盟条约》和《欧洲政治联盟条约》两部分组成。《马约》希望欧共体能超越初始所设定的经济目标，换言之，除在建立共同市场的主目标外，还需展现更多在政治一体化上的企图心。《马约》的文本，反映出它希望达到的五项重要目标为：巩固体制的民主合法性；增进机构的有效性；建立经济与货币联盟；发展共同体的社会面向；建立共同外交与安全政策。

在政治领域，《马约》提出的政治联盟包括共同外交与安全政策、司法与内务合作等内容。在经济领域，根据《欧洲经济与货币联盟条约》，货币政策的目标是建立一个单一货币，及基于对价格稳定的追求和对市场经济体制的尊重下，确保该货币的稳定。为建立单一货币，条约提出三个阶段的实施方案：第一阶段是 1990 年 1 月 1 日开始资本流动自由化；第二阶段是从 1994 年 1 月 1 日准备成员国经济政策的融合；第三阶段则最迟应在 1999 年 1 月 1 日开始建立单一货币和设立一个中央欧洲银行。货币政策则交由欧洲中央银行和成员国中央银行所组成的"欧洲中央银行体系"（European System of Central Banks，ESCB）负责。1999 年欧元启动，2002 年欧元正式取代了各成员国货币，成为欧盟内唯一流通的货币，标志着欧盟经济一体化的进一步深化。

3. 欧盟制宪以及《里斯本条约》：欧洲一体化深化发展阶段

《马约》之后，欧盟在一体化进程中面临着很多矛盾与问题，主要涉及欧盟的决策机制、欧盟机构与成员国的关系、欧盟与欧洲民众的关系、欧盟与即将入盟的中东欧国家的关系等。为了解决这些矛盾，欧盟相继出台了《阿姆斯特丹条约》（1997 年）和《尼斯条约》（2000 年）。这两部条约是对《马约》的补充与完善，对欧洲一体化的进一步发展具有积极意义。然而，许多有关机构改革的问题依然没能得到解决。鉴于欧盟即将东扩，为确保扩大后的欧盟继续顺利运转，解决机构改革问题就成为摆在欧盟面前的一项刻不容缓的任务。

2001 年 12 月，欧盟莱肯首脑会议通过了《莱肯宣言》，其中强调欧洲面临着诸多挑战，为此需要对欧盟的政治体制进行改革，需要使欧盟成为一个更加民主、透明和高效的整体，需要为欧洲公民制定一部"欧盟宪法"。会议宣布成立制宪筹备委员会。2004 年 10 月 29 日，欧盟 25 个成员国的领导人在罗马签署了《欧盟宪法条约》。作为一部纲领性的法案，《欧盟宪法条约》将规范联盟活动的各种法令、规章系统化与法制化，并且制定了一系列保证扩大后联盟有效运转的机制改革措施。[1] 根据有关规定，这部欧盟首部宪法将在所有成员国批准后于 2006 年 11 月 1 日生效，然而，2005 年 5 月底和 6 月初法国和荷兰全民公决先后否决了《欧盟宪法条约》，致使《欧盟宪法条约》胎死腹中，欧盟制宪进程陷入了危机。

2007 年 6 月 22 日，欧盟布鲁塞尔峰会就宪法条约的命运达成了一致。峰会制定了"路线图"，确定了解决宪法批准危机的方案，即召开新一轮政府间会议，起草一个修改现行诸条约的"改革条约"（Reform Treaty），以之代替《欧盟宪法条约》。2007 年 7 月 23 日，在欧盟外交部部长理事会上，一份新的条约文本，即《修订欧洲联盟条约和欧洲共同体条约的条约（草案）》（Draft Treaty Amending the Treaty on European Union and the Treaty Establishing the European Community），也就是欧盟领导人所称的"改革条约"，作为政府间会议讨论的基础文本。[2] 2007 年 10 月 19 日，欧盟各国首脑在里斯本会议上就条约的最终法律文本达成一致，2007 年 12 月 13 日《里斯本条约》正式签署，并刊登于 2007 年 12 月 17 日的《欧洲联盟官方公报》（Official Journal of the European Union）。《里斯本条约》的全称是《修改〈欧洲联盟条约〉以及〈欧共体条约〉的里斯本条约》（Treaty of Lisbon Amending the Treaty on European Union and the Treaty Establishing the European Community）。经《里斯本条约》修改后，原《欧洲联盟条约》的名称未改变，原《欧共体条约》现称为《欧洲联盟运行条约》（Treaty on the Functioning of the European Union）。至此，旨在结束欧盟制宪危机的努力取得了实质性的突破，2009 年 12 月 1 日《里斯本条约》正式生效。

《里斯本条约》是一个传统的修改条约，它没有采用《欧盟宪法条约》中将《欧洲联盟条约》和《欧共体条约》合二为一的结构，而是仍保持由两部条约组

---

〔1〕 赵怀普：《〈欧盟宪法条约〉与欧洲一体化进程》，载《国际观察》2005 年第 5 期。
〔2〕 程卫东、李靖堃译：《欧洲联盟基础条约——经〈里斯本条约〉修订》，社会科学文献出版社 2010 年版，第 11 页。

成，只是将《欧共体条约》更名为《欧洲联盟运行条约》。《里斯本条约》对欧盟所作出的制度创新和制度调整主要包括以下六个方面：[1]

第一，欧盟取代欧共体获得独立的法律主体资格，成为唯一实体。这意味着由 1992 年《马约》创建的欧盟三大支柱结构消失了。究其原因，在于当时的欧共体终究只是一个经济实体，而欧盟的职能明确地超越了经济领域，给它以独立的法律地位具有重大的政治含义，这不是所有成员国都愿意接受的。因此，《里斯本条约》以欧盟取代欧共体，不是简单的正名而是意味着体制上的突破，或许可以认为是朝着创立一个政治实体迈出了重要一步。

第二，新设了欧洲理事会常任主席（President of the European Council）并赋予欧洲理事会以机构的地位。欧洲理事会常任主席有俗称"欧盟总统"，任期二年半，可连任一次。

第三，将欧盟共同外交和安全政策高级代表和欧盟委员会负责外交的委员两个职权交叉的职务合并，统归为欧盟外交和安全政策高级代表（High Representative of the Union for Foreign Affairs and Security Policy）一职。新的高级代表被外界称为"欧盟外长"，负责欧盟外长理事会，同时兼任欧盟委员会副主席，掌管欧洲对外行动署（European External Action Service，EEAS），包括所有欧盟驻外使团。新的高级代表全面负责欧盟对外政策，比原来的在权力和管理事务方面大大扩大了。

第四，欧盟委员会委员的数量将减少到成员国的 2/3，在管理的事务领域有了大幅扩大。

第五，欧洲议会权力扩大了，同时成员国议会也被引入了一体化范围中。《里斯本条约》议定书——"关于成员国议会在欧洲联盟中作用的议定书"对此作了详细规定，特别是规定："递交欧洲议会与理事会的立法性法令草案应转送各国议会。""成员国议会可以根据由'关于适用辅助性原则与相称性原则的议定书'规定的程序，就某项立法性法令草案是否遵循了辅助性原则，向欧洲议会议长、理事会主席和委员会主席提交一份附理由的意见。"[2]

第六，扩大了特定多数（qualified majority）的表决范围，除非条约另有规定，理事会以特定多数议决。具体地说，"通过修改《罗马条约》，《里斯本条约》将特定多数程序的实施范围扩大了 44 个领域，其中 23 个是欧盟原有的，21 个是这次新增加的。"

---

〔1〕　戴炳然：《解读〈里斯本条约〉》，载《欧洲研究》2008 年第 2 期，第 54~61 页。

〔2〕　本文所引用的《里斯本条约》条款文本均引自程卫东、李靖堃译：《欧洲联盟基础条约——经〈里斯本条约〉修订》，社会科学文献出版社 2010 年版。

《里斯本条约》为欧盟进一步一体化提供了制度上的保证，特别是进行了结构性调整，欧盟的三大支柱合而为一；改革内部机制提高一体化的合法性与效率；加强协调与一致，谋求一个声音对外。这一系列的具体制度改革将使欧盟比现在具备更强的行动能力，使之能够更专注于未来的发展与挑战。《里斯本条约》生效后，欧盟开始成为一个具有独立法律人格的国际法主体，进行政治、经济以及社会全方位的一体化。总体说来，《里斯本条约》的改革在几个主要的目标上获得了较大进步：一是增加了欧盟的民主性，有助于减少人们对其"民主赤字"的批评；二是提高了效率，有助于解决因成员国的大幅扩大而导致的制度拥塞问题；三是可以增强欧盟决策和执行的连续性、稳定性和一致性。

欧洲一体化伴随着七次扩大，[1] 成员国数量不断增加，经济也飞速发展，最终成为世界上最大的单一大市场，是世界范围内经济区域化、集团化进程最快、范围最广、层次最高、成绩最大的区域组织。在欧洲一体化六十多年的发展历程中，危机和挫折是常态，欧洲一体化是在克服一个个危机中逐步前行的，这也是欧盟复杂性及充满矛盾性的特点。[2]

（二）欧盟的法律特征

1. 欧洲各大共同体的国际法律人格

作为建立欧盟的《马约》并没有明确规定欧盟的法律性质。作为一个新型的实体，欧盟的法律性质引发了广泛的思考和讨论。而在这里亦有必要首先讨论欧洲各大共同体（European Communities）的法律性质。欧洲各大共同体包括欧洲煤钢共同体、欧洲原子能共同体和欧洲共同体。根据《马约》规定，欧盟由三大支柱构成，欧洲各大共同体是欧盟的第一支柱。

欧洲各大共同体都是享有国际法主体资格的国际人格者，其成立条约均规定享有法律人格。[3] 而所谓法律人格，无非就是通过古老的法律技术让一个机构获得法律主体的地位。比如，《欧洲共同体条约》第 210 条规定："该共同体

---

〔1〕 欧盟现有成员国 28 个。截至目前，欧共体/欧盟历史上共经历了七次扩大：第一次扩大是 1973 年，英国、丹麦和爱尔兰加入欧共体；第二次扩大是 1981 年 1 月 1 日，希腊加入欧共体；第三次扩大是 1986 年 1 月 1 日，葡萄牙和西班牙加入欧共体；第四次扩大是 1995 年，奥地利、瑞典和芬兰加入欧盟；第五次扩大是 2004 年 5 月 1 日，塞浦路斯、匈牙利、捷克、爱沙尼亚、拉脱维亚、立陶宛、马耳他、波兰、斯洛伐克和斯洛文尼亚这 10 个国家成为欧盟的正式成员国；第六次扩大是 2007 年 1 月 1 日，罗马尼亚和保加利亚正式加入欧盟。2013 年 7 月克罗地亚加入欧盟，欧盟进行了其第七次扩大，迎来了第 28 个成员国。

〔2〕 张健：《欧洲一体化的问题、前景与欧盟国际地位》，载《现代国际关系》2008 年第 7 期，第 39 页。

〔3〕 曾令良：《欧洲联盟法总论——以〈欧洲宪法条约〉为新视角》，武汉大学出版社 2007 年版，第 4 页。

具有法律人格。"《欧洲原子能共同体条约》第184条的措辞与此一致；《欧洲煤钢共同体条约》第6条第一段亦为如此，但该条第一段更加明确，它规定："在国际关系中，共同体享有行使其职能和实现其目标所需的法律人格。"

各大共同体潜在的、广泛的国际法律人格不仅在欧共体宪法性文件中有所规定，且一向被各国和许多国际组织所承认，例如，在WTO中欧洲共同体就是创始缔约方；前文已述，国际法院在1949年"关于为联合国服务而受损害赔偿案"的咨询意见中有对共同体法律人格的确认。欧洲法院确定欧洲共同体的法律人格是功能性的，即欧洲共同体被赋予目标同时受制于共同体依条约所规定的目标能够行使的权限。因为欧洲共同体的目标在条约中规定得极其广泛，而且一直处于扩大和变化之中，所以欧洲共同体的法律人格也在相应地变化。

欧洲共同体具有国际法律人格，意味着在对外关系上会产生一定的后果，其中有缔结国际协定的权限，参加国际组织的能力，使节权和承担国际责任的能力。其对外法律能力尽管小于国家的法律能力，但却比一般国际组织的能力广泛。这应归咎于欧洲共同体的性质，即它是一个自成一类的超国家性的区域一体化的国际组织。[1]

2. 欧盟的国际法律人格

在《里斯本条约》生效之前，关于欧盟的法律人格一直存在争议，从功能性的角度分析，有学者认为欧盟具有独立的法律人格，但是亦有法学家持否定态度。欧盟的性质一般被认为是超国家的国际组织。首先，欧盟是一个国际组织，表达欧洲一体化的最终目标，在其第一支柱下的三个共同体有其各自独特的法律地位和法律人格，而欧盟还不能像欧共体那样具有完备的权利能力和行为能力。其次，它是超国家的，欧盟的政策和法律框架设计不仅仅在政府间层面上针对各成员国，而且它的政策和法律还以成员国内部的公民和地区为对象，并且通过其建立的一体化组织机构在成员国内部实行其政策和法律。如果说简单的国家间是平面的话，欧盟和各个成员之间是立体格局，不仅有横向的合作还包括纵向的渗透。所以简单地用"国家间""政府间"来界定欧盟的性质是不准确的，它不能正确表达欧盟的制度和框架对成员国所具有的控制力、拘束力和渗透力。可以这样说：欧盟不仅具有一般国际组织的特征，还具有一般国家的某些特征。也就是说曾经在法律人格上，欧共体具有法律人格，而对于欧盟的法律人格的认定却一直存在着不同的解读。

在《里斯本条约》生效后，欧共体被欧盟所取代。欧盟三大支柱在名义上

---

〔1〕　黄德明：《略论欧洲共同体与欧洲联盟的法律人格》，载《法学评论》1998年第6期，第100～102页。

不复存在，欧盟与欧共体合而为一，统一使用"欧盟"的称谓，不再使用"共同体"这一术语。经《里斯本条约》修改的《欧盟条约》第 1 条规定：欧盟取代并继承欧共体。第 47 条亦明确规定：欧盟具有法律人格。《欧共体条约》也更名为《欧盟运行条约》，该条约第 335 条明确规定：在各成员国内，联盟享有各国法律赋予法人的最广泛的法律能力，特别是它可以购置或处理动产与不动产，可以成为法律诉讼的当事方。

二、欧盟法的概念及其法律渊源

（一）欧盟法的概念

一直以来，学界对欧盟法的界定众说纷纭，各抒己见。主要原因在于欧盟本身的法律性质难以界定，以及欧盟法所具有的随着欧洲一体化不断演进的特质。关于欧盟法的概念，国内学者并未达成统一的意见，在此仅列举以下几种：

第一，如人们所知，通过 1993 年生效的《马约》所建立的欧洲联盟内部有三根支柱：第一根支柱是共同体，第二根支柱是安全与外交合作，第三根支柱是内务与司法合作。所谓的狭义欧盟法仅是指作为第二、三根支柱的有关安全与外交、内务与司法合作方面的法律。而共同体法则是指作为第一根支柱的共同体的有关法律，包括了共同体条约和共同体各机构制定的法律规范。但亦有学者认为，除了涉及欧盟三根支柱方面的法律外，欧盟法还应包含各成员国的国内法。原因是根据欧盟的规定，它已经在各成员国有了立法的权力，各成员国的国内法都不能与欧盟法相冲突。因此，所谓欧盟法，指以建立欧盟、规制欧盟各国的国际条约[1]为核心而建立起来的，包括欧盟自己为实施条约而制定的各项条例、指令、决定和判例以及欧盟各国的相关国内法，旨在调整欧盟各国对内、对外关系的国际法和国内法规范的总称，是一个将国际条约的内容逐渐发展成为国内法规范的法律体系。[2]

第二，共同体法是广义的欧洲联盟法的重要组成部分。在通常情况下，我们并不区分欧洲联盟法和共同体法。我们通常所谓的欧洲联盟法是广义的欧洲联盟法，它是建立欧洲联盟的法律依据和欧洲联盟机构制定的法律的通称。与欧洲联盟本身是一个复杂的系统一样，欧洲联盟法也是一个复杂的法律系统。从总体上讲，欧洲联盟法包括两大系统的法律：欧洲共同体法和狭义的欧洲联

---

〔1〕 指成员国之间就欧共体及欧盟的建立与发展而缔结的条约，它们构成欧盟及其法律体系的基础，故称之为"基础条约"或"基本条约"。参见曾令良：《欧洲联盟法总论——以〈欧洲宪法条约〉为新视角》，武汉大学出版社 2007 年版，第 132 页。

〔2〕 张晓东：《论欧盟法的性质及其对现代国际法的贡献》，载《欧洲研究》2010 年第 1 期，第 68 页。

盟法。[1]

第三，欧盟法律有广义和狭义之分。狭义上的欧盟法律仅指欧盟这个区域一体化组织的法律，而广义上的欧盟法律还包括欧盟各成员国的法律。需要指出的是，即使是狭义上的欧盟法律，其含义对不同的研究者或因研究内容的不同，也有不同的界定。从严格的法律意义上讲，欧盟法律仅仅涉及自 1993 年 11 月 1 日生效的《马斯特里赫特条约》（欧盟建立）以来的各种法律。从广泛的历史意义上讲，欧盟法律应包括先前的欧共体法律，即欧洲煤钢共同体法、欧洲原子能共同体法和欧洲经济共同体法。[2]

第四，欧洲联盟法从广义上讲应当是包括调整欧洲联盟在其建立与内外活动过程中所发生的各种关系的法律规范的总称。而狭义的欧洲联盟法一般仅仅指《欧洲联盟条约》本身。以上关于欧洲联盟法的定义表明，广义的欧洲联盟法应当包括了三个共同体的法律，因为以三个共同体中的欧洲共同体（原欧洲经济共同体）为核心的经济货币联盟，是欧洲联盟的第一大支柱，因此，欧洲联盟法与共同体法的概念是一种包含与被包含的关系。欧洲联盟法与欧洲法的概念是有很大区别的，两者不能互为替代。[3]

由上述所列举的几种欧盟法的概念可以看出，我国学者对于欧盟法的界定是不同的。过去，由于国内研究欧盟法学者的语言背景、教育背景、文化背景以及社会背景不同，对欧盟法的理解、诠释和翻译就有所不同。国内早期有关著述中诸如"欧共体"和"欧盟"、"欧共体法"和"欧盟法"等概念混淆和混用的情况比较常见。比如，1993 年《欧盟条约》生效后，"欧洲共同体"是否已经被"欧洲联盟"取代？"欧洲共同体法"与"欧洲联盟法"是什么关系？这看似简单的几个名称，却反映了欧洲一体化在不同发展阶段的一些变化和现象。如前所述，"欧洲共同体"在《马约》前后具有不同的含义：在《马约》之前，它是三个共同体的合称，英文为"European Communities"，简称"欧共体"或"共同体"；在《马约》之后，根据《马约》第 G 条，原来的"欧洲经济共同体"由"欧洲共同体"取代。[4] 所以《马约》之后的"欧洲共同体"就是以前的"欧洲经济共同体"；另外，欧洲联盟建立后，"欧洲联盟"三根支柱中的第一根支柱即"共同体支柱"，指的是欧洲共同体、欧洲煤钢共同体和欧洲原子

---

[1] 王维达编著：《欧洲联盟法》，格致出版社、上海人民出版社 2009 年版，第 26 页。

[2] 曾令良、姚艳霞：《欧盟法律研究在中国：过去、现在与未来》，载《法学评论》2002 年第 4 期，第 76 页脚注 1。

[3] 翁国民：《关于欧洲联盟法的若干问题》，载《外国法译评》1999 年第 4 期，第 57 页。

[4] 戴炳然译：《欧洲共同体条约集》，复旦大学出版社 1993 年版，第 388 页。

能共同体的合称，其中最主要的是"欧洲共同体"。因此，"欧洲联盟"并没有取代"欧洲共同体"。由于"欧洲联盟"的核心是"欧洲共同体"，所以"欧洲联盟法"的核心和主体部分就是"欧洲共同体法"，这也就是为什么有的学者容易将其混用的原因了。2009年12月1日生效的《里斯本条约》虽然取消了欧盟的三个支柱，欧盟取代并继承欧共体，并具有了自己的国际法律人格，但是在欧盟外交和安全领域通过政府间的决策方式形成的整套法律框架仍将继续存在。[1]

我们认为，欧洲一体化的进程是欧盟法产生、发展的主线。研究欧盟法，首先就应当从欧洲一体化的发展入手，这样才能从源头上把握欧盟法形成与发展的脉络。欧盟法有狭义欧盟法和广义欧盟法之分。狭义的欧盟法是指自1993年11月1日生效的《马约》以来的欧洲联盟的各种法律规范的总称。而广义的欧盟法是指以历史上各大共同体条约和《欧盟条约》等基本法律文件为基础和核心建立起来的，包括与修改、补充和实施各大共同体条约和《欧盟条约》有关的其他条约、欧盟机构的立法、欧盟所承认的一般原则和欧盟法院的司法立法，旨在调整欧盟一定的内部与外部社会关系的法律规范的总称。其最新、最主要的法律规范是经2009年12月1日生效的《里斯本条约》修改的《欧盟条约》和《欧盟运行条约》两部基础条约。

很显然，如将欧盟法的概念仅局限于狭义的范围，就无法了解欧盟在其建立与活动过程中所依据的法律规范的全貌，无法把握欧盟法的性质与特点，因此，本书在使用欧盟法的概念时，指的是广义的欧盟法。

（二）欧盟法的法律渊源

在欧盟法中，也存在着一个类似于国内法的法律规范的分级体系。根据各项法律规范地位和作用的不同，我们可以将这些法律规范分为基础性规范（也称为主要规范或一级规范，primary sources）和派生性规范（也称为次要规范或二级规范，secondary sources）。基础性规范在欧盟法中占据着最高的级别，主要是指具有基础作用且对欧盟体系运行起到根本作用的法律规范。派生性法律规范主要是根据基础条约或者其他文件的授权，由欧盟机构颁布的那些法律规范。

除上述所说的众多成文性的法律文件外，欧盟法中还存在着不成文的法律渊源，如不成文的一般性原则可以被认为是基础的法律规范；如欧盟法院的司法判例，则应该认为是对成文法律渊源起辅助作用的具有一定法律效力的法律渊源。

---

〔1〕 Matthias Herdegen, *Europarecht*, 11. Aufl., Verlag C. H. Beck München, 2009, S. 3.

1. 基础性的法律规范

从一般意义上讲，欧洲联盟法的基础性法律规范主要有：各大共同体和欧洲联盟的成立条约、条约的各个附件以及附加议定书、欧盟法的一般法律原则和基本权利标准以及签订的国际公法条约四种类型。其中，欧盟法的一般法律原则和基本权利标准又包括了一般性的禁止任意行为原则、信赖的保护与法律安全的保护、《欧洲人权公约》和《欧洲联盟基本权利宪章》。

各大共同体和欧洲联盟的各个条约的调整对象是各成员国与欧盟的各个机构。在很多情况下，各大条约的条文具有直接的适用效力，不需要转化形式的立法行为，就直接对各成员国国内的各级机构（法院、行政机构）和欧盟的机构产生法律上的约束力，也对个体产生权利与义务上的约束力。[1]

从内容和性质上区分，这些条约大致有两种：一种是所谓"宪法性文件"[2]，是成员国之间就欧共体及欧盟的建立与发展而缔结的条约，是欧盟及其法律体系的基础；另一种是"协调性文件"，是成员国为实现欧盟宗旨，就某些特定事项缔结或签署的有关公约、协定等。

（1）"宪法性文件"。主要有构成三个共同体和欧盟最原始的组织章程的条约，以及欧盟成员国缔结的一系列有关欧共体/欧盟的组织及运作的条约，其中有一些后来通过修订的方式被纳入欧共体/欧盟基本条约，另有一些则至今仍保留其独立法律文件的地位。之所以称其为"宪法性文件"，主要有两层含义：一方面，这些基本法律文件在表现形式上是条约，是不同的主权国家通过谈判协商共同制定的；另一方面，它们含有某些宪法规则的内容，这些规则缔造了欧共体/欧盟及其内部机制，规定了欧共体/欧盟的基本制度和秩序，在欧共体/欧盟内具有至高无上的法律地位，表现出了类似宪法的法律性质。[3]

这些条约主要包括：①1951年签订的《欧洲煤钢共同体条约》（也称《巴黎条约》）；②1957年签订的《欧洲经济共同体条约》（下文称《欧共体条约》）和《欧洲原子能共同体条约》，两个条约合称《罗马条约》；③1957年签订的《关于欧洲共同体某些共同机构的公约》；④1965年签订的《合并条约》；⑤1976年签订的《欧共体理事会关于欧洲议会直接选举的法令》；⑥1986年签订的《单一欧洲法令》；⑦1992年签订的《欧洲联盟条约》（也称《马斯特里赫特条约》）；⑧1997年签订的《阿姆斯特丹条约》；⑨2001年签订的《尼斯条

---

〔1〕 Matthias Herdegen, *Europarecht*, 11. Aufl., Verlag C. H. Beck München, 2009, S. 149.

〔2〕 也有学者称其为"基本条约"（basic treaties）或"基本文件"（constituent instruments）。见曾令良：《欧洲联盟法总论——以〈欧洲宪法条约〉为新视角》，武汉大学出版社2007年版，第132页。后面所提到的"协调性文件"，也有学者称其为"实施性条约"（implementing treaties），同前引。

〔3〕 邵景春：《欧洲联盟的法律与制度》，人民法院出版社1999年版，第37~38页。

约》；⑩2007 年签订的《里斯本条约》。

之所以称上述共同体的条约为"宪法性文件"，是因为欧洲学者认为这些条约在"欧共体法律体系中的地位，就像宪法在国内法中的地位一样"，并且，它们的"合法性（legality）是不能受到挑战的，这些条约的效力高于所有其他欧共体的法律"。[1]

（2）"协调性文件"。"协调性文件"是指那些旨在协调欧盟各成员国国内法律的条约。作为主权国家，欧盟的每个成员国都有自己的法律体系，这些不同国家之间的法律体系在许多具体方面存在着歧义，造成了建立和发展共同市场的障碍。要消除这些障碍，就必须对各成员国的法律加以协调。而协调的结果，很大程度上表现为欧盟成员国所缔结的协调性文件。实践中，协调性文件通常以公约、协定形式出现，例如：①1969 年签订的《关于民事与商事案件管辖权及判决执行的公约》；②1970 年签订的《关于确定欧洲经济共同体条约项下 G 类产品共同关税的协定》；③1975 年签订的《关于欧共体专利的公约》。

（3）一般法律原则。欧盟法是一纲要性的法律体系，在一些个别领域难免有所疏漏，因此，欧盟法同其他任何以成文法为主的法律体系一样，需要有不成文法加以补充。欧洲法院在长期的适用和解释欧共体法时发展了一些法律一般原则，如相称性原则、法律的确定性原则、合法期望（权益）原则等，这些原则构成欧共体法的有机组成部分，成为欧盟法的法律渊源之一。

关于欧盟法中的一般法律原则，学者多有不同见解，一是因为一般法律原则本身具有抽象性、不确定性，二是因为一般法律原则还在发展之中。一般而言，经常使用的原则有基本权利原则、法律的确定性原则、合法期望权益原则、相称性原则、平等原则和国家责任原则。[2]

另外，从欧洲法院的实践来看，国际习惯法和国际条约规则也是欧盟一般法律原则的重要组成部分，尤其是一些有关保护基本人权的国际法律文件，如《欧洲人权公约》《公民权利与政治权利国际公约》《经济、社会、文化权利国际公约》和《世界人权宣言》等。

（4）国际条约。欧盟与第三国签订的国际条约也是欧盟法的法律渊源，也被称为"外部渊源"。[3]它不需要欧盟通过转换就能在欧盟内直接适用。根据《欧共体条约》第 281 条（原第 210 条）的规定，欧共体享有法律人格，因此，

---

〔1〕 Matthias Herdegen, *Europarecht*, 11. Aufl., Verlag C. H. Beck München, 2009, S. 150.

〔2〕 谢罡：《欧盟法中的一般法律原则》，载《北京城市学院学报》2005 年第 3 期，第 57 页。

〔3〕 ［法］德尼·西蒙：《欧盟法律体系》，王玉芳、李滨、赵海峰译，北京大学出版社 2007 年版，第 301 页。

欧共体享有与第三国和国际组织缔结国际协定的权能。《欧共体条约》第 300 条第 7 款（原第 228 条第 7 款）明文规定："按照本条约规定的条件缔结的协定，对共同体机构和成员国均有约束力。"在这里要区分的是共同体作为法律主体缔结的国际公约和共同体成员国缔结的国际条约。与共同体缔结的国际条约不同，共同体成员国缔结的国际条约对共同体没有约束力。即使所有的成员国都缔结了同一个国际条约也是如此。[1] 经《里斯本条约》修改后的《欧盟条约》第 47 条明确规定欧盟具有法律人格，因此，欧盟从此享有了与第三国和国际组织缔结国际协定的权能。《欧盟运行条约》第五编国际协议中的第 216 条第 2 款规定："联盟缔结的协议对联盟机构及成员国均有约束力。"据此，现行的欧盟基本条约明确规定了欧盟缔结的国际协定在欧盟具有法律效力。

2. 派生性的法律规范

欧盟法的派生性法律渊源是指根据基础条约所赋予的权限，由欧盟的主要机构（主要是欧盟委员会和欧盟理事会）制定的各种规范性的法律文件。其中主要包括条例（Regulation）、指令（Directive）、决定（Decision）、建议与意见（Recommendation and Opinion）等，它们被赋予了派生的法律约束力。《欧盟运行条约》第 288 条（原《欧共体条约》第 249 条）规定："为了行使联盟权能，联盟机构应通过条例、指令、决定、建议和意见。条例具有普遍适用性，它在整体上具有约束力，应直接适用于所有成员国。就其旨在实现的结果而言，指令对于其所针对的每个成员国均具有约束力，但应由成员国当局选择实施指令的形式和方法。决定整体上具有法律约束力。明确规定了适用对象的决定仅对其针对对象具有约束力。建议和意见不具有约束力。"

（1）条例。条例是指在欧盟整个范围内可直接和统一适用的法律规范。条例有时被认为是基础条约的实施细则，就其发生法律效力的规范类型上，条例通常被比作国内法中的"法律"。它具有普遍适用、统一的约束力，并在所有成员国直接发生法律效力，应当被不折不扣地、无条件地执行。

条例在满足三个条件之后能够产生直接效力：条例的规定必须清楚明确；条例必须是无条件的；其实施必须不依赖于成员国或欧盟机构进一步的行为。条例在直接适用时，包括纵向直接效力（公民或法人与国家之间的关系）和横向直接效力（公民和法人之间的关系）两个方面。[2]

由于条例的上述法律特点，因此，它无须经过成员国的立法机构通过转换

---

〔1〕　王维达编著：《欧洲联盟法》，格致出版社、上海人民出版社 2009 年版，第 36 页。
〔2〕　王玉玮：《论欧盟法的直接效力原则和优先效力原则》，载《安徽大学法律评论》2007 年第 2 期，第 104 页。

立法的程序或以批准的方式使其成为国内法。条例通常由欧洲议会与欧盟部长理事会主席签署后，以欧盟的各种官方语言文字公布在《欧盟官方公报》（Official Journal of European Union，简称 OJ）上。条例的生效依据其规定的日期而定；如果条例没有规定生效日期，则从条例公布的第 20 日后开始生效。

（2）指令。指令是指为履行与欧盟有关条约上的义务而做出的对特定成员国有约束力，并规定成员国在一定期限内通过国内立法程序将其转换成国内立法，以履行该义务的法律规定。因此，指令只强调目的，至于实施的形式和方法，则由欧盟各成员国政府自行决定。

其特点为：①在成员国内国法不具有直接的法律效力（但有例外：一是成员国在转化期限届满仍没有将该指令转化为内国法；二是从指令的内容上看，指令对于个案已经是确定的并且具有充分的适用性）；②指令不能对个体直接设定权利义务；③要求把指令的内容通过外在的法律形式转化为本国国内法，并设定了明确的时间期限。

（3）决定。决定通常是一种执行决议，是执行欧盟法令的一项行政措施，目的在于提高欧盟法令的公开性和透明度。它既可以对成员国做出，也可以对公司或个人做出，对指明的成员国、公司或个人均有约束力。所以，决定虽然有与条例类似的效力，但它不具备普遍性。决定通常由欧盟理事会或欧盟委员会发布，往往涉及有关协议规定的某个领域，对企业或个人行为产生直接影响。公司或个人可以就决定请求欧洲法院予以撤销。[1]

其特点如下：①决定的对象是特定的，既可以是成员国，也可以是个体（自然人或法人）；②决定对接受决定者具有全面、直接的约束力。

（4）意见和建议。根据欧盟法的规定，建议和意见不具有法律上的约束力，而是欧盟理事会对某个问题未能达成一致意见、形成指令时，向各成员国提出的建议，以作为欧盟立法趋势和政策导向，供各成员国参考。但这并不意味着它在欧盟立法程序中无足轻重。欧盟条约规定，对欧盟委员会就促进各成员国之间社会经济合作事项所发表的推荐性意见，各成员国仍有遵守的义务。

（三）欧盟法的性质

自从欧共体诞生之日起，关于欧共体法的法律性质问题一直众说纷纭，莫衷一是。欧洲一体化经过六十多年的发展，由欧共体法发展到今天的欧盟法，使这一问题的争论又有了新的更加复杂的基础。

20 世纪 80 年代初，我国著名学者王铁崖在其统编的《国际法》教科书中，

---

〔1〕 芦雪峰：《欧盟法的发展——法律全球化的探路石》，载《辽宁警专学报》2005 年第 2 期，第17 页。

在阐述一般国际法和区域国际法的分类时，首次提到欧共体法，并认为"它并不是区域国际法，是接近'联邦法'的，或者是国际法与'联邦法'之间的一种独特的法律。"[1] 我国有学者对中外学者关于欧盟法的性质的认识大致总结为四种观点：其一，部分法学家根据欧盟法律的基础是国际条约而认为欧盟法属于区域国际法，具国际法的性质；其二，另有法学家则按联邦法的特征为欧盟法定性，认为它属于国内法；其三，也有不少学者认为欧盟法是由国际法向国内法转变的过渡形态的法律；其四，亦有学者强调欧盟对其他地区区域一体化的示范效应，认为北美自由贸易区等其他区域一体化组织会组建效仿欧盟法，日后，联盟法律完全可以自成一类。[2]

有学者认为，上述对欧盟法律的定性仅突出了欧盟法律的某些方面，难免主观片面。

第一，将欧盟法律简单地按传统国际法归类似有待商榷。国际法所遵循的原则是坚持国家主权、独立与平等，它不承认有高于国家之上的立法、司法机构，其法律渊源主要是条约和国际惯例，显然，欧盟法律超越了这些条件。欧盟法律无论是从其法律主体和法律渊源方面，还是在与成员国国内法冲突时享有优越权等方面来说，欧盟法律不同于传统国际法之处甚多，它已远远超出传统国际法的范畴。

第二，欧盟法律在许多方面又有别于作为国内法的联邦法。欧盟法与联邦法相比较，确实存在着后者的某些特征。欧盟与成员国各有其独立的立法、执法、司法系统，基本条约为欧盟及其成员国划定了各自权限而类似于联邦宪法；在欧盟法制定和实施上，部长理事会和欧洲议会酷似联邦制国家中的参众两院，前者直接代表成员国政府，后者直接代表欧盟的公民，共同行使立法权；欧洲法院是最高的宪法法院和行政法院，欧盟法律优先于成员国法而在成员国具有直接适用效力，这与联邦法的性质没有两样。但不可否认的是，欧盟法律的调整范围仅限于经济、社会领域，政治、外交与国防大权仍牢牢掌握在各成员国手中，这使它与联邦法从本质上区分开来。[3]

第三，笼统地说欧盟法律是一种过渡形态的法律也似有不妥，这从其历史发展可得到结论。欧共体成立以来，其一体化成果不断法定化，欧盟法律已经形成了一个相对稳定的法律结构，与传统的国际法及国内法的分野也渐趋明朗

〔1〕 王铁崖主编：《国际法》，法律出版社 1981 年版，第 3 页。
〔2〕 傅明：《欧洲联盟法律的法律性质》，载《国际商务研究》1995 年第 4 期，第 33 页。
〔3〕 尹力：《不断演进的区域性一体化组织——从欧洲联盟的法律看欧洲联盟的性质》，载《当代法学》2000 年第 3 期，第 47 页。

化。要对欧盟法律作任何根本性的改变，即便不是不可能，也是极为困难的。因而，用"过渡性法律"来为欧盟法律定性，似显仓促。

第四，欧盟法律也不能与其他区域一体化组织的法律相比拟，不能归类为"一体化的法律"。欧盟法律的形成和发展有其特定的条件和背景，从当代世界政治、经济现实来看，尽管区域经济集团林立，其他区域经济一体化组织可以从欧共体共同市场、关税同盟的建设借鉴某些经验，但在敏感的国家主权让渡问题上，还看不出任何一个区域经济一体化集团会效法欧洲联盟，因此试图以专成一类的"一体化法律"等为欧盟法定性也缺乏实证支持。[1]

欧盟法到底是一种什么性质的法律，迄今也还没有形成统一的认识。究其原因，我们认为是与欧洲一体化的复杂进程和欧盟的独特性密切相关。关于欧盟法的性质，我们认为，不仅需要从欧洲一体化进程和欧盟的特点去分析，也需要从欧盟法的构成角度去考察。

从《欧洲煤钢共同体条约》《单一欧洲法令》到《欧盟条约》，再到如今的《里斯本条约》，虽然欧盟法的核心仍然是内部市场和经济货币联盟的内容，但是共同外交与安全政策、司法与内务合作成为欧洲一体化未来发展的新领域，这三个方面各自反映的一体化水平并不相同。究竟应该如何界定欧盟？有学者认为，业已完全转移至欧盟层级上的一体化政策领域使欧盟具有联邦的典型特征，但尚未完全转移至欧盟一级，即欧盟有限介入的政策领域又使其更像一个邦联。欧盟的国际法主体资格使其可与主权国家相媲美，但其成员国独立的国际法主体地位又昭示其一般意义上的国际组织的特征。正是由于这些因素，国内外学界对欧盟的界定始终无一定论。

由于欧盟一直处于不断的发展变化之中，故对欧盟政体性质没有权威界定也是可以理解的。但欧盟总归是一个政治体系，它非此非彼的特征也许恰恰就是它的性质：独特性。因此，要对欧盟法作出一个准确的界定也是相当困难的。著名国际法学家王铁崖先生将其定性为"自成一类的法"。[2] 目前，国内学界也基本认同了这一定性。主要原因在于：一是欧盟法有其独立的法律渊源和形成机制；二是欧盟有独立的治理结构；三是欧盟法有自己的效力范围和特性；四是欧盟法有自己的效力保障机制。当然，也有学者认为，"自成一类的法"是一个笼统的概念，这一界定显得较为保守。[3]

无论如何，欧洲一体化进程既产生了一个十分独特的国际组织——欧盟，

---

〔1〕 傅明：《欧洲联盟法律的法律性质》，载《国际商务研究》1995 年第 4 期，第 33~35 页。

〔2〕 王铁崖主编：《国际法》，法律出版社 1981 年版，第 407 页。

〔3〕 张小华：《论欧洲联盟法律体系的特点》，载《科教文汇》2008 年第 2 期，第 129 页。

又造就了一个十分新型的法律体系——欧盟法律。人们用传统的法学观点去审视这个体系时，会感到非常困惑，它既有传统国际法的因素，又有某些一般联邦法的特征，其法律性质很难用非此即彼的国际法与国内法的分野标准去辨别。我们应该以新的眼光来看待这一独特的法律体系。它既不是传统意义上的国际法，也不是纯粹的国内法；既不能简单称之为过渡形态的法律，又不能将它与世界其他区域一体化组织的法律相提并论。欧洲联盟法律是一个相对定型的具有"超国家"性质的全新的自成一统的法律体系，与传统国际法和国内法的分野已渐趋明朗。[1]

三、欧盟法的体系构成

（一）欧盟法律体系的构成

自 20 世纪 50 年代以来，欧共体/欧盟的权能不断扩展，相应地，其立法机构的立法权限也日益增长，欧共体法/欧盟法所涉及的范围不断扩大。目前，尽管欧洲联盟法的核心仍然是有关内部市场的法律，但是它已不仅仅只涉及经济一体化，它还涉及基本人权、男女平等、教育、第三国的移民工人、社会和文化方面的事项、公共卫生和环境保护等方面的问题。也就是说，欧洲联盟法所涉及的范围同国内法所涉及的范围比较起来已没有明显的不同了。[2] 国家主权的让渡是一个长期的、渐进的过程，在这一过程中，制度化和法律化就成为实现一体化的基本前提和保障。[3]

欧盟的法律体系主要包括但又不止如下的一些法律部门：

1. 欧盟宪法

对于宪法而言，传统学者会认为这只是一个对于主权国家而言的概念，而欧洲联盟只是一个有独立人格的超国家主权的国际组织，属于一个政策共同体。[4] 但是自从政府性的国家组织，尤其是联合国成立后，越来越多的国际法学家们持与传统学者不同的观点，如学者梁西指出："国际组织的基本文件是其产生、存在和进行活动的法律基础。因此，它在国际组织法律体系中具有重要的意义，人们常常称之为国际组织的宪法。"[5] 学者曾令良认为，一个国际组织的章程，不论其名称如何，如果它在特定的法律体系或者法律秩序中处于最

〔1〕　傅明：《欧洲联盟法律的法律性质》，载《国际商务研究》1995 年第 4 期，第 32 页。

〔2〕　[英] 弗兰西斯·斯奈德：《欧洲联盟法概论》，宋英编译，北京大学出版社 1996 年版，第 2~3 页。

〔3〕　金安：《欧洲一体化的政治分析》，学林出版社 2004 年版，第 1~16 页。

〔4〕　刘光华、闵凡祥、舒小昀编著：《运行在国家与超国家之间——欧盟的立法制度》，江西高校出版社 2006 年版，第 4 页。

〔5〕　梁西：《国际组织法（总论）》（修订第 5 版），武汉大学出版社 2001 年版，第 28 页。

高的法律地位，那么它就是该法律体系或法律秩序中的宪法，至少可以说是宪法性文件（Constitutional instruments）。[1]

在 2002 年布鲁塞尔欧盟启动正式制定宪法行动之前，欧盟是否存有宪法性法律文件存有异议，否定的原因很简单：没有出现"宪法"字眼；支持的观点认为，欧盟之前形成了许多经济和政治方面的合作，且其效力之上，理应认作是宪法性的文件。而对于冠以"宪法"字眼的《欧盟宪法条约》，被否决前满足了这种表面上的宪法文件需求，但是，由于没有通过法国和荷兰两国的全民公决，这部宪法不幸夭折。在法国与荷兰公投否决了《欧盟宪法条约》后，2007年 12 月欧盟成员国领导人在布鲁塞尔签订了《里斯本条约》，并且于 2009 年 12月 1 日生效。仔细研读文本就会发现，经《里斯本条约》修改后的《欧盟条约》仍然保留了《欧盟宪法条约》中关于机构改革的主要内容，如常设欧洲理事会主席、精简欧盟委员会人数、重新界定多数表决制、关于成员国退出联盟条款以及赋予欧盟完全法律人格等。有关欧盟宪法的详细情况，读者可参考本书有关欧盟宪法一章的内容。

2. 欧盟行政法

欧盟行政法主要是指那些以欧盟委员会为核心的有关欧盟行政机构的设立、职权、活动程序的法律规定，以及那些涉及这些行政机构与欧盟的整体功能和运作的法律规范，欧盟的绝大多数法律都是行政法。由于欧盟的行政机关的设立、组成、职权、活动程序、行为的合法性以及它们与成员国的关系等通过欧洲联盟宪法文件予以规定，所以又和宪法文件联系紧密。同时这些法律大部分是在经济一体化中所获得的，所以又被称为"欧盟经济行政法"。[2]

3. 欧盟组织法

组织法是指规定政府或商业机构组成的法律，例如，政府组织法、法院组织法、公司法等，宪法也有很大内容涉及组织法。对于一个国际组织来讲，凡是其章程和决议中有关该组织的成员资格、组织机构、职权划分、议事与决策规则等事项的规则都可以划归为该国际组织的组织法。对于欧盟这个一体化国际组织来说，同样在很多方面不可避免地要涉及组织程序的规则。欧盟组织法的内容主要包括：欧盟及其法律与成员国及其法律之间的关系；欧盟的基本文件和决议的法律效力；欧盟组织机构的设立和职权分工以及彼此间的关系；各

---

〔1〕 曾令良：《欧洲联盟法总论——以〈欧洲宪法条约〉为新视角》，武汉大学出版社 2007 年版，第 81 页。

〔2〕 曾令良：《欧洲联盟法总论——以〈欧洲宪法条约〉为新视角》，武汉大学出版社 2007 年版，第 86 页。

主要机构的产生、职权、议事程序；等等。[1]

4. 欧盟内部市场法

内部市场法，是欧盟的主干部分，也是欧盟实体法集中的代表。甚至可以说，在 1992 年《欧盟条约》之前，当时的欧洲共同体法实质上就是共同市场法。《里斯本条约》以"内部市场"的概念取代"共同市场"。根据《欧盟运行条约》第 26 条第 2 款的规定，内部市场由一个无内部边界的区域组成，在此区域内，人员、服务、货物和资本的自由流动由两部条约的条款予以保障。欧盟的内部市场法实际上主要是规制四大自由的法律。这些法律主要体现在《欧盟运行条约》第三部分"联盟政策与内部行动"关于内部市场、货物、人员、服务和资金自由流动的规定。欧盟内部市场法主要包括欧盟经济法和欧盟民商法的内容。

5. 欧盟人权法

在人权保护机制上，欧盟的特点是多种监督机制并存。[2]虽然欧洲法院从 20 世纪 60 年代末 70 年代初开始就裁定对人权保护事项享有管辖权，但是在《欧盟条约》之前，欧盟的基本法律文件并没有专门对人权进行系统的规定。究其原因，是欧盟的创立者起初认为这种法律制度只是为了保护和促进共同市场的形成，人权应当交由各国法来进行更加行之有效的保护。

虽然早期的欧盟基本条约没有系统地规定基本人权，但是其中的许多条款直接或者间接地包含人权保护。例如共同市场的四大自由，无疑包含着人权法中的禁止基于国籍的歧视原则。2000 年 12 月举行的尼斯会议上，欧洲议会、理事会和委员会庄严宣布了《欧盟基本权利宪章》。该宪章系统论述了基本权利的具体内容。《欧盟运行条约》第二部分"非歧视与联盟公民身份"可以说是对欧盟基本人权的集中规定。

6. 欧盟司法与内务合作法

欧盟司法与内务合作法是为了将欧盟建设成为一个"自由、安全和公正的区域"而形成起来的。与此同时，欧盟在司法与内务领域的共同政策并不是要取代各个成员国相应的法律制度和政策，而是在尊重各个成员国的不同法律制度和传统的基础上制定和实施的，并且以尊重基本权利与自由为前提。[3] 概括

---

〔1〕 ［德］马迪亚斯·赫蒂根：《欧洲法》（第 5 版），张恩民译，法律出版社 2003 年版，第 203 页。

〔2〕 程卫东主编：《欧盟法律创新》，社会科学文献出版社 2008 年版，第 97 页。

〔3〕 曾令良：《欧洲联盟法总论——以〈欧洲宪法条约〉为新视角》，武汉大学出版社 2007 年版，第 112 页。

起来，对欧盟司法与内务合作的法律调整主要规定在《欧盟运行条约》第五编"自由、安全和公正的区域"、第二十三编"民事保护"和二十四编"行政合作"中。

7. 欧盟对外关系法

欧盟对外关系法是调整欧盟在其基本条约范畴内与第三国和国际组织之间的各种关系而逐步建立和完善的运作体制、法律原则、规则、规章和制度的总和。欧盟对外关系法为经《里斯本条约》修改后的《欧盟条约》第五编"联盟对外行动一般条款与共同外交与安全政策特别条款"以及《欧盟运行条约》第五部分"联盟对外行动"。该部分共含有七编，除了一般条款、团结条款外，还有"共同商业政策""与第三国的合作及人道主义援助""限制性措施""国际协议"和"联盟与国际组织和第三国之间的关系及联盟代表团"。

其中最重要的是共同商业政策，《欧盟运行条约》第 206 条规定："通过根据第 28~32 条建立关税同盟，联盟应为实现共同利益而致力于世界贸易的和谐发展，逐步取消对国际贸易和外国直接投资的限制，以及降低关税及其他壁垒。"

（二）欧盟法律体系的特点

第一，欧盟法律体系具有独特性。欧盟法的出现和发展，使得在欧盟内部并存着两个既相互独立又彼此互补的法律体系，即欧盟的法律体系和成员国的法律体系。在欧盟法的形成和发展过程中，既受到以德国法、法国法为代表的大陆法系的深刻影响，同时又不可避免地兼具了英美法系的某些特征。这对传统的国际法理论和国家主权理论形成了强烈的冲击：一方面，欧盟法律在一定条件下可以在成员国直接适用并产生直接效力，虽与国际法发挥作用的方式存在相同之处，但其仍具有不同于一般国际法的特点；另一方面，虽然欧盟法可在一定情况下直接适用于成员国，但其在本质上又与"联邦法"这一概念差异明显，欧盟与其成员国的关系也并非联邦与成员国之间的关系。因此，欧盟法律体系展现出其既不同于一般国际法，又不同于联邦法的独特性，并因此而被称为"自成一类"的法律体系。

第二，欧盟法律体系具有超国家性。欧洲联盟与一般的国际组织的重要区别在于：一是国际协调、合作的机制化达到较高的水平；二是超出一般"政府间"合作的范畴，实现了"超国家"管辖。传统意义的、绝对不可分割的国家主权已经不再是欧盟成员国的现实选择，它们的部分主权，特别是经济货币主权已经发生了向欧盟共同机构的转移，欧盟法律超越于国家法律之上，具有了"超国家性"，从而使成员国的主权受到限制。因此欧盟法不是一般国际法，也不是国内法，而是具有"超国家性"的区域国际法。

第三，欧盟法律体系具有跨学科性。欧盟的法律体系十分庞杂，它所涉及的领域已不仅仅局限于某个部门法，不但涉及传统意义上的国际公法规范，而且还涉及数量众多的私法规范；行政法规范、刑法规范、程序法规范和冲突法规范等。[1] 我们相信，随着欧洲一体化不断拓展和深入，将会有越来越多的法律领域纳入欧盟法的体系中。

第四，欧盟法律体系具有动态性和演进性。我们通过欧洲一体化发展的历史可以看到，欧洲一体化每向前发展一步，其成果都会以一定的法律形式确定下来。欧洲一体化的发展进程就是欧盟法产生、发展的主线，因此，欧盟法律发展是一个渐进的过程，欧洲一体化所具有的动态发展性就决定了欧盟法所具有随着欧洲一体化不断演进的特质。

第五，欧盟法律体系具有向全球化发展的趋向性。欧盟法律有区域化向全球化发展的趋势。首先，它借助于欧盟内部统一体的力量，通过区域化立法的形式，把欧洲各国分散的立法形成区域化的统一实体法，以区域化的姿态在国际经济舞台上统一展示，从而大大提高了欧洲各国作为一个集团在世界经济中的地位，构成世界法律多元化体系的重要一极。[2] 其次，欧盟法律通过 WTO 的多边贸易体系的法律制度影响全球化的立法。随着欧盟国际地位的进一步提升，欧盟法律的全球化发展趋势中表现出强烈的政治色彩。强烈的政治色彩出现在其法律体系中，尤其是出现在贸易法律体系中。在与有关国家的协议和合作条款中，出现了有政治对话和政治合作的条款，明确了协议的内容和"政治、经济与法律改革的程度""尊重人权、民主、市场经济准则的状况"联系在一起。[3] 经《里斯条本条约》修改后的《欧盟条约》第 3 条关于欧盟的宗旨当中，明确规定："在与更广泛的世界的关系中，联盟应坚持和促进其价值观和利益，致力于保护其公民。"现行《欧盟条约》第 21 条关于欧盟对外行动一般条款中规定："指导联盟在国际舞台上的行动之原则应是促使其诞生、发展和扩大的原则及使其在更广泛的世界内寻求推行的原则，包括民主、法治、人权和基本自由的普遍性与完整性、尊重人的尊严、平等和团结原则以及尊重《联合国宪章》和国际法原则。"

---

〔1〕 ［德］马迪亚斯·赫蒂根：《欧洲法》（第 5 版），张恩民译，法律出版社 2003 年版，欧洲法导读——谈变作为法学学科的欧洲法学第 8 页。

〔2〕 胡劲松：《论欧洲联盟法律体系的特征》，载《科技创业月刊》2008 年第 10 期，第 121 页。

〔3〕 张彤：《全球化背景下的欧洲法律趋同》，载米健主编：《中德法学学术论文集》（第 2 辑），中国政法大学出版社 2006 年版，第 40 页。

第三节　东亚共同法的萌生与发展

一、东亚一体化的理论与实践

（一）新区域主义理论在东亚

20世纪80年代以来，全球范围内区域合作和多边主义的迅猛发展，给东亚地区各国带来了很大的压力和挑战，东亚区域的各国也在积极寻求加快实现区域合作的步伐。特别是冷战以后，东亚局势有了新的变化，主要表现在东亚各国多边合作不断加深，区域内经济规模扩大和经济依存度增强。东亚已成为世界上最重要的新兴市场，在世界政治、经济中所占比重呈大幅度上升趋势。从区域层面看，东亚区域意识的产生和新区域主义的兴起促进了东亚一体化的进程。"旧区域主义"强调经济、政治、历史、文化等的同质性是导致地区认同出现、地区一体化的基本因素，具有内向性。而"新区域主义"则弱化了地域意义，更强调开放性，它还包括内涵的深入和外延的扩大，即不但强调一体化的深入发展，还谋求将更多的国家纳入一体化的进程之中。因此，新区域主义是相对于旧区域主义而言的，简单地说，旧区域主义体现了内向性、政治和军事倾向、欧洲中心主义等；而新区域主义则具有开放性、外向性、经济倾向、多样性、亚洲性等特征。新区域主义的这些特点为东亚一体化实践提供了新的思路与理论框架。[1]

（二）东亚一体化的实践

亚洲一体化的理想由来已久。早在1903年，日本学者冈仓天心就曾倡导亚洲一体。印度诗人泰戈尔也曾经呼吁泛亚洲的团结以对抗西方的物质主义。20世纪初的中国思想界也出现亚洲联合的思想，比如，孙中山先生坚持亚洲必须联合起来共同抗击西洋的侵略，章太炎和梁启超都曾撰文呼吁保卫亚洲文化精髓。而且，泰戈尔和孙中山都对日本所提出的"亚洲是亚洲人的亚洲"概念推崇备至。但是随着日本对亚洲国家发动了侵略战争，使得泛亚主义成为不堪回首的记忆，接踵而至的冷战也使得亚洲各国陷入了深重的隔阂。直到冷战结束之后，马来西亚总理马哈蒂尔在1990年底提议成立"东亚经济集团"，但是因

---

〔1〕　郭延军、王春梅：《新区域主义视角下的东亚安全共同体建设》，载《世界经济与政治论坛》2006年第6期，第79～80页。

为遭到美国和日本的反对而被搁置。[1]

1. 东亚的界定

东亚首先是一个地理性概念，即所谓"地理东亚"。最初，相对于西方人来讲，东亚在地理上就相当于"远东"，而以当代人的地理常识来讲，东亚显然是指亚洲的东部。但东亚在范围上究竟包括哪些国家和地区，人们的解释并不统一。广义的"东亚"地域覆盖较广，北起俄罗斯的远东地区和日本，中经朝鲜半岛的朝鲜和韩国、中国（包括台湾地区、香港和澳门特别行政区），直至越南、泰国、新加坡、马来西亚、印尼等国。这一地区人口占世界人口的1/3，经济总产值约占世界经济总产值的1/5，面积约占世界陆地总面积的1/10。这一地区也大体上是汉字文化圈所及的范围。学者们在论及东亚的发展模式、发展原因和现代化道路等问题时，一般就是指这一区域。狭义的"东亚"则多指日本、中国、蒙古、朝鲜、韩国。本文是在狭义的意义上使用"东亚"一词。而且，由于朝鲜和蒙古尚未参与东亚合作，因此，东亚新区域主义指的是中、日、韩、东盟之间及它们与区外其他国家的合作机制。

东亚还是一个文化性概念，即所谓"文化东亚"。随着世界范围文化学研究的深入及其影响力，东亚概念的使用已不再局限于它的地理含义，有时还更凸显了它的文化意义。比如，中国较早研究东亚问题的专家罗荣渠先生就明确指出过，东亚从文化上讲，大体上是汉字文化圈影响所及的地区，这主要集中在中国大陆、中国台湾、中国香港、日本、朝鲜、韩国、东盟。[2] 另外，像"东亚文化圈""东亚意识"等提法，大体属于此类。

东亚又是一个区域经济社会发展的合作性概念，即所谓"经济东亚"。这种使用是随着亚洲经济的复兴，在世界经济全球化和区域经济一体化趋势日益增强的背景下，在拓展延伸意义上的一种使用。这种使用早在世界银行1991—1993年出版的研究报告《东亚奇迹——经济增长与公共政策》中，就对东亚的范围作了包括所有的东亚、东南亚和太平洋地区、中国和泰国以东的中低收入国家的界定。2000年11月，中国当时的朱镕基总理访问东盟，参加"10+3"领导人会晤，举行中、日、韩三国领导人会谈，在提到东亚国家的合作问题时，也第一次作为官方的表述使用"东亚"一词来指称东盟和中、日、韩三国。可见，在区域经济合作意义上使用的"东亚"概念，其涵盖的范围又有了新的拓展和扩大。

---

〔1〕 来辉：《亚洲一体化的理想与现实》，载《商业文化》2010年第1期，第85~86页。

〔2〕 罗荣渠：《现代化新论续篇——东亚与中国的现代化进程》，北京大学出版社1997年版，第59页。

总之，东亚的概念应该是以地理位置为基础，同时以经济和文化上的相似性为重要纽带而形成的一个区域。该区域的具体范围应视研究论题的不同角度、重点和目的，根据需要来适当地加以确定。[1] 因本文将中、日、韩视为该地理区域的中心，故本文中的东亚多指中国、日本和韩国。

2. 对"东亚共同体"的实质内容尚未形成共识

"东亚共同体"的概念已经被东亚各国所接受，似乎可以认为，建立"东亚共同体"是东亚新区域主义发展的长期目标。但是目前东亚国家对"东亚共同体"的具体内容分歧甚大。关于"东亚共同体"的定义、内容、涵盖领域、推进方式等问题，均没有形成广泛的共识和明确的表述，各方考虑也不尽相同。[2] 尽管东亚各国经济上相互依赖的加深给"东亚共同体"的构建提供了有利条件，但不可否认的是，东亚似乎正处于一个十字路口：一方面，是否要模仿欧洲一体化，超越民族国家的界限，通过社会化的国际治理形成一种联盟共同体？另一方面，能否避免重蹈欧洲国家旧日均势较量的覆辙，通过国家化的地缘政治经济合作融成另一种利益共同体？[3] 显而易见的是，东亚共同体的建立还要克服很多难以预料的困难。

目前不仅"东亚共同体"的范围不太明晰，东亚各国社会经济制度不完全一样，而且社会经济发展水平也比较悬殊，既包括中国和日本这样的经济大国，也包含像柬埔寨、老挝和缅甸等贫穷国家。要使差异如此之大的国家实现一体化，其难度也将会非常大。在如何实现一体化的问题上，日本首相鸠山曾表示，东亚国家应该像欧盟那样，先建立一种共同货币。有学者提出，是否要在积极建立东亚自由贸易区的同时，积极筹建一个亚元区。[4] 众所周知，建立共同货币，意味着一个主权国家将不得不让渡其货币政策的主导权，这在现阶段对许多东亚国家来说是很难接受的。

按照一体化的经济理论，区域化应该是循序渐进的，从优惠贸易协定、自由贸易区、关税同盟，再到共同市场、统一货币区，最后再到政治一体化。几十年来欧盟是这样走过来的。从全球来看，亚洲对区域经济一体化的反应显得比较迟缓，目前的自由贸易区尚未完善。亚洲的自由贸易区，当前主要还是在此区域层面上进行，而且主要在东亚地区。1967 年成立的东南亚国家联盟

---

〔1〕 孙育玮：《关于东亚法治文化的几点思考》，载《法治论丛》2007 年第 1 期，第 63～64 页。

〔2〕 陈勇：《新区域主义与东亚经济一体化》，社会科学文献出版社 2006 年版，第 74 页。

〔3〕 汪丽萍：《东亚区域合作与欧洲一体化的发展模式比较》，载《南京师大学报》2007 年第 5 期，第 40 页。

〔4〕 吕萌：《亚元区，从梦想到现实还有多远？——对东亚一体化中金融合作的思考》，载《东南亚纵横》2002 年第 11 期，第 11～14 页。

（ASEAN）虽然是亚洲一个重要的区域组织，但其真正的经济一体化进程直到90年代初才开始。1992年组建的东盟自由贸易区（AFTA）最初只是对来自欧洲和北美经济一体化组织挑战下的一种被动反应，不被人们所看好。东南亚金融危机之后，东盟自由贸易区才逐渐成为亚洲一个规范的次区域经济一体化组织，并推动了东亚的经济一体化进程。目前东亚已形成4种相互联系的区域一体化机制：东盟（AFTA）；"10+1"（东盟–中国FTA、东盟–日本FTA、东盟–韩国FTA）；中、日、韩FTA；以及"10+3"（东亚FTA）。其中，"10+3"已成为推动东亚经济一体化的主要渠道。

3."东亚共同体"是一个弱化的共同体

"共同体"（Community）本义是指一群人生活在某一区域内。凝结这群人的纽带可以是利益，也可以是观念；这种纽带可以是松散的，也可以是有较强约束性的。区域合作中的"共同体"概念含有更强的约束性。"共同体"是地区合作所能达到的最高形态。同时，"共同体"还意味着全面性，涉及各领域，欧洲一体化的成果是建立了欧盟，各国通过让渡主权使合作高度制度化，形成一个具备某些单一国家特征的联合体。[1] 根据美国经济学家巴拉萨（Balassa）"自由贸易区""关税同盟""共同市场""经济同盟"和"全面经济一体化"五个阶段的理论，东亚地区连第一阶段的"自由贸易区"都还未建成，可见"东亚经济共同体"的建设任重道远，再加上层次更高的"安全共同体"和"社会文化共同体"，"东亚共同体"建设的长期性可想而知。

有学者认为，"共同体"建设可分为"欧盟模式"和"东盟模式"，区别在于是功能性合作还是制度性合作，是"协商一致"原则还是"多数决定"原则，所达成的协议是否有约束力等。由于东亚地区的复杂性和多样性，目前为止的合作方式属于"东盟模式"——功能性合作、协商一致、不具有约束力。在提出建设"东盟共同体"后，东盟仍基本沿用"东盟模式"，而"东亚共同体"所面对的复杂性、差异性、多样性更大，采用"东盟模式"的可能性更大。不排除将来到了一定阶段，可形成具有较强约束力的制度性安排。和欧盟模式相比，不管是"东盟共同体"还是"东亚共同体"，注定是被"弱化"了的概念，因为这个"共同体"中的"共同"因素远低于欧盟，况且"东亚的外延"被扩大，那么"共同体的内涵"被弱化就是很自然的了。[2]

---

〔1〕 张彤主编：《欧盟法概论》，中国人民大学出版社2011年版，第45页。

〔2〕 宋均营：《鸠山"东亚共同体"构想评析》，载《理论月刊》2010年第6期，第139页。

二、东亚法律区域主义的兴起

（一）东亚共同法的界定与解读

近年来东亚区域经济合作蓬勃发展，经济一体化进程明显加快，正在形成多层次和多元化的合作机制和格局。在区域化潮流和新区域主义话语的驱动下，东亚正在兴起一股越来越强烈的法律区域主义潮流，就是在东亚区域内推进的法律的相互协调、一体化的进程。如前所述，东亚和欧洲大陆无论是历史传统还是当今各国发展状况都存在巨大的差异，欧洲一体化的发展和欧盟的建立无法简单复制。但是欧盟内部共同市场的建立和政治上政策的协调、共同对外的姿态无不受益于法律统一扫清了障碍。东亚区域力量的增强以及东亚各国经济的发展要求法律制度的弥合，法律协调和统一的必要性不言而喻。

近些年，为效仿欧洲的法律区域化运动，东亚各国的法学者提出了各种各样的法律区域化理论和设想。特别是中、日、韩等国学者对东亚地区法律的区域化建设投注了广泛的兴趣，很多学者基于对东亚法整体性的认识提出了不同的东亚区域主义法律概念。在东亚国家召开的各种法学研讨会上，东亚法、东亚法系、东亚普通法、东亚法律文化、东亚法治社会等区域主义法律概念和话语不绝于耳，成为这些会议讨论的话题。[1]

其中最具有代表性的是韩国学者崔钟库，他近年来积极主张并强调使用"东亚普通法"的概念。他是最早提出"东亚普通法"主张的学者，并主张从法史学的观点构建东亚普通法。[2] 他曾留学于德国弗莱堡大学，借鉴了德国法学的概念，创造了东亚普通法（Ostasiatisches Ius Commune）这一概念，认为应从此观念角度审视东亚法的历史。他认为，Ius Commune，即普通法（Gemeines Recht，Common Law）的事实让人再一次认识到随着欧盟的发展，代代相传所进行的法制统一（legal unification）活动中以罗马法为基础的普通法（Ius Commune）具有很重要作用这一事实。虽然东亚与欧洲的情况不同，法律观念也不同，东亚为了未来的发展，不光要寻找传统上的不同之处，更要致力于寻找共同点的研究。[3]中国具有代表性的学者，如何勤华教授根据东亚各国相似的中华法系传统与法律近代化过程而预测在该地区将会形成"东亚共同体法"；张中

---

〔1〕 黄文艺：《全球结构与法律发展》，法律出版社 2006 年版，第 31 页。

〔2〕 ［韩］崔钟库：《东亚法哲学之路——以与铃木教授的密切交往为中心》，邱昌茂译，载杜刚建主编：《法治湖南与区域治理研究》（第 2 卷），世界图书出版公司 2011 年版，第 22、26 页；［韩］崔钟库：《东亚与历史法学》，崔米子译，载许章润主编：《历史法学第 1 卷·民族主义与国家建构》，法律出版社 2008 年版，第 19 页。

〔3〕 ［韩］崔钟库：《东亚与历史法学》，崔米子译，载许章润主编：《历法学第 1 卷·民族主义与国家建构》，法律出版社 2008 年版，第 19 页。

秋教授将中华法系的复兴与东亚地区法律实践结合考察，推测该地区将会出现一种求同存异的"东亚法"；倪正茂教授则通过分析东亚中、日、韩三国法律体系的特点与发展而以正在趋同中的"东亚法治"概括之；冯玉军教授基于全球化的背景和东亚现代化的进程而将上述诸国的法律称为"东亚共通法"。[1] 上述这些研究成果可以为当前东亚共同法的构想提供丰富的理论依据和研究素材，以促使我们更加深入地研究本国及邻国的法律体系，为东亚区域经济、政治的发展提供良好的制度支持和法律保障。

笔者认为，如果追根溯源的了解"Ius Commune"一词的来源与含义，使用"东亚共同法"（East Asian Common Law）的概念似更为恰当。[2] 荷兰法史学家范·卡内冈指出，"共同法"（ius commune, common law, droit commun, gemeines Recht）一词是在如此众多的意义上和语境中得到适用。拉丁语的"共同法"（ius commune）之所以如此称呼，是因为它普遍适用于所有的学者。英语的"普通法"（common law）之所以如此称呼，是因为与地方习惯相比较而言它普遍适用于整个英格兰。德语的"共同法（普通法）"（gemeines Recht）是在德国被"全盘接受"（Rezeption）之后，在共同法的基础上赋予在德国普遍适用的学术化的法律称呼。在法国，"共同法"（droit commun）有时用在与政治领域相对的场合——比如在与叛国罪行相对的普通法上的犯罪（crimes de droit commun），但是也的确存在着法兰西普通法，这种普通法是在古代学者们希望建立一套对整个法兰西都普遍适用的法律制度，以消弭既存的地区多样性的努力下产生的。[3]

尽管东亚区域主义法律话语在不同的学者那里有不同的概括和表达，但其核心观念是清晰的。那就是，以东亚的区域经济共同体为基础，以东亚共同的历史文化为纽带，以欧盟法为理想的典范，在东亚区域范围内建立起彼此协调、合作或统一的区域性法律制度。在这一话语讨论场域中，东亚各国学者达成了一些理性的共识。在区域化合作的现实途径上，许多学者都提出，东亚各国应当基于共同的文化背景、相互理解和尊重，通过对话与交流化解历史恩怨，达

〔1〕 上述论著和学术观点详见下列文章：［韩］崔钟库：《东亚普通法论》，金珍庆译，载《法学研究》2002年第6期；何勤华、孔晶：《新中华法系的诞生？——从三大法系到东亚共同体法》，载《法学论坛》2005年第4期；张中秋：《从中华法系到东亚法——东亚的法律传统与变革及其走向》，载《南京大学学报》2007年第1期；倪正茂：《东亚法治趋同论》，载《社会科学》2003年第5期；冯玉军：《东亚共通法治的理论愿景》，载《哈尔滨工业大学学报（社会科学版）》2015年第1期。
〔2〕 张彤：《欧洲私法的统一化研究》，中国政法大学出版社2012年版，第66~70页。
〔3〕 ［荷］R. C. 范·卡内冈：《欧洲法：过去与未来——两千年来的统一性与多样性》，史大晓译，清华大学出版社2005年版，第17页。

成历史共识。在区域化合作的目标模式上，东亚的区域化合作，既不是重建古代中华帝国那种"天朝"秩序，更不是回到日本右翼宣扬的"大东亚共荣圈"，而是在自愿、平等的基础上建构一种新的协作关系。大家都认识到法在东亚一体化进程中的前提性和基础性地位。[1]

（二）东亚共同法的构建基础

1. 东亚各国具有共同的历史文化基础

东亚诸国历史文化传统的相通性以及"儒教文化圈"的存在，是东亚共同体法形成的重要条件。一个法系往往是以发源地国为中心，中心国法律向周边地区和国家传播辐射，从而形成和扩展法律文化圈。在东亚，直到清初，中国的社会发展水平高于周边国家和地区，中国长期是东亚文化中心，其相对先进的社会制度和优秀的法律文化成了周边国家学习和移植的对象。

日本学者五十岚清主张，中国、日本、韩国各国以及中国台湾地区之间存在着可以称为东亚法的法系。他主要是按照达维德和茨威格特（尤其是后者）确立的法系分类标准，主张东亚法系在若干国家和地区之间事实上是成立的。[2] 他从法制度上和法文化两个层面上考察东亚法的存在。从制度上的东亚法层面来看，首先，上述各国和地区都有着以中国为中心的发展历史。公元7世纪以来，中国唐朝的律令制度被引进到韩国和日本，在当时成为这两个国家法律制度的基本内容。但19世纪以来，这两个国家又都不同程度地开始继受西方法律，而最早引进西方法律的日本又成了亚洲其他国家效仿的对象。尤其在19世纪末至20世纪初，中国台湾地区和韩国曾经是日本的"殖民地"，因此日本法对这些地区和国家的法律制度都产生过很大的影响。及至第二次世界大战后，除中国大陆地区以外，日本、韩国和中国台湾地区又同时在很大程度上接受了美国法的影响。其次，中、日、韩三国民法典的重要性。需要强调的是在法系分类中民法典的重要性。因为民法典在一国法典中是否占据同宪法基本相同的重要地位，是判断不同国家的法系归属的一个标准。如果在这一点上有共通性，就可以认为它们属于同一法系。日、中、韩都先后受法国和德国的影响制定了民法典，因此中国、韩国同日本在民法领域有共同的基础。

关于法律文化传统的依据方面，韩国首尔大学法学院崔钟库教授在第三届亚洲法哲学研讨会上也曾作过较为全面的分析，他从东亚法律的历史基础与哲学基础两大方面展开论述。关于东亚法律的历史基础，他指出"东亚的法律史

---

〔1〕 黄文艺：《全球结构与法律发展》，法律出版社2006年版，第34~35页。

〔2〕 ［日］五十岚清：《为了建立东亚法系》，林青译，载《环球法律评论》2001年第3期，第267页。

学家几乎一致赞同下列观点，即中国、韩国、越南和日本的法典都具有一定的延续性，中国的《大唐律法》（唐律）给后来东亚诸国的立法都树立了模范和标本"。东方也象西方一样，广泛地形成了法典化。权力者制订王朝的政权制度后，必须编法典。编法典是不断地将权力正当化，而且是对祖宗业绩的赞扬。法制史家们认为，从中国的唐律、宋律、明律到清律为止，法典化过程明显具有连续性。不仅如此，《唐律疏议》还发行了古典注释书，因此，邻近国家如朝鲜、越南、日本也受到影响。"以中国律法为基础，东亚各国都在不同程度上建立了中央政府的集权统治"，"迟至 18 世纪末，东亚各国在立法过程中，都不约而同地参照了邻国的律法。立法的共同原则可以说都是儒家价值观念的体现"，乡规民约在各国发展形势不尽相同，但是"籍助于这样一些公共契约，东亚各国人民能在'求同存异'的原则之下安享社会的稳定"。"由孔子、孟子和荀子所倡导的儒家学说随着历史的推移渐次演变为新儒学说，并深深地影响到东亚人民的宇宙观、世界观以及思维方式。作为中国正统的意识形态，这一学说甚至在东亚其他国家如朝鲜、越南和日本也有广泛的影响"。也就是说，在崔钟库先生看来，东亚法律的历史基础，建立在中国法律、儒家法理以及乡规民约的共同性上。即东亚普通法的组成要素是：法典化、儒教法文化、乡约村落法和法学四种。[1] 关于东亚法律的哲学基础，崔钟库先生从"法的概念""法的美学"和"人权和义务"等方面作了简略的分析，认为东亚各国在这几个方面有其共性。他强调指出："从一个更广泛的角度考虑，东亚三国显然又拥有以儒家精神为基础的'同源'文化"，"任何一个有良知的知识分子都应当从学术角度考虑，重新衡量东亚法学共同的传统文化遗产，我们可以采用东亚三国之间通用的法学语汇来进行对话交流"。[2] 儒家文化的影响，不仅及于法律文化传统与价值观的形成，而且几乎波及社会生活的一切方面。由于东亚各国历史上都深受源于中国的儒家文化的影响，因此也就比较全面地为法律之趋同创造了文化、习俗、心理和历史渊源上的前提性条件。

2. 东亚各国以儒学文化为纽带

中国几千年古老文化孕育着中华民族的形成，而这一过程离不开儒家文化的滋养和支撑。儒家学说的广为传播又为中华法系的形成和发展奠定了思想基础。这为东亚各国法律的儒家化，形成共同的德主刑辅的立法和司法指导思想，为古代朝鲜、日本和越南大规模移植渗透着儒家思想的中国封建制法律，奠定

---

〔1〕 ［韩］崔钟库：《东亚普通法论》，金珍庆译，载《法学研究》2002 年第 6 期，第 152 页。

〔2〕 ［韩］崔钟库：《东亚法理学的基础》，载刘翰、公丕祥主编：《21 世纪的亚洲与法律发展》，南京师范大学出版社 2001 年版，第 965~976 页。

了必要的思想基础。在此基础上，东亚各国形成了共同的价值观取向：推崇和谐、集团主义、勤力节俭、重视教育、尊重权威等。这些价值观不仅影响了民众的行为和心理，也产生了具有东亚特色的法律文化，这是东亚共同法产生的历史文化渊源。虽然，19世纪中叶以降，传统的东亚文化共同体由于西方列强的入侵而全面崩溃，但是第二次世界大战以后，随着东亚诸国经济的迅速发展，当各国再次面对共同的文化传统与现代化问题时，"儒教文化圈"被提了出来。正如法国巴黎大学威德梅修教授所说："以儒教为核心内容所形成的'汉字文化圈'的东亚各国具有一种共同的东亚精神，这种民族精神主要基于儒教传统的彻底的和平主义和以'仁'为原理的共同主义等。正是这种精神，为东亚各国取得前所未有的经济发展提供了一种独创的、富有活力的原动力。"[1]

20世纪六七十年代以后，随着全球范围内对现代化的批评性反省，特别是随着日本和"亚洲四小龙"经济的腾飞，儒学和儒家文化再一次成为东西方学者关注的对象。一批东西方学者从文化的角度，用儒家文化来解释东亚的经济奇迹，确证一种不同于西方的东亚现代化模式。韩国釜山大学教授金日坤认为，东亚是依靠儒教的集体主义文化驱动资本主义体系，成功地实现了经济的发展。西方社会学家勃格提出"两型现代化"论，认为东亚发展出了与西方不同的具有特殊性格的现代化，而这种现代化模式与儒家文化存在紧密的必然联系。这些文化论者进一步用儒家文化标识东亚的特殊性，称东亚为"儒家文化圈"或"儒教文化圈"。在他们的眼中，东亚俨然成了一个文化共同体。[2]

儒家文化包括政治、道德、法律等内容，而法律思想是其重要的组成部分。如果从哲学联系的角度对儒家法律思想进行分析，可以发现儒家的法律思想与现代法律思想（包括中、西不同文化土壤下的法律思想）上存在着某种程度的契合与共鸣。中华法系以儒家思想为指导思想；重视家庭伦理价值，以天理—国法—民情三者的相辅相成为法制运作的基本框架。所以，从中华法系的思想体系上说，也可以说是儒家的法系，是儒家之法。

3. 东亚各国具有共同的法律渊源

我国台湾地区著名学者王泽鉴先生指出，东亚地区在历史上曾经具有以唐律为基础的共同法律体系。19世纪末叶以来，又共同继受了欧洲大陆民法尤其是德国民法和法国民法，这为东亚地区法律的协调提供了基础。[3] 有韩国学者

[1] 何勤华、孔晶：《新中华法系的诞生？——从三大法系到东亚共同体法》，载《法学论坛》2005年第4期，第46~47页。

[2] 黄文艺：《全球结构与法律发展》，法律出版社2006年版，第33页。

[3] 该观点出自王泽鉴教授于2009年10月在清华大学举行的"欧洲私法的统一及其在东亚的影响"国际研讨会上的报告。

对此表示认同，认为在私法领域，东北亚（主要是中国、韩国和日本）存在着大量共同的法律渊源，比如共同法，是在该地区儒教和佛教的基础上形成的。本地区的法律学者应通过东北亚法律史的比较研究找出其共同法。此外，学者们还应努力将源自儒教和佛教的共同法进行现代化改造。东北亚三国还从西方国家共同继受了植根于西方基督教文明的现代民法，所有东北亚各国都采用了来自西方国家的私法制度，特别是大陆法系国家。因此，本地区各国家对共同私法有广泛共性，这些私法有可能演化成本地区的共同法。除此之外，中国、日本和韩国均加入《联合国货物买卖销售合同公约》。因此，东北亚各国拥有共同的新、旧私法渊源。为了达成一个东亚合同法原则的草案，各国应首先通过法律史的比较方法努力找到过去的"共同法"，并通过对现有各国私法的比较研究形成新的"共同法"。[1]

4. 东亚各国同属汉字文化圈

共通的语言是文化共有的一个佐证。从法文化上的东亚法层面上来看，中国不仅将儒教而且还将汉字传播到了周边各国。尽管现在的中文与日文、韩文之间在文法上缺乏共通性，但中国、日本、韩国一直使用着共通的文字。在法律用语上，一方面，可以看到"法"以及与法相关的中文词至今仍在东亚各国以共通的意义使用；另一方面，日本制造的法律用语在中国和韩国得到使用的例子也不胜枚举。

汉语为中华法系的形成和发展提供了传播媒介和语言文化条件。朝鲜、日本和越南开始都没有自己的文字，使用的是汉字。后来以汉字为基础创制了本民族的文字，但在很长的历史时期内，汉字仍处于主导地位。在这种语言环境下，汉字作为中国法律文化的载体，在三大旁系国移植中国封建制法律的过程中功不可没：其一，汉字在中华法系国家内通用，消除了朝、日、越三国人士了解中国封建制法的语言障碍，便于三大旁系国的留学人员和上层统治人物直接学习研究中国封建制法律，也便于普通民众理解中国封建制法律。其二，在旁系国没有自己的文字的历史条件下，汉字的通用是中华法系以成文法为主要法律渊源这一特征形成的先决条件。没有文字就不可能有成文法。在中华法系里，各国开始均用汉字表述法律，记载司法判决。日本最早的一部成文法《十七条宪法》就是用汉文表述的。《弘仁格》《贞观格式》和《延喜格式》亦都是用汉字写成的。其三，汉语不仅加快了古代东亚地区法律文化交流的过程，而且防止了法律移植中的"走样"。如果接受国与母法国的文字不同，翻译过程中

---

〔1〕 金相容，韩国延世大学法学院教授，韩国学术院院士，韩国民事法学会名誉会长。该观点出自于 2009 年 10 月在清华大学举行的"欧洲私法的统一及其在东亚的影响"国际研讨会上的报告。

译者理解不准确，或接受国没有与之相对应的专有词汇，则往往会影响法律移植的效果。汉语作为传播媒介，如同后来英美法系形成过程中的传播媒介英语一样，为准确、快速推广母法国的法律文化提供了语言文化条件。[1]

但是汉字的使用和影响在今天也面临着危机。在中国可以看到极端的简化字政策正在实施；在韩国又可以看到以韩文字母完全代替汉字的倾向。许多学者对建立东亚共同体以及进行东亚法律的协调持悲观态度，认为在东亚法律协调进程中，文化与语言上的差异也是一大壁垒。为此中国台湾地区学者刘幸义提出，为了帮助东亚地区彼此沟通和相互理解，汉字法律术语应尽可能有共同的措辞。因此，应在东亚地区建立关于汉字法律术语的长期性的跨国合作研究机制，逐步建立能够保持东亚文化特色的共同汉字法律术语。

三、东亚共同法的发展态势

（一）东亚合同法的协调

对于日益在国际经济舞台上发挥关键性作用的东亚国家而言，推动区域性经济一体化以及相关法律制度的建设，已经不仅仅是官方的共识了，也成为民间研究的路径之一。

由于东亚各国国内的情况各不相同，其相应的法律制度在很多方面不可避免地与其本国特有情况相对应因而独具特色，因此，要想在区域层面上将东亚各国国内所有的民商事法律全部纳入协调的范围是不现实的。不过，将东亚各国之间差异较小的部分内容通过协调的形式达成一致却是完全有可能的。欧洲的法律区域化运动和欧盟私法统一化取得的成就给东亚私法协调带来了助推和经验，东亚私法的协调和统一化是目前东亚法学界的关注热点之一。欧洲私法协调和统一化的经验是私法的协调首先是从合同法领域开始的。现代合同法的新发展将不仅是其自身具体制度的完善，更重要的是合同法整体功能上的进化，这种进化就是合同法的跨国适用性，即合同法的一体化，欧洲合同法的统一已经用事实向人们展示了合同法的发展趋势。探究欧洲合同法统一对于合同法现代化在内容、形式和实现路径上的贡献，对东亚区域性经济合作中可能涉及的合同法规则的建构有着积极的借鉴作用。尤其是中、日、韩三国学者就这个课题已经提出了各种各样的理论和设想，也开展了一系列的活动和实践。通过学术交流和论坛研讨会的争锋，中、日、韩三国学者已经基本达成了先在东亚合同法领域进行协调的共识，即以东亚的区域经济共同体为基础，以东亚共同的历史文化为纽带，以欧盟法为理想的典范，在东亚区域范围内建立起彼此协调、合作或统一的区域性法律制度。东亚学者先是通过法律史的比较，努力找到东

---

[1] 杨振洪：《论中华法系的形成和发展条件》，载《法学研究》1997年第4期，第151页。

亚过去的"共同法",并通过对现有东亚各国(主要是中、日、韩)合同法的比较研究形成新的"共同法",最后在这些学术研究的基础上,尝试起草《亚洲合同法原则》。[1]

日本金山直树教授提出了与《欧洲合同法原则》相对的《亚洲合同法原则》(Principles of Asian Contract Law,简称 PACL)概念与研究计划。倡导由中日韩学者共同组成 PACL 起草委员会,起草统一的示范法,为各国立法、法制改革提供范本,也作为可供选择的商人法选择适用,以减少东南亚地区的商事交易纠纷。[2] 在韩国民事法学会名誉会长李英俊教授的领导下,韩国于 2004 年建立了韩中日民商法统一研究所。李英俊教授提出,要为东亚地区特别是中、日、韩三国之间的买卖合同制定合同范本,并指出东亚统一买卖法,应朝着民商法统一、与国际买卖规范相协调,以及逐步摆脱潘德克吞体系而偏向实用主义的三大努力方向。[3] 韩国金相容教授指出,可将《联合国国际货物买卖合同公约》作为东北亚地区共同合同法原则的立法的可能性参考,达成起草一部《东亚共同合同法原则》的最终目标。《东亚共同合同法原则》的起草,应当首先开展两个方面的工作:一方面,应对东北亚地区在历史上曾具有的以儒家和佛教为基础的共同法进行研究,并发掘其对当代所具有的价值;另一方面,应对近代以来以欧陆民法为基础形成的东北亚各国私法进行比较研究,寻找共同的原理和规则。[4] 我国学者韩世远教授也早在 2004 年就提出:虽然东亚地区还不存在像欧盟那样的超越国家主权的联盟,但欧洲合同法委员会早期的工作经验启示我们:合同法或私法的协调之路可以从学者开始,从民间开始,从示范法开始。亚洲的学者应该及早行动起来,成立东亚私法协调化委员会,收集东亚地区的合同法文本、判例、合同书等资料,并开展比较法的研究工作,共同起草《东亚合同法原则》的示范法。[5]

清华大学法学院于 2009 年 10 月 10—11 日召开了一场"欧洲私法的统一及其在东亚的启示"国际研讨会,中、日、韩学者就致力于东亚区域贸易一体化、

---

〔1〕 张彤:《东亚合同法的协调研究——以欧盟为比较对象》,中国人民大学出版社 2015 年版。

〔2〕 Naoki Kanayama, "Challenge to PACL", *Collection of Essays for the Forum "Harmonization of European Private Law and Its Impact in East Asia"*, Oct. 2009, pp. 1-3.

〔3〕 Lee Young June, "Basic Guideline for Principle of East Asia Contract Law", *Asia Private Law Review*, No. 3, Dec. 2009, pp. 340-341.

〔4〕 Kim Sang Yong, "The Possibility of Restoration and Creation of ius commune in the North East Asian Region", *Collection of Essays for the Forum "Harmonization of European Private Law and Its Impact in East Asia"*, Oct. 2009, pp. 8-17.

〔5〕 韩世远:《从 PECL 看东亚合同法协调之路》,载渠涛主编:《中日民商法研究》(第4卷),法律出版社 2006 年版,第 198~209 页。

早日形成东亚统一合同法规则文本达成了共识。倡导由中、日、韩学者共同组成《亚洲合同法原则》起草委员会，起草东亚统一私法的示范法。此后，中、日、韩学者以《欧洲合同法原则》和《欧洲私法共同参考框架草案》为蓝本，进行了相关的研究工作，开始草拟《亚洲合同法原则》。这一开创性的工作无疑在东亚私法一体化进程中具有里程碑式的意义。东亚开始通过学者的力量，初步整理出亚洲地区关于合同法乃至整个私法的共同适用原则，以促进亚洲地区的法律统一与学术共同体的成长。到目前为止，参与《亚洲合同法原则》项目的成员除了来自中（包括台湾地区和香港特区）、日、韩三国以外，还包括来自新加坡、越南、柬埔寨、泰国、缅甸、尼泊尔及马来西亚的专家学者。《亚洲合同法原则》是由东亚地区学者自发发起的合作研究项目，其目标是在比较法研究的基础上起草一套适合亚洲经济交往需要的规则和原则。《亚洲合同法原则》作为东亚地区学者发出的合同法的"亚洲声音"，业已引起包括联合国国际贸易法委员会在内的国际关注。[1]

（二）东亚共同法的理念

从上述对构建东亚共同法的理论、经济以及历史文化基础的详细阐述，我们可以将东亚法律协调的现实性需要与客观性可能主要归结为以下三点：其一，东亚各国发展市场经济的共同需求；其二，东亚各国地缘相接因而经济、政治、文化交往更需避免或减少冲突的共同需求；其三，东亚各国划一地全属大陆法系国家，并都需要吸收其他法系的积极经验与法治成果；其四，东亚各国人民在习俗、心理、语言、文化方面历史上本很接近，而今又更有加强交流、克服隔阂的共同需求。总之，东亚各国法律的协调，既与历史发展的逻辑相符合，也有其经济、政治、文化、思想的历史与现实基础。但这不等于就不存在趋同的障碍并必然走向统一了。同时，即使趋同，还存在如何"趋"，"同"什么的问题。[2]

就东亚合同法的协调问题而言，东亚合同法的理论体系建构是伴随着东亚经济一体化发展的进程，它具有开放性。《亚洲合同法原则》是目前由东亚地区学者自发发起的合作研究项目，其目标是在比较法研究的基础上起草一套适合亚洲经济交往需要的规则和原则。虽然现今的《亚洲合同法原则》还在探讨之中，但是一旦亚洲拥有了共同的合同法原则，那么对于各国合同法体系也将产生非常重要的影响。比较法的研究方法对东亚合同法的协调来说是非常必要的，

---

〔1〕 韩世远：《亚洲合同法原则：合同法的"亚洲声音"》，载《清华法学》2013年第3期，第9页。

〔2〕 倪正茂：《东亚法治趋同论》，载《社会科学》2003年第5期，第56~58页。

其目标主要在于分析东亚合同法统一的内容理性，即合同法在实体内容上的取向和具体规则的建构。重点需要研究中、日、韩合同法在理念、体系结构、方法以及具体法律制度等方面的异同，揭示东亚合同法的共识及差异，尽可能地识别出"最佳解决方案"。

第四节　法律区域化面临的挑战及其前景

一、区域一体化在 21 世纪面临的挑战

（一）欧洲一体化面临挫折与危机

1. 缺失民主的欧洲一体化进程

60 多年之前，欧洲煤钢共同体的诞生依赖的仅仅是少数政治精英意义深远的决定。20 世纪 90 年代来，欧盟的迅速发展给欧洲一体化进程中的民主赤字问题拉响了警钟，决策过程的不透明、不民主造成了欧盟的决策与民众脱节。如果以《欧盟条约》作为分界线，可以将欧洲一体化进程中的民主问题划分为两个阶段。在《欧盟条约》签署前，一体化进程所面临的挫折主要是因为反对"超国家的欧洲"的法国总统戴高乐的强硬和孤立政策以及当时严峻的世界经济形势，尽管这一阶段民主合法性问题已经存在，但一体化进程在当时的广度和深度并没有对其决策的民主授权提出更高的要求，而更多的是在早期欧洲民众的宽容共识中顺利推进。[1] 而《欧盟条约》签署后，欧洲一体化进入新的发展阶段，所面临的问题与挑战也出现新的情况：1992 年丹麦全民公决否决建立欧盟的《欧洲联盟条约》，2001 年爱尔兰民众否决推进欧盟机构改革的《尼斯条约》，2005 年法国和荷兰全民公决否决《欧盟宪法条约》，2008 年爱尔兰全民公决再次否决旨在代替宪法条约的《里斯本条约》。每一次受挫都有不同的矛盾焦点和政治经济背景，但其共同反映出来的一个问题就是欧盟决策与民众脱节，精英推动的一体化进程缺乏足够的民众支持，也就是"民主赤字"的存在。欧

---

〔1〕 它一方面表示公民们对于把欧洲一体化当作最值得追求的目标存在广泛的共识；另一方面又表示他们对一体化的具体实施很不了解，因为是精英们在不顾公众态度的情况下推动一体化前进。只要公民们不感到自己的利益受到直接的负面影响，其善意的基本态度以及因无知而产生的被动状况便于允许一体化大步前进。但如果一体化进程触及了民族国家主权的敏感领域，那么"宽容共识"便会走向终结。参见 ［德］贝娅特·科勒-科赫、托马斯·康策尔曼、米歇勒·克诺特：《欧洲一体化与欧盟治理》，顾俊礼等译，中国社会科学出版社 2004 年版，第 224 页。

盟如何加强这种民主，这种变化将给欧盟带来全新的挑战和转变。[1] 2004 年出台的《欧盟宪法条约》即为保障欧盟公民的民主权利、扩大欧洲议会权力、对决策进行有效监督等方面进行了有益的尝试。2009 年生效的《里斯本条约》保留了《欧盟宪法条约》的核心内容：如加强欧洲议会的共同决策权；减少欧盟委员会的委员数量；设立欧洲理事会主席；扩大特定多数表决制的范围，欧盟理事会同时将采用"双重多数表决制"等；将修改后的原《欧盟条约》第二编纳入《欧盟运行条约》，明确规定联盟运作以代议制民主为基础。同时还明确规定了欧洲公民的动议权和加强成员国国内议会在欧盟运行中的作用。

《里斯本条约》试图通过一系列措施，加强欧盟的民主性与合法性，其中重要措施是加强欧洲议会的权力。这在一定程度上缓解了欧盟的民主赤字问题，但是欧盟的民主赤字是欧盟自身结构与性质所决定的，如果不进行根本性的制度上的变革，欧盟的民主合法性不能从根本上得到解决。但无论如何，《里斯本条约》都为欧盟的政治带来了新的安排。该条约把欧盟从一个经济共同体向政治联盟长期发展的道路带向了一个高峰。该条约为联盟拟定了新的目标，政治联盟由此迈开了新的脚步。[2]

2. 差异性的欧洲一体化发展

从 1951 年《欧洲煤钢共同体条约》签署，欧洲煤钢联营成立，到 1992 年欧洲联盟的建立，欧洲一体化历经几次扩大，从经济一体化延伸到政治、安全一体化。发展至今，欧盟被视为一个具有内部合法性与外部合法性的政治实体，也是民族国家合作解决共同问题的一种积极尝试，成为国际社会的新兴典范，为其他地区一体化提供了学习榜样。

然而，2009 年底以来，希腊、爱尔兰、葡萄牙、西班牙等国相继发生主权债务危机，2015 年阿拉伯和非洲难民涌入欧洲的引发了难民危机，2016 年 6 月 23 日英国通过公投决定脱欧引发了去一体化问题。各种危机交织所暴露出来的经济增长乏力、收入分配不公、一体化认同缺失、对外政策失误、民主赤字严重等问题，正在促使欧盟及其成员国的领导人和政治精英反思金融全球化、人口老龄化压力下欧洲社会政治、经济、社会、文化等体制性问题。[3]

---

〔1〕 Torsten Oppelland, Institutionelle Neuordnung und Demokratisierung, Olaf Leisse: Die Europäische U-nion nach den Vertrag von Lissabon, VS Verlag für Sozialwissenschaften / GWV Fachverlag Gmbh, Wiesbaden 2010, S. 81-83.

〔2〕 Jo Leinen, Das Europäische Parlament und der Vertrag von Lissabon, Olaf Leisse: Die Europäische U-nion nach den Vertrag von Lissabon, VS Verlag für Sozialwissenschaften / GWV Fachverlag Gmbh, Wiesbaden 2010, S. 100

〔3〕 丁纯：《欧洲一体化的危机和欧盟的转型》，载《人民论坛》2016 年第 16 期，第 25 页。

　　区域经济一体化的传统理论是以成员体的"同质"性为基础的，通过区域内的核心力量来协调各成员利益，实现区域机制的共建。所谓"同质"，从经济上讲，是指各参加国的经济发展水平和发展规模的基本等同，因而各方加入区域组织的磨合程度较小，也有利于区域合作中各方相对收益的均衡分配，从而减少区域合作的实施成本和摩擦成本；从政治上讲，是指各成员国拥有相同的意识形态和社会制度，对彼此的行为有着可预测性，合作的一方相信对方不会轻易采取对他方有害的行动。欧盟即是较为典型的"同质"成员结构的一体化组织。但"同质"并不意味着"同步"。同步一体化要求所有欧盟成员国以同样的速度走向共同的目标。在实践中，由于部分欧盟成员国缺乏合作意愿或参与合作的能力不足，难以实现同步一体化，催生了差异性一体化。随着欧洲一体化不断向深度和广度发展，欧盟内部的异质性程度加大。倘若没有差异化，欧盟成员国之间是不可能达成一致意见的。在欧洲一体化语境中，差异性一体化指正式的欧盟法规在不同成员国适用时存在差异性。具体来说，差异化既指一些欧盟规则只适用于部分成员国，也包括非成员国实施一些欧盟规则，以及个别成员国不实施但是非成员国适用特定欧盟规则。就成员国而言，英国是具有差异性安排最多的两个国家之一。在欧盟内部，英国的特殊例外安排主要体现在以下方面：一是在经济与货币问题上，英国一直与其余成员国持有不同立场。英国一向视货币发行权为国家核心主权，因此反对将货币主权让渡给共同体，英国一直选择不参加欧盟的单一货币体制。二是在自由、安全与司法政策方面，《阿姆斯特丹条约》附加一份议定书，允许英国在边境管制和涉及内政、司法的共同政策方面享有例外权。按照议定书，英国不参加申根合作，继续保留与其他申根协定国的内部边境检查；不采用《申根协定》下共同的对外签证政策，仍然沿用自己国家的签证要求；在移民与避难政策上不受《申根协定》的约束。同时，条款允许英国选择参加《申根协定》的部分条款。三是在《欧盟基本权利宪章》方面，英国对于在欧盟层面制定涉及社会权利的共同政策一直持有异议。该宪章没有被纳入《里斯本条约》的正文，经过磋商，欧盟同意赋予英国相关特殊例外权利。综上所述，在欧洲一体化深化的同时，英国选择不参加合作的政策领域越来越多。英国在欧洲一体化建设中获得的差异性安排赋予其极大的自主选择权，既可以不参加合作，又保障了随时选择加入的权利。除了英国，还有一些成员国对欧盟具体政策领域的合作持保留态度，欧盟也赋予它们一些差异性安排。例如，丹麦被获准不加入欧元区和不参加欧盟防务领域的合作；爱尔兰不参加申根合作，在移民、司法合作、边境管控等领域有例外特权；

波兰在适用《欧盟基本权利宪章》时享有一定的特殊豁免权。[1]

差异性一体化在推进一体化建设的同时,对一体化进程也具有负面影响。英国脱欧正折射出了差异化是欧洲一体化的显著特征。差异性一体化是多重因素共同作用的结果,其中,欧盟内部的深层次问题和矛盾是根本原因。然而当下,欧盟正面临着欧债危机、难民危机以及乌克兰危机的重重考验,英国公投所做出的决定,使得英国可能成为欧盟历史上第一个选择退出的国家,这无疑是在以上几重危机背景下向欧盟提出了新的难题。[2] 随着英国的离开,欧盟将会失去其成员国中的第二大经济体和第三大人口国。英国与欧盟之间的退欧协商在英国根据《里斯本条约》第 50 条的规定向欧洲议会提出"解约"后已经正式展开。这一进程的启动,意味着英国和欧盟将有两年时间完成"分家"。在这两年中,英国必须理顺英国法律和欧盟法律之间的关系;在这两年中,英国还必须清理大大小小与退欧有关的问题并且通过退出协议。同时,还需要规划出将来欧盟与英国合作的新蓝图。英国脱欧之后需要考虑:与欧盟之间的贸易关系将如何维系?如今住在英国的约 300 万欧盟成员国公民何去何从?而住在欧洲其他国家的 200 万英国公民又将面临何种境况?要如何处置他们的工作与留居许可?

从目前来看,英国脱欧对欧盟的最大影响在于使得欧盟更加难以有效应对其面临的危机,而欧盟也可能将长期陷入经济不振、社会不稳、政治不安定的困境之中。[3] 英国脱欧进一步增加了欧洲一体化未来发展的不确定性。2016 年9 月 16 日,欧盟 27 国领导人举行峰会,商讨英国脱欧公投后欧盟的前景,在难民、反恐、防卫和经济问题的"路线图"上仍难达成一致,因此"多速欧洲"成为未来欧洲一体化发展的一大可选路径,即有意愿的国家可在防务、货币、税收等领域加速推进一体化,而其他国家可以选择不参与或在以后参与。[4]"多速欧洲"(Multi-speed Europe)设想的提出,表明了欧盟继续推进一体化的愿望和决心。但对欧盟而言,"多速欧洲"是机会更是挑战。

(二)东亚一体化进程的阻滞

如前所述,传统一体化模式以成员体的同质性作为重要初始条件。但这种理论模式似乎并不符合东亚各国和地区现有的地缘政治和地缘经济条件,因而东亚一体化出现了理论适用上的缺失。如果以同质性标准来衡量东亚,则势必

〔1〕 陈洁:《从英国脱欧看欧盟差异性一体化》,载《国际论坛》2016 年第 6 期。
〔2〕 巩潇泫、贺之杲:《英国脱欧对欧盟行为体角色的影响分析》,载《国际论坛》2016 年第 6 期。
〔3〕 冯仲平:《英国退欧对欧盟及中欧关系的影响》,载《欧洲研究》2016 年第 4 期。
〔4〕 王雅梅:《什么是"多速欧洲"》,载《学习时报》2018 年 8 月 27 日,第 2 版。

陷入对东亚一体化的悲观论中。东亚的一体化基本特征在于：在经济、政治和文化等领域都存在其他地区无可比拟的多样性。东亚地区是世界上差异最大的地区，区域内的国家具有不同的政治制度，经济发展水平不一，历史、文化、宗教、种族都有很大的差异。美国最著名的东亚问题学者之一斯卡拉皮诺曾说，东亚地区像一块绚丽多彩又令人迷惑的马赛克。"世界上很少有别的地区能比这一地区更鲜明地说明在千差万别之中求得一致所会遇到的各种问题。各个种族的代表性的特点、文化类型、经济制度和政治制度的纷繁杂陈，其种类之多、范围之广，几乎囊括人类所见识过的全部类型。"探讨东亚政治、经济、文化历史的和现实的联系性，阐释东亚各国之间相互冲突和融合的深层原因，如何克服这些既有的障碍，总结出既有的经验或寻找出可行的办法，是解决东亚一体化问题的重点和难点。

冷战结束后，经济全球化的纵深发展推动着区域一体化以更快的速度进行制度变迁。世界经济的区域化和集团化的实践已经明显突破了其传统理论范畴，经济全球化的纵深发展也深刻影响着区域经济一体化的进程，突出地表现在对传统模式"同质性"前提条件的放松，即不同经济发展水平和不同社会政治制度与意识形态的国家也可以成立区域经济一体化组织。经济交往和经济合作的增强致使大国之间经济利益的大面积交叉或融合，导致国家相互依赖和共存共荣程度的实质性加深。"同质"与"异质"不再成为判断一体化能否成功的主要尺码，区域一体化逐渐突破了原来的理论框架。[1]或许在另一类话语体系，例如，在多元文化主义等话语体系的引导下，人们就完全有可能建立起一种新型的跨国共同体。在这种新型的跨国共同体中，各国人们既要具有一定程度的同质性（例如，对于共同体基本原则、规范和制度的认同），以维护共同体的正常存在和运行；又要在经济、社会、政治和文化等方面保留一定程度的异质性，以维护共同体成员国之间在经济、社会、政治和文化生活方面的多样性。这种新型的共同体，如果能够真正地建立起来，将是东亚各国人民对人类生存和发展的重要贡献。

二、法律区域化的前景

东亚各国的区域合作和推动东亚区域经济一体化进程，是东亚共同法形成的经济基础。近年来，在经济全球化的大背景下，东亚区域经济一体化进程虽然起步较晚，但发展迅速，高潮迭起，金融、货币、贸易投资、技术、信息等领域的统一市场已初见端倪，并将在未来相当长的一段时期内，成为这个地区发

---

〔1〕 范洪颖：《全球化背景下东亚一体化理论适用问题探讨》，载《东南亚研究》2007年第3期，第66~68页。

展的主要趋势。随着东亚区域一体化的逐渐形成，为了使国与国之间经济领域内的交易能得以顺利发展，协调和解决各国在经济交往中的矛盾和冲突，东亚诸国迫切需要寻找一种共同的"法律基点"或"法律语言"，建立一套统一的法律规则对市场行为进行规制，因此，东亚的区域经济合作需要共同的法律规则来调整。

欧洲一体化进程为各区域的一体化提供了很好的范本，但是欧洲的区域特殊性无法复制。目前对东亚法律一体化研究的学者往往在浪漫主义和悲观主义情绪之间各执一端。当然，目前东亚，尤其是中、日、韩三国政治争端、领土纠纷无法忽略，但是和平与发展仍然是时代的主旋律，而和谐共进对于东亚各国的发展来说也是唯一的出路。进一步而言，如果在东亚法律协调的研究中区分矛盾产生的根源，针对不同的矛盾选择不同的解决路径，或许能够找寻到一体化的光明大道。

首先，欧洲合同法统一和东亚合同法协调的经济基础和政治愿望差异明显。相对于法律技术层面的推动来说，东亚经济一体化的推动对东亚法律的协调意义更为重大，甚至可以说起着决定性的作用。目前困扰东亚各国合作的因素既包括历史上的因素，也包括现实发展程度上的差异；既包括政治上的因素，也包括经济文化上的因素。因此，东亚一体化目前来说还存在着非常多的问题和阻碍。

通过欧盟法的发展我们可以看到，经济与政治的一体化对法律的一体化起到了至关重要甚至是决定的作用。欧洲合同法的统一作为欧洲私法统一的重要组成部分，是发生在欧洲一体化大背景之下的法律的一体化。欧盟法律的协调除了适应经济全球化的趋势外，还有其自身的一系列因素。总体上来说是因为：经济上，为建立一个共同市场和一个经济、货币联盟，实施共同的商业政策，实现货物、人员、服务、资本的四大自由流通。法律规则的统一会使得成员国之间的交易风险降低，从而使得交易成本降低，进而促进经济效率的提高。政治上，则是成员国国家间讨价还价，确定利益界限和范围，实现利益协调的结果。一体化的过程还体现在欧盟各成员国公民对其作为欧洲人的一种高度认同。这种所谓的欧洲认同，需要唤起人们对于"欧洲"这个表述的一种强烈的归属意识，这种"共同欧洲"观念的认同应当是全方位的，即不仅是一种政治上对作为欧洲公民的认同，而且还包括一种在法律上对所有欧洲公民实现平等保护、同等问题同等处理的诉求。法律的统一客观上能够保障这种认同的实现。更为重要的是，统一的欧洲法律在政治上具有标志欧洲真正形成统一的象征性意义。[1]

　　欧洲合同法协调和统一的启动和发展，多由学者的民间学术活动推动，通过各国学者的共同探讨，建立起一个相对可行有效的模范法，作为原则性的指引，然后再结合具体各国差异进行协调和操作。但是，欧盟官方机构的引导和协助作用也不可忽视。欧洲私法协调的前期学术性工作实际上得到了欧盟机构的鼓励，因为这些研究促进了对欧洲现有多元化法律传统的共同理解和对立法的理论准备。欧盟委员会在欧洲私法化进程中也一直都表现得很积极，它已经在私法领域制定了许多指令。[2]

　　相对欧盟来说，东亚的情况有很大不同。同欧洲相比，东亚的私法一体化进程相对比较缓慢。其中一个重要的原因自然就是东亚地区还不存在一个像欧盟那样的超国家的联盟，各国间的经贸交流和来往并没有带来加快推进政治领域一体化的愿望，也没有一个官方主导的合同法协调的计划，这也是东亚法律的一体化进程中的主要问题。相较于欧盟来说，东亚的私法一体化还主要存在于学者之间，更多的是通过学术研究进行推动。

　　其次，从历史传统和文化认同方面来看也存在着明显的差异。欧洲私法统一过程中，并没有在文化价值领域遇到过较大阻碍，因为欧洲各国都是以基督教文明为思想基础，这为共同法规范创造了较好的思想基础。经过六十多年的发展，欧洲一体化进程逐渐塑造出了一种新的欧洲经济、社会和政治秩序，创造出了一种新型的联盟共同体，并在此框架下改变了传统的力量结构与国家利益，形成了一个新的模式："欧盟模式"。可以形成共识的是：欧洲一体化的成功实践有两大关键要素：欧洲精神与欧盟制度。两者互为依托，共同着力，使欧盟朝着欧洲认同基础上的多极治理组织迈进。[3] 欧洲精神以自由、民主、法治、兼容为核心内涵。自由与民主是价值观念与取向，法治是行为准则，而兼容既是处事方式也是价值观念。相对来说，整个欧洲的价值观念和宗教信仰是高度一致的。从整个欧洲地区来说，虽然也存在着天主教、基督新教和东正教教义上的差异，但是其有着共同的来源，并且差别也比较小。欧洲精神根植于有着悠久历史的欧洲文明，是欧洲文明长期积淀的精华，是欧洲人的价值准则、道德规范和行为方式的综合体，它体现为一种独特的欧洲认同。欧盟制度表现在基础性条约、条例、指令、机构设置、决策程序、表决机制、议事规则、运作规范、裁决判例等诸多层面。欧洲精神体现于欧盟制度的建设之中，发挥着

---

〔1〕　张彤：《欧洲私法的统一化研究》，中国政法大学出版社 2012 年版，第 49～53 页。

〔2〕　张彤：《欧洲私法的统一化研究》，中国政法大学出版社 2012 年版，第 237～241 页。

〔3〕　蔡玉辉、杨豫：《欧洲精神与欧盟制度析论》，载《欧洲研究》2006 年第 1 期，第 89 页。

引领、指导、推动、调适等多种功能，使一体化的动力源于缓冲器；欧盟制度是欧洲精神的产物与载体，起着架构、规范、监控等多种作用，是一体化的工作母机和监控系统。制度是具有共同目标和共同利益的共同体内的行为者与他们认可的行为规则的总和，就是行为者加游戏规则，而其中的要素是"要求成员共同遵守的、按一定程序办事的规程或选定准则，是一种社会性的公共规则，具有权威性与强制性"。可以说，欧盟的发展得益于完善的制度建设。

但是反观东亚三国，中、日、韩三国都曾属于中华法系，在长久的文明进化史中都深受中国传统文化熏陶。在中华法系的传统思想中，礼和理往往是法的重要来源，具有重要意义。但是在东亚法制中的西法东渐之后，东亚传统法律和伦理道德相分离的理论占据了统治地位。法学向德国的概念法学或法实证主义转化，走向专门化和技术化，明显脱离了民众的法生活和法思想。随着法在社会控制系统中居于中心地位，法律的非伦理性愈益明显。此外，东亚各国在价值观上差异也非常大。中、日、韩在意识形态方面的差异难免会引起不可避免的分歧。特别是冷战对东亚产生了深刻的影响，意识形态及冷战思维的分歧并未完全消除，意识形态及政治经济体制的差别，终究是阻碍各国合作的巨大障碍。[1] 而作为曾经支配着整个东亚地区意识形态的儒家思想，如今已经相当的衰落，已不能说是该地区共同的信仰和价值观了。可见，共同的价值观是一个地区至今相互认同的重要标志，不同的价值观会阻碍各国之间的信任和合作，一体化进程也会受到很大的影响。

最后，从法律技术层面来看，东亚各国法律之间同时存在着明显的差异，这些明显的差异的确有可能阻碍法的协调和统一。说到区域法律的一体化，必然是以该区域内法律发展程度上的均衡作为前提和基础的。如果该区域内各国法律发展差距太大，则法律的协调和统一就无从谈起。

在法律渊源和法律技术方面，虽然欧洲同时存在着大陆法系和英美法系两大法系，它们相互之间存在着一定的差异，但是它们拥有共同的源头——罗马法。罗马法作为古罗马的法律，其私法规范已经发展到了相当完备的程度，无论是《法国民法典》《德国民法典》，还是英国的私法规范，其核心理念和主要制度莫不是来源于罗马法，正因如此，欧洲将罗马法作为当今欧洲私法协调和统一的共同法来源。随着欧盟的建立，欧盟各成员国是在具有共同的法律理念和司法传统的基础上创设欧盟法，在共同体内创设共同的法律权威。对于欧洲私法协调和统一的原因，最主要的理由不外乎是降低商业贸易的成本，使得法律更具可预测性，加强欧盟成员国公民间法律和文化的联系和交流。可以说，

---

〔1〕 蔡建国等：《东亚合作与交流》，同济大学出版社 2010 年版，第 94 页。

欧盟内部市场的建立及欧洲一体化的进程对欧洲私法的产生和发展无疑发挥了巨大的推动作用。

对东亚来说，东亚的私法协调在共同的法源方面还较为欠缺，东亚私法的协调相较于欧洲来说要艰难得多。作为东亚地区历史上影响深远的唐律等律例，已经不能适应现代经济和社会发展的需求，其基本理念与现代社会的法治观念也相去甚远，是否还可能作为东亚共同法的参考仍存有疑问。东亚各国近代的法律规范主要是移植和借鉴西方的法律，特别是德国的法律，但是各国之间的差异仍然非常大。日本和韩国的私法规范已经达到了相当完善的程度，民法典也有了几十年甚至上百年的历史。日本在第二次世界大战之后也学习和移植了很多美国法的制度和内容。在新中国成立后，很长时间都在学习和借鉴苏联模式。具体到私法领域，中国大陆虽然已经制定了《民法通则》《合同法》《物权法》和《侵权责任法》《民法总则》等私法规范，但这些在不同时期和不同条件下制定的法律还存在着体系不健全甚至规则冲突的问题。因此，虽然东亚各国大多都是移植西方的法律理念和法律制度，但由于各国之间在学习借鉴的内容和深度方面差别比较大，造成现东亚各国现行私法制度存在较大的差异。现在东亚范围内的私法趋同的研究，大多是中国大陆地区如何借鉴和学习，特别是如何建立中国大陆地区统一的民法典的问题。东亚私法协调应当首先完善中国大陆的私法规范，这样东亚的私法一体化才能得到切实有效的推动。

【思考题】

1. 区域主义和新区域主义对区域一体化有何影响？
2. 如何理解法律的欧洲化？
3. 如何界定欧盟法？欧盟法的特点有哪些？
4. 欧洲的法律区域化与东亚的法律区域化有何不同？
5. 欧洲和亚洲的法律区域化面临哪些困境和挑战？原因何在？

【参考书目】

1. 〔荷〕马丁·W. 海塞林克：《新的欧洲法律文化》（增订版），魏磊杰、吴雅婷译，中国法制出版社 2018 年版。

2. 〔荷〕R. C. 范·卡内冈：《欧洲法：过去与未来——两千年来的统一性与多样性》，史大晓译，清华大学出版社 2005 年版。

3. 〔英〕安特耶·维纳、〔德〕托马斯·迪兹主编：《欧洲一体化理论》，朱立群等译，世界知识出版社 2009 年版。

4. ［法］德尼·西蒙：《欧盟法律体系》，王玉芳、李滨、赵海峰译，北京大学出版社 2007 年版。

5. ［英］尼格尔·G. 福斯特编：《欧盟立法（2005—2006）》（第 16 版），何志鹏等译，北京大学出版社 2007 年版。

6. ［德］马迪亚斯·赫蒂根：《欧洲法》（第 5 版），张恩民译，法律出版社 2003 年版。

7. 张彤主编：《欧盟法概论》，中国人民大学出版社 2011 年版。

8. 张彤：《欧洲私法的统一化研究》，中国政法大学出版社 2012 年版。

9. 张彤：《东亚合同法的协调研究——以欧盟为比较对象》，中国人民大学出版社 2015 年版。

第十章
比较法的应用

【本章导读】我们在前几章介绍了比较法的具体知识，在本书的最后一章，我们再来看看比较法在法律实践中的应用。比较法最为直观的应用就是法律移植。传统上，人们主要讨论通过立法进行的法律移植。本书试图突破这一局限，用法律移植的眼光观察当代司法、法学乃至私人商业实践，看看是否比较法也在这些领域发挥了作用。在本章，我们将先介绍关于法律移植的理论和争议，然后转而研究立法者通过借鉴外国法实现的对本国法的改造。在第三节，我们将讨论司法中使用外国法进行裁判的情况。最后，我们将研究通过"企业社会责任"而实现的私人法律移植。

第一节 法律移植概论

英国法学家阿兰·沃森在 1974 把法律移植描述为"从一个国家把法律移动到另一个国家"的活动。[1] 沃森主要研究的是历史中各个国家法律相互借鉴的事例。虽然这一现象古已有之，但是沃森首次以如此具有吸引力的生物学隐喻为它赋予了一个朗朗上口、极为形象的名称。所以，他的著作在出版伊始便获得极大成功并不令人感到意外。更为重要的是，沃森在书中提出了两个论断，成了后来相关讨论的核心。其一，他认为只需要关注法律规则文本的相互借鉴即可。其二，他认为法律移植是一种促成法律改进的有效方法。前者涉及研究法律移植时的对象问题，事关法学知识的边界。后者则涉及如何评价一个具体的法律移植的问题。当然，我们如何评价一个现象往往取决于我们到底如何描述这一现象。所以，对一次具体法律移植的评价与对其范围的限定不无关系。从本书出版以后四十余年来关于法律移植的讨论中，我们不妨提炼出以下三个

---

〔1〕 Alan Watson, *Legal Transplants: An Approach to Comparative Law*, Athens: University of Georgia Press, 1993, p. 21.

重要的问题：①移植"法律"时，所欲移植的到底是什么？②谁在进行法律移植？③到底可以从哪些角度评价法律移植的成败？下文兹分论之。

一、法律移植的对象

阿兰·沃森重视的是不同法律规则在文本上的相似性。他在对比了人类文明形成早期的《埃什南纳法令》《汉谟拉比法典》和《出埃及记》中关于牛伤人的规定后，指出三者之间在形式和内容上存在着高度的相似性，所以应该认为这三个在时间和空间上相距遥远的文本之间必然存在着某些联系，可能有着一个共同的最初渊源。[1] 在考察当代合同法的时候，他又强调了一次："如果这两个地区的合同法的规则已经很相似（事实上确实如此），那么从根本上源于不同渊源的相关法律原则，或者委员会成员的思维习惯有相当差异，并不妨碍其统一和协调。"[2] 所以他认为法律移植只意味着移植文本，而且文本如此容易从一个国家借鉴到另一个国家，以至于我们不应该认为法律和社会之间存在紧密联系的观念。但是他同时也指出："正如人体器官的移植，一次成功的法律移植应该在新的机体内成长，并成为这新机体的有机组成部分，如同那些在母体内继续发展的规则与制度一样。移植的法律在新的环境中不应由于原有文化的抵抗而萎缩。"假如我们仅仅从字面的意思上理解沃森的话，难免会有一种他是在循环论证的印象。因为原有文化再怎么抵抗也不会干扰文本的相似性，而仅仅关心文本相似性的研究者自然也会得出法律与社会没有关系的结论。一个更合理的解释是，沃森认为如果希望进行法律移植的社会抵制将要移植过来的规则，那么就连文本的迁移也是不可能出现的。一旦规则本身得到接纳，那么它就会成为新社会的一个有机部分。

沃森的批评者们反对的正是这个假设。一方面，进行法律移植的人想要的不仅仅是一个规则的文本，而是这个文本在其原生社会所实现的社会功能。另一方面，相同的文本在不同的社会产生的后果完全可能大相径庭。如另一位英国比较法学家卡恩-弗罗因德（Otto Kahn-Freund）就在伦敦大学的一次演讲中既强调文化传统的阻碍可能让文本的移植也不可能发生，又指出不同社会中的社会组织权力对比结构不同完全可以让表面相似的文本带来完全不一样的实践后果。前者的例证是英国的殖民者虽然改革了英属印度的诉讼法体系，却没有在印度施行和英国一样的婚姻制度。后者的例证则是人们可以轻易学习其他国家对各项具体劳工权利予以保护的条款，却难以复制别国形成于其历史之偶然

---

[1] *Cf*. Watson, 24-26.

[2] Watson, 97.

因素的劳动者、资本家、政府三方关系。[1] 或许并非巧合的是，沃森和弗罗因德都提到了器官移植的例子，说明他们都把法律和更广泛的社会因素之间的关系看作器官和人体的关系。那么，我们就更难理解为什么沃森会认为法律和社会没有关系——毕竟人们很难想象在器官移植手术中医生竟然不考虑待移植患者对器官是否会发生排异反应。所以，我们似乎应该认为沃森只是在强调，在认识论意义上，如果我们看到两个法律的文本在形式和内容上有高度的相似性，那么就应该认为它们之间存在某种借鉴关系。但这样说并不意味着我们需要认为它们会实现同样的社会效果，也不意味着不同的文本之间就一定不存在类似的关系。

托伊布纳（Gunther Teubner）进一步主张，所谓有机体移植的比喻也是一种误导。引入一种新的制度并不仅有融合和排斥两种结果，而是会促使乃至迫使一国法学家既重构既有的法律体系，又重构引入的新制度。引入的制度并不会"从一种陌生的东西变成一种熟悉的事物，也不会适应它们所处的新文化语境。倒不如说它们将释放一种进步动力，让外部规则的意义得以重构，而法律的内部环境也同时经历重大的变革。"[2] 所以，我们应当采取一种系统论的整体视角、动态视角，一方面，研究移植而来的法律规则置于一个新的系统中所具有的新意义，另一方面，研究系统因为新部分的加入而产生的持续变化。他以欧洲合同法协调亿过程中的重要因素"善意"（good faith）植入英国合同法的过程为例，说明了一体化的努力如何实际上带来了新的分歧。简言之，因为英国和以德国为代表的欧洲大陆国家在生产组织方面的差异，用以便利合同自治的善意原则在英国很可能会让经济生活中的一些重要活动变得不合法，从而变成一种阻碍性的规范。[3] 为了实现善意原则在大陆国家经济中的目的，英国的法官必须依照其生产组织方式重新解释这一原则。那么欧盟对其指令进行统一解释的努力反而会成为障碍。

在比较法的研究范式经历了"文化转型"后，"法律移植"的说法变得更加令人生疑。当学者日益看重法律规范作为一种文化符号所传达的意义时，仅仅关注文本形式上的相似性就成了一种难以令人信服的方案。规范所赖以存在的语句不但（如沃森所相信的那样）在表达着关于人们应该如何行为、法官应该

---

[1]　Cf. Otto Kɛhn-Freund, "On Uses and Misuses of Comparative Law", *The Modern Law Review* 37, no. 1 (1974): 1-27.

[2]　Gunther Teubner, "Legal Irritants: Good Faith in British Law or How Unifying Law Ends up in New Divergences", *The Modern Law Review* 61, no. 1 (1998): 11-32. 虽然托伊布纳拒绝"法律移植"这一术语，但我们还是出于方便考虑继续使用这一隐喻。

[3]　Cf. Teubner.

如何裁判的标准，也不仅（如卡恩-弗罗因德和托伊布纳所关心的那样）在调整着社会关系，它还（如同勒格朗所强调的那样）彰显着某一群人对法律的感觉、关于法律的经验、对于是与非的判断。从文化的意义上说，当一个规范移植到一个完全不同的语境后，就算可能发挥同样的社会功能，却无法把原生社会中人们附丽于其上的意义原封不动地带到新的社会。如果用托伊布纳的例子的话，我们可以说英国和德国人对"善意"乃至"合同"的理解都是不同的。而如果用沃森自己的例子的话，我们甚至可以说《埃什南纳法令》《汉谟拉比法典》和《出埃及记》之中的"牛"的意义也不一样，同一种四条腿、两只角的家畜在不同的经济中可能有完全不同的重要性、传达着对于社会财富的不同认识。所以，勒格朗才说法律移植是不可能的。[1] 或者更严谨地说，法律移植只有在我们可以移植整个社会的所有心态和文化符号系统的情况下才可能实现。当然，我们也并不必然接受勒格朗对"移植"如此严格的定义。

从勒格朗对法律移植的批判出发，我们完全可以反其道而行之，去考察人们是否在不改变法律规则文本的情况下，通过引入其他社会中的意义体系，改变了对文本的理解和适用。于是我们终于触及了比较法的一个崭新的领域：学说移植。传统的比较法学研究忽视了对法律思想在不同国家间的传播可能给一国法律最终表现的样态带来的影响。学习法律的人都会同意，规范的内容及其意义在人们解释之前都是不确定的。那么采取何种独特的解释方法就在相当程度上决定了规范在实践中所实现的社会功能，同样也决定了其作为一种文化符号所可以传达的意义。比如，《日本民法典》的编纂过程主要受法国民法的影响。所以，和区分了物权契约和债权契约并因而以交付或登记作为物权变动条件的德国法不同，日本法上的财产权仅根据合意便可以移转。第176条规定"物权的设定及转移，只因为当事人的意思表示而发生效力"，交付或登记只具有对抗效力（第177和178条）。先取特权或涤除权等在法国法而非德国法上存在的制度同样也可以在日本法中找到，这也说明了法国法进一步的影响。但是，在后来的解释适用中，留学德国、接受了物权行为无因性理论的学者很轻松地把第176条中所谓"意思表示"解释成了处分行为的意思表示。[2] 而且这种德国民法学的解释在很长时间内是日本民法学界最有影响力的解释。

从"法律移植"移植了什么这一问题，我们自然而然会转向关于谁在移植

---

〔1〕 *Cf.* Pierre Legrand, "The Impossibility of Legal Transplants", *Maastricht Journal of European and Comparative Law* 4 (1997)：111-24.

〔2〕 川名兼四郎：《物権ノ設定移転ヲ論ス》，法学協会雑誌21巻2号203页（1903年）；富井政章：《我国法上ニ于ケル物権の意思表示》，法学協会雑誌24巻1号13页（1906年）。

的思考。如果认为人们移植的仅仅是规则的话，那么移植的人自然就是那些享有规则制定之权的人。首先自然就是各国的立法者，也就是民选代表。在典型的立法程序中，议会任命法律专家组成委员会，起草新的法律文本，当这些专家决定从其他国家的立法中寻求启发时，法律移植就发生了。在理想的状态下，他们还应该在立法理由书中载明从哪个国家借鉴了什么法律、为什么要这样做。但立法者并不是唯一决定法律秩序的人。那些对比较法持较为开放态度的法官有时候也会在判决中通过参照外国法解释本国的法律文本，从而形成事实上的法律移植。特别是当一个国家的最高司法机关在裁判中实际把本国法解释成类似外国的规则时，很难说作为解释对象的规则的意义没有发生改变。当然，最极端的看法可能会坚持认为，每一次解释或多或少地改变了规则本身。正如拿破仑在得知一名民法学家出版了对"他的"民法典的注释教科书后，哀号道："我的《民法典》已经死了！"不过，在不同的法律体系中，最高司法机关的地位可能有些差异。有些国家的最高法院负有统一法律解释的职能，另一些则不然。但无论如何，在适用法律时不参照先例、特别是最高法院的先例，在任何国家都是很少见的。我们当然可以坚持认为这种比较法在司法中的应用只是一种"法律解释"而非"法律移植"。但勒格朗已经提醒我们，法律不仅包括规则的形式，也包括了规则的意义。在不改变一个法律条文的外在形式的前提下，通过比较法改变了它的意义，显然在这个意义上也是一种法律移植。

无论是民选代表还是法官，以上两种典型的法律移植模式归根结底都是由那些掌握了正式权力的人所为。然而，如果我们真的像20世纪80年代以来的比较法学家所建议的那样进一步突破制定法中心主义的模式，我们就会发现，那些并未正式从国家获取权力的人也在悄悄地用国外的规范改变着国内法的版图。其中最大胆、也是最大规模地引入外国法的恰恰是法学家们。比较法的先行者萨莱耶自己就希望用德国债法的各种规定改造法国民法。毕竟法律移植不仅包括移植法律的规则，也包括移植法律的意义。那么，通过系统性地引入国外的学说，法学家赋予了整个国内法体系以新的意义。物权行为无因性理论在东亚的传播就是一个最典型的例子。除此之外，以跨国公司为代表的经济活动者显然不具备制定法律规范的权力，但他们可以通过一系列"行为守则""企业社会责任"等文本，要求他们的子公司、分公司、承包商等优先遵守他们认为能够确保经济活动道德性的规范，而非可能对经济活动规制程度较低的国内法律。这些规范往往来自于这些公司总部的所在国。这些规范当然不是法律，却在交易中如同法律一般得到遵守，甚至因为比法律制裁更有效的经济制裁而实际上比法律更有实效。于是，公司治理在一国之内创造出了法律特区。

二、评价法律移植的不同视角

支持法律移植的人把它视为改进法律的便捷形式，而反对法律移植的人则视之为"民主赤字"的体现。从 19 世纪末开始卷入"现代化"潮流的亚非各国立法者相当果断地采取了直接移植西欧各国成文法的方式。在日本，1872 年成为司法卿的江藤新平曾建议直接采《法国民法典》为日本民法，并命令箕作麟祥翻译《法国民法典》。据说江藤新平曾特意嘱咐箕作麟祥"误译亦无妨，惟需速译"。日本人自己起草的《明治十一年民法草案》取了三编制，分为"人""财产及所有权的种类"以及"所有权的取得方法"。此一草案几乎就是对法国法的逐字翻译，是故当时的司法卿大木乔任在 1879 年决定让布瓦索纳德重新起草民法草案财产性制度的部分，以期新的日本法扬弃而非移植西方法。关于家庭和继承的法律仍交由日本人起草。虽然东京帝国大学校友组织的"法学士会"于 1889 年发表了《法典编纂相关意见》提出"民法立而忠孝亡"的口号，并促成了重新起草民法典的活动，新法典也不过是融合了包括法国法和德国法在内的混合移植产物。我国《民国民法典》的起草情况也类似，梅仲协就曾说："现行民法采用德国立法例者，十之六七，瑞士立法例者，十之三四，而法日苏之成规，亦当撷取一二。"

至于反对法律移植的人，则会主张这种做法破坏法律与民族生活之间的有机关联。历史上同样不乏例子。只要想一想萨维尼和蒂堡的论战、清末变法之中的"礼法之争"和日本法学家"民法立而忠孝亡"的口号就足以明白。最近，更有人指责美国最高法院的大法官在判决书中援引外国法院的判例威胁了"我们的生活方式"。学习历史确实会让人时常有一种"事情又要这样了"的感觉。

我们应该把现代法学院中的外国学生看作课堂上所教授的法律学说中立、被动的接受者，还是有自己的抱负和独特的眼光、了解自己祖国的过去与未来，并根据这些因素挑选和重述他们所接触到的学说的独立思考者？我们可以继续用"移植"这一隐喻发问：当国际旅客把一特定学派的种子带回家，并在他的"花园"中培植的时候，他是会继续这一思想原生地因袭的方法以期能欣赏同样的花、品尝同样的果，还是会选择更适合当地条件的农技以培养出更适合他的顾客的口味的花和果？只是在非常晚近的时候，比较法学的研究者开始留意到一套关于法律的概念、意义和目的的话语在不同的地理区域内所引发的不同解读。

最近，后殖民批判所提出的"法律东方主义"提出了一种对理解法律移植颇有启发的视角。[1] 简言之，这个视角关心的是一套关于法律的叙事如何创造出"东方"与"西方"的差别，并在此过程中把前者变成认知的客体、言语的对象，赋予了后者认知与言语之主体的地位。一言以蔽之，就是西方完全垄断了主体性，并通过把东方贬低为没有法律，或者只有很拙劣的法律的国度，正当化对东方的优势地位。在中西法律交流的研究中，此前占据主流地位的是法律继受/移植范式，强调不同国家之间在文明等级方面的差距，把西方国家的法律表现为殖民地的法律精英或宗主国的法学家借以帮助落后国家改造传统社会、实现现代化的工具。法律东方主义则帮助我们认识到，把不同法律制度分为"现代"与"传统"正当化了东西方之间的不平等关系，原本征服者-失败者之间的关系——在西方学者对东方法律的研究中变成了"中心-边缘"的关系。如同所有批判理论，这种视角有助于我们理解现在全球秩序中的深层不平等。

但是，想要批判地理解中西法律交流和比较法的历史，法律东方主义并不是唯一的可能性。我们主张选择另一种反思性的视角：欧洲中心主义。目前从法律东方主义出发的研究大部分把东西方法律的相遇描述成一种单向叙事。西方法学家意识到东方国家的存在、观察东方的法律实践，最后据以提出西方相对于东方的优越性——"*veni, vidi, vici*"。来自东方的行动者在叙事中缺席。于是人们不禁怀疑，是否正因为观察者不论是出于材料还是理解材料之能力的缺乏、忽视了东方的精英群体，才导致他们最终得出了西方借由法律话语把东方客体化的结论。如果我们把每一份文本想象成作者对讨论的参与，那么前述关于东方法律的叙事本来应该是由来自各方的行动者共同书写的一场对话，而法律东方主义只记录了这场对话中西方法学家的发言。相比之下，一种关于法律交流的全面研究应该先向我们展现不同的行动者的选择与互动，然后才评估这种互动所造成的实践结果；而不是在只处理了一些经过选择的片面材料后就急于作出大而化之的价值判断。于是，法律东方主义虽然展现了比传统叙事更多的细节，却仍有改进的空间。

欧洲中心主义就是一种替代性的方案。[2] 它首先假设了 19 世纪以来一种普遍的心态：①欧洲法律是观察者所处的位置，即观察的起点和中心；②欧洲的法律优于其他法律；以及最重要的③欧洲法律是一切法律的尺度，非欧洲的

---

〔1〕 *Cf.* Teemu Ruskola, *Legal Orientalism: China, the United States, and Modern Law*, Cambridge: Harvard University Press, 2013.

〔2〕 *Cf.* Enrique Dussel, Javier Krauel, and Virginia Tuma, "Europe, Modernity, and Eurocentrism", *Nepantla: Views from South* 1, no. 3 (2000): 465-78; Immanuel Wallerstein, "Eurocentricism and Its Avatars: The Dilemma of Social Sciences", *Sociological Bulletin* 46, no. 1 (1997): 21-39; Cornel West and Bill Brown, "Beyond Eurocentrism and Multiculturalism", *Modern Philology* 90 (1993): 142-66.

法律体系中所存在的因素之优劣，都由与欧洲法律的对比而得以衡量。此处所提之"欧洲"实际上也包括了 19 世纪和 20 世纪初的美国，因为当时的美国法学家并不认为美国法是一种独特的、与欧洲法历史传统割裂的实体。这种心态首先解释了形成东西方对立、并最终正当化西方之优势地位的法律话语如何形成。既然我们在理解他者的时候都难免带着对自己所置身社会相似之现象的理解，那么以本国法律的特色为普世性的标准也是西方法学家进入对话交流时再正常不过的心态。但是，如果西方中心主义仅仅能帮我们解释为何欧美学者以本国对法律的理想来衡量东方的社会现象，那么它最多不过能为现有关于法律交流的研究提供注脚而已。这一视角转换真正的贡献在于，让我们能够处理那些为东方声辩的西方法学家和各类东方的行动者，从而既展现更完整的对话，又更具反思性地理解对话。

正是因为关于"良好"法律秩序的标准是在把东方与西方区分并对立以前就提出的，人们才有可能进一步把这种标准普世化。一旦一种实际上来源于特定法律实践经验的标准得以普世化，那么任何人——无论其出身、背景、地位，都不妨接受这种抽象的标准。换言之，人们既可以用这一标准把东方法归为传统的法律秩序，也可以用同一套标准发现东西方法律之间的相似之处而为东方法辩护，还可以以此标准提出改革本国法律的建议。如果我们更广泛地阅读 19 世纪以来出现在东西方法律交流中的文献，我们会发现以上三种态度都曾出现，而且很难说哪一种占据了主导地位。无论采取哪一种态度，行动者都以文本参与了实践。说即是做。换言之，每一份文本都是作者的行动，而多个作者的互动就形成了历史上的事件。中西法律交流史的内容便是对这些事件的研究。

于是，在世界法律交流史中，西方中心主义的观念成了一种前提，为行动者提供了一种语言，使他们可以据以行事，实现他们自己的目的。那么在研究历史上发生过的法律移植时，我们会发现法律东方主义所提供的那种单向度叙事过于简单。带有同情心的西方法学家可以用欧洲中心主义的标准衡量在东方发生的改革，也可以用它来见证东西方法律传统之间的相似之处。这样的论述一方面强化了对欧洲法律理念之普世性的信心，另一方面则在客观上缓和了东西方之间的不平等关系。类似的主张在宝道（Georges Padoux）、艾斯加拉（Jean Escarra）等人关于中国法的论述中都可以看到。与此同时，也有大批中国和其他国家的年轻精英也纷纷用同一套标准证明自己的国家已经迈入了文明国家的行列。而且，当我们埋首清末民初法律精英的档案时，又不难发现其中不少人正是利用了外国法的知识，在普遍接受了西方法之优越性的社会中出人头地。所以，欧洲中心主义的视角让我们认识到，在殖民背景下发生的东西方法律交流自然有一种凭借任何一个个体行动者的力量无法改变的结构，这种结构中，东西方的法律并不具有同等的地位，关于东西方法律的知识也不具备同等的价值。但是结构本身的存在并不意味着行为人无法进行选择。恰恰相反，我们如果进一步仔细阅读可以找到的文本和档案，很容易就会发现，不同的行为人根据他们对自己的利益、地位、社会资本的判断，选择了不同的策略，而在给定的结构中或游刃有余，或束手束脚。无论如何，结构本身并未决定东西方法律交流的走向。

在现代法律实践中，比较法的应用（或误用）真是无处不在。把一个国家的立法、判例、学说用于另一个国家的尝试比比皆是。不仅如此，越来越多的大公司也在通过公司治理实际上创造着法律的特区。传统法学以国界作为法律效力之边界、聚焦于经过立法机关颁布之正式法律文本、把法律看作国民意志的体现等诸多观念现在已经受到挑战，不克适用于对今日多中心的法律多元文明的研究了。不论如何衡量法律移植的成败，也不论如何评价其善恶，我们至少无法继续忽视这头房间里的大象。而且，立法者不是唯一可以使用这项技术的人。法官和非国家行动者也在积极探索比较法在实践中的不同可能性。

第二节　立法中的比较法

一、中心-边缘移植

对于法系的研究者而言，不难认识到大陆法系和普通法系之所以有现在的规模，其实是把产生于西欧的法律移植到亚非拉各国的结果。而对于法律移植的提倡者来说，一个令人相当难堪的事实是，这个最终塑造了我们今天所知道的世界法律图景的过程在 19 世纪启动时，大部分的继受国并非自愿。如果我们把一张绘制于第一次世界大战之前的世界地图放在现在用以标注各大法系的地图上，我们会发现，普通法系的分布和英国殖民地的分布几乎完全重合；而现在我们认为属于大陆法系的国家和地区，当时也正好落在了法国、西班牙、葡萄牙、比利时等欧洲国家殖民地的色块上。只是因为俄罗斯帝国、美国和名义上一直保持独立的中国让两幅地图最终得以区分。诚然，萨莱耶、拉贝尔这样的早期比较法倡导者希望移植的是其他发展水平较高的国家的法律。但在这方面，他们确实是黑格尔的猫头鹰，等他们意识到法律移植的可能时，欧洲的殖民者早就这样做了很久了。当时，西欧和北美各国在经济、军事、文化和教育各方面处于世界较为领先的地位，国际秩序也是比照欧洲式民族国家的模式建立的。所以，我们粗略地称之为"中心"，而把东欧和亚非拉各政权称之为边缘。那么，从前者向后者的法律移植，也就可以称为一种从中心到边缘的移植。

殖民史上有一道分水岭。在 19 世纪大部分时间里，建立正式的殖民帝国并非欧洲各国的首选。很多法国人把普法战争的失利归结为帝国主义野心。俾斯麦认为德国能够在欧洲立足已属不易，绝不能分心海外。意大利尚未统一，奥地利则忙着解决巴尔干半岛不断升级的民族冲突。[1] 至于后来的"日不落帝国"英国，其政策最好概括为曾任陆军大臣的辉格党政治家麦考利（Thomas Macaulay）的一句名言："与文明人做生意要比统治野蛮人更有利可图。"其背后的政治和经济考虑不难理解：在非正式殖民地上，通过建立类似欧洲的市场秩序，甚至推行更为自由的贸易活动，而不需要负担国防和一系列其他基础公共服务的开支，那何乐而不为呢？英国甚至容忍其"保护国"中的奴隶贸易。既然那里不是欧洲国家的领土，甚至不是任何国家的领土，那么不适用各种欧洲的法律就变得理所当然了。但是在 1884 年柏林会议之后，情况发生了改变。至少在处理他们在非洲的势力范围上，欧洲各国从"贸易而非统治"的英国方式，滑向了建立正式殖民政府的法国模式。促成转变的首要原因自然是在殖民地的投入增多，仅靠特许状管理的私人公司无法负担。同时，在殖民地定居的欧洲人也认为正式殖民可以受到国际法保护，并维持更稳定的政治影响力。国内的进步主义党派则认为正式殖民有利于教化原住民，并通过公立学校和医院等公共服务更好地保护原住民的人权。另一个相当现实的考虑则是积极扩张的各殖民势力本身产生的矛盾，以建立政府的方式确定领土界限可以预防可能发生的冲突。

作为正式殖民帝国典范的法国，除了现在仍属于法国海外领土的一些非洲小岛外，在拿破仑三世治下又先后让塞内加尔和阿尔及利亚成为法国的一部分。法国政府确实在殖民地提供了相应的教育、卫生、治安和其他行政管理体系。作为法国法学最辉煌成就的《法国民法典》（其字面意思是"法国人的民法典"）自然而然和其他重要法律一样，成了当时已经作为法国领土的这些殖民地的法律。但是阿尔及利亚的穆斯林如果希望适用沙利亚法的话，可以排除法国民法的适用。同时，他们如果希望享有和法国人一样的政治权利，只需要去市镇政府宣誓即可。可以说，19 世纪中叶法国的普遍主义同化政策的指导思想是把所有人都变成法国人。甚至非洲法国学校的课本都和法国本土使用的课本别无二致，甚至出现了深色皮肤的少年跟着他们的白人老师一起，看着课本上金发碧眼的高大武士形象，高声朗诵"我们的祖先高卢人"的奇景。在阿尔及

---

〔1〕 *Cf.* Martti Koskenniemi, *The Gentle Civilizer of Nations: The Rise and Fall of International Law* 1870-1960, Cambridge University Press, 2004, p. 110.

利亚，当地知识精英确实得益于法国的教育。到了第三共和国建立时，普世共和主义的进步和科学精神在阿尔及利亚已经很有市场了。主要在法学院里培养起来的当地政治家像他们在巴黎的老师和同学一样，希望对社会来一次彻底的世俗化、把宗教从政治生活中驱逐，也希望引入志在解决社会不平等的立法。但是令他们倍感挫败的是，1905 年的《国家与教会分离法》虽然适用于马提尼克、留尼汪等海外领土，却独独不适用于阿尔及利亚。时隔二十多年，开创政府、工会、资本家三方谈判模式，并奠定了现代法国社会国基础的《马提尼翁协定》再一次把阿尔及利亚排除在外。如果我是一个生活在 20 世纪初的阿尔及利亚左翼，那我一定会感到非常愤怒。事实上，正是这些曾经希望实现各种进步主义理想的人，后来转向了民族主义和宗教保守主义，并最终赢得了独立战争的胜利。

英国至少曾经大力提倡非正式殖民的主张，虽然最后还是在诸如印度这样的重要殖民地用直接统治的模式取代东印度公司的管理，但是非正式殖民的思想仍然明显地体现在英国对殖民地的法律移植之中。尤其是在印度这样一个人口众多又有着严密的政治组织的国家，想要一口气用普通法取代当地的法律本身是不现实的。但是，英国人又从 18 世纪早期开始就在他们所控制的领土上建立起了由英国人掌握的司法机构。无论是让这些司法机构的法官，还是让居住在印度的英国人适用和遵守印度法都是不可能的。因为按照当时欧洲的"文明标准"，印度、土耳其、中国都不属于"文明国家"之列，所以这些国家的法律也是不文明的，自然不应该得到自诩为"文明人"的欧洲人遵守。[1] 于是，他们需要一种折衷的办法。所以，英国人所主持的法庭对于一般性的事务采用"公平、正义和良心原则"进行裁判，但是在涉及婚姻、继承、种姓和其他宗教制度的习惯时，法庭则需要依照当事人的信仰选择伊斯兰法或印度法。既然这些法官都是在英国普通法的训练中成长起来的，"公平、正义和良心原则"自然就成了适用英国普通法这样一个更加简单直接的措施。[2]

但英国殖民者在通过制定成文法改变殖民地法律方面并不比他们的法国同行更迟疑，特别是在那些基础性的、涉及广泛市场交易的制度方面。在正式殖民地建立早期，《民事诉讼法典》《刑法典》以及规定刑事诉讼程序的法律分别

---

〔1〕　*Cf.* James Lorimer, "La doctrine de la reconnaissance, fondement du droit international", *Revue de droit international et de législation comparée*, 1884, vol. 16, p. 335. 并参见刘文明：《19 世纪末欧洲国际法中的"文明"标准》，载《世界历史》2014 年第 1 期，第 32~42 页。

〔2〕　参见〔德〕K. 茨威格特、H. 克茨：《比较法总论》，潘汉典等译，法律出版社 2003 年版，第 333~334 页。

于 1859、1860、1861 年生效。[1] 其中《刑法典》正是由前文所说的麦考利所起草。其他源自英国普通法的民事法律也在 19 世纪最后几十年内先后生效，包括了《继承法》（1865）、《契约法》（1872）、《特别救济法》（1877）、《财产转让法》（1882）和《信托法》（1882）。涉及印度教和伊斯兰教法的家庭法领域依然保持着独立，但是一个以英国普通法为基础的法律体系确实在印度建立起来了。至少在表面上看，殖民者在法属阿尔及利亚和英属印度进行法律移植时并没有明显的差别。他们无非都是在原则上用新法律代替了原来的法律，然后在认为过于棘手而不愿意干预的领域听任地方宗教法的存续。

当然，殖民不是 19 世纪末以来从中心到边缘的法律移植的唯一方式。在暹罗王国（泰国）、日本、中国等并未完全沦为殖民地的国家，法律移植同时有外来和内生的两重动力。与西方发达国家军事对抗的失利，让这些国家不得不接受领事裁判权制度，由外籍法官组成的法庭或混合法庭审理涉及外国人的案件，此为外生的动力。领事裁判权制度对于刚接触到西方主权理论的东方法学家而言，属于对一国司法主权的侵犯，那么为了争得完整的司法主权，就必须变法以证明本国的法律已经与西方法律无异、法官队伍亦足以适用"文明"法律，此为内生的动力。正如那些因为未能获得法国政府平等对待的阿尔及利亚精英，满心希望自己的祖国加入文明国家阵营的中国青年也在第一次世界大战后经历了一次幻灭。"我们长期经历不幸的祖国，如今正在迈向新的地平线，我们为它争取'存在的权利'。"[2] 在表达了对巴黎和会未能彻底废除中国与列强之间的不平等条约的失望后，留学里昂的翟俊千以这句话结束了他关于中国国际地位的博士论文。一个不平等国际秩序之中的文明古国——这就是翟俊千在不厌其烦地逐条讨论中国签订的不平等条约后，向读者展示的形象。但是，这一饱受屈辱的古国曾在世界大战中站在了胜利的一方，并且以自身的努力和牺牲证明其有能力也有权利要求他国之平等对待。[3] 所以，在世界大战结束后，中国站在了两种不同命运的门槛前，中国青年的任务便是帮助这一文明古国摆脱过去的屈辱、成为国际社会的平等一员。

---

〔1〕 参见［德］K. 茨威格特、H. 克茨：《比较法总论》，潘汉典等译，法律出版社 2003 年版，第 335 页。

〔2〕 Tsoun-tchun Tchai, *Essai historique et analytique sur la situation internationale de la Chine Conséquences des traités sino-étrangers*, *op. cit.*, p. 211.

〔3〕 *Cf. Ibid.*, p. 210. 有趣的是，翟俊千并没有像当时法国国际公法学的权威观点那样，把巴黎和会看作对"不正义"一方的惩罚，而是延续了 19 世纪末国际法的观点，认为战胜方有权要求战败方赔偿。这种立场不能说在两次世界大战之间完全没有市场，但它确实无法说明为何中国可以要求同为战胜方的其他国家放弃在中国之特权。

那么，从清末一直延续至民国的变法就成了唯一的出路。古典国际法以欧美文明为蓝本建立起了一套"文明标准"，任何希望成为国际社会一员的群体都必须符合这套标准。加入国际社会也就意味着放弃和欧美各国在文化上的不一致，从而表现出足够的"文明良知"。从西方法学家看来，领事裁判权是促进东方国家现代化的必要手段。但在东方法学家眼中，它却是民族耻辱的标记，该制度象征着司法主权不完整、国家处于他人支配之下，所以王宠惠、王世杰、周鲠生等人才经常讨论通过修法而废止领事裁判权问题。正是在这种内生动力的驱动下，我国各法典的制定选择了当时最新的立法模式，而轻视了与本土社会的相容程度。所以，当时民国政府的法国顾问宝道才说："中国已有之商业习惯各处并非一律，其特点亦有时与现今外国商业习惯大相径庭"，"故以德国法律为主要母法之详密的破产法如本草案者，施行时，必至与许多地方上久经遵从而在商业社会占有重要地位之习惯相冲突"。[1] 留法的民法学家王伯琦也认识到："我们立法上所采纳的，全套是西洋的最新法律制度，而在大众意识上所了解的，一般地似乎仍是固有的而且是复古的礼教制度。"[2] 不过，通过立法的进步外表争取领事裁判权的需要显然要比制定一部可以施行的法律更加重要。所以，就算移植的法律与本土传统格格不入，在政治必要性面前也只能先将就了。

二、边缘-边缘移植

到目前为上，法律移植的研究还主要集中在从中心国家向边缘国家的移植。[3] 然而，在中心与边缘、首都与外省、帝国与殖民地之间的关系有时候更为复杂。一些较新的社会科学、文学理论和后殖民研究正在提倡"把帝国边缘化"，以图让人们更重视边缘的意义。在法律上，边缘有时恰恰是法律创新的试验场。最典型的例子莫过于上文所提到的英国普通法在印度的移植，它一开始就以成文法典的形式出现，成为普通法法典编纂的首次尝试。然后，这种做法传播到了英国在非洲的殖民地，最后才传播回英国本土。前文所提到之国民政府顾问宝道也总是说，中国的立法不但不落后于世界潮流，而且往往在详细程度、科学性、体系性和时代性方面反而胜于欧洲国家的法典。刑法如是，破产法亦然。更何况"中国近代法律，虽原为中国人民而设，然其中有高尚之原则存

---

〔1〕 ［法］宝道：《对于破产法草案之意见》，骆允协译，载《法治周报》1934 年第 16 期，第 3~4 页。

〔2〕 王伯琦：《近代法律思潮与中国固有文化》，清华大学出版社 2005 年版，序言第 3 页。

〔3〕 *Eg.* Duncan Kennedy, "Three Globalizations of Law and Legal Thought: 1850-2000", in *The New Law and Economic Development*, ed. Alvaro Santos and David Trubek, Cambridge: Cambridge University Press, 2006, pp. 19-73.

在，其原则如推广之，足裨益世界上其他各国"。在国际法领域也类似，有时候知识首先产生在东欧、拉美或印度，然后才进入欧美作者的标准教科书。[1] 所以，此前人们所习惯的那种法律和法学知识从中心传播到边缘的单线叙事遮蔽了法律移植的复杂历史，因为它忽视了法学知识有时候在边缘内部产生甚至传播回中心这一事实。

在边缘国家之间的法律移植中，一个人们经常忽视的是两战之间的波兰政治和宪法对以色列宪法的影响。两战之间的波兰第二共和国是由此前属于德国、俄罗斯和奥匈帝国的领土组成的国家，犹太人口一度占据了总人口的10%，在法律领域比例更高，一度达到40%。波兰犹太人在第二次世界大战期间成了纳粹德国大屠杀的受害者，并在战后纷纷离开波兰。他们和其他中东欧犹太人成了以色列建国的主要力量，其中的法学家又成了为这个新国家创造法律的重要人物。"最高法院大法官基斯特不时以波兰法裁判案件。政府律师哈特格拉斯常用波兰法来批判以色列法。作为立法者的巴德尔把1921年《波兰宪法》的一些规定写在了他起草的以色列宪法草案中。作为以色列独立初期宪政奠基人之一的瓦哈夫提格则把波兰宪法史中的先例写入作品中。"[2] 以色列现在是少数没有统一成文宪法文本的国家。瓦哈夫提格在1948年具有决定意义的一篇论文中，就以波兰为例论证采取一个小基本法并陆续制定一系列宪法性质的法律的优点。[3] 可以说，人们虽然经常认为同样属于非成文宪法传统的英国宪政是以色列的灵感来源，但波兰也作为一个参照系发挥了作用。所以，虽然以色列的法律总体上来说受英国的影响比较大（巴勒斯坦曾是英国的托管地），但因为有这些在欧洲大陆接受法律训练的法学家，所以以色列的法律从一开始就带了一些大陆法的色彩。

相比之下，我国晚清变法时的日本专家则展现了相当不同的一种边缘-边缘移植路径。"在中国建立现代意义的民法概念及其知识体系之初，日本法学家发挥了极大作用……当时协助中国编制民律草案的学者松冈义正、志田钾太郎，并没有建议中国采纳日本法的立法模式，而是建议采纳更为精确、更容易引进、

---

〔1〕 *Cf.* Arnulf Becker Lorca, *Mestizo International Law: A Global Intellectual History* 1842–1933, Cambridge: Cambridge University Press, 2015; Arnulf Lorca, "Eurocentrism in the History of International Law", in *The Oxford Handbook of the History of International Law*, ed. Bardo Fassbender and Anne Peters, Oxford University Press, 2012, pp. 1034–1051.

〔2〕 Assaf Likhovski, "Peripheral Vision: Polish-Jewish Lawyers and Early Israeli Law", *Law and History Review* 36, no. 2 (May 2018), pp. 235–266.

〔3〕 *Cf.* Likhovski.

更方便使用的德意志法学的知识系统。"[1] 可见，虽然我国近代法秩序从内在看是对西欧、特别是德国法秩序的移植，但是其路径却是取道东邻日本。至于为何这些日本专家没有选择全盘移植日本法而是大量选择了德国法，除了法学家的学术良心外，恐怕也和当时日本法学家本身正处在从以法国为师转向以德国为师的具体历史时点有关。可见，有时候在从中心到边缘的移植过程中，也伴随着从边缘到边缘的移植现象。而且，日本法学家的影响持续至今。一个具体的例子就是《中华民国民法典》著名的第1条："民事，法律无规定者，依习惯，无习惯者，依法理。"通说认为，该条规定来自《瑞士民法典》第1条。[2]但其更有可能是经过日本而借鉴的德国立法例。《大清民律草案》第1条的表达是："民事本律所未载者，依习惯法，无习惯法者，依条理。"而日本《明治八年太政官布告第百三号》（1875年）关于法律渊源的表述是："于民事裁判，无成文法者，依习惯；无习惯者，推考条理而裁判之。"1874年的《德国民法典草案》曾规定："裁判官应依照本法进行裁判，本法没有规定的依习惯法；不存在习惯法的情况下，裁判官依照法理进行裁判。"所以，如果真的存在任何移植关系，《中华民国民法典》的第1条更有可能是日本专家在借鉴德国立法例后所建议的《大清民律草案》之遗留。

第三节 司法中的比较法

当沃森提到法律移植的时候，他主要指的是通过立法文本实现的移植。最近人们开始争论法院是否能在判决中援引外国法的问题，原因是美国联邦最高法院旗帜鲜明地在一些关键判例中援引了外国立法和判例。法学家此时才如梦方醒。可是如果他们回头看看过去的司法史，恐怕会惊讶地发现，原来法官从来没有停止引用外国法。再一次，法学家的思路没有跟上实务界的速度。

其实，从法学的性质上看，援引外国法是再自然不过的事情。法学作为一

〔1〕 孙宪忠：《中国近现代继受西方民法的效果评述》，载《中国法学》2006年第3期。
〔2〕 参见王伯琦：《近代法律思潮与中国固有文化》，清华大学出版社2005年版，第175页；并参见苏永钦：《"民法"第1条的规范意义——从比较法、立法史与方法论角度解析》，载苏永钦：《跨越自治与管制》，五南图书出版公司1999年版，第283~321页。有论者进而认为《大清民律草案》（1911年）也继受的是《瑞士民法典》的第1条，参见李敏：《〈瑞士民法典〉"著名的"第1条——基于法思想、方法论和司法实务的研究》，载《比较法研究》2015年第4期，第24~37页；并参见张德美：《探索与抉择——晚清法律移植研究》，清华大学出版社2003年版，第375页。

种知识体系，对人类社会最重要的作用无非是在一个特定历史时期的既有秩序基础上，帮人们找到法律问题的解决方案。当社会中的冲突与纠纷寻求法律的解决时，随即产生的两个问题就是"去哪里寻找法律"和"如何解释法律"。如今人们更承认，无论既存的法律如何周全完备，总不可能为所有待裁判的案件提供令人满意的解决方案。也就是说，法律中可能存在漏洞，法学必须考虑如何以不破坏整体秩序的方式弥补这些漏洞。为了解决这些内生于法律实践的问题，就需要研究一个法秩序中法律存在的各种形式和不同形式的法律之间的位阶关系。这种立场也意味着，在现代国家也存在不同的法律渊源，所以法律渊源理论也需要为法律的不同存在形式寻找共同的正当性基础。那么，一种可能是在穷尽了一国之内的规范资源后，仍无法获得令人满意的结果。此时，在外国法中寻找资源或启发就成了一种简单而便捷的解决方法。特别是当许多国家的立法或判例都显示出一定共同趋势时，加入这一趋势看起来就成了一种较为明智的选择。

就在 2005 年，美国联邦最高法院的大法官金斯伯格（Ruth Ginsburg）和前任大法官奥康纳（Sandra O'Connor）就因为在判决中"援引了过多的国际法"而受到死亡威胁。美国的保守派人士认为，国际法和外国法在法院判决——特别是联邦最高法院的判决——中出现，极大地降低了美国法的自主性。其实，他们如果对历史不是那么无知的话，应该可以认识到，其实美国法院一直以来对外国法的态度就相当开放。"在 19 世纪，外国的创新特别是司法创新受到欢迎，而且并未视为通过告诉美国人如何决定其事务而干涉其生活的一种图谋。英格兰成文法，特别是有关私法领域的成文法，因而得以向西传播到不断扩张的美国，前后达 10 年至 20 年之久。……在大约同一时期，除非美国当地情况使得遵守令人不可接受，英格兰最高级别法院的裁判也到了遵循。"[1] 要知道，上议院的判决在英格兰本土也只是从 1898 年开始才具有法定拘束力的。其契机乃是原始判决文书的编纂和出版技术成熟、上诉体系已经在维多利亚时代完成。如此看来，美国法官反而先于英国法官赋予了最高级别法院判例一定的效力。

在著名的"里格斯诉帕尔默案"中，法官甚至明确说各国公认之法律原则本身就是美国法的一部分，而不需要明确写在文本之中："在从自然法的一般原则和许多代法理学家、哲学家及政治家对正义的阐释演变而来的民法法系中，如果一个人谋杀了他的祖先或恩人，他便不能通过遗嘱或继承来获得死者的财产。在魁北克地区的民法典中，规定这一问题的相关条款是从《拿破仑民法典》

---

〔1〕 ［英］巴兹尔·马克西尼斯：《比较法：法院与书院——近三十五年史》，苏彦新等译，清华大学出版社 2008 年版，第 231~232 页。

中复制而来的。但是，就我所知的情况来说，在适用普通法的国家中，没有一国认为通过制定法律来规定这种情况是一件重要的事情。我们的法律修订者和立法者对于民法法系十分熟悉，且他们不认为有必要把类似条款纳入我们对这一问题的规定的法律中。这不是一种遗漏。显然他们认为普通法中的准则足以规范这种情况，因而为这一问题再制定具体法律是不必要的。"[1] 如果保守人士真的如他们自己所宣称的那样，重视在历史中形成的美国司法身份或特性的话，他们本应理解这种美国特性恰恰体现为对外国法的开放态度。

对于法律的门外汉而言，司法民族主义完全是可以理解的。人们总是倾向于把法律想象成一个对外独立、对内至高的主权者的决定。既然如此，那么其他国家的主权者所为之决定当然不应该适用于我们的国家，除非我们的主权者也以法律移植的方式作出同样的决定。在 19 世纪早期，民族国家刚可以和其他政权组织形式分庭抗礼时，坚持明确的地理边界，并实现一种内部的均质性是相当重要的。无论是对法律属地管辖的理念，还是所有公民在法律上一律平等、适用同一种法律的观念，都是 19 世纪初现代民族国家建立过程为我们留下的遗产。"同一个国家、同一个民族、同一种法律"高度概括了这种理念。第二次世界大战以后的殖民地独立建国浪潮更让民族国家获得了相对于帝国的最彻底胜利，成了唯一的政治形式。在经济全球化的同时，政治上的边界却是越来越分明了。换言之，在物资、货币、劳动力的流动日益频繁的年代，政治与法律之"商品"的交流反而变得越来越困难了。

但是，现在已经是 21 世纪了。我们今天面对的法律版图上，不同规范体系和不同司法机构的管辖权之间是清晰界定的地理边界。不同于前现代时期同一个法律纠纷可能在不同的机构、依据不同的法律得到解决那种法律多元的图景，当今以民族国家、法治国家作为基础的法律实践的理想是每一个案件只能适用一种法律（冲突法的规则所服务的目的就是在存在多种可能适用的法律时选择其一）、每一种法律的内容在案件发生当时是确定的、人们可以形成对这一内容的清晰理解。然而，司法实践可能遇到人们对根据上述理解无法在具体个案中获致合理、正当的裁判的情况。既然司法活动不仅仅"解决"社会纠纷，而且希望以合理且正当的方式解决社会纠纷，那么就有必要考虑重新理解我们曾经相信在一定地理范围、一定时间限度、一定事项上意义清楚的法律。于是，此前那种要求法官仅仅根据本国法律裁判的理想便开始动摇。

在此背景下，我们看到进入 21 世纪以后美国法院对国外的判例明显采取了更为开放的态度。其中最为人所知的恐怕要数"罗普尔诉西蒙斯案"[*Roper*

---

[1] Riggs v. Palmer, 115 N. Y. 506 (1889).

v. Simmons, 543 U. S. 551（2005）]。最高法院在本案中要决定的是《美国宪法》第八修正案是否禁止对犯罪时未满十八周岁的青少年执行死刑。在肯尼迪大法官所撰写的多数意见中，主张可以通过参考外国法和国际组织的法律来指导自身对于第八修正案禁止"残忍和不寻常的惩罚"的解释。多数意见接受了被告的主张，指出"除了美国和索马里外，世界上其他国家均批准的《联合国儿童权利公约》的第 37 条明文禁止对 18 岁以下未成年人犯下的罪行判处死刑"，并进一步指出："直到近些年来，国际公约才开始禁止对少年犯执行死刑，而英国在这些国际公约被制定前就废除了少年犯死刑的规定。"多数意见认为英国经验尤其具有相关性，所以在解释第八修正案的时候应该考虑英国的观点，从而宣布对少年犯执行死刑违宪。最后，肯尼迪大法官还指出："我们尊重宪法的原因不在于我们知道它是我们自己的宪法。承认其他国家和人民对某些基本权利的确认只是强调这些相同权利在我们自己的自由传统中的中心地位，这并不会减少我们对宪法的忠诚或者我们对宪法起源的自豪感。"本案判决在美国现代宪法演变中具有重要意义，可以说正是该判决开启了晚近对于外国法之国内效力的争论。

任何一个重要的争论，都很难说一方的意见占据绝对优势。在"罗普尔诉西蒙斯案"中也一样，三名大法官所撰写的异议也指出了多数意见中的漏洞。异议认为"美国法律应当同世界上其他地方的法律保持一致"这个基本前提站不住脚。他们举出了关于非法证据之绝对排除、是否允许政府资助教会学校、堕胎等方面都并没有强求与其他国家保持一致。此外，虽然美国与英国之间存在历史上千丝万缕的联系，但是现在"很难理解为什么我们应当参照一个在独立战争后的几个世纪中不断发展，从而一个成为在法律、政治和社会文化方面和我们有巨大差异的国家的做法"。而且因为英国最近需要遵守"由大陆法系法学家主导的欧洲法院的判决"，英美之间的差异正在以不断增长的速度越拉越大。最后，异议提出："本院的多数意见应当要么表示愿意根据外国法律重新考虑所有这些事项，否则它应该停止提出将外国法作为其判决的合理基础。当外国法中的观点与自己的想法一致时引用它，而在不一致时忽略它，这种做法不是理性决策而是诡辩。"

在判决中引用国外判例在美国之所以引起如此争议，固然和美国联邦最高法院的性质有关。如果大家还记得我们在普通法系那一章的观察，那么应该记得，人们普遍承认最高法院兼有创造法律规范的功能，而且其决定是一种政治决定。但在法院中使用比较法绝不仅是一个美国才有的问题。如 2015 年 12 月 7 日法国最高法院的全席会议在关于股权质押到底适用商法上流质禁止的规定还是适用民法上允许流质的规定时，考虑了外国法的影响。[1] 法院承认，《民法典》修改时特别废除了此前禁止流质的规定，是因为受到了美国《统一商法典》第9条关于担保权益规定的影响。但是法院认为，在公司把股票出质给信贷机构或金融公司时，不适用关于不转移股权占有之质押的民法规定，而应当适用《商法典》的规定。其原因是"《商法典》在这方面做的特殊规定符合经济生活的要求，不但能在各个债权人之间维持一定的平衡，而且更能保障企业在经营活动中更有效地应对可能出现的财务风险"。[2] 我们不难看出，其实法国最高法院和美国联邦最高法院面临的问题都是类似的：在解释本国法时是否遵循外国法对类似问题的解决方案。

人们普遍认为，比较保守和封闭的法国法院对于外国法的态度其实开放得多。他们在撰写判决时不引用外国法并不意味着对外国法的无知或排除。实际上，法国法院很少在他们简短的判决文本中对法律解释的理由进行太多的说理。但是，只要想一想法官和法学教师经常在一起举办研讨会、在同样的期刊上撰写文章并相互质疑，我们不难理解，其实法学教师对外国法的兴趣和知识最终会推动法官在裁判时考虑比较法。更不用说最高行政法院常年聘请来自各国的公法专家，随时对收到的争议提供来自其他法律体系的意见。此外，政府专员在他们的总结发言中也经常引用其他国家的判决。形成这种开放态度的原因当然很多。首先，《法国宪法》决定了法国在对待国际法时采取了一元主义的立场，也就是说，任何法国批准加入的国际条约都自然成为法国国内法体系的一部分，具有与立法同样的效力。其次，欧盟法的直接效力决定了法国法官不得不时刻关注欧盟法的发展，并努力让自己对法国法的解释不悖于欧洲法院对欧盟法的解释。与此同时，欧洲人权法院经常审查各国在私法领域的判决是否符合《欧洲人权公约》，使得法官哪怕在处理私人之间关系时也不得不考虑各种基本权利。[3] 最后，相比于美国在第二次世界大战之后在国际社会中举足轻重、如日中天的地位，一代又一代的法国法学家（虽然可能不情愿）越来越感受到法国不再处于国际舞台的中心，法国法也不再是最值得成为各国圭臬的蓝本。在这种悲观情绪中，更谦虚地接受来自其他国家的经验便表现为一种更为明智的选择了。

---

　〔1〕　法国最高法院的"全席会议"是指由最高法院院长主持（院长缺席的情况下由年资最长的庭长主持）、由各庭庭长和各庭分别推举的咨询顾问参与的会议。全席会议一般而言需要决定的是，在最高法院发回上诉法院重审后，上诉法院仍坚持原判决的案件中如何适用法律的问题。

　〔2〕　Note explicative, Arrêt au 7 décembre 2015, Pourvoi n. C. 14-18. 435.

　〔3〕　*Cf.* Geneviève Helleringer and Kiteri Garcia, "Le rayonnement des droits de l'Homme et des droits fondamentaux en droit privé", *Revue internationale de droit comparé* 66, no. 2（2014）, pp. 283-336.

司法中的法律移植应该置于一个更广泛的视角中观察，那就是法律效力的范围在全球化的时代里比此前更不确定了。此前，无论是刑法上属地管辖、属人管辖、保护管辖的规定，还是私法上最紧密联系原则，要在一个争议中适用某个国家的法律，有待解决的争议总是要和该国的法律有些联系。在解释本国法时参照外国法虽然不等于直接适用外国法，却至少让法官所参照的外国法在一个与其毫无联系的案件中获得了相关性。我们曾经相信不同国家的法律之间有一条清晰的地理界线，正如不同国家的领土之间一样。现在这个信念正在动摇。

一个类似的现象是在民事领域的"普遍管辖"现象，即一国的法院对本来和该国没有关联的民事诉讼行使管辖权。[1] 这一现象最早为人重视还要追溯到 1980 年的费拉提加案（*Filártiga v. Peña - Irala*）。20 世纪 70 年代，一位巴拉圭异见人士的儿子被当地警察局拘捕，怀疑因为在警察局受酷刑而身亡。受害者的家人后来全家移居美国。通过一个偶然的机会，受害人的姐姐得知当时涉案警察局的局长正在美国非法务工，于是向美国法院提起诉讼。联邦地区法院驳回了原告的请求，认为美国法院对于一个嫌疑人是巴拉圭人、受害人是巴拉圭人、发生在巴拉圭的案件没有管辖权。原告律师在上诉时提出了只有一条条文的《外国人侵权法》（Alien Tort Statute）："外国人针对违反国际法以及同美国签订的条约的侵权行为提起的民事诉讼，地区法院有管辖权。"终审法院认定，受指控实施了酷刑行为的人在美国境内一经发现并成为外国人提起诉讼之被告，那么《外国人侵权行为法》就予以适用，并且联邦享有管辖权。只不过在判决作出时，因为被告已经返回巴拉圭，判决并无执行可能而已。这一判例让美国法院可以对外国的侵犯人权案件行使民事的管辖权，并一时间导致美国法院收到了不少此类案件。毕竟从字面上理解，任何违反国际法所致之侵权案件，美国法院都具有管辖权。真的要行使此类管辖权显然在事实上是不可能的。所以，对以上文义解释进行限缩就理所当然了。在一次打击边境毒品犯罪的行动中，美国警方在无法说服墨西哥政府引渡一名嫌犯的情况下，雇用了赏金猎人强行绑架了对方，并带回美国受审。后来，因为缺乏证据，该被告获无罪释放。随后，他在美国法院起诉美国警方。联邦最高法院在本案（*Sosa v. Alvarez - Machain*，2004）中判定，只有对国际法的最严重违反可以适用《外国人侵权法》。对《外国人侵权法》的另一次重要限制则出现在 *Kiobel v. Royal Dutch Petroleum Co.*（2013）案中，法院认为本法并不意味着美国法可以具有域外效力。

---

〔1〕 *Cf.* Andreas Bucher, "La Compétence Universelle Civile", *Collected Courses of the Hague Academy of International Law*, Brill, 2014.

由外国人实施、发生在外国、受害者为外国人的侵权行为，美国没有管辖权。

一国法院的普遍管辖权和对国外法的引用就像一枚硬币的两面。它们同时说明，法律正在像商品、货币、劳动力一样，在一个全球化的时代流动。无论如何，那种认为我们和外国法在原则上没有关系的时代结束了。但是，比较法在司法中的应用仍然面临十分严肃的批评意见——至少比因为民族情绪而引发的批评更严肃得多。首先，现代政治法律理论认为民主合法性是遵守法律的理由。虽然立法者也在用外国法改变本国法，但是民选代表所具有的民主合法性并不是未经选举程序、代表专业性的法官所能相比的。更何况法官在决定用比较法知识裁判之前并未经过哪怕形式意义的民主讨论。其次，依赖外国法将会扩张法官的自由裁量权。正如联邦最高法院首席大法官罗伯茨在国会作证时所说，人们总能在外国法中找到他们想要的制度，就像在全世界寻找朋友一样，只要用心找，就一定能找到。最后，法官裁量权增加的结果便是法律安定性的下降。毕竟现代法治国家的假设是人们事先知道据以裁决案件的法律，也知道对这些法律的解释。假设人们对外国法也有所了解，显然并不十分合理。

但是，与其坚持固有的法律理论，然后坚决反对外国法在司法机关中出现，不如把这视为一种可以借以反思现代政治与法律理论的机会。首先，立法机关现在远比19世纪民主理论初步付诸实践时积极的多。立法文本不断增加，从地方到国家再到跨国层面的立法机制越发复杂，各级立法机构以普通公民难以理解的方式、用非专业人士难以理解的语言创造出复杂的规则。曾经用于保障法律的民主合法性的代议制已经难以发挥其功能。其次，无论在普通法国家还是大陆法国家，司法机关都已经实质上参与了法律规则的制定。最后，在一个无论法律渊源的种类还是各种法律渊源之构成都变得日益复杂的时代，人们在日常生活中无法预计可以适用的规则及其解释已经成了常态。我们应该从司法的法律移植实践中看到当今日趋明显之法律碎片化的趋势，并以此为基础反思从19世纪继受而来的规范性理论。

第四节　私人法律移植

把规范从一个国家移植到另一个国家的不仅有国家公权机关，那些在传统的法律划分上属于"私人"的部门也在这样做。在最近几年引起学者广泛关注的"企业社会责任"（Cooperate Social Responsability）就是其中最为典型的例子。[1] 跨国公司通过制订并执行统一的"行为准则"、"伦理标准"、"可持续发展目标"等各种文件并要求其在各个国家的子公司、分公司或商业合作伙伴遵守，让一些行为规则超出了其原有的地理边界，在其他国家发挥作用。从积极的方面看，提倡企业社会责任有助于在新自由主义经济占优势、各国政府不愿意监管市场的情况下提高市场的规制程度，有利于保护环境、保障人权、促进当地经济发展。从消极的方面看，这些行为守则往往对跨国企业总部所在国（往往是欧美发达国家）的法律全盘照抄，而无视其生产、加工、销售地（往往是第三世界国家）的经济与社会现实，而且让新自由主义经济变得更像是全球化的唯一选择。正如在其他法律移植的研究中出现的那样，此前学者们较为关注的是从"中心"向"边缘"的私人法律移植。但是，"边缘国家"自身利用企业社会责任话语改进自身谈判地位的现象也不罕见。

语境就是一切。20世纪60年代开始对企业社会责任的关注也是在战后全球化的背景中出现的。我们不妨邀请亲爱的读者想象自己是一个跨国公司的总经理。你像一个罗马人所说的"善良家父"一样领导着你受托管理的公司，勤勉工作，诚实地遵守着法律。你必须首先完成董事会的任务和对股东的承诺，实现盈利和收益目标。为此，你是否需要考虑尽量减少向政府所纳的税款呢？国际知名律所已经提供了完全合法的财务工具，可以组合不同国家税制差异避税、利用离岸公司避税以及通过转移定价转移应税所得避税。人们现在称之为"双份爱尔兰威士忌"加上"荷兰三明治"。只需要用混合公司的形式就可以达到目的。比如，把公司的总部设在爱尔兰，但盈利在百慕大清算，证券则由荷兰的公司持有。以"不为恶"为座右铭的互联网巨人谷歌公司正是如此在欧洲完全合法地开展业务的。[2] 在尝到了跨国公司利用转移定价和各国税法规制程度不同减少税负的甜头后，一点即通的总经理肯定会举一反三，开始寻找下一个可以为公司财报做贡献的领域。如果管理的是一个工业集团，那么是不是可以重新考虑生产地的选择？如果高污染的生产相比于更清洁的技术更廉价，那么就需要选择一个对环境规制程度较低、污染成本较低的国家。如果生产涉及大量人力，那么需要考虑哪个国家工会力量较弱、对劳动者权利的保护不那么完善。此外，征收征用的成本、获得采矿权的成本、对专利的保护程度、交通状况、

---

〔1〕 我国《公司法》第5条规定了公司从事经营活动，必须遵守法律、行政法规，遵守社会公德、商业道德，诚实守信，接受政府和社会公众的监督，承担社会责任。我们所说的"企业社会责任"特指跨国公司所践行的企业社会责任。

〔2〕 Benoît Frydman, *Petit Manuel Pratique de Droit Global*, Bruxelles：Académie royale de Belgique，2014，p. 29.

法庭的有效性等都需要纳入考量。所以，根据自己的偏好选择法律适用的绝不仅仅是法官而已。跨国公司在进入全球化的经济活动时，就像踏入了一个法律的百货商场，可以根据自己生产的性质，在货架上各取所需。

正因为各国法律秩序之间存在显著不同，全球法律市场才提供了无数机遇。"不同法律秩序之间巨大的差异还存在于组织、管制和保护的程度上，在经济、财税、社会或环境领域，至为明显，但在民主、政治自由、人权和法治国之保障领域，同样不例外。"[1] 既然法律的消费者会根据管制的程度来选择物资和资金的流向，那么作为法律主要生产者的国家也就有动力通过法律让经济活动和企业前来自己的领土。毕竟企业对于生产就业和岁入而言不可或缺。于是在全球市场中，降低对企业征收的税费和在环境、人权方面的规制程度就成了一种有利可图的选择。特别是在那些环境污染的潜在受害者和劳工缺乏政治上代表性的新兴国家，又或者是在维护法律的意愿和能力都不足的所谓"失败国家"。一方面，经济竞争者窥伺着这些国家创造出的机会；另一方面，这些国家也有动力通过吸引投资振兴经济。随着跨国生产越来越便利，法律消费者的口味也越来越刁。为了迎合它们，各国也一再放松制度限制。早在20世纪30年代，美国的经济学家就创造出了一个词来描述此类现象：力争下游（race to the bottom）。它最开始描述的是美国各州为了吸引新公司，而取消设立法人的形式要求，降低税收，减少对出资人、股东或公众的利益保护。这个看起来刻薄的词用来形容现在全球化时代的市场竞争仍十分准确。

汝之蜜糖，彼之毒药。诚实、勤勉的跨国公司高管眼中的税收和规制天堂，从环境和社会权角度看可能是地狱之门。就在全球化伴随着逐底竞争时，公众对于市场竞争所导致的道德危机也越来越重视。在全球范围内，要求跨国公司不但遵守正式的法律、也尊重那些国家不能或不愿规制的道德伦理标准的呼声越来越高。正是在这一背景下，跨国企业开始制定他们的"行为守则"，市场也开始寄望于这种自我规制的系统纠正政府失灵的弊端。关于"企业社会责任"的讨论开始引起学者们的重视。

20世纪90年代末关于体育用品行业巨人耐克（Nike）公司在东南亚之血汗工厂的争议，就是其中一个典型例子。从20世纪70年代起，耐克公司一直因为其在东亚和东南亚的加工厂工作条件差、工作报酬低而备受指责。一些非政府组织和媒体调查显示，耐克在印度尼西亚等地的工厂雇用了大量的女工和童工，让其在有害工作环境中工作，每周工作6~7天。但是，工厂的所有者和经营者并不是耐克，而是台湾地区的集团公司。所以，就算这些指控成立，从技术上

---

[1] Frydman, 32.

说也不能认为是耐克在侵犯劳工权益。20世纪90年代末，印度尼西亚爆发了针对耐克的加工厂的罢工，抗议糟糕的工作环境和政府取消最低工资保障的决定。罢工因遭到政府镇压而结束，工会领导人身陷囹圄。西方国家的宗教团体首先发声抗议，然后各大学的学生要求校方终止他们和耐克公司的赞助协议。但是耐克也马上展开公关活动，称他们要求所有的承包方都遵守自己的工作地点行为规范，同时发布报告称，并不存在大规模或系统违反此项协议的现象。以此为契机，一名加州的律师和社会活动家卡斯基（Marc Kasky）起诉耐克以虚假广告误导消费者，理由是商品生产的环境也属于商品质量的一部分。耐克的辩护理由是，商业公司针对公共事务发表的意见并不属于虚假广告法的范畴，而是受《联邦宪法》第一修正案保护的言论。换言之，关于其血汗工厂的争议已经形成一种公共讨论，而耐克的辩护只不过是在公共讨论中表达其意见，既然是一种"意见"，那么其内容的真假就无关于其是否可以得到保护。初审法院支持耐克的主张，但是加州最高法院认为系争声明属于商业广告，因此是虚假广告法的管辖范畴。耐克和卡斯基庭外和解，加州最高院（*Kasky v. Nike, Inc.* 1998）对耐克主张之豁免权的否定成了先例。作为回应，耐克公布了新的、更严格和明确的企业社会责任守则。

现在，许多跨国企业都制定并公布了自己的企业社会责任或可持续发展承诺，并以行为守则等形式固定下来，不但要求其子公司和分公司遵守，也要求其在全球经济活动中的合作者遵守，而不论这些子公司、分公司、合作者到底身处何方，也往往无视当地法律的规定。特别是在那些从事自然资源开发、具有潜在的环境风险、需要使用大量低技术人力资源，或者从事经济作物种植的产业。而且在许多情况下，以上的现象同时存在。以原油的开采为例，首先涉及对油田上原有植被的破坏。同时，往往还需要迁徙和重新安置此前本地所居住人口。南美的一些油田位于对于原住民而言属于圣地的雨林深处，一些跨国石油公司为了迫使原住民迁出，曾利用政府的武装力量（*Kiobel v. Royal Dutch Petroleum Co.*）。在石油开采的全过程中，石油工人的参与都是必不可少的，此外还有后勤保障建设，这便涉及大规模劳动力的使用。除了此前破坏的植被之外，目前的油气储运技术还难以避免对空气、水体、土壤的污染。经济作物的种植则是另一个显著例子。在科特迪瓦这样饱受内战困扰的国家，常有报道称种植园中强迫战争孤儿从事高强度劳动。并不令人惊讶的是，在全球经济分工中，这些产业往往要么处于因为在竞流而下中不愿规制的国家，要么处于因为国家能力限制而无力规制的国家。唯一的例外可能是在加拿大的油砂矿开采。虽然作业者承诺修复因为开采油砂矿而改变的自然环境。但工业生产的经验是，我们几乎没有办法完全重建一个生态系统。可见，无论是出于降低生产所致之负面效应，还是为了公共形象，越是可能在环境和社会方面带来严重影响的产业，就越需要企业社会责任的背书。

从 21 世纪起，研究者开始把这种做法称为"通过私人合同的法律移植"，因为人们意识到，在制定这些行为守则时，跨国公司其实在其中混入了国际法或其总部所在地国内法的规范，在和第三世界国家的公司签订合同时，使之成为具体的义务。[1] 在全球价值链中，这些合同义务具有了其他合同义务所不具备的管制特征。首先，这些关于环境和社会的标准在传统法学的视野中属于公共管理的领域。其次，此类合同的执行程序和许多发展中国家较低的司法行政水平密不可分。最后，如果位于发展中国家的合同一方违反合同义务，那么将面临失去商业机会的惩罚，而此种判断完全由跨国公司作出。[2] 于是，在一个缺乏意愿或能力规制市场的国家，来自欧美的跨国公司扮演了政府的角色，开始强制执行那些本来应该由民主程序制定、并由公权力在法治国家的框架内执行的规范。而且，这些跨国公司同时是合同的当事人，又是对方是否违反合同义务的仲裁人。

在社会权方面，跨国公司经常使用的国际劳工组织关于劳工权益保护的公约、《世界人权宣言》、《联合国儿童权利公约》等国际条约。特别是国际劳工组织的各种公约，往往成为跨国公司在其企业社会责任关于工作条件、薪资、工作时间等内容中援引的部分。要知道许多出口国、特别是劳动密集型产业聚集的国家并没有签署加入这些公约。还有许多国家虽然签署了，却没有相应的国内法律措施保障其公约义务的实现。在环境问题方面，经常成为参照标准的是《ISO14001 环境管理体系》和《欧盟环境管理与评估框架》。至于在安全和健康领域，跨国企业往往会选择其总部所在地的国内法或生产标准。[3] 现在，随着欧洲一体化的深入和欧盟法体系的形成，越来越多的欧洲企业开始直接要求其合同的相对人遵守欧盟法，或把欧盟法的内容写入其行为手册。[4] 当跨国企业与第三世界的生产商、经销商、供应商签订合同时，这些本来不属于后者所在国家的规范就成了他们必须遵守的合同义务。虽然我们称之为"私人法律移植"，但它和经典的、人们习以为常的那种法律移植在这个意义上别无二致：让产生于其他国家或地区的法律超越地理的界限，在另一个国家或地区发挥作用。

---

〔1〕 *Cf.* Li-Wen Lin, "Legal Transplants through Private Contracting: Codes of Vendor Conduct in Global Supply Chains as an Example", *The American Journal of Comparative Law* 57, no. 3 (2009), pp. 711-44.

〔2〕 *Cf.* Lin.

〔3〕 *Cf.* Lin.

〔4〕 *Cf.* Tomaso Ferrando, "Codes of Conduct as Private Legal Transplant: The Case of European Extractive MNEs", *European Law Journal* 19, no. 6 (2013), pp. 799-821.

所以，当跨国公司宣称"我们坚持某种价值"，然后把企业社会责任守则转变为他们的合同相对方不得不遵守的具体合同义务时，它们实际上在主权国家之内创造了一个法律特区。不同于一般的特区，限制其规制能力范围的不再是明确的地理边界，而是价值链的范围。一个跨国企业能要求哪些人在哪些事项上服从其管制，不再取决于地域，而是取决于它生产扩张的程度。通过经济活动者的自我规制，自由市场在一定程度上克服了政府失灵的缺陷，提高了工商业的规制程度，也在民族国家不愿或无法监管的领域提高了人权和环境保护的力度。所以，企业社会责任作为对逐底竞争的回应，确实维护了市场的道德优势。

但是，这种法律特区的建立至少有三个方面的缺陷。其一，在规范的制定和执行上，存在严重的程序不公平。当跨国企业要求其生产商、经销商和供应商遵守它所坚持的"道德原则"时，它同时是合同义务的制定者，又是合同本身的当事人，在出现关于这些原则的纠纷时，还是合同规范的权威仲裁者。跨国公司提出的行为守则就像合同中的格式条款一样，在经济上处于较弱地位的合同另一方并没有同等的议价能力，只能选择接受或者不接受。不仅如此，判断对方是否遵守了此种合同义务的权力也掌握在跨国公司手中。双方本来就不平等的经济地位在看似自由协商、自愿订立的合同中进一步固化为合同义务上的不平等。其二，在出现合同纠纷并需要通过司法途径解决时，跨国公司也拥有比它们商业伙伴更强的能力。一个企业对外投资时，本来有必要了解当地的法律并努力让自己的经营活动符合当地法律。同时，他们在投资目的国的合作伙伴本来应该比这些外来投资者更了解当地法律的内容和执行情况。然而，在由企业社会责任创造的法律特区之中，因为"走私"而来的规范的各种要求比当地法律要严格，反而让当地的规范变得无关紧要了。同样变得无关紧要的还有另一方合同当事人对法律的地方性知识。于是，双方在经济上的不平等进一步转化为了对规范之知识的不平等。其三，移植自其他地区经验的规范往往面临着水土不服的风险，企业社会责任尤甚。上文提到，跨国公司企业社会责任守则中的大部分内容来自国际公约或其公司总部所在地的国内法。这些规范的内容和执行方式本身就和这些国家在一个具体历史时期的社会结构、政治形式、生产方式密不可分。以社会保障为例，法国以劳动法为核心的社会保障法就形成于工人运动风起云涌的 19 世纪末，并让工会组织推动的"社会对话"成为促进法律发展的主要动力。而德国以社会保险为核心的社会保障法则起源于俾斯麦政府预防工人运动的政治需要，并最终形成了以行业自我组织为核心的实现模式。把这些具体的规定放在一个没有工人运动传统的国家，很难实现切实保护劳工权益的效果。更何况，工会所领导的社会运动本身是大工厂生产的产物，未必可以适用于所有的生产模式。在正式的法律移植领域，无论是立法者还是法官，总会细致讨论移植哪一种法律、为何移植这一种法律。而跨国公司奉行的则是"均码"（one size fits all）政策，用同一种企业社会责任规范去规制千差万别的社会现实。[1]

围绕着企业社会责任展开的争议揭示了全球化过程中的深层矛盾。它的结构框架确认并维护了跨国公司的合法性。跨国公司不但是经济活动的参与者，也成了社会秩序和道德原则的维护者。人们把市场缺乏规制的问题归因于政府失灵，并寄望于市场上的行动者来解决问题，却恰恰忽视了造成政府失灵的原因是全球市场中的经济不平等和逐利的动力。所以企业社会责任的实践虽然降低了全球化后的自由市场的混乱程度，却帮助全球化本身避免了批评。而且，用市场来解决政府失灵问题，本身暗示着全球资本主义是人类发展唯一的可能性。当人们意识到市场主体可能通过离岸经营规避社会和环境立法，而且可能在其他国家造成严重后果时，感受到了规制这种行为的紧迫需求。但需求的紧迫性让人们在接受社会责任作为解决方案时操之过急，而没有对其背后可能的意义进行足够的反思。

正如司法中的比较法应用，企业社会责任的出现也为我们提供了一个重新审视现代政治与法律哲学的机会。如何在法律中安排人权和环境规则，归根结底是一种公共事务，需要在政治过程中解决，并理应伴随着公共讨论。在企业社会责任议题中，缺位的往往正是受影响的人们的声音。发达国家提供了一揽子解决方案，并且可能确实在事实上改善了当地的社会与环境状况。但可能的正面效应并不必然意味着我们应该对程序上的不足视而不见。进一步讲，现代政治与法律理论课民族国家以确保公共讨论、提供政治解决方案的职责。所以，政治过程的缺失意味着国家耽于履行这一职责。当经济活动者的自我规制弥补国家缺位的不良后果时，实质上也降低了国家治理领域的重要性。然而，当代国际法仍然把国家作为最主要的行动者，并寄望于国家保护环境和人权。国家在治理中的缺位也就意味着国际公法的失灵。从这个意义上讲，如何把跨国企

---

〔1〕 "均码"政策并非总是错的，但是有时候其荒谬程度会超出我们的想象。比如说，提高东南亚那些处于非正式雇佣关系户的家政服务人员的待遇和福利当然是一个好的愿望，但如果指望通过教会组成工会、进行罢工来谋取福利，就显得十分荒唐了。这个例子虽然严格来说并不属于我们此处说的私人法律移植，却足以让人警醒。

业纳入全球治理的框架之中，确实是当今法学需要探讨的一个核心议题。[1]

不过，国家在企业社会责任的实践中也并非仅充当被动、消极的角色。最近，一些国家开始在通过修改法律以吸引投资的同时，大力提倡企业社会责任，以维持较高的市场准入标准。一个离我们较近的例子是哈萨克斯坦。在 2015 年加入世界贸易组织之后，为了适应世贸组织的规则，哈萨克斯坦在随后几年内修改了大量基础性的法律，颁布了新的《商法典》（2015 年）、《劳动法典》（2016 年）和《地下资源法》（2017 年）。新的法律条文如同许多孕育于新自由主义国际经济体系中的文本一样，扩大了外国投资者和雇主的商业自由，降低了市场准入标准和劳工保护标准。比如，各国在能源开采领域为了保护国内的产品和就业市场，往往会要求外国投资者购入一定比例的本地产品、雇佣一定比例的本地雇员，称为"自制率要求"（Local Content Requirement）。鼓励资金无限制流动的新自由主义经济秩序认为这种自制率要求是贸易保护主义的遗留。新的《地下资源法》把此前在物资与劳动力使用方面高达 40% 的最低自制率要求降低到了 20%。哈萨克斯坦因为其丰富的油气储量和在中亚关键的地缘政治位置，成为大量跨国石油企业投资油田、气田和油气管线的目的国。来自油气领域的投资在其吸引的总外商投资中占的比例较大。所以《地下资源法》的修改极大影响了该国外商投资环境。

在哈萨克斯坦积极加入新自由主义经济体系之时，企业社会责任在该国的经济生活中也变得越来越重要。正如我们在耐克案中所看到的那样，企业社会责任的运行机制在很大程度上依赖媒体的监督，哈萨克斯坦也不例外。所以，我们可以从当地媒体的报道中读到对外国投资者的尖锐批评，包括批评外国石油公司只雇佣外国专家，甚至连工程队都要从国外带来，从而忽视了训练和雇用当地劳动力的需要和承诺。当地媒体还批评外国石油公司系统性地把哈萨克斯坦的劳动力和商品供应排除在生产之外。[2] 至于环境、劳工待遇、对当地文化的尊重等方面的批评更是屡见不鲜。与此同时，哈萨克斯坦政府又一直在积极倡导包括本国公司在内的经济活动者尊重企业社会责任的要求。每年哈萨克斯坦都会向那些模范地遵守企业社会责任的企业颁发总统奖章，以示承认和鼓励。各地方政府也有相应的奖励措施。只不过在各年份获奖的企业有时候恰恰

---

〔1〕 2009 年，法国一个协会起诉包括阿尔斯通在内的几家法国企业，理由是他们承包了在以色列占领的巴勒斯坦领土修建轻轨的工程，因而对建造过程中以色列政府所为之侵犯人权的行为负责。法国法院认为这些企业并不享有国家豁免，但是在对实质问题的判决中，则认为无论是成文还是不成文的国际人权法与人道主义法均未课企业以任何此类国际义务。（Cour d'appel de Versailles, 3ème chambre, 22 mars 2013, n°11/05331.）

〔2〕 *Cf.* Wojciech Ostrowski, *Politics and Oil in Kazakhstan*, Routledge, 2010, p. 148.

是在媒体上受到指责最多的那些油气企业。这些企业本身也按年度发布企业社会责任报告。如果我们仔细阅读它们的年度报告的话，会发现这些报告正是对媒体批评的逐条回应。外国油气企业在报告中列举了自己在哈萨克斯坦雇佣员工中当地雇员的比例、每年在环境治理方面的支出、对工会的支持、为当地国民生产总值等经济指标带来的增长、资助当地青年出国留学等方面的贡献。企业社会责任在法律之外创造了一个规范性的空间，让民族国家、外国公司和当地的民众竞争关于正当性的话语权。国家也得以在放松法律限制的同时，重新借助公共话语获得了制衡跨国公司的能力。

【思考题】

1. 认为法律移植可能的学者和认为它不可能的学者分别为自己的立场提出了哪些理由？

2. 私人法律移植和此前通过立法实现的法律移植有何不同？

3. 比较本章和第一章的内容，思考比较法学习和研究对于法律实务的价值。

【参考书目】

1. Otto Kahn-Freund, "On Uses and Misuses of Comparative Law", *The Modern Law Review* 37, no. 1 (1974), pp. 1-27.

2. Gunther Teubner, "Legal Irritants: Good Faith in British Law or How Unifying Law Ends up in New Divergences", *The Modern Law Review* 61, no. 1 (1998), pp. 11-32.

3. ［英］巴兹尔·马克西尼斯：《比较法：法院与书院——近三十五年史》，苏彦新等译，清华大学出版社 2008 年版。

4. Li-Wen Lin, "Legal Transplants through Private Contracting: Codes of Vendor Conduct in Global Supply Chains as an Example", *The American Journal of Comparative Law* 57, no. 3 (2009), pp. 711-44.